東京都江戸東京博物館 監修

大江戸図鑑

［武家編］

朝倉書店

東京都江戸東京博物館 監修

監修代表 竹内 誠

編集委員長 小澤 弘

編集委員 市川寛明

齋藤慎一

近松鴻二

松尾美恵子

刊行のことば

江戸は、十八世紀初頭には人口百万を超す大都市になった。当時、ロンドンの人口は約五十五万、パリも五十万程度で、江戸はまさに、世界一の巨大都市であった。

しかも江戸は、量的のみならず質的にも、水と緑の豊かな、世界一景観の美しい都市であった。幕末に来日したイギリスの園芸学者ロバート・フォーチュンは、江戸城を囲む堀や武家屋敷、広い街路、江戸湾、そして樹木の茂る丘や谷が散在する風景の美しさは、「世界のどこの都市も及ばないであろう」(『幕末日本探訪記』)と絶賛している。

江戸の都市建設は、天正十八年(一五九〇)の徳川家康の江戸入府に始まる。しかし本格的には、天下統一をなし遂げた家康が、慶長八年(一六〇三)に征夷大将軍となり、江戸に幕府を開いて以降のことになる。全国の大名を動員してのいわゆる「天下普請」により、順次、江戸城と町割りの整備が行われ、三代将軍家光の頃までに、都市づくりの基礎が完成した。

江戸には、将軍と幕臣団(旗本・御家人)だけでなく、参勤交代制により、二百数十藩の江戸詰めの大名家臣団が、大勢各藩邸で生活していた。その上に、これら武家たちの膨大な需要を支える商人・職人らが、他の都市とは比較にならぬほど多数、集住していた。

天下の将軍が居住する江戸は、全国統治の拠点・政治都市としての特色をもつが、同時に、百万の人口を擁する一大消費都市、つまり物流の最も盛んな経済都市としての特色をも有していた。さらに、都市江戸を舞台にして独特の江戸文化が開花・成熟し、ヨーロッパの芸術に深い影響を与えた文化都市としての側面も看過し得ない。

本書『大江戸図鑑』は、こうした都市江戸の構造と、そこに暮らす人々の実態を、楽しく、わかりやすく理解していただくために、さまざまな江戸の資料を駆使し、ヴィジュアルに図示するとともに、懇切な解説を付した。ただし江戸は、およそ武家五十万、町人五十万、合わせて百万の都市であり、武家の都であると同時に、町人の都でもあった。そこで本書も、［武家編］と［町人編］とに分け、まず今回は『大江戸図鑑［武家編］』を刊行することとした。

収載した多数の江戸関係資料は、すべて東京都江戸東京博物館の所蔵資料である。当館の膨大な所蔵資料の中から、「萌黄地葵紋付小紋染羽織」「阿蘭陀風説書」「旧江戸城写真ガラス原板」など国指定の重要文化財をはじめ、選りすぐった武家関係の貴重な資料を本書に収載した。

当館は江戸東京四百年の歴史と文化を紹介する、我が国唯一の都市史の博物館であり、平成五年（一九九三）三月に開館した。折しも本年は開館十五周年目を迎えた。その記念の年に、江戸をヴィヴィッドに知っていただこうという本書を刊行する意義は極めて大きい。

本書がより多くの方々に読まれ、江戸への関心をいっそう深めていただくことになれば幸いである。

平成十九年（二〇〇七）九月

東京都江戸東京博物館館長　竹内　誠

大江戸図鑑［武家編］

目次

江戸と長崎 143

大江戸図鑑

［武家編］

総説〈江戸幕府と江戸〉

徳川家康と江戸開幕　徳川家康が江戸に幕府を創設したのは、今から四百年ほど前になる慶長八年（一六〇三）。それから二六五年後の慶応四年（一八六八）に明治維新を迎え、やがて、江戸は東京となった。その間、大坂の両陣を経て元和《げんな》偃武《えんぶ》（一六一五）となり、一国一城令が出され、また武家諸法度《ぶけしょはっと》や禁中並公家諸法度《きんちゅうならびにくげしょはっと》が制定され、名実ともに徳川将軍家を頂点とした武家の社会が成立した。

その後、寛永十四年（一六三七）に九州で切支丹信徒を中心とした島原の乱が起きたが、翌年には鎮圧された。また慶安四年（一六五一）には牢人の由井正雪《ゆいしょうせつ》や丸橋忠弥《まるはしちゅうや》らが幕府転覆を謀る慶安事件が起こったが、これも平定された。このように江戸幕府のはじめ頃は、切支丹禁令の強化による反乱や、戦国大名の没落によって増えた浪人者の争乱、あるいは傾き者《かぶきもの》や伊達者《だてもの》、旗本奴《はたもとやっこ》や町奴《まちやっこ》などによる市中での喧嘩《けんか》など、戦国の余風が残されていた。しかし、これらは漸次江戸幕府の武断政治により抑えられ、三代将軍家光の時世には将軍家の威光を高める政策が進行した。

それは、一つには江戸城造営工事に、外様をはじめとする諸大名を分担させ（天下普請）、一挙に城郭都市の構造を作り上げ、そのことにより過重な財政負担と賦役を諸大名に課し、将軍家の支配力を強化したことにある。二つめには、幕府の開祖・家康を東照大権現《とうしょうだいごんげん》として祭祀し、日光東照宮社参を大規模な儀礼として行うことにより、将軍家の絶大な権威を高めたことにある。三つめに、参勤交代《さんきんこうたい》の制により諸大名の在府《ざいふ》、国許《くにもと》との交代勤務を義務化し、将軍家との主従関係を強化した。江戸藩邸の維持を義務づけられた諸大名は、その結果として財政負担が増した。また、これにともない五街道をはじめとした陸路や宿駅《しゅくえき》、そして湊《みなと》や津《つ》などの海路の整備が急速に進み、江戸と全国の間で物資・人・情報の交流が盛んとなり、江戸時代の流通機構が完成したのである。

またイスパニア（スペイン）やポルトガルのイエズス会をはじめとするキリスト教布教にともなって進められた世界的な貿易政策に対抗して、江戸幕府は切支《きりし》丹禁令《たんきんれい》をはじめとする鎖国政策を打ち出した。兵農分離政策をはじめ、厳しい身分制社会の主従関係による秩序を支配原理とした江戸幕府は、絶対的唯一神を崇《あが》めるキリスト教を忌避し、また西欧の支配下に入ることを回避しようとした。またキリスト教徒を摘発するため寺請《てらうけ》制度を確立した。このことにより、町村ごとに多くの宗派の寺院が作られ、その寺社はすべて寺院法度によって寺社奉行配下に組み込まれた。そして、日本人の海外渡航を禁じ、長崎を対外貿易の拠点とし、オランダと中国のみ貿易のための入港を許可したのである。

このほか、対馬《つしま》藩の宗《そう》氏を通じて朝鮮

王国の通信使が、また鹿児島藩の島津氏を通じて琉球《りゅうきゅう》国の使節が来日するのみであった。寛永十二年（一六三五）のいわゆる第三次鎖国令は、異国への渡航禁止、渡航者の帰国禁止、切支丹の探索など厳しいもので、明治維新までこの禁令は続いたのである。こうして、当初の戦役を除き、平和な時代が長く続いたのが江戸時代の特徴である。

城郭都市としての江戸　さて、家康が江戸入府したのは、天正十八年（一五九〇）の豊臣秀吉による小田原北条《おだわらほうじょう》攻めの後であった。すでに平安末期には江戸郷を拠点として活躍した江戸太郎重長《しげなが》は、のちに源頼朝《よりとも》の御家人《ごけにん》として活躍し、また室町期に入ると長禄元年（一四五七）には太田道灌《どうかん》が江戸城を築き、扇谷《おうぎがやつ》上杉氏に仕えた。その後、江戸城は大永四年（一五二四）に小田原の北条氏綱《うじつな》の支配下に入り、城代の遠山直景《なおかげ》が江戸支配を固めた。こうした経緯の後、家康が江戸を中心に関東一円を支配する大大名として入府したのである。

草創期の江戸は、城郭都市として造られた。江戸城には、本丸御殿《ほんまるごてん》に天守《てんしゅ》、二《にの》丸《まる》、三丸《さんのまる》、西丸《にしのまる》、櫓《やぐら》が造営された。江戸城は、これを取り巻く内堀や外堀の堀割、そこに架かる橋と御門と桝形《ますがた》、いわゆる三十六見附《みつけ》によって防備を固めた。江戸城の東側は、諸大名の屋敷のある大手前《おおてまえ》、西丸下、大名小路《だいみょうこうじ》があった。その東側の外堀を渡ると町人《ちょうにん》地となる。その町人地の中心は日本橋であった。日本橋《にほんばし》は慶長八年（一六〇三）はじめて架けられたという。平川《ひらかわ》の流れを、江戸城の外堀から江戸前島を開鑿《かいさく》して隅田川《すみだがわ》へ通したのがのちの日本橋川である。日本橋は、その日本橋川に架かる江戸城下第一の格式を誇る橋であった。翌九年には、日本橋は、東海道をはじめ五街道の起点となった。またこの近くには、小田原町の魚市場《うおいちば》や米河岸《こめがし》、塩河岸《しおがし》、材木河岸《ざいもくがし》などがあり、また呉服《ごふく》や太物《ふともの》をはじめとした衣類、薬《やく》種《しゅ》、書肆《しょし》、両替《りょうがえ》などの商人、そして大工《だいく》、鍛冶《かじ》などのさまざまな職人、芸能者などが日本橋周辺の町人地に集住し、人・物・情報の集積するセンターとして機能した。

五街道の伝馬《てんま》と宿駅の整備、そして廻《かい》船《せん》による航路の開発は、諸国と江戸を結びつけた。飛脚《ひきゃく》や為替《かわせ》の制度により、情報伝達や貨幣の送付が容易になり、大消費都市江戸の経済を発展させた。

こうして、初代家康、二代秀忠、三代家光によって、江戸を中心とした幕藩《ばくはん》体制が整えられ、江戸城を中心とした城郭都市が作られた。

明暦の大火と江戸の拡大　しかし、明暦三年（一六七五）一月十八日に、本郷丸《ほんごうまる》山《やま》の本妙寺《ほんみょうじ》から出火し、江戸城をはじめ多くの大名屋敷や町家も焼け、市中の三分の二も焼失する大火となった（明暦の大火、通称振袖火事《ふりそでかじ》）。このとき、江戸城の天守も焼け落ち、公許の遊里の吉原《よしわら》や、芝居の中村座・市村座も焼けた。この後、天守は再建されず、桃山様式の華麗な装飾によって彩られた大名屋敷や、メインストリートの角地に三階櫓をもった町家の町並みも失われ、それまでの江

戸の都市風景が一変することとなった。

幕府は、火災の多い江戸の防火対策として、その稠密《ちゅうみつ》性を緩和するため隅田川下流にはじめて御府内《ごふない》から大橋《おおはし》を架け（両国橋《りょうごくばし》）、それ以前から開発していた本所《ほんじょ》・深川《ふかがわ》地域の埋め立てと市街地化を促した。また大きな橋の橋詰や、上野山下《やました》など重要な寺社の門前に広場を設け、火除《ひよ》け地とした。また寛永二〇年（一六四三）に制定された大名火消《だいみょうびけし》の制度に続いて、万治元年（一六五八）に江戸定火消《じょうびけし》を制定した。大名火消は、六万石以上の大名十六家を四組に編成して、それぞれ十日ずつの当番としたもの。定火消は、半蔵門外などに火見櫓《ひのみやぐら》を設けた役屋敷（火消屋敷）を構え、旗本寄合《よりあい》の近藤用将《もちまさ》など四名にそれぞれ与力《よりき》六騎、同心《どうしん》三十人を当てて編成した。これらは江戸城防備のための火消組織であった。こうした火消の制度はやがて町方《まちかた》へも拡げられ、享保三年（一七一八）、江戸町奉行《まちぶぎょう》大岡忠相《ただすけ》によって町火消《まちびけし》の制度が設けられ、町の自治による防火・防犯体制を強化していった。大川への架橋や広小路《ひろこうじ》などの火除け地などの設置も、大都会江戸の災害対策の一環であった。

また日本橋葺屋町《ふきやちょう》辺りにあった遊郭の吉原（葭原）は、明暦の大火の前年に御府内から郊外への移転命令が出されていたが、明暦の大火を契機として同年八月に浅草田圃へ移転、その後江戸の遊里文化を形成する拠点となった。

武家の学問と文化　さて、江戸幕府は安定した政権の維持により、四代家綱《いえつな》あたりから文治政治へと転換していった。平和な社会になり、幕府政治の方針が覇道から王道へと大きく変わったのである。

このことは、儒教《じゅきょう》の思想を背景として、制度や儀礼を整え、幕府の官僚機構の強化による政治支配体制へと移行したことを意味する。身分を秩序づけた思想的基盤は儒教、なかでも朱子学《しゅしがく》であった。朱子学は、林羅山《らざん》を祖とする林家によって継承され、のち昌平坂《しょうへいざか》学問所における幕臣の教育へと繋《つな》がっていった。とくに寛政二年（一七九〇）には学問所において朱子学以外の学問の禁止（寛政異学《いがく》の禁《きん》）が行われた。四書五経《ししょごきょう》をはじめとする教本は、家康の命により活字によって開版され、やがて木版によって多量に摺増《すりま》しされ、儒教は江戸時代の教育のなかで中核的役割を果たした。その一方で、長崎から入ってきた蘭学《らんがく》が受容されはじめると、これに対抗して、国学や和学を求める機運が高まった。塙保己一《はなわほきいち》による和学講談所の設立要請などがそれである。

武家の教養は、貴族を手本とした。君子の四藝《しげい》（琴棋書画《きんきしょが》）をはじめ、邸宅や庭園、能や蹴鞠《けまり》などの芸能、そして鷹狩《たかが》りや馬術や弓術、刀法、水練《すいれん》など武芸百《ひゃっ》般《ぱん》にわたるものであった。また漢詩や和歌といった正統的な教養の枠を越え、俳《はい》諧《かい》、狂歌の連《れん》に参加する大名や旗本も多く出て、歌舞伎《かぶき》役者や吉原の楼主《ろうしゅ》などと交流する、身分差を超えたサロンの構成者となった。こうした、武家文化を進展させる推進力となったのは、参勤交代による諸藩の江戸屋敷と、江戸留守居役《るすいやく》の存在である。江戸幕府の命令への対応策

などを話し合うことから、諸藩同士の交流が生じ、江戸の文化サロンの形成を促進した。また、出版による多くの書物や摺物《すりもの》は、教育や情報文化の発達を促した。武鑑《ぶかん》、江戸絵図などの刊行物は、江戸へ出府した勤番侍《きんばんざむらい》らの情報源となり、また出入りの商工人たちの便宜の元となった。

三大改革　江戸幕府による政治改革は大きく三度行われた。八代吉宗《よしむね》による享保の改革、老中《ろうじゅう》松平定信《さだのぶ》による寛政の改革、老中水野忠邦《ただくに》による天保の改革である。

それぞれの改革は、基本的に家康の治世を手本とするもので、幕府財政の立て直しのため、消費の抑制、そのための贅《ぜい》沢品《たくひん》の禁止（倹約令《けんやくれい》）、政治への批判や風俗の取締りなど、また有能な官吏の登用など共通する点も多くみられた。しかし、時代が経つにつれて幕府や各藩の財政基盤が揺らぎ、十一代家斉《いえなり》の大御所《おおごしょ》時代である文化文政期は、いわば江戸の成《せい》熟期《じゅく》であると同時に、多大な支出によって、幕府財政の危機的状況が加速していった。その引き締めの政治対策が天保の改革であった。

ペリー来航と幕末騒擾　一方、世は海外列強国の日本近海への出没で、ロシア船をはじめ、アメリカ船などの来航により欧米諸国との接触が頻発するようになるなか、ついに嘉永六年（一八五三）六月、アメリカのペリー提督率いる軍艦が浦賀《うらが》沖に現れ、日本へ開国を迫る事態を迎えた。ペリーの強硬な姿勢の前に、幕府は翌年日米和親条約を締結し、ここに長きにわたる鎖国《さこく》政策を解くこととなった。こうした状況で海防《かいぼう》のため品川沖に砲台が設置された。江戸市中は混乱を極める一方、アメリカの軍艦を一目見ようとする人々も多くいた。

この混乱期に、江戸は未曾有《みぞう》の大地震に見舞われた。安政二年（一八五五）十月二日の大地震である。この地震で、大名小路などの大名屋敷などが大きな損壊を受けた。この時期に、コレラや麻疹《はしか》などの疫病の大流行も加わり、尊王攘夷《そんのうじょうい》派の弾圧（安政の大獄《たいごく》）、桜田門外《さくらだもんがい》の変（一八六〇）、外国人襲撃事件などの政治的な動乱は、世を幕末騒擾《そうじょう》へと動かしていった。

江戸城開城と明治維新　その後いったんは、幕府は朝廷と融和《ゆうわ》を図り、反幕府勢力を抑えるために公武合体《こうぶがったい》政策をとり、孝明《こうめい》天皇の妹和宮《かずのみや》を十四代家茂《いえもち》の正室とする政略結婚を進めた。しかし、その後、坂下門外《さかしたもんがい》の変（一八六二）や、武州世直《ぶしゅうよなお》し一揆《いっき》、江戸市中の打《う》ち壊《こわ》しなど騒然とした状況となり、慶応三年（一八六七）十月に最後の将軍慶喜《よしのぶ》が大政奉還《たいせいほうかん》し、十二月には王政復古の大号令が発せられて、江戸幕府の解体となった。しかし、旧幕府軍と新政府軍との間で鳥羽《とば》・伏見《ふしみ》の戦いが勃発、これに幕府軍が破れ、江戸は総攻撃の危機に直面したが、勝海舟《かつかいしゅう》は官軍の西郷隆盛《たかもり》と会談し、江戸城無血開城へと導いた。

戦火を逃れた江戸は、徳川の支配から天皇を頂点とする中央集権国家の首都地東京へと代ったのである。

茶道具蒔絵印籠　鼠木彫根付

印籠（いんろう）とは薬を入れて腰に下げる容器をいう。三段に分かれた容器には風炉（ふろ）・水入（みずいれ）など茶道具の蒔絵（まきえ）が施される。落下防止のための根付（ねつけ）はネズミ（鼠）の形（常加作）。

増上寺台徳院様御霊屋々内装飾指示原図

二代将軍徳川秀忠は寛永九年（一六三二）九月に没した。その葬地は芝増上寺に定められ、台徳院廟が建築された。本図は同廟の本殿・拝殿の建築に際して作成された装飾および彩色に関する図案で、現在は画帖（がちょう）に仕立てられている。台徳院廟は日光東照宮の規範ともなった名建築であったが惜しくも戦災で焼失してしまった。本図はわずかに残された建物とともに、その華やかさを偲ばせてくれる（寛永十年（一六三三））。

江戸城と江戸幕府

近世都市「江戸」の成り立ち

権現様《ごんげんさま》が御入国された時、先の城主である遠山《とおやま》氏の家宅は言うに及ばず、二丸《にのまる》・三丸《さんのまる》・外郭にある家までもそのまま残っていたため、当分の家宅に事を欠くことはなかった。しかし御城内の家には杮葺《こけらぶ》きのものは一か所もなく、日光葺《にっこうぶ》き・甲州葺《こうしゅうぶ》きの家などをもって代わりとした。御台所は茅葺《かやぶ》きで手広いものだったが、ことのほか古い建物であった。玄関の上り段には船板に使う幅の広い板を二枚重ねただけで、板敷《いたじ》きもなく土間のままだった。そのため本多《ほんだ》佐渡守《さどのかみ》殿が「これはあまりに見苦しい。他国からの御使者があった時は、とても玄関がなくては適《かな》わない。せめて玄関まわりは御普請を仰せ付けられたらよいでしょう。」と言上した。すると権現様は「その方は必要のないことを申す」とお笑いなされ、家作りには構うことなく、御本丸《ごほんまる》と二丸の間にあった堀を埋め、御普請《ごふしん》をお急ぎになられたということだった。(『落穂集《おちぼしゅう》』より意訳)

徳川家康が天正十八年(一五九〇)に関東を与えられた当初、江戸城がどのような光景であったかを思い出話で語った一節である。当時の江戸城には玄関も満足にないほどの状態で、政治的にも支障をきたすほどの状態であったらしい。ひいては江戸がとても寂れた寒村であったと語っている。おそらく話者の意図はその後の江戸がいかに発展したかを相対的に浮かび上がらせるためであったのだろう。

いうまでもなく江戸城は徳川将軍代々の居城で、江戸幕府の中心となった城である。しかし、その起源は古く、平安時代にまで遡《さかのぼ》る。桓武平氏の一族である江戸重継《しげつぐ》が江戸に館を構えたことに始まる。治承四年(一一八〇)石橋山の合戦で敗れた源頼朝《よりとも》は房総半島へと落ちて行く。その後、安房《あわ》国から上総《かずさ》国・下総《しもうさ》国を経て、武蔵《むさし》国に渡ろうとした際、江戸氏とその同族豊島《としま》氏が自分に帰属するかどうかを気にしたといわれる。江戸氏が江戸の地に本拠を構えたことは間違いない。江戸時代の物語では重継の嫡男、江戸重長《しげなが》のことを八ヶ国の大福長者」と評しており、その勢力のほどが語られている。通説ではその地は江戸城の場所に重なるとされているが、具体的にはまだ検証されていない。

道灌の江戸　江戸の地が政治的に重要性を高めるのは一五世紀後半になってからである。長禄元年(一四五七)に扇谷上杉《おうぎがやつうえすぎ》氏の家臣である太田道灌《どうかん》が江戸城の修築を行った。鎌倉に居を置き、関東の統治にあたっていた足利成氏《しげうじ》が、政治的対立引き起こして下総国古河《こが》に下る。古河は利根川水系内陸部の要衝《ようしょう》であるため、河口部に位置する江戸を抑えることは政治・経済的に重要な意味を持った。対抗勢力である山内《やまのうち》・扇谷両上杉氏はその点を踏まえ、江戸に拠点を構えたのである。道灌の江戸城は、康正二年(一四五六)に着工し、翌長禄元年に完成したとされている。

江戸は政治的な重要拠点であるばかりではない。江戸城の完成後、様々な文化人が訪問している。その代表人物が五山の禅僧であった万里集九《ばんりしゅうきゅう》である。万里集九は文明十七年(一四八五)に初めて江戸城を訪問し、隅田川《すみだがわ》・筑波山《つくばさん》・富士山《ふじさん》などの景観を鑑賞し、江戸城やその周辺の様子を『梅花無尽蔵《ばいかむじんぞう》』に書き記している。その後、長享二年(一四八八)まで滞在したようで、道灌三回忌の後に江戸城を後にしている。

道灌の江戸城は子城《ねじょう》・中城《ちゅうじょう》・外城《とじょう》で構成され、城内には楼館《ろうかん》があった。江戸城を訪れた禅僧が江戸城の構造を含め江戸の景観を漢詩に読み込んでいる。中心となる楼館を「静勝軒《せいしょうけん》」という。付属の楼館が二軒あり、それぞれ「泊船亭《はくせんてい》(江亭《こうてい》)」と「含雪斎《がんせつさい》」と名付けられていた。道灌は静勝軒や泊船亭（江亭）に漢詩を掲げることを望み、万里集九や建仁寺《けんにんじ》の正宗龍統《せいそうりゅうとう》に依頼した。この詩文は「江戸城静勝軒詩序并江亭記等写《えどじょうせいしょうけんしじょならびにこうていきとううつし》」や『梅花無尽蔵』所載の「静勝軒銘詩并序《せいしょうけんめいしならびにじょ》」として今に伝えられる。詩文には江戸城やその周辺のみごとな景観があふれるばかりに盛り込まれている。当代一流の文化人による漢詩が江戸城内の楼閣に掲げられた。このことだけでも驚くべきことではなかろうか。

とりわけ、「江戸城静勝軒詩序並江亭記等写」には、江戸城下の平川《ひらかわ》に架かる高橋付近の賑わいが記載されている。平川は江戸時代始めに埋立てされた日比谷《ひびや》の入江に流れ込んでおり、現在の大手町《おおてまち》付近は日比谷入江と平川の結節点になっていた。詩文によれば、平川の河口には大小の商船が高橋にまでやってきて停泊し、市をなしたという。安房国からの米、常陸《ひたち》国からの茶、信濃《しなの》国からの銅、越国《えつのくに》からの竹箭《ちくせん》などの産物がもたらされ、扇谷上杉氏の本国である相模《さがみ》国から軍勢が駐屯しており、人や物であふれていたという。とりわけ注目したいのは、和泉《いずみ》国からの珠・犀角《さいかく》・異香などが運ばれていたことである。これらは渡来品《とらいひん》であるため、大陸からの貿易品も平川にもたらされていたことになる。詩文中の記載のためどこまで真実を伝えているかは慎重になる必要があろうが、城下に町場が形成されていたことは読みとってよいのではなかろうか。

静勝軒では文化的な集いも行われた。関東管領《かんれい》山内上杉家の家臣である木戸孝範《きどたかのり》は自らの自撰歌集『孝範記《こうはんき》』に、梅の盛りに歌会が催されたことが記載する。江戸城での歌会は何度か行われたようで、文明六年（一四七四）六月十七日の歌合が「武州江戸城歌合《ぶしゅうえどじょううたあわせ》」として伝えられている。この時の歌合には太田家一族や木戸孝範のほか増上寺《ぞうじょうじ》長老の音誉《おんよ》ら十六名が参加していた。

太田道灌の時代以後も、文化人が江戸を訪れる様相が確認できる。「題釣雪斎銘并序《だいちょうせっさいめいならびにじょ》」という史料には、遠《とおと》江《うみ》国から繁田宗治《しげたむねはる》という人物が江戸城に滞在したことを記載している。繁田は多年にわたって東国をまわった末に江戸にたどり着いたらしい。連歌師《れんがし》で著名な飯《いい》尾宗祇《おそうぎ》は死の直前の文亀二年（一五〇二）に、その弟子の宗長《そうちょう》は永正六年（一五〇九）に江戸城を訪れ、連歌の会を催している。特に宗長は旅の途中で江戸を起点として下総国浜野（千葉市）まで往復している。

北条《ほうじょう》氏の時代になっても江戸を訪れる文化人がいた。連歌師宗牧《そうぼく》は天文一三年（一五四四）九月に京を立ち、翌年三月四日に江戸城に到着している。上総攻めの準備が進められる中、宗牧は江戸城内の櫓《やぐら》からの周囲の景色を楽しんでいる。

さらには注目しておきたいのは当時の道と江戸との関連である。飯尾宗祇は武蔵国内を流れる入間川《いるまがわ》の渡河点である上戸《うわと》（現在の川越市《かわごえ》）から三芳野《みよしの》の里河越《かわごえ》（川越）を経て江戸の至っている。また、宗長は壬生《みぶ》（栃木県壬生町）から須賀谷《すがや》（埼玉県嵐山町）を経て江戸に入る。江戸から浜野往復の後、品川を経て鎌倉に向かっている。また先の連歌師宗牧は鎌倉で鶴岡八幡宮《つるがおかはちまんぐう》の参拝をしたあと、神奈川を経て江戸に至っている。

江戸城が北条氏の支城になってからは、江戸がターミナルとなって人や物資が動いていた。戦陣などに際して江戸から岩槻《いわつき》・河越・勝沼《かつぬま》（青梅《おうめ》）のほか、葛西《かさい》・佐倉・小金・関宿《せきやど》などの房総方面へと人や物資が動いて行った。このことは江戸を起点として街道が整備されていたことを示している。

中世後期の江戸

道灌死後も扇谷上杉家は江戸城を活用し、大永四年（一五二四）に上杉朝興《ともおき》が開城するまで、同氏の重要拠点であり、それ以降は後北条《ごほうじょう》氏の支城となる。一時期は隠居後の北条氏政《うじまさ》が拠点とするなど、領国内でも重要性の高い支城であった。家康期の江戸城に連なる城下町が北条氏段階で形成されていたと考えられる。

「江戸城静勝軒詩序并江亭記等写」の記載は、抽象的ながら江戸城下の繁栄を物語っていたが、残念ながら北条時代の江戸城下町はさらには様相がわからない。

この時代の江戸城下町に触れる資料も存在する。天正十二年（一五八四）三月二十一日、この日、江戸・河越両地域で一斉に麦の納入が北条家より各郷村に命じられた。その一通の宛先が「江戸宿」で、同じ都内の北条氏の支城である滝山城にも「滝山宿」と呼ばれる地があったことを踏まえれば、この「江戸宿」も江戸城下の町場を指す語であることは間違いない。時代は前後するが、永禄十一年（一五七八）に比定される十二月十七日付けの北条氏政書状にも江戸城下町に関する記載がある。ここでは、当主北条氏政が下総・安房方面の軍事行動について指示を加えており、その一環で「（下総国松戸《まつど》の領主である）高城《たかぎ》（胤辰《たねたつ》）は江城大橋宿《えじょうおおはしじゅく》に移るように書面で指示せよ」と書き記している。「江城大橋宿」とは江戸城下の宿であることは間違いない。そこで大橋の地名が問題となるが、江戸城下の大橋とは、近世江戸城の常盤橋《ときわばし》の旧称がそれに当たる。この常盤橋にあった常盤橋門は、江戸城の古い段階の大手門《おおてもん》であったという。常盤橋の付近にこの大橋宿があった。

江戸時代初頭の江戸城やその城下町については不明な点がきわめて多い。その中で寛永期の江戸絵図である「武州豊島郡江戸庄図《ぶしゅうとしまぐんえどのしょうず》」などから、初期の江戸城下町の構造が検討されている。その結果、常盤橋を正面とした本町通り沿いに古い城下町があったことがわかっている。この古い城下町とは北条時代の城下町との関連を前提として、家康が再設定した城下町という意味である。さらにこの本町通りに先行する街道は江戸城から浅草を結び「奥州道《おうしゅうどう》」という幹線道路に続く。つまり慶長期の日本橋《にほんばし》架橋後、江戸城下町は日本橋通りを軸とする通り沿いに城下町の中心が移転したことになる。

近年、注目を浴びた「江戸天下祭図屏風《えどてんかまつりのずびょうぶ》」は、この古い城下町との関わりについて重要な視点を提供する。屏風に描かれた祭礼行列は、山王社《さんのうしゃ》から半蔵門《はんぞうもん》を経て、紅葉山《もみじやま》を通り、本丸北側の堀を隔てた通りを下り、竹《たけ》橋門《ばしもん》を出て、大手門付近を経て常盤橋門を通過している。この祭礼行列が行進する道は何らかの理由があって選択された道のはずである。常盤橋門と対極に描かれる半蔵門は甲州街道の起点であり、この付近から中世に国府《こくふ》路と呼ばれた府中に続く道が伸びていた。この道筋は「原本町《はらほんまち》通り」、中世「奥州道」に接続する初期江戸城下町の幹線道路ということになる。徳川家康の時代に至るまで、江戸はこの街道と密接に関連して存在していたのではなかろうか。半蔵門付近から「江戸天下祭図屏風」の祭礼行列に沿って、大橋＝常盤橋に至り、そこから浅草に伸びる主たる街道があった。日本橋架橋以前の中世江戸城下町は、その街道に沿っていたことは間違いなかろう。さらにその町場が江戸時代初頭の本町通り沿いの初期江戸城下町と関連すると考えるのは自然であろう。先学が指摘するとおり古い段階の江戸城下町は戦国時代まで確実に遡ることを、この「江城大橋宿」の文言は裏付けることになる。

家康の江戸

天正十八年（一五九〇）、家康は江戸城に入る。ただし、征夷大将軍《せいいたいしょうぐん》就任以前は文禄二年（一五九二）の西丸《にしのまる》造営を除き、中心部の大規模な普請は実施していない。冒頭に紹介したが、当時の江戸城は玄関も満足にないほどの状態であった。

「江戸はとても寂れた寒村であった」これが家康入国当時の江戸と江戸城の通説である。さらには進んで最近では、家康が入国する以前に江戸界隈《かいわい》は十分に都市が発展するための条件がすでに整っていたのであり、家康は江戸の発展を見抜き、江戸を主体的に選択して自らの本拠地としたとする、家康の先見性を大きく評価する見解もある。いずれにせよ「家康以前の江戸は東国の戦国大名の田舎びた一支城であった」と従来は説いている。はたして事実であろうか。

そこで再度、冒頭の逸話を点検してみよう。この逸話は家康入国当時の家屋敷はどのようであったか、北条氏の家臣遠山氏がいた頃の家がそのまま残っていたかどうかという設問の回答という形式をとっている。その視点でこの逸話を子細に点検してみると、当時の状況をできるだけ忠実に聞き取り、そして表現しようとしていたのではと思うに至る。

まず家康入国以前、戦国大名北条氏の城館内の建物がどのようであったかが問題となる。近年の発掘調査で主殿クラスの豪華な建物では礎石が確認されることはあるが、戦国時代の城内の建物は概して掘立柱《ほったてばしら》の建物であり、瓦《かわら》が葺かれることは主殿クラスでもなかった。城館における礎石建ちで、かつ瓦葺きの建物は織田信長・豊臣秀吉の関係する都市から普及しはじめ、関東に普及したのは家康入国以後と考えられている。杮葺《こけらぶ》きが本当になかったかはやや疑問だが、屋根構造の問題や板敷きでなくて土間であったとする「貧相なイメージ」は、当時の住環境を的確に表現したものである。

この逸話に先立って、『落穂集』では江戸城の北条氏支城時代の様相について記している。「遠山時代の城というのは石垣などを築くところは一カ所もなく、皆々芝土居《しばどい》であって、土手には竹木が茂っていた。御入国の節に本丸・二丸《にのまる》・三丸《さんのまる》と名付けられた郭《くるわ》があった。その間にはとても深い空堀があったが、早速にこれを埋めさせて、本丸が殊《こと》の外《ほか》広くなり、中仕切りの石垣などができたので、以前の御城の面影がなくなった」。石垣がなく、そのかわりに芝土居や土手、郭間を仕切る空堀《からぼり》が存在していたことを書き留めている。石垣と芝土居・土手、深い空堀と中仕切り石垣という対比が明確である。この対比によって徳川氏の時代となって江戸城の構造が大きく変わったと説いているのである。この対比をもって「家康以前の江戸は東国の戦国大名の田舎びた一支城であった」とする説と結びつけるのは論理的には可能である。

しかし、北条氏の城館には基本的には石垣はなく、深い空堀で築かれたものが多い。加えて、東海の戦国大名であった徳川氏でも実態はあまり変わらない。当時の一般的な事例にこの『落穂集』の逸話は大きく逸脱することはないのである。したがって、この逸話をもって、江戸の町をつくりあげた徳川家を顕彰すると考えるとか、はたまた東国における戦国時代の未開性を主張するのは、いささか問題があると言わねばならない。

江戸時代初頭の江戸城は、今に伝わる江戸城とは様相を大きく異にしていた。家康・秀忠・家光の三代を経る中、江戸城は拡張を重ねた。その背景には、江戸城の政治的地位の上昇があったことは見逃せない。

慶長八年（一六〇三）二月、家康は征夷大将軍になった。宣下《せんげ》の儀礼は江戸城ではなく、京都の伏見《ふしみ》城で行われた。当時伏見城は豊臣政権の重要拠点であり、各地の大名が集住する政治的都市であった。家康は豊臣政権の大老として伏見城を管掌していた。したがって、当時の江戸城は大老格の城館ということになる。当然、大名の集住はなく、江戸の広がりは後の首都江戸の大きさに比べて遠く及ばなかった。家康の征夷大将軍就任にともない、各大名家は伏見城下の邸宅をこぞって江戸城下に移転させることになる。江戸が首都としての実質を持つようになるのである。しかし、当時の江戸は各大名家を迎えるのに十分な土地がなく、それゆえ日比谷《ひびや》入江の埋立てで、藩邸用地を確保したのであろう。また先述の城下町も移転、日本橋を架橋し、街道を整備し、新しい町場を調え、江戸は徐々に近世的な体裁を整えていったのである。

江戸城の築城と変遷

江戸幕府開幕《かいばく》以来、一大名徳川氏の居城であった江戸城は天下の城として、大きく変貌していく。まず開始されたのは、城の北、神田山《かんだやま》を崩し、その土で城の東南日比谷入江などを埋め立て、城下を拡げる工事である。この工事に家康は初めて陸奥《むつ》・出羽《でわ》より中国・四国・九州に至る大名の領国から知行一千石に一人ずつの役人足（千石夫《せんごくふ》）を徴集した。全国規模の普請役動員は家康が天下人《てんかびと》となった証しであった。

江戸城の築造は慶長十一年（一六〇六）三月朔日《ついたち》を期して開始された。伊豆《いず》国からの石の切出し、江戸までの海上輸送、石垣の築造は西国大名が勤め、普請の縄張り《なわばり》（設計）は藤堂高虎《たかとら》が担当した。本丸・二丸・三丸の石垣普請は数組に編成され、先陣を争うように行われ、五、六月ごろに終了した。そのあと本丸御殿が造営された。

翌十二年（一六〇七）には代わって東国大名（関八州《かんはつしゅう》・安房・信濃・越後《えちご》・陸奥・出羽）が工事を続けた。石垣の石は上野《こうづけ》国中瀬《なかせ》近郊（現埼玉県大里郡）から運ばれた。このとき高さ十間、方二十間（一間は約一・八メートル）の天守の石垣が築かれ、その上に五層の天守が建てられた。本丸御殿玄関前の鍮錫門《ちゅうしゃくもん》（中雀門）もこの年に築かれた。工事は外郭《そとぐるわ》に及び、神田、一橋《ひとつばし》から赤坂溜池《ためいけ》までの堀が掘られ、また城内梅林坂《ばいりんざか》にあった天神社、紅葉山にあった山王社などは城外に移された。

この両年の大普請により、天下の城としての威容は整えられたが、その後も普請は継続し、慶長十六年（一六一一）には陸奥・出羽・信濃・越後、関東の大名を動員しての堀普請、翌年には舟入堀などの普請を行った。十九年（一六一四）にも西国大名を動員し、大規模石垣普請が行うが、大坂の陣勃発により中断した。

元和元年（一六一五）大坂の陣が終結後、世は名実ともに徳川の天下となった。翌二年四月一七日、家康は七十五歳で没し、駿河《するが》国久能山《くのうざん》に葬られたが、翌年日光山に改葬された。元和四年（一六一八）江戸城普請が再開され、関東の諸士の勤役で西丸の南堀普請が行われたが、家康を祀る日光東照社の造営役を勤めた者は半役とされた。東照社は四年四月の家康三回忌を期して西丸の北、鷲《わし》の森《もり》（紅葉山）にも造営され、紅葉山にはこののち歴代将軍の霊廟《れいびょう》が配置された。

元和六年（一六二〇）には東国大名が動員され、内《うち》桜田《さくらだ》から清水門《しみずもん》までの平石垣と外桜田《そとさくらだ》・和田倉《わだくら》・竹橋・清水・飯田町口（田安門《たやすもん》）・麹町口《こうじまちぐち》（半蔵門）などの桝《ます》形《がた》を築造。八年（一六二二）には本丸御殿を改築、翌年にかけて天守台も改造された。本丸御殿の拡張により、天守は北方に移されたと考えられている。

寛永六年（一六二九）、さらに大規模な普請が行われた。このときは将軍近親の大名四家（尾張《おわり》・紀伊《きい》・駿河《するが》・水戸《みと》）をはじめ、百を越える大小名を動員、石材を伊豆や相模国西部から切出し、江戸まで運搬する寄せ方は尾紀両家を始め三十八家、石垣を築き、堀を掘る築き方は、水戸家など七十家に及ぶ。西丸大手門、日比谷門、数寄屋橋《すきやばし》、呉服橋《ごふくばし》、神田橋、田安門などが造られ、内郭の石垣・桝形はほぼ完成した。

寛永十三年（一六三六）、幕府は残る外郭工事にとりかかる。市ケ谷土橋《いちがやどばし》から喰違土橋《くいちがいどばし》までの堀の掘削は東国大名五十余家、桝形・石垣築造は西国大名六十余家の大動員であった。桝形は虎ノ門《とらのもん》、御成橋《おなりばし》（幸橋《さいわいばし》）、外《そと》麹町口《こうじまちぐち》、市ケ谷、牛込口《うしごめぐち》（飯田橋）、小石川口《こいしかわぐち》、筋違橋《すじかいばし》、浅草口などに造られた。石垣については、一橋桝形から久保町桝形（虎ノ門）に至る丁場割《ちょうばわり》の図面（立花家文書「石垣方普請丁場図《いしがきがたふしんちょうばず》」）により、諸大名の分担、石垣の長さが判明する。外堀の堤上に、幕府は助役大名に命じて松や杉の苗を植えさせた。

完成した江戸城は、内堀の囲む内郭、その外周、外堀の囲む外郭から成る。内郭はさらに城と曲輪に分かれる。すなわち狭義の江戸城は東部の本丸・二丸・三丸と西部の西丸、その間の紅葉山のあたりで、これをとりまく北丸《きたのまる》（代官町）、吹上《ふきあげ》、大手前《おおてまえ》、大名小路《だいみょうこうじ》、西丸下（寛永初年まで三丸）は「御曲輪内《おくるわうち》」である（「御府内沿革図書」）。「御曲輪内」には幕府の施設や将軍家の親族、要人の屋敷が設けられた。うち吹上は後に城内に取り込まれた。外郭は城下にあたり、武家地・町人地・寺社地が配置された。

狭義の城内を概観する。城の中心、本丸には本丸御殿と天守が設けられた。元和八年（一六二二）に改築された本丸御殿は、寛永十四年（一六三七）に再改築されたが、三代将軍家光はこの御殿を華美に過ぎるとして、一部壊させた。この殿舎は寛永十六年に焼失し、翌年再建されたが、明暦三年（一六五七）の大火で再び灰燼《かいじん》に帰した。万治二年（一六五九）再建の殿舎は、補修を加えながらも天保十五（弘化元）年（一八四四）の焼失までその形容を保った。翌二年再建された殿舎は、安政六年（一八五九）焼失、万延元年（一八六〇）再建の殿舎も、文久三年（一八六三）焼失した。以後再建されることなく、明治維新を迎える。また寛永十四年改築された天守は、明暦の大火で焼失し、万治の本丸再建時、天守台は築き直されたが、天主閣は不要とされ、再築されずに幕末に至った。

本丸御殿は将軍の住まいであり、幕府の政庁でもあった。内部は表・奥・大奥に分かれ、表には年頭・八朔《はっさく》や嘉祥《かしょう》・玄猪《げんちょ》、五節句などの儀式、朝廷や外国使節の応接など、公式行事・年中行事《ねんじゅうぎょうじ》に使用する大広間・白書院・黒書院をはじめ、大名・諸役人の控えの間や詰めの間、能舞台などがあった。奥は将軍の日常生活、および政務を執るところで、諸臣を接見する御座之間《ござのま》や、居間・寝所として使われる御休息之間《ごきゅうそくのま》・御小座敷《おこざしき》などがあり、老中《ろうちゅう》・若年寄《わかどしより》の執務室の御用部屋《ごようべや》は表と奥の境辺りにあった。大奥は将軍の私的生活の場で、将軍、御台所《みだいどころ》（正室）、生母、子供たち、側室とこれに仕える女中たちの部屋、大奥の事務や警備を担当する広敷役人《ひろしきやくにん》の詰所があった。奥と大奥の間は石垣（初期）や土手・銅塀（中期以降）で仕切られ、二本（初期は一本）の御鈴廊下《おすずろうか》でつながっていた。

本丸東方に位置する二丸には、別邸の二丸御殿が設けられた。寛永十三年築造の二丸御殿は遊興を目的としたものであったが、寛永二十年（一六四三）に世嗣《よつぎ》家綱《いえつな》の御殿として改築されて、本丸御殿同様、表・奥・大奥に区分された対面を中心とする建物となった。この殿舎も明暦の大火で焼失し、あとに日光道中越谷宿《こしがやじゅく》の御殿を移築した。このとき本丸を東へ拡張する工事が行われ、本丸から二丸への降り口を汐見坂《しおみざか》と名付けたという。その後、延宝九年（一六八一）神田御殿を移築したが、延享四年（一七四七）に焼失、宝暦九年（一七五九）に九代将軍家重《いえしげ》の引退に備え再建された。二丸御殿は前将軍の御台所の住まいにもあてられている。文久三年（一八六三）に焼失し、慶応元年（一八六五）に小規模な御殿が建てられたが、これも慶応三年（一八六七）に焼失した。

二丸の東側の三丸は、初期には二丸の一部であったとみられる。三丸御殿は寛永二十年二丸御殿と同時に築造、明暦の大火で焼失した。その後再建され、五代将軍綱吉《つなよし》の生母桂昌院《けいしょういん》の住まいとなったが、のちにはあまり使用されなくなった。

西丸には引退した将軍（大御所《おおごしょ》）あるいは世嗣の住まいが設けられた。寛永元年に大御所秀忠の住まいとして建てられた殿舎は寛永十一年に焼失。再建された殿舎は応急的なもので、慶安元年（一六四八）、世嗣家綱が二丸から西丸に移ることになり、本格的な西丸御殿が完成した。本丸御殿同様、表・奥・大奥から成る。この殿舎は長く維持されたが、天保九年（一八三八）に焼失、その後天保十年再建の殿舎が、嘉永五年（一八五二）に灰燼に帰し、すぐに再建された殿舎が、文久三年（一八六三）再び焼失した。元治元年（一八六四）に仮御殿を設けた。

西丸の北側一帯を紅葉山、あるいは鷲の森といい、元和四年（一六一八）に東照社（正保二年（一六四五）東照宮）が造営されて以来、歴代将軍の霊廟（御霊屋《おたまや》）が設けられ、七代家継以降は合祀《ごうし》された。霊廟の北側には宝蔵（具足《ぐそく》蔵・鉄砲蔵・書物蔵・屏風蔵）があり、うち書物蔵がのちの紅葉山文庫で、書物奉行によって管理された。

吹上は初期には尾張・紀伊・水戸の御三家《ごさんけ》のほか、多くの武家屋敷が建ち並んでいたが、明暦の大火後、これらの屋敷は防火のため移転させられ、明地となり、花畑や植溜が設けられた。その後六代将軍家宣《いえのぶ》の時代に庭園として整備されて「吹上御庭《ふきあげおにわ》」と呼ばれるようになり、城内に取り込まれた。歴代の将軍により御茶屋や鳥・動物小屋、馬場などが造られ、また「吹上御庭」を管理する役所の隣に上覧所が設けられた。ここでは馬術・弓術・砲術の上覧、公事《くじ》（裁判）の上聴、相撲の上覧など、さまざまな催しが行われた。

江戸城

天守

城と言えば天守《てんしゅ》を思い浮かべるように、天守は城の中でも最も象徴的な建物であった。現在、日本には姫《ひめ》路《じ》城（現兵庫県姫路市）などわずか十二か城に天守が残るのみであるが、江戸時代はじめには全国各地の城に天守が構えられた。城下町には天守に向けて一直線に延びる街路が設定されるなど、天守は都市の景観の中心に据えられていた。

天守の歴史は古いものではない。戦国時代後半に戦国武将松永久秀《ひさひで》が大和国多聞山《たもんやま》城（現奈良県）に築いたのが始めとされ、本格的な高層建築の天守は織田信長が天正四年（一五七六）に着工した安土《あづち》城（滋賀県）が最初といわれる。現存天守の中では、犬山城（愛知県）および丸岡城（福井県）の天守が古い形態を伝えていると評価されている。

江戸城の天守は徳川家康が初めて建設した。しかし明暦の大火で焼失し、それ以後は再建されることはなかったため、江戸の町に天守が聳《そび》えていた時期はわずか五十年余であった。したがって、江戸城では江戸時

▲「江戸京都絵図屏風」（右隻）　江戸城を中心とした慶安年間（1650年頃）の都市江戸の景観が描かれた屏風。江戸城天守の威容を語る数少ない資料の一つ。制作年代から三代将軍家光が建てた三度目の天守で、おそらくこの屏風が完成後数年で明暦の大火で焼失してしまう。なお左隻に京都の絵図が描かれ、江戸・京都で対となる。（江戸時代前期）

▲ **武州豊嶋郡江戸庄図**（天守部分）　江戸城下町を考察する基本資料となっている。図の中央上部やや右寄りに天守が描かれる。デザイン化されているために詳細な形はわからないが、江戸城天守の姿を伝える数少ない資料の一つ。（寛永９年（1632）に刊行された最初の江戸図を天保期に写したもの。）

代のほとんどの期間において天守は存在していなかったのである。

わずか五十年間しか聳《そび》えていなかった天守も、実は三度建築されていた。徳川家康の慶長期、二代秀忠の元和期、三代家光の寛永期である。三度にわたる建築の理由は明らかではない。本丸《ほんまる》の拡張にともなう改築が理由として考えられている。また将軍が交代するごとに建築されていることから、代替りを象徴的に示すために改築された可能性もある。またいずれの時代の天守も詳細な情報が伝えられていないため、どのような建築であったかについて議論がある。

慶長期の天守は慶長十一年（一六〇六）に建設されたという。慶長十一年の工事は、家康が征夷大将軍《せいいたいしょうぐん》に就任したのを受けて発令されたもので、本丸を中心とする普請《ふしん》であった。現在残る本丸の石垣の一角にはこの時期に普請された石垣が残っている。天守が建てられた場所は現在の天守台がある場所とは異なり、本丸西側の中央付近に想定されている。

元和期の天守は元和八年（一六二二）に着工したとされる。翌年八月に「御天守・うつミ御門わき石かき」普請が指示されており、竣工には数年を要していることが窺える。

寛永期の天守は寛永十五年（一六三八）に建築された。典拠《てんきょ》となった資料である「江戸城天守《えどじょうてんしゅ》　百分之一建地割《ひゃくぶんのいちたてちわり》」（都立中央図書館所蔵「甲良家文書《こうらけもんじょ》」）には、建築の様相が記されている。

寛永十五年七月十三日辰《たつ》之時、御《み》
柱立穴蔵《はしらたてあなぐら》
同月二十七日、初重御柱立、
同十月二十六日、鴟吻《しふん》ヲ上ル、
同十一月五日金子ニ而包ム、

七月の柱立てから、十一月の鯱据付《しゃちほこすえつ》けと化粧までを記しており、四か月にわたって作事《さくじ》が行われていたことがわかる。この記事は作事に限ることから、天守台の普請はそれ以前に遡《さかのぼ》ることになる。

「武州州学十二景圖巻《ぶしゅうしゅうがくじゅうにけいずかん》」冒頭に描かれた江戸城の光景は、この寛永期天守の雄姿である。上野忍ヶ岡《しのぶがおか》から望んだ天守に、元旦の日ざしが最上層に差し込むという吉兆が描かれる。数少ない年次がわかる江戸城天守の景観である。

このほかに江戸城天守を描いたものとして、「江戸図屏風《えどずびょうぶ》」（国立歴史民俗博物館所蔵）・「江戸名所図屏風《えどめいしょずびょうぶ》」（出光美術館所蔵）が知られるほか、「江戸《えど》・京都絵図屏風《きょうとえずびょうぶ》」（江戸博所蔵）がある。これらの天守は寛永期の天守といわれているが、それぞれが微妙に異なっている。建築図面としては「甲良家文書」に数種類の図面が含まれている。甲良家は江戸幕府御作事方大棟梁《おさくじかただいとうりょう》を勤めた家であり、図面の信頼性は高い。このほか近世初頭の著名な大工頭《かしら》中井正清《まさきよ》を生んだ中井家にも江戸城天守の指図が伝えられている。

最後の寛永期の天守は、明暦三年（一六五七）の明暦の大火で消失する。直後に幕府は加賀《かが》（現石川県金沢市）前田藩に天守台再建を命じ、同家は金沢より職人・人足を動員し花崗岩《かこうがん》の切石を使った清浄感あふれる天守台を普請した。しかし、「もはや天守は必要な時代ではない」という幕閣の判断から、天守そのものが再建されることはなかった。

その後、正徳期に天守再建が計画された。甲良家文書にある寛永期天守の図と相違がないことから、寛永期の天守をそのまま再建しようと計画していたことがうかがわれる。しかし残念ながら、実現には至らなかった。

▲ **「武州州學十二景圖巻」**　林羅山（らざん）が忍ヶ岡に賜った地の中央に建立した孔子廟「先聖殿」から眺望した12の景観を巻子に仕立てたのが本図。画は幕府御用絵師狩野家一門が描き、林羅山が詩・跋文を添えた。この江戸城の図は「金城初日」と題し、狩野尚信（なおのぶ）が描いている。（慶安元年（1648））

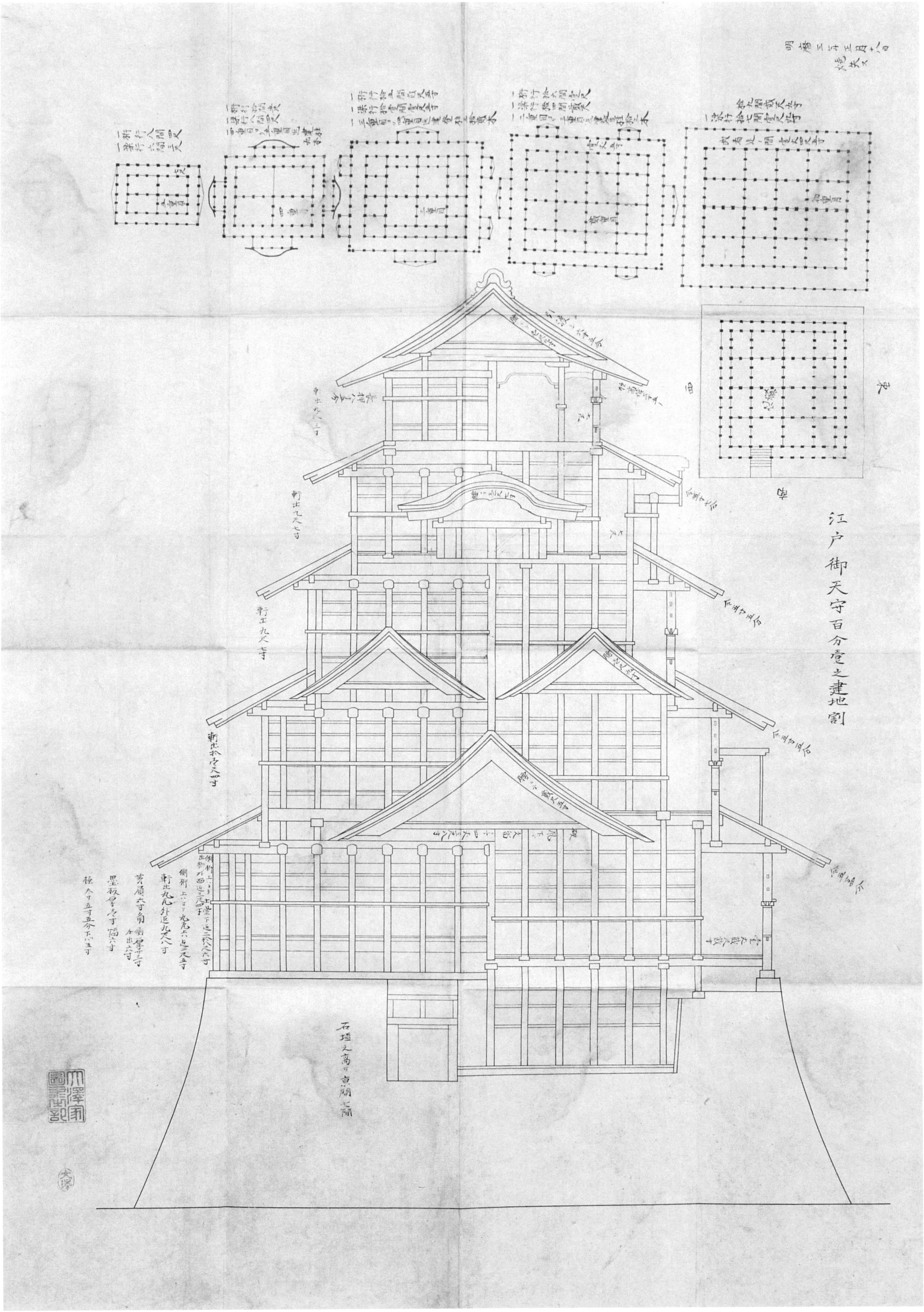

▲「江戸城御天守百分壱之建地割」 家光の時代に建てられた天守は、明暦3年(1657)正月18日に発生した明暦の江戸大火で焼失してしまう。以後、天守は建てられなかった。図面の右上には焼失に関する記載がある。

御殿と儀礼

本丸御殿《ほんまるごてん》は南から表《おもて》・奥《おく》・大奥《おおおく》に区分される。表は儀式を行う広間と諸役人の執務室からなる。奥は将軍の公邸、大奥は御台所《みだいどころ》を中心とする将軍の子女や大奥の女中が生活し、将軍の私邸にあたる。

将軍との謁見や幕府の儀式は大広間《おおひろま》・白書院《しろしょいん》ほかで行われた。このうち最も格式が高かったのは大広間で、江戸城内で最大の建物だった。大広間南東部に突き出した構造物は中門《ちゅうもん》と呼ばれ、寝殿造りの名残りである。江戸時代のはじめには大名の邸宅によく見られたが、しだいに使用が幕府関係の建物に限られるようになり、権威を象徴する建築物となった。また大広間の南側には能舞台《のうぶたい》があった。大舞台から観能は幕府の儀礼で重要なものであった。なお、この舞台で演じられる能は、町人が招き入れられ大広間前の庭から観賞することもあった。

白書院は大広間に次ぐ格式をもつ御殿で、越前《えちぜん》松平家・加賀《かが》前田家との元旦の対面、諸大名からの御礼を受けるときはこの場で行われた。また朝廷《ちょうてい》からの使節を迎えた際の饗宴《きょうえん》も白書院で行われている。

このほか、黒書院《くろしょいん》・御座之間《ござのま》・御休息間《ごきゅうそくのま》・御小座敷《おこざしき》などが重要な御殿であった。黒書院は大広間・白書院につぐ格式のあると儀礼の間であった。御座之間は将軍の居間および執務室、御休息は居間、御小座敷は寝室として使用

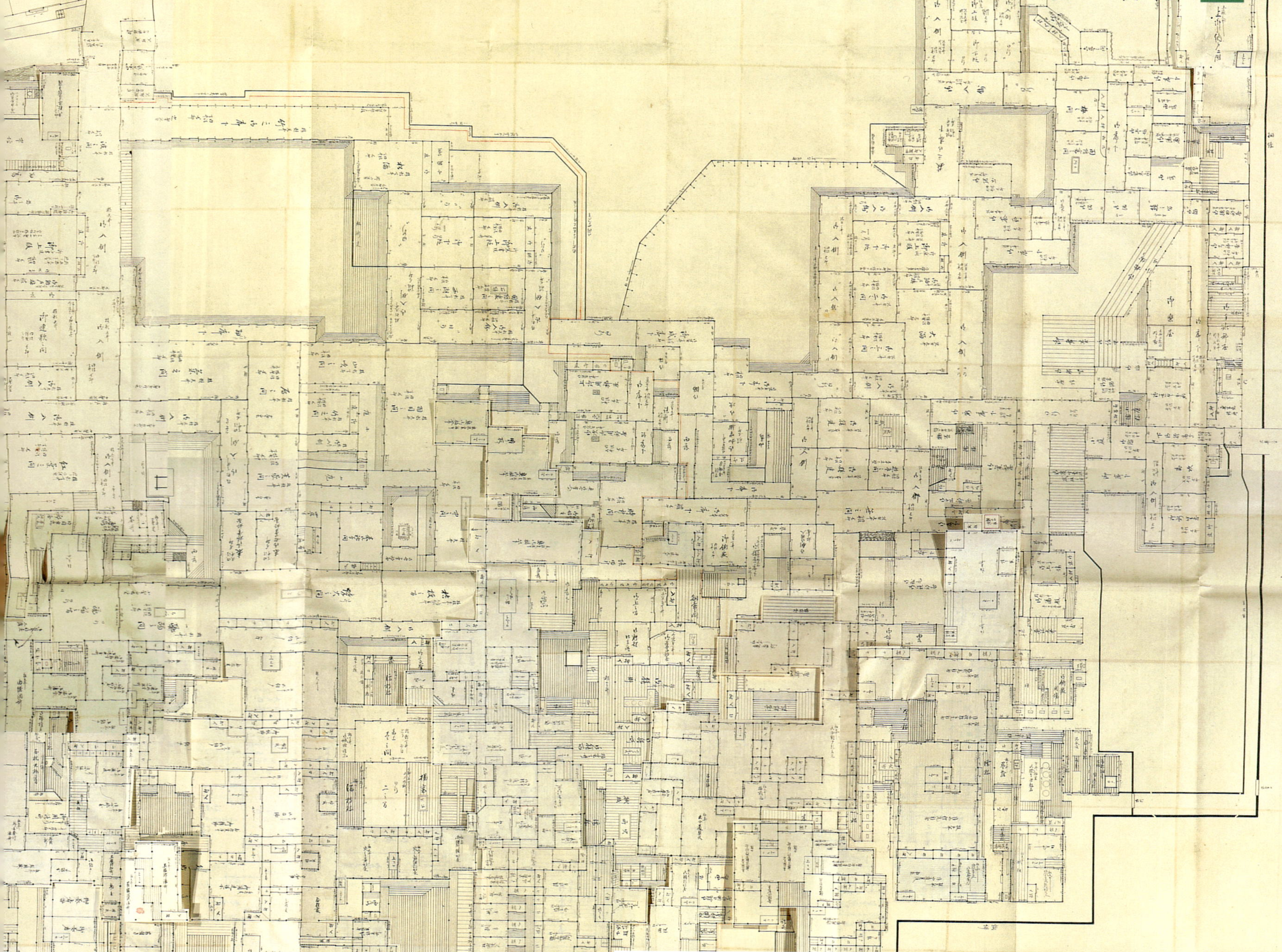

▲ **中庭から見た松の廊下**（大廊下）模型　松の廊下（大廊下）は大広間と白書院を結ぶL字形の廊下で、南北33m、東西約21mと推定されている。写真右の障壁画奥は、御三家や前田家、越前松平家などの最高の格式を有する大名の詰め所であった。

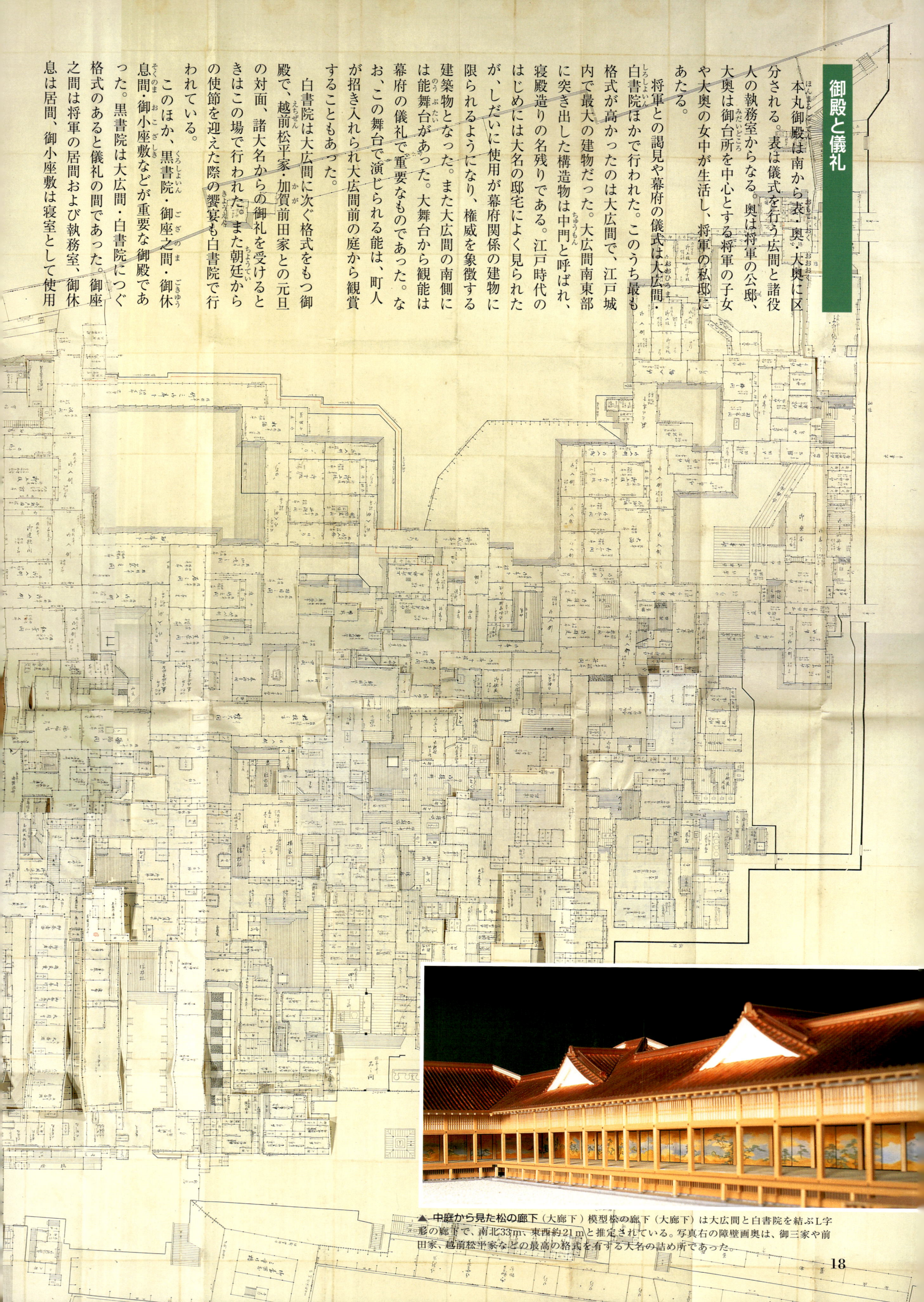

された。

江戸城本丸御殿が本格的に造営された最初は、家康の将軍宣下《せんげ》を受けての慶長十一年（一六〇六）の造営のときとされる。以後、徐々に本丸御殿が大きくなり、本丸の敷地も拡張された。

本丸御殿は明暦の大火の際など、度々被災した。慶長以後は、大きな工事だけでも元和八年（一六二二）・寛永十四年（一六三七）・万治二年（一六五九）・弘化二年（一八四五）・万延元年（一八六〇）などと、頻繁に工事が行われていた。しかし、文久三年（一八六三）に焼失して以後は再建されなかった。焼失後の荒廃した様相は古写真に残されている。

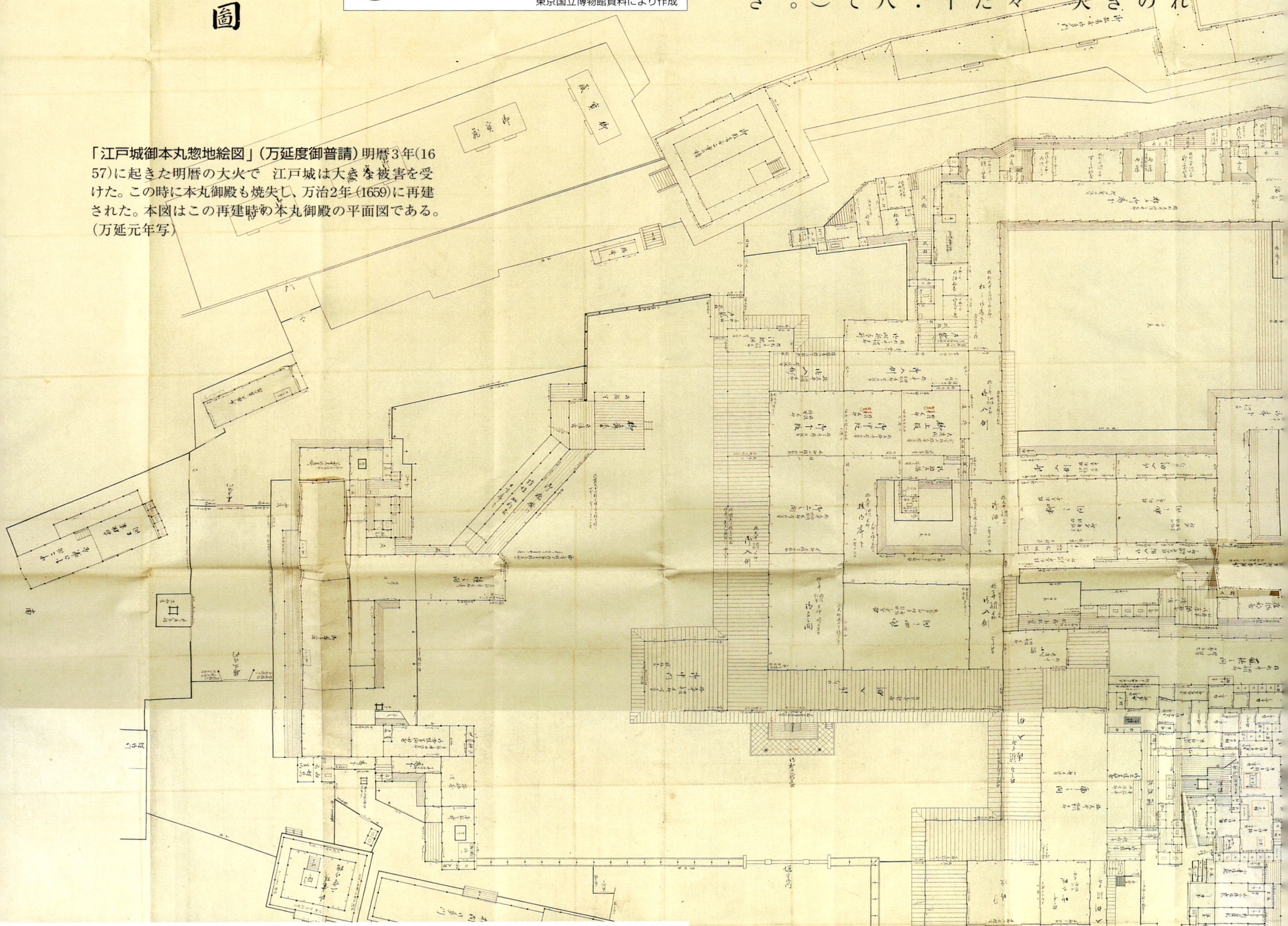

「江戸城御本丸惣地絵図」（万延度御普請）明暦3年（1657）に起きた明暦の大火で 江戸城は大きな被害を受けた。この時に本丸御殿も焼失し、万治2年（1659）に再建された。本図はこの再建時の本丸御殿の平面図である。（万延元年写）

▲ **大広間の断面**（上・中・下段の間） 模型 大広間は、江戸城内で最も重要な儀式が執り行われる場で、上・中・下段の間、二の間、三の間、四の間などがあり、500畳ほどの広さがあった。写真右の一番高い場所が将軍の座す上段の間である。

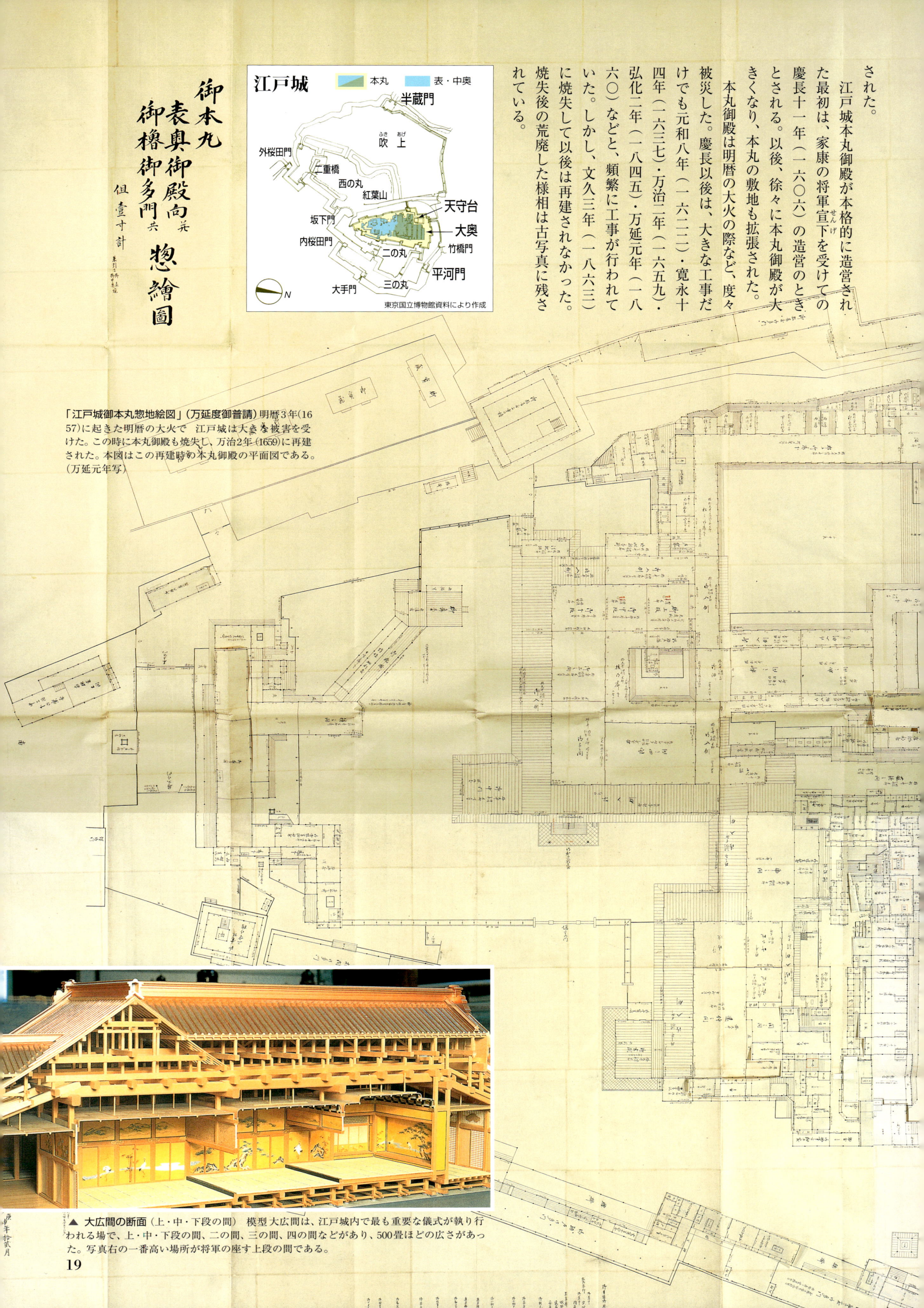

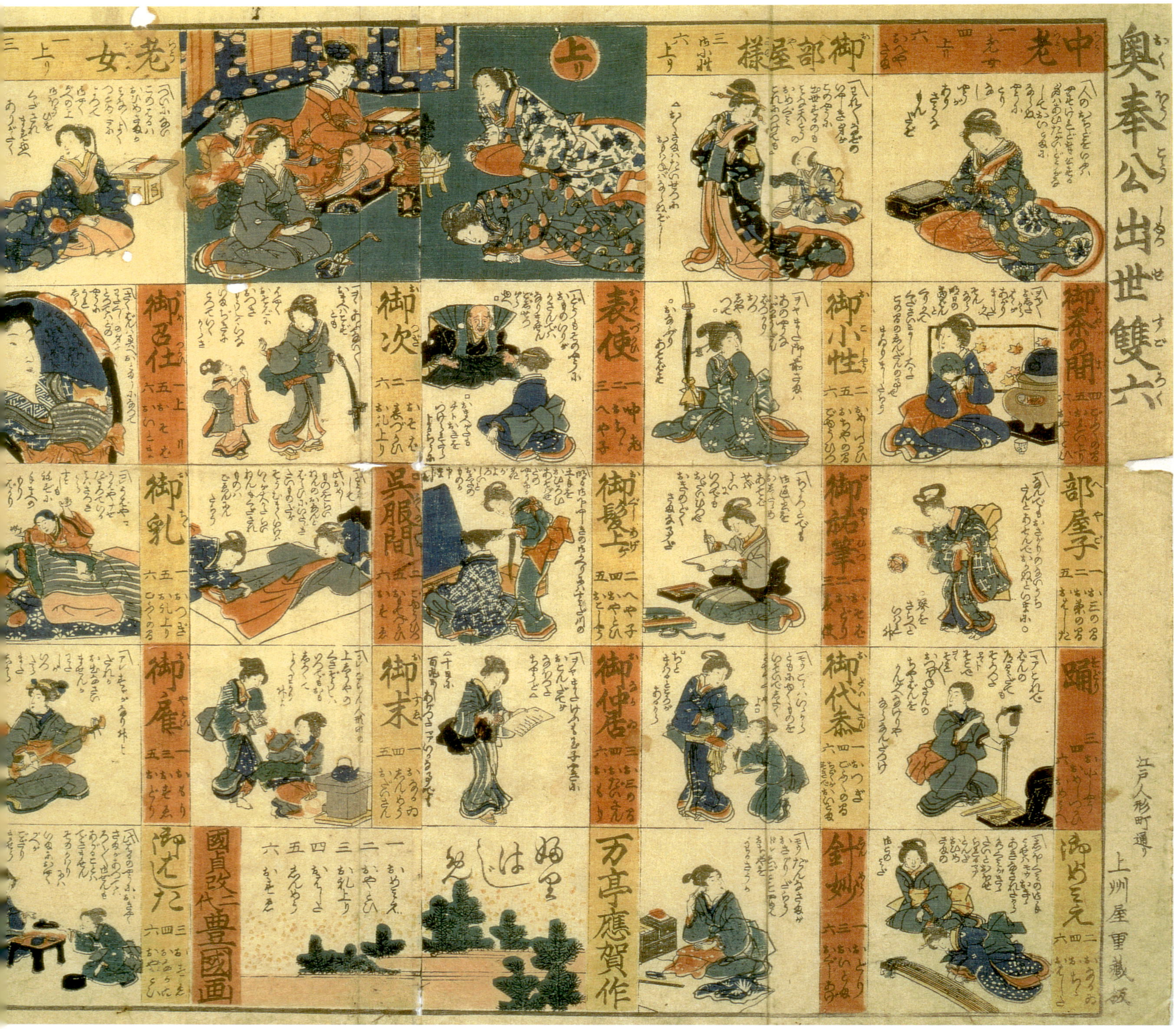

▲「奥奉公出世双六」 弘化元年（1844）から元治元年（1864）頃に、上州屋重蔵が版元となって刊行した双六（すごろく）。中央下の「ふりはじめ」から中央上の「上り」まで、大奥にある様々な役職を進む形式になっている。それぞれのコマの文章は19世紀後半に活躍した戯作者万亭應賀（まんてい・おうが）、画は歌川二代豊国（国貞）による。

大奥

中世より都市の邸宅や城館内部の居館では、表《おもて》と奥《おく》が区別されて屋敷構えができていた。対面・儀礼など政治的な場面となった表と、その家が家族生活を営んだ奥である。この区分は儀礼の充実などとともに、個別の名称が付与されるとか、建築的に別棟になるなどの変化を経て、しだいにはっきりと区分けされるようになっていった。

江戸城でも本丸《ほんまる》・西丸《にしのまる》・二丸《にのまる》・三丸《さんのまる》において、表・奥・大奥《おおおく》が区別され、奥向きを特に大奥と言っていた。大奥の空間は、将軍の寝所・御台所《みだいどころ》の居室・奥女中《おくじょちゅう》の詰め所などがある御殿向《ごてんむき》、奥女中の住居である長局向《ながつぼねむき》、御広敷役人《おひろしきやくにん》の詰め所がある広敷向という三つで大きく構成されていた。奥との境は銅壁で仕切られており、御鈴廊下《おすずろうか》がつながるのみであったという。この御鈴廊下は当初一本であったが、十八世紀に二本となっている。現在に伝わる図面の時代判定をするメルクマールとされている。

大奥では将軍の夫人、西丸においては大御所《おおごしょ》もしくは将軍世嗣《せいし》の夫人、すなわち大御台所・御台所が主人とされ、主人に奉公する奥女中と御広敷役人で組織が組まれていたとされていた。一般に大奥は男子禁制といわれるが、大奥内の御広敷には事務処理や警備・監察に関わる男性の御広敷役人が詰めていた。奥女中の職制は時代により様々で一定していないが、上臈《じょうろう》・御年寄《おとしより》・中年寄《なかどしより》・御客応答《おきゃくあしらい》・中臈《ちゅうろう》・御坊主《おぼうず》・御小姓《おこしょう》・御錠口《ごじょうぐち》・表使《おもてづかい》・御次《おつぎ》・御右筆《ごゆうひつ》・御切手書《おきってがき》・呉服之間《ごふくのま》・御三之間《おさんのま》・御広座敷《おひろざしき》・御火之番《おひのばん》・御使番《おつかいばん》・御仲居《おなかい》・御末《おすえ》・御犬子供《おいぬこども》などがあり、将軍・御台所への御目通り《おめどお》の可否で区別されていた。三代家光以後、天皇家・皇族・上級貴族から御台所を迎えたことにともない、京都から下向した側近が奥女中にはいったため、しだいに公家風の習慣が浸透していった。

大奥が表の政治に関与することは厳に禁止されてい

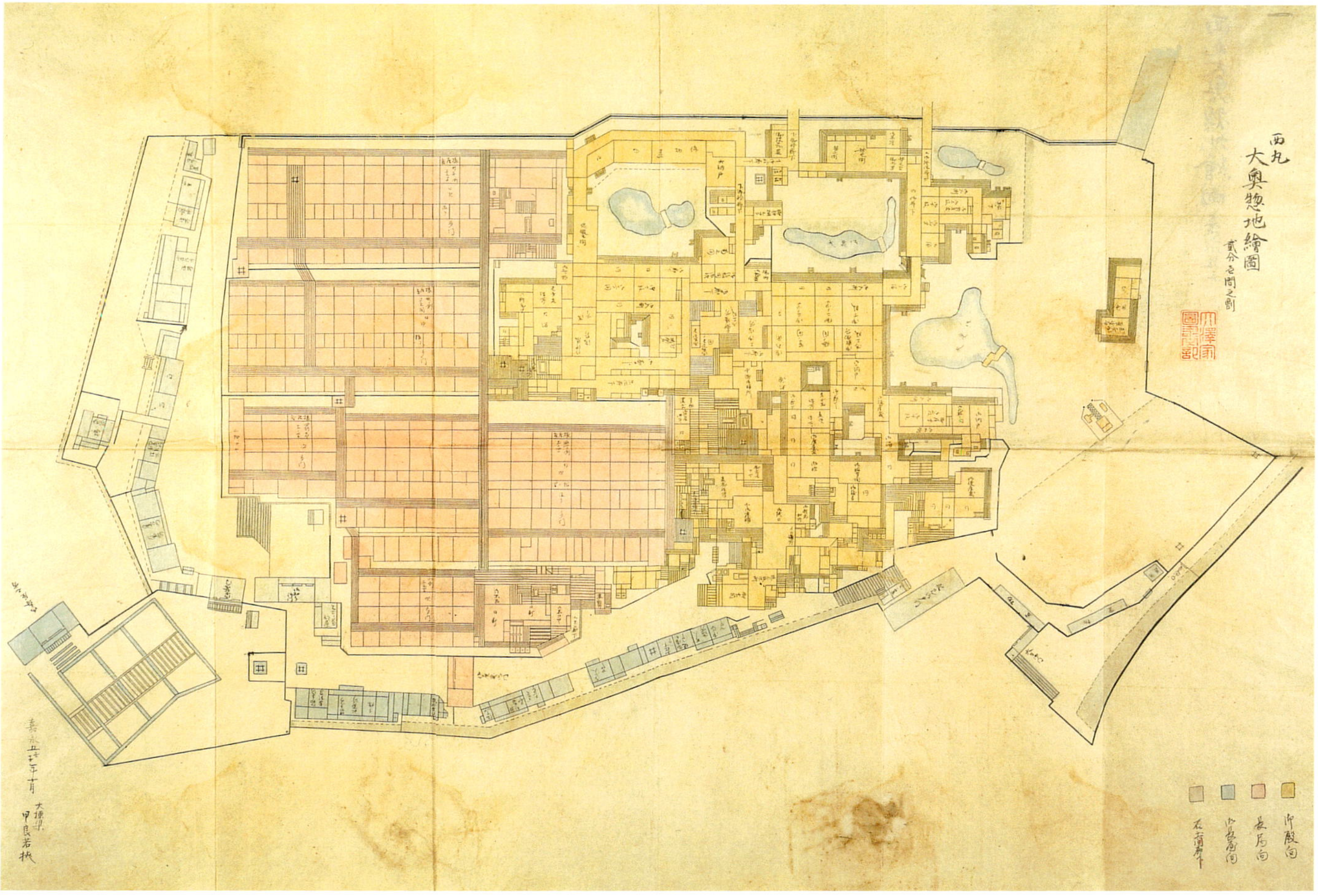

▲**「西丸大奥惣地絵図」**（にしのまるおおおくそうちえず） 大奥は本丸だけでなく、西丸にもあった。嘉永5年（1852）5月22日、同御殿は御広敷より出火し全焼した。再建は同年6月に工事に着工し、12月21日に竣工する。本図には「嘉永五壬子年十月」の記載があることから、この際の図面と考えられる。また「甲良若狭（こうら・わかさ）」の署名があることから、本図は御作事方大棟梁（おさくじがただいとうりょう）甲良家に伝来したと推測される。

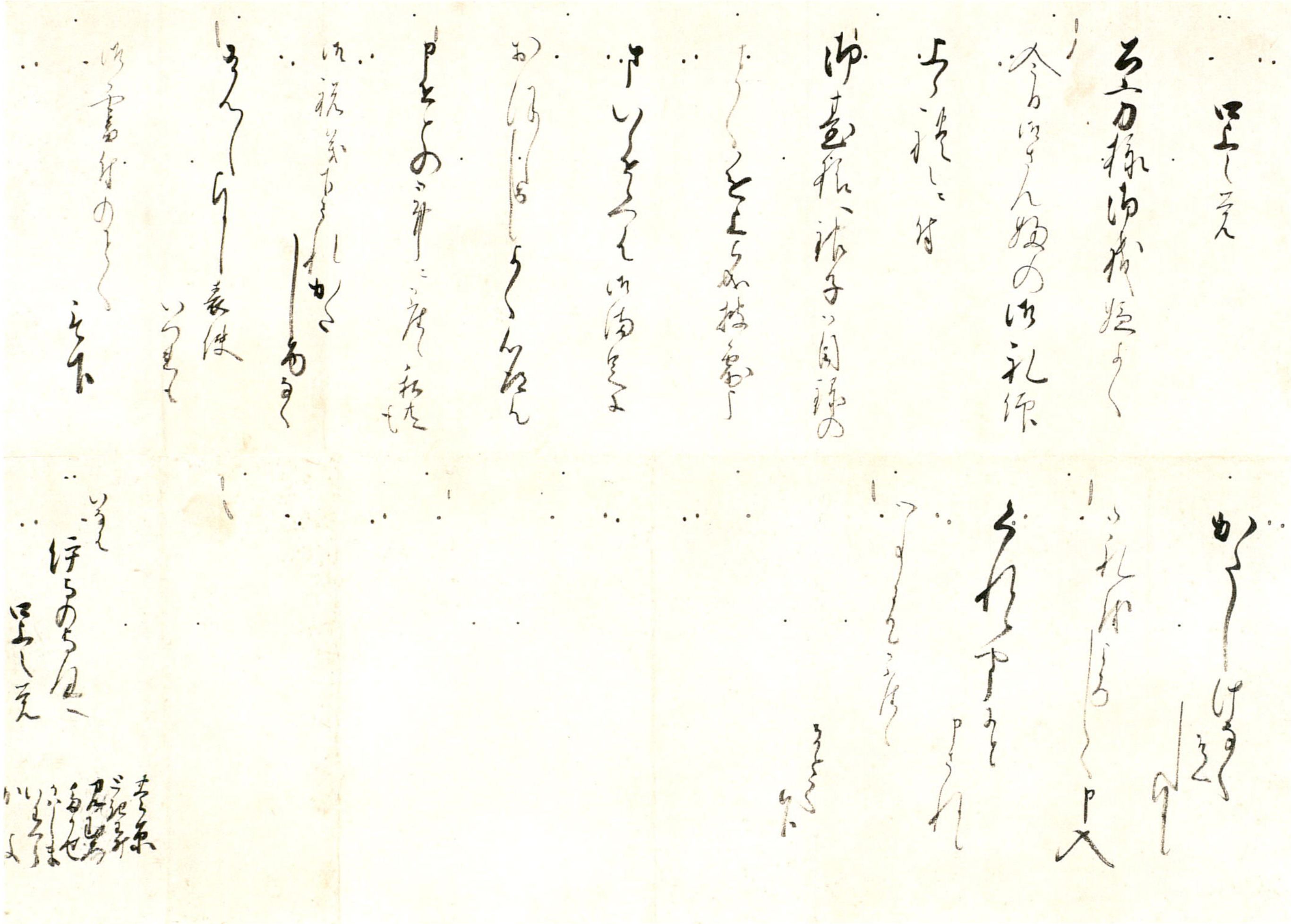

▲**大奥上臈豊原ほか書状** （「豊後臼杵藩稲葉家文書」） 臼杵藩（現大分県臼杵市）の藩主稲葉恒通（つねみち）が大奥御年寄から受け取った書状。稲葉恒通が参勤交代にともなう出府に際して、将軍家宣御台所熙子（ひろこ）に銀貨を献上した。その礼状が本状。書状によると、御台所だけではなく、大奥女中衆にも御祝儀を送っていた。

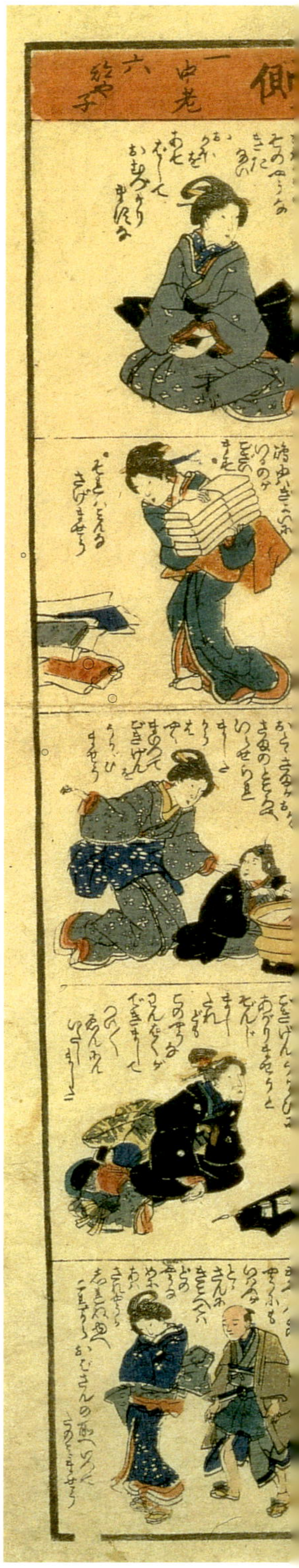

た。しかし水野忠邦《ただくに》が行った緊縮財政は大奥の反発にあっており、失脚の一因になったという。実際には影響を及ぼしたことが少なくなかった。

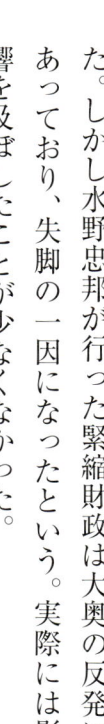

徳川将軍家

▶「萌葱地葵紋付小紋染羽織」（もえぎあおいもんつきこもんぞめはおり） 元和元年（一六一五）の大坂夏の陣での勲功を賞されて今村正長（まさなが）が徳川家康より拝領した羽織。来歴が明らかで、軍功の逸話も伝わる。江戸時代初期の貴重な染織品である。【国指定重要文化財】

徳川将軍家

将軍は、正式には「征夷大将軍《せいいたいしょうぐん》」という。古代においては東北地方の蝦夷《えみし》を征討するために朝廷が臨時に派遣する軍隊の総指揮官をさしたが、のちには征夷の意味がなくなり、幕府の首長の職名となった。徳川家康は、源頼朝《よりとも》や足利尊氏《たかうじ》にならって征夷大将軍の職を望み、慶長八年（一六〇三）二月に伏見《ふしみ》城（現京都市伏見区）において将軍宣下《せんげ》があり、徳川幕府初代将軍となった。

家康は天文十一年（一五四二）十二月二十六日、三河《みかわ》国岡崎《おかざき》城主松平広忠《ひろただ》の子として生まれた。幼少の頃は今川家・織田家の元で人質として過ごした。永禄三年（一五六〇）の桶狭間《おけはざま》の合戦以後、独立し、織田信長と結んで勢力を拡大した。信長没後、羽柴（のちの豊臣）秀吉と対立したが、のちに豊臣政権の中核《ちゅうかく》を担った。秀吉没後は遺言により伏見にとどまり、政権を担当していた。将軍宣下は名実ともに天下人《てんかびと》となったことを示していた。

家康は就任二年後の慶長十年、将軍職を三男秀忠に譲り、世襲《せしゅう》により徳川氏が政権を担当することを示した。続く家光は元和九年（一六二三）七月に三代将軍となった。大御所秀忠の死後、家光は将軍権力を強化し、徳川幕府を盤石《ばんじゃく》ものとした。以来慶応三年（一八六七）の大政奉還によって将軍職が廃止されるまで十五代、足かけ二六五年にわたって継承された。

なお、将軍就任者は源氏長者《ちょうじゃ》、奨学《しょうがく》院《いん》・淳和院《じゅんないん》別当《べっとう》などの名目を兼ねることがしきたりとなっていた。

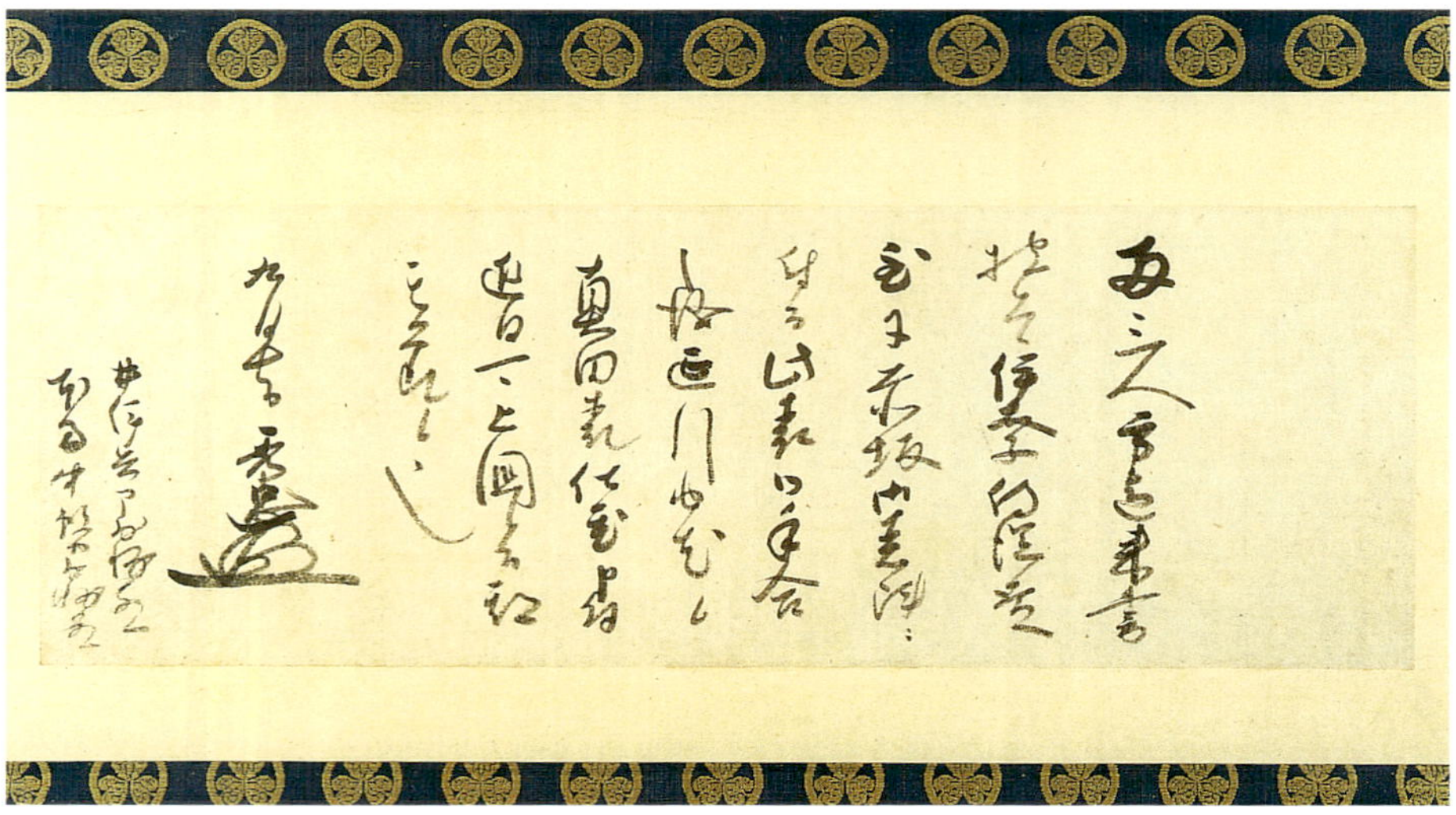

▲「徳川秀忠書状」 慶長五年（1600）に行われた関ヶ原の合戦で、徳川家康は確固たる地位を獲得する。しかし、徳川軍の本隊を率いた徳川秀忠は信州上田に釘付けにされ、この合戦に間に合わなかった。本状は上田城攻めの最中に家康側近の本多忠勝（ほんだ・ただかつ）・井伊直政（いい・なおまさ）に状況を連絡したもの。

徳川家系図

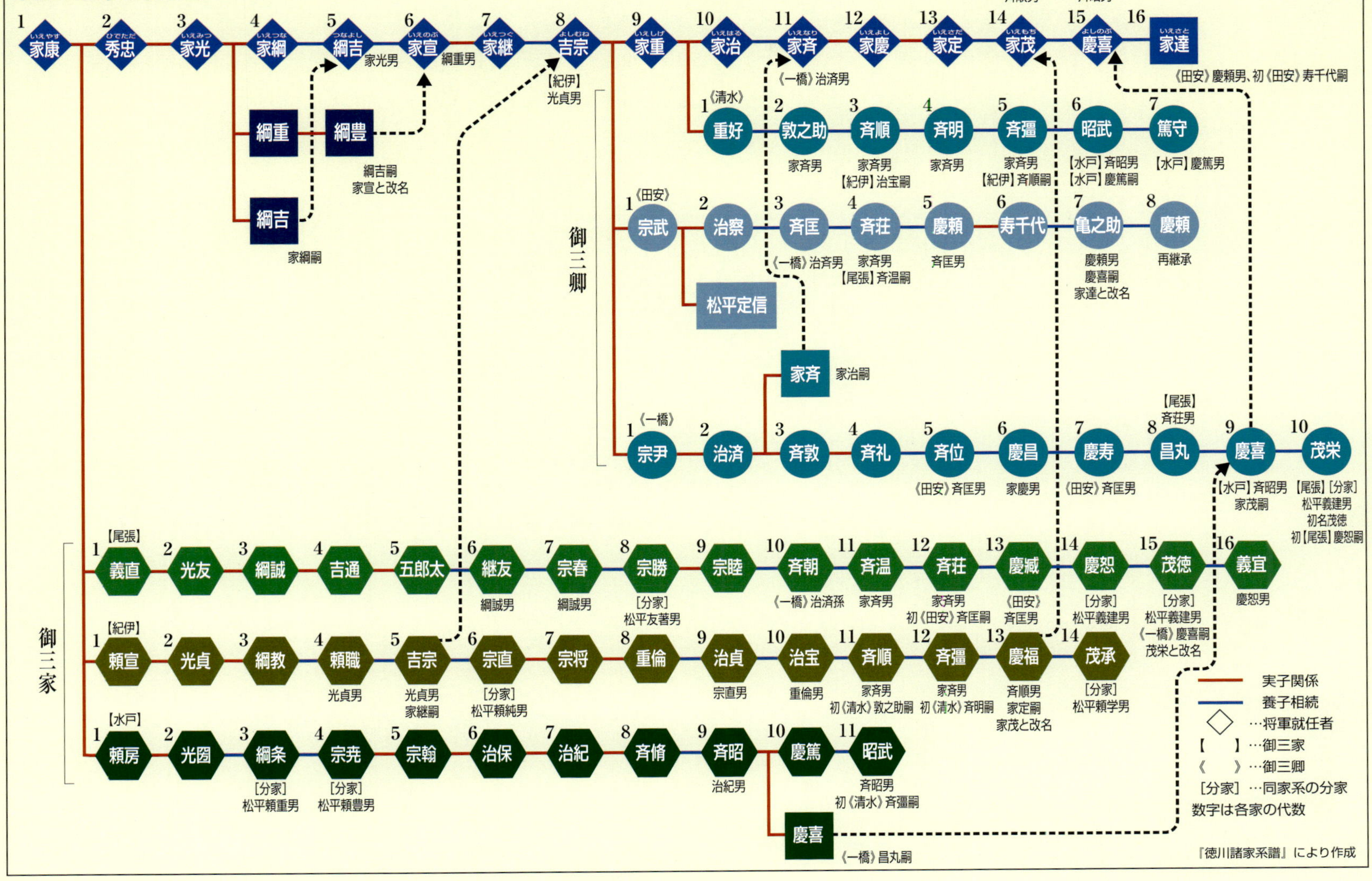

1 家康《いえやす》
2 秀忠《ひでただ》
3 家光《いえみつ》
4 家綱《いえつな》
5 綱吉《つなよし》 家光男
6 家宣《いえのぶ》 綱重男
7 家継《いえつぐ》
8 吉宗《よしむね》 【紀伊】光貞男
9 家重《いえしげ》
10 家治《いえはる》
11 家斉《いえなり》 《一橋》治済男
12 家慶《いえよし》
13 家定《いえさだ》
14 家茂《いえもち》 【紀伊】斉順男
15 慶喜《よしのぶ》 【水戸】斉昭男
16 家達《いえさと》 《田安》慶頼男、初《田安》寿千代嗣
綱重
綱豊 綱吉嗣 家宣と改名
綱吉 家綱嗣
御三卿
1《清水》重好 2 敦之助 家斉男 3 斉順 家斉男 【紀伊】治宝嗣 4 斉明 家斉男 5 斉彊 家斉男 【紀伊】斉順嗣 6 昭武 【水戸】斉昭男 【水戸】慶篤嗣 7 篤守 【水戸】慶篤男
1《田安》宗武 2 治察 3 斉匡 《一橋》治斉男 4 斉荘 家斉男 【尾張】斉温嗣 5 慶頼 斉匡男 6 寿千代 7 亀之助 慶頼男 慶喜嗣 家達と改名 8 慶頼 再継承
松平定信
家斉 家治嗣
1《一橋》宗尹 2 治済 3 斉敦 4 斉礼 5 斉位 《田安》斉匡男 6 慶昌 家慶男 7 慶寿 《田安》斉匡男 8 昌丸 【尾張】斉荘男 9 慶喜 【水戸】斉昭男 家茂嗣 10 茂栄 【尾張】[分家]松平義建男 初名茂徳 初【尾張】慶恕嗣
御三家
1【尾張】義直 2 光友 3 綱誠 4 吉通 5 五郎太 6 継友 綱誠男 7 宗春 綱誠男 8 宗勝 [分家]松平友著男 9 宗睦 10 斉朝 《一橋》治済孫 11 斉温 家斉男 12 斉荘 家斉男 初《田安》斉匡嗣 13 慶臧 《田安》斉匡男 14 慶恕 [分家]松平義建男 15 茂徳 [分家]松平義建男 《一橋》慶喜嗣 茂栄と改名 16 義宜 慶恕男
1【紀伊】頼宣 2 光貞 3 綱教 4 頼職 光貞男 5 吉宗 光貞男 家継嗣 6 宗直 [分家]松平頼純男 7 宗将 8 重倫 9 治貞 宗直男 10 治宝 重倫男 11 斉順 家斉男 初《清水》敦之助嗣 12 斉彊 家斉男 初《清水》斉明嗣 13 慶福 斉順男 家定嗣 家茂と改名 14 茂承 [分家]松平頼学男
1【水戸】頼房 2 光圀 3 綱条 [分家]松平頼重男 4 宗尭 [分家]松平頼豊男 5 宗翰 6 治保 7 治紀 8 斉脩 9 斉昭 治紀男 10 慶篤 11 昭武 斉昭男 初《清水》斉彊嗣
慶喜 《一橋》昌丸嗣
実子関係
養子相続
◇…将軍就任者
【 】…御三家
《 》…御三卿
[分家]…同家系の分家
数字は各家の代数
『徳川諸家系譜』により作成

江戸幕府将軍表

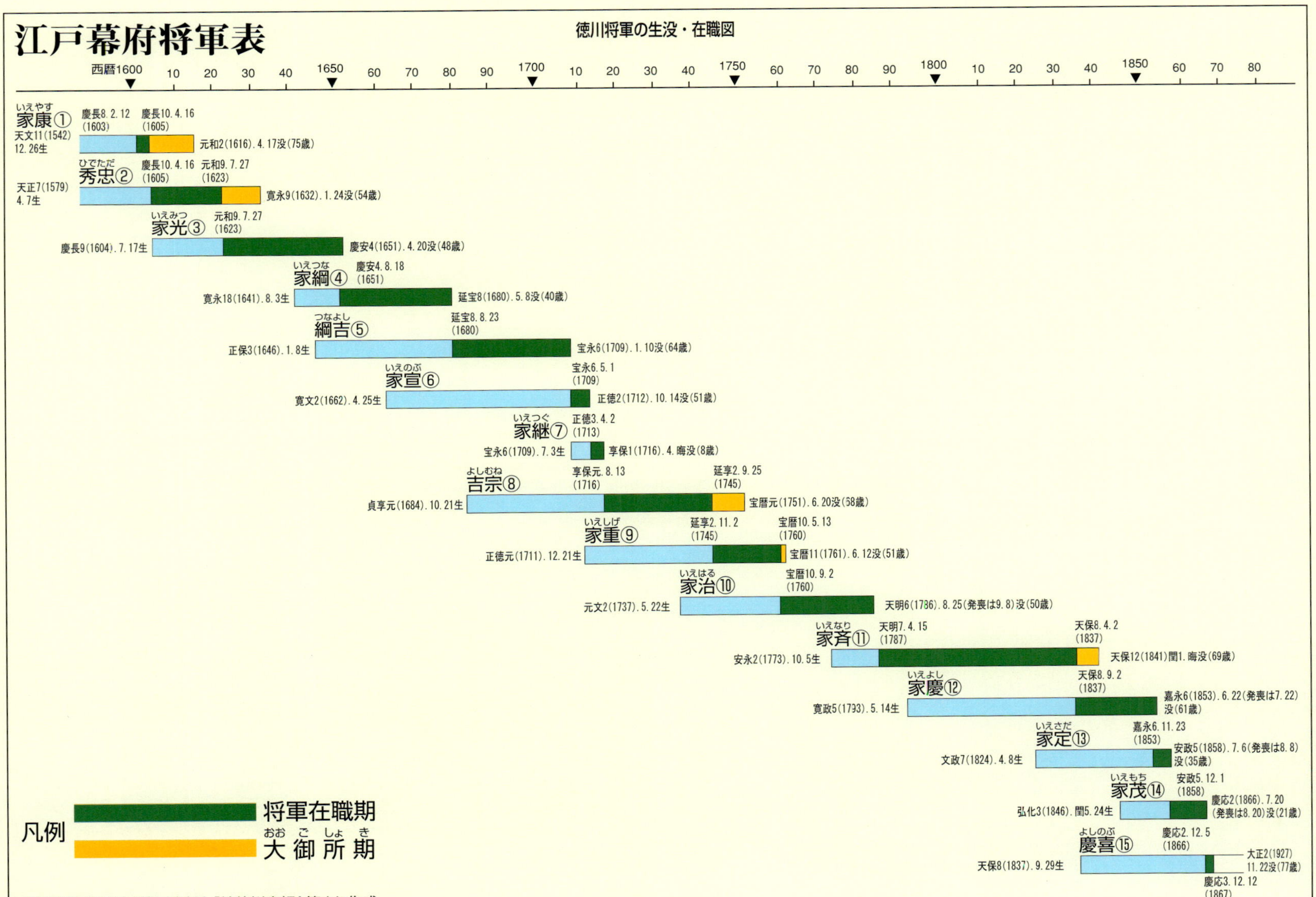

徳川将軍の生没・在職図
西暦1600 10 20 30 40 1650 60 70 80 90 1700 10 20 30 40 1750 60 70 80 90 1800 10 20 30 40 1850 60 70 80
家康《いえやす》① 天文11(1542) 12.26生 慶長8.2.12 (1603) 慶長10.4.16 (1605) 元和2(1616).4.17没(75歳)
秀忠《ひでただ》② 天正7(1579) 4.7生 慶長10.4.16 (1605) 元和9.7.27 (1623) 寛永9(1632).1.24没(54歳)
家光《いえみつ》③ 慶長9(1604).7.17生 元和9.7.27 (1623) 慶安4(1651).4.20没(48歳)
家綱《いえつな》④ 寛永18(1641).8.3生 慶安4.8.18 (1651) 延宝8(1680).5.8没(40歳)
綱吉《つなよし》⑤ 正保3(1646).1.8生 延宝8.8.23 (1680) 宝永6(1709).1.10没(64歳)
家宣《いえのぶ》⑥ 寛文2(1662).4.25生 宝永6.5.1 (1709) 正徳2(1712).10.14没(51歳)
家継《いえつぐ》⑦ 宝永6(1709).7.3生 正徳3.4.2 (1713) 享保1(1716).4.晦没(8歳)
吉宗《よしむね》⑧ 貞享元(1684).10.21生 享保元.8.13 (1716) 延享2.9.25 (1745) 宝暦元(1751).6.20没(58歳)
家重《いえしげ》⑨ 正徳元(1711).12.21生 延享2.11.2 (1745) 宝暦10.5.13 (1760) 宝暦11(1761).6.12没(51歳)
家治《いえはる》⑩ 元文2(1737).5.22生 宝暦10.9.2 (1760) 天明6(1786).8.25(発喪は9.8)没(50歳)
家斉《いえなり》⑪ 安永2(1773).10.5生 天明7.4.15 (1787) 天保8.4.2 (1837) 天保12(1841)閏1.晦没(69歳)
家慶《いえよし》⑫ 寛政5(1793).5.14生 天保8.9.2 (1837) 嘉永6(1853).6.22(発喪は7.22)没(61歳)
家定《いえさだ》⑬ 文政7(1824).4.8生 嘉永6.11.23 (1853) 安政5(1858).7.6(発喪は8.8)没(35歳)
家茂《いえもち》⑭ 弘化3(1846).閏5.24生 安政5.12.1 (1858) 慶応2(1866).7.20 (発喪は8.20)没(21歳)
慶喜《よしのぶ》⑮ 天保8(1837).9.29生 慶応2.12.5 (1866) 慶応3.12.12 (1867) 大正2(1927) 11.22没(77歳)
凡例
将軍在職期
大御所期《おおごしょき》

『徳川諸家系図』『徳川実紀』『続徳川実紀』等より作成

東照宮

自らの死期を悟った徳川家康は、側近の本多正純《ほんだまさずみ》・南光坊天海《なんこうぼうてんかい》・金地院崇伝《こんちいんすうでん》らに遺言を託した。遺骸を久能山《くのうさん》（静岡県静岡市）に葬ること、葬儀は江戸増上寺《ぞうじょうじ》にて行うこと、位牌は三河国《みかわ》大樹寺《たいじゅじ》に立てること。さらに加えて一周忌を過ぎてから、平安時代からの関東の代表的な霊地である日光山《にっこうさん》に移すよう命じた。

家康は死後に神格化された。神格化をめぐっては「大明神《だいみょうじん》」とするか、「大権現《だいごんげん》」とするかの問題で議論が戦わされたが、「大権現」を推す天海が自らの意見を押し通し、その結果「東照大権現」となった。当初、社は「東照社」と称したが、正保二年（一六四五）に後光明《ごこうみょう》天皇より勅許《ちょっきょ》が下り、「東照宮」と改めることになった。

二代将軍秀忠による日光東照社の造営は元和二年（一六一六）十月に着工し、翌年三月に落成した。このときに建立された社殿は、現在、世良田《せらだ》東照宮（群馬県）に移築されたといわれ、同地で本殿《ほんでん》・唐門《からもん》・拝殿《はいでん》が国重要文化財に指定されている。

家康の遺骸は三月十五日に久能山を発し、祥月命日の四月十七日に正遷宮之儀が行われた。その経過は随行した権大納言《ごんのだいなごん》烏丸光広《からすまみつひろ》が自筆記録を残している。掲げた絵巻はこの遷座に関わる記録である。

現在に残る東照宮は、その後の三代将軍徳川家光によって、寛永十一年（一

▲ 静岡（左）から富士（右）方面へ東海道を下る行列

▲ 日光山

六三四）～十三年（一六三六）に造営されたものである。家光は、夢に見た家康を「夢想の画像」として狩野探幽《かのうたんゆう》に描かせるなど、祖父家康を敬愛した。日光東照宮の造営に関する経費はおよそ五十六万八千両・銀百貫目・米千石に上った。この経費は幕府自らがすべて負担し、諸大名からの寄進は石灯籠《いしどうろう》一基も受けなかった。また家光は死後も家康に奉仕することを欲し、日光に葬られることを遺言した。東照宮にほど近い大猷院廟《だいゆういんびょう》が家光の廟所である。

江戸時代、東照宮は日光・久能山・世良田のほか、寛永寺にほど近い上野忍《しのぶ》ケ岡《がおか》ほか全国各地に建立された。徳川御三家《ごさんけ》の名古屋・和歌山・水戸《みと》のほか、弘前《ひろさき》・金沢・岡山・広島・高知など各地の城下町に祀《まつ》られる。都市の一角に祀られた東照宮は、その地方にあって徳川家の権威を示す格好の装置として機能することとなったのである。

▲ 久能山

▲ 中禅寺湖・華厳の瀧

▲「日光御遷坐式図巻」（前巻・後巻）　元和３年（1617）に徳川家康の遺骸が久能山から日光に移された。その様子を絵巻としたもの。前巻は烏丸光広が著した「東照宮御鎮座記」（とうしょうぐうごちんざき）と画および行列の次第を記し、後巻は遷座式の様子を画と詞書で記録している。（江戸時代末期）

家光の日光社参

三代将軍家光は寛永十二年（一六三五）より翌年にかけて日光東照宮の大造営を行い、当代一流の大工・画工らによる桃山様式の豪華《ごうか》絢爛《けんらん》たる社殿で荘厳《しょうごん》された聖地・日光を整えた。

この屏風《びょうぶ》絵はその落慶法要《らつけいほうよう》にあたる寛永十三年（一六三六）四月の日光参詣を、家光と天海大僧正《てんかいだいそうじょう》を中心に描いた作品で、社参の行列や神事能などの儀式、門前の鉢石町《はちいしまち》（現栃木県日光市内）、随身《ずいじん》の御三家《ごさんけ》や諸大名の宿所で賑わう今市宿《いまいちしゅく》（栃木県）を画題としている。

『大猷院殿御実紀《だいゆういんでんごじつき》』によれば、家光は四月十三日に江戸城発駕、岩槻《いわつき》（埼玉県）、古河《こが》（茨城県）、宇都宮《うつのみや》で宿泊、十六日日光へ入った。今市の如来寺《にょらいじ》で御三家の尾張《おわり》・紀伊《きい》両卿の拝謁《はいえつ》を受けたが、その折、水戸《みと》の光圀《みつくに》（水戸黄門）は所労にて参ることができず、とのエピソードが伝わる。

十七日に東照宮二十一回忌法要が催され、延年《えんねん》の舞《まい》をはじめ、神輿《みこし》、獅子《しし》田楽《でんがく》などが演じられ、その様子は「綺《き》

▶寛永13年4月17日の法要（第6扇拡大図）
画面中央の桟敷には家光のまわりには天海と諸大名が見える。鳥居の下は四知の讃を読みあげる最教院晃海。

羅《ら》をはり花を折る様」であったという。この神祭法会《しんさいほうえ》は酒井忠勝《ただかつ》が斎戒《さいかい》し指揮した。辰《たつ》の刻《こく》（午前八時頃）、家光は桟敷に出、尾張・紀伊両卿をはじめ、松平直政《なおまさ》、毛利秀元《ひでもと》、立花宗茂《むねしげ》、井伊直孝《いいなおたか》などが陪従《ばいじゅう》、御廟塔《ごびょうとう》では戒師《かいし》大僧正天海を中心に多くの僧綱《そうごう》が戒潅《かいかん》の作目《さくもく》を厳《おごそ》かに務めた。左右の伶人《れいじん》たちが梶井門跡《かじいもんぜき》の復古にかけ再興した三十二相の舞を奏《かな》で、打毬楽《だきゅうらく》、鳥急《とりのきゅう》、散手《さんじゅ》、貴徳《きとく》、慶徳《けいとく》などを演じた。また、最教院晃海《さいきょういんこうかい》は四智《しち》の讃《さん》を読みあげた。この社参には鷹司右府《たかつかさうふ》、竹内門跡《たけうちもんぜき》などの公家《くげ》衆《しゅう》も多く参じ、奉幣使《ほうへいし》は姉小路参議公景《あねこうじさんぎきんかげ》であった。

十八日、御経供養《みきょうくよう》、法花曼荼羅供《ほっかまんだらきょう》などが行われ、天海は網代輿《あじろこし》に乗り楼門下まで参り、堂上で礼盤《らいばん》に上り法会《ほうえ》を行った。十天楽《じってんらく》、菩薩《ぼさつ》、迦陵頻《かりょうびん》、胡蝶《こちょう》の舞楽に、振鉾《えんぶ》、万歳楽《まんざいらく》、延喜楽《えんぎらく》が続いた。

これらの労に対し将軍家から天海へ銀三百枚・時服二十が遣《つか》わされた。その後、家光は滝尾権現《たきのおごんげん》に参詣《さんけい》。夕方、天海による御祝いの饗宴《きょうえん》がもたれ、夜、護摩堂《ごまどう》で五壇《ごだん》の修法が行われた。四月二十二日に家光は江戸城に還御《かんぎょ》、大掛かりな日光社参は無事終了したのである。

◀ 大名行列（第3扇の拡大図）

▲「日光東照宮参詣図屏風」
右端より諸大名の陣屋で賑わう今市、道中行列、門前の鉢石町、神橋、日光東照宮。社殿右上が徳川家康廟。（江戸時代前期）

▲「日吉山王社参詣図屏風」 江戸城外桜田門（図左）より山王社（図右）を描く。中央に井伊掃部頭直孝邸。竹千代の輿は第五扇中央を進む。（江戸時代前期）

▼日吉山王社の本殿（第1扇上部拡大図） 社殿内右の僧が天海。天海は家康、秀忠、家光の徳川将軍家三代にわたって帰依を受け、勢力を振るった。

▲井伊掃部頭直孝邸門前の見物衆（第4扇中央付近）

家光嫡男の山王社初宮参り

寛永十九年（一六四二）二月九日、のちの四代将軍徳川家綱《いえつな》となる家光の嫡男竹千代《たけちよ》は、生まれてから半年後に徳川家の産土神《うぶすながみ》である江戸の日吉山王社《ひえさんのうしゃ》（現日枝《ひえ》神社）へ初宮参りを行った。家綱は寛永十八年八月三日に江戸城本丸《ほんまる》御殿《ごてん》で生まれた。この幼児竹千代が初宮参りをしたことについては『大猷院《だいゆういん》殿御実紀《でんごじっき》』に見え、本図にはその様子が外桜田門《さくらだもん》から山王社までの行列図として描かれる。

『御実紀』によれば、この初宮参りの一行は巳《み》の刻（午前十時頃）に二丸《にのまる》御殿内宮に参詣、本丸にいったん帰館して御祝事があったのち、大手門から出て紅葉山《もみじやま》東照宮を参詣し、それから麹《こうじ》町《まち》の山王祠《さんのうし》へ詣でたという。儀式の供《ぐ》奉《ぶ》随身《ずいじん》は阿部対馬守重次《つしまのかみしげつぐ》を先頭に、御《み》輿《こし》の前後に諸大名を従え、御太刀持役《おたちもちやく》の酒井河内守忠清《かわちのかみただきよ》をはじめ銃や弓槍などで近習が麗々しく守護した。幼君お抱き役は坂部左五右衛門正重《まさしげ》で齢八十歳という老人。山王社別当《べっとう》は最教院晃海《さいきょういんこうかい》、神主は日吉右京進《ひえうきょうのしん》で、山王社社殿には天海《てんかい》の姿がある。

この行列を将軍家光は二丸多聞櫓《たもんやぐら》で見物したという。竹千代の様子は「終日御心地よげにわたらせ給ひ、山王にて神楽《かぐら》の間昼寝し給ひ、御目覚て国持《くにもち》大名等拝謁せしときよく笑はせ給ひ、御けしきこと更うるはし」き様子であったと伝える。このあと図中央にある井伊掃部頭直孝《いいかもんのかみなおたか》邸へ立ち寄ったという。

将軍の武芸

将軍の尚武の志を実践するものに流鏑馬《やぶさめ》や狩りがある。狩りは鷹狩《たかが》りが主で、放鷹《ほうよう》・鷹野《たかの》ともいわれ、徳川家康以来、五代将軍の綱吉《つなよし》時代を除いてさかんに行われた。江戸初期には鷹狩りに託して江戸郊外におもむき、民情視察を行うこともあった。鷹や獲物の贈答もさかんに行われ、将軍手ずからの獲物もしばしば下賜された。

江戸近郊には将軍が鷹狩りをする御拳場《おこぶしば》、将軍の鷹を訓練するための御捉飼場《おとらえかいば》、御三家《ごさんけ》の鷹場《たかば》などが設けられた。

大規模な狩猟として下総国《しもうさ》小金原《こがねはら》（現千葉県松戸《まつど》市）の猪狩りがある。享保十、十一年（一七二五、二六）八代将軍徳川吉宗《よしむね》が行った鹿狩りは、害獣の駆除や、この地域の視察をも兼ねたものとされている。

小金原鹿狩りにおいて動員された農民たちの数は、小金原で比較的正確な記録が残っている千葉県域の農村に限定しても、享保十年の場合、三〇七か村に対して一四一一人、寛政七年の場合、三八一か村に対して七万二五〇九人に達した。農民ばかりでなく、動員される幕臣の数もまた膨大であった。寛政七年の場合、動員された旗本・御家人の数は、従者も含めると、約一万五〇〇〇人、寛永二年の場合は約二万三五〇〇人に達した。

鹿狩りは、まさに強大な将軍権力を誇示する一大セレモニーであった。

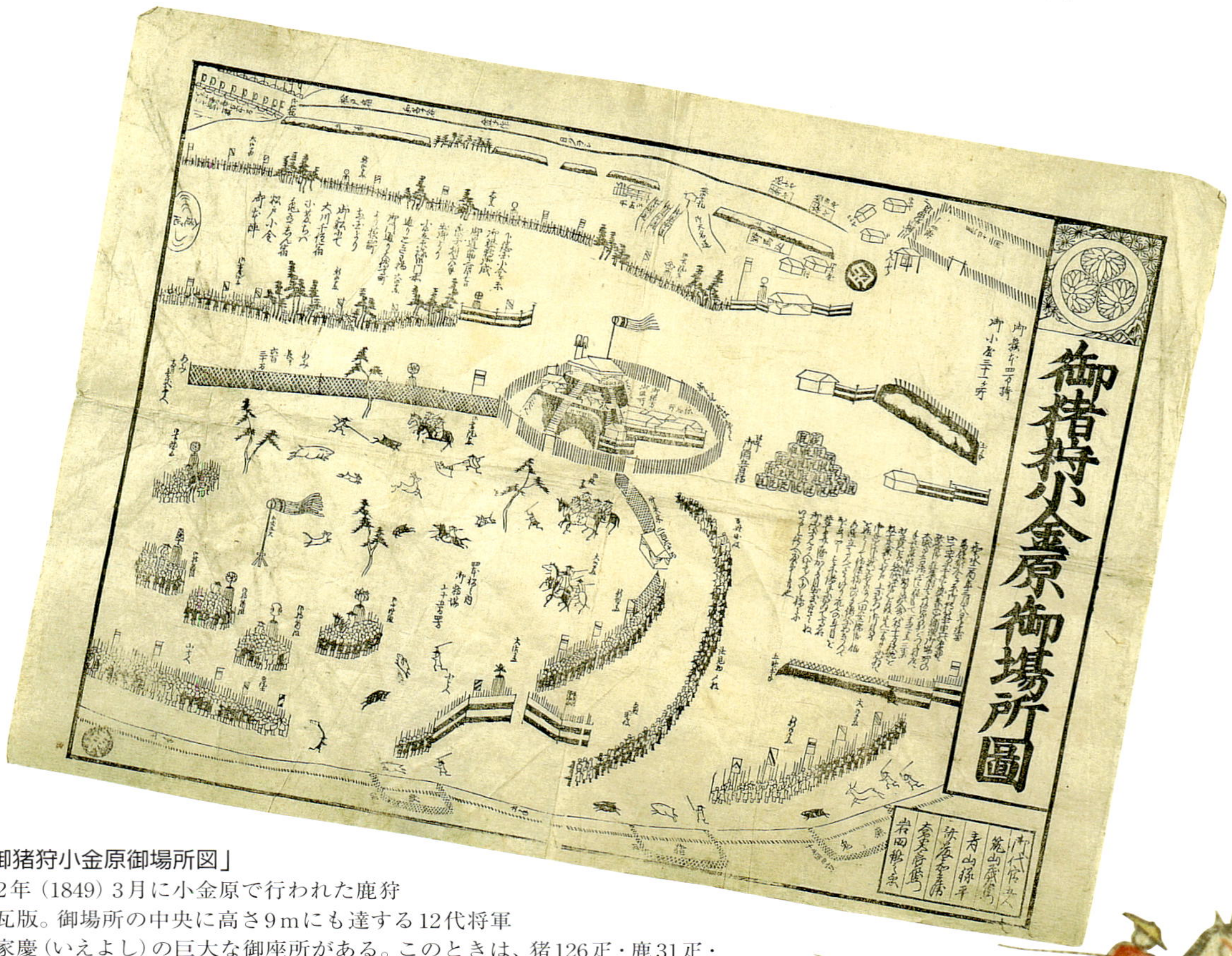

▲「御猪狩小金原御場所図」
嘉永2年（1849）3月に小金原で行われた鹿狩りの瓦版。御場所の中央に高さ9mにも達する12代将軍徳川家慶（いえよし）の巨大な御座所がある。このときは、猪126疋・鹿31疋・兎104疋・狸11疋・雉2羽を獲えた。

▲将軍の御座所

突き留める狩りのこと。ここでは画面左から、右端の御座所前へと獲物を追い込んでいる。鷹狩りとの最大の違いは、狩りの主体が鷹ではなく人間である点、動員される人員の数が非常に大きかった点ある。（小島巌敬信写、嘉永2年（1849））

▲**「流鏑馬絵巻物」**流鏑馬を描いた絵巻。絵師は狩野興信（かのう・おきのぶ）。流鏑馬は平安時代より起こり、鎌倉時代は代表的な武家の芸能とされていたが、室町時代以降は合戦における騎射の衰退により、神事として行われることが多くなっていた。8代将軍徳川吉宗は武芸を奨励し、流鏑馬の再興を企図した。その技術は小笠原流として伝承された。（江戸時代後期）

▲**「小金ケ原御鹿狩之図」**寛政7年(1795)3月5日に行われた、11代将軍徳川家斉(いえなり)の鹿狩りを描く絵巻。江戸城出発から狩りの終わりまでを6場面に分けて描いている。この鹿狩は、徳川吉宗が行って以来、70年ぶりに実施されたものだった。鹿狩りとは、多くの勢子が猪や鹿などといった動物を、一方に追い込み、これらを馬上から槍などで ↗

将軍家斉

徳川将軍のうち将軍在職期間が一番長かったのは十一代家斉《いえなり》である。在職期間は天明七年（一七八七）四月十五日から天保八年（一八三七）四月二日の五十年。将軍職を十二代家慶《いえよし》に譲った後も、大御所《おおごしょ》と称して、政治の実権を握っていた。

政権の前半では松平定信《さだのぶ》が登場し、寛政の改革を断行している。寛政四年（一七九二）にはロシアのラクスマンが根室《ねむろ》にやって来たほか、文化五年（一八〇八）のフェートン号事件、文化八年（一八一一）のゴロウニン事件、文政八年（一八二五）の異国船打ち払い令など、外交的にも転機となった時期であった。他方、庶民の経済活動の発展ともに文化活動が広く都市・農村に展開して、いわゆる化政文化の時代を迎える。しだいに支配体制の矛盾《むじゅん》が大きくなり始める時期に登場した将軍だった。

家斉は「雅潤謹厚《がじゅんきんこう》にして敏彗《びんさい》」と表され、公務に励み、騎馬・鷹狩《たかが》りなどの武芸にも習熟していた。しかし将軍職を象徴化し、側近政治を行ったため、しだいに政治から離れて行き、生活は華奢《かしゃ》・放漫《ほうまん》となっていった。

その生活を表現するかのように、家斉は子沢山《こだくさん》として有名である。『徳川幕府家譜』によると、家斉は数え十七歳から五十五歳まで、正室・側室十七人との間に流産一人を含め五十五人の子を儲けたとある。この中で十歳以

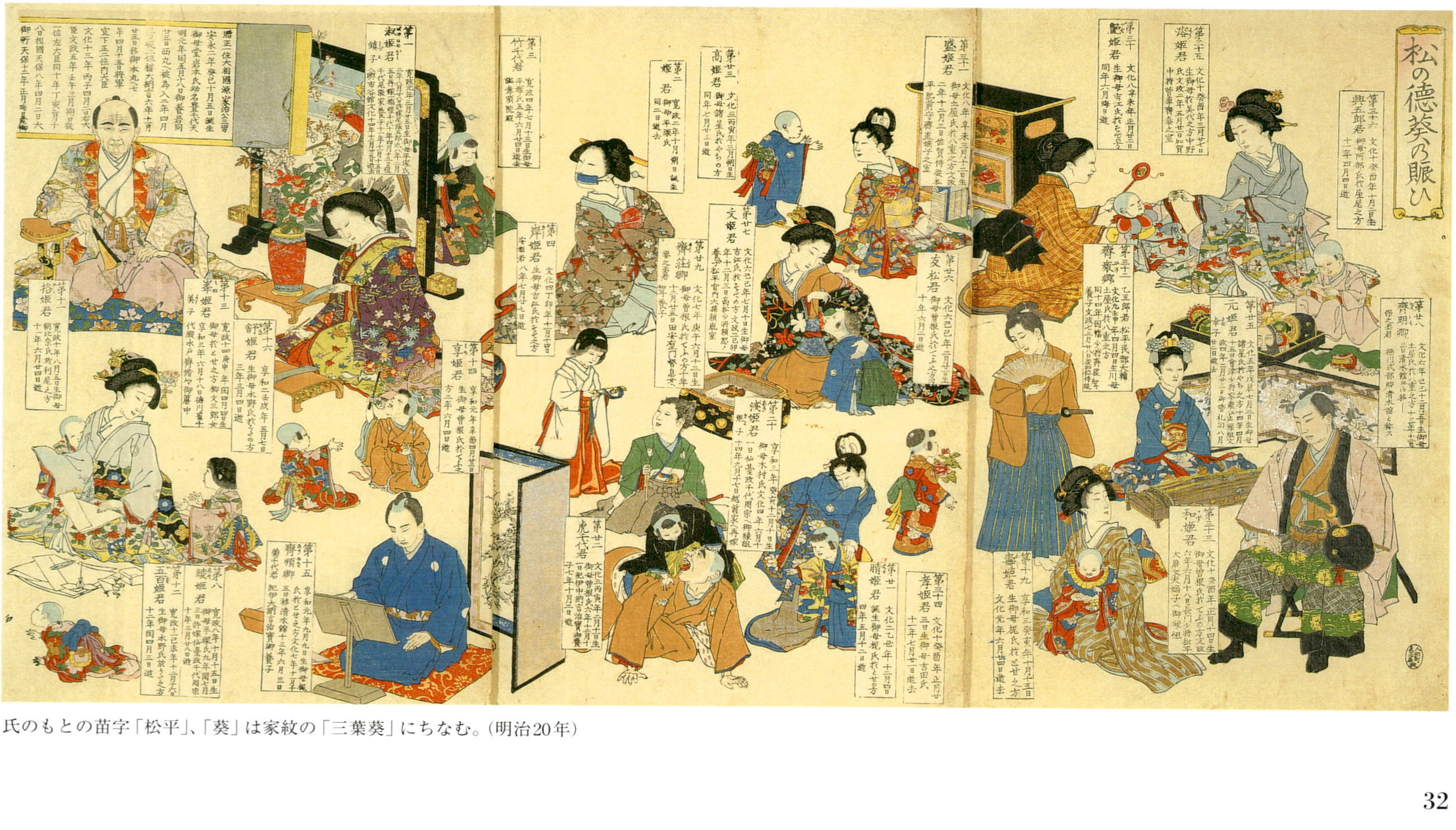

氏のもとの苗字「松平」、「葵」は家紋の「三葉葵」にちなむ。（明治20年）

上に成長したのは、男十三人、女十二人で、この時代子供を丈夫に育てることがいかに難しかったかがわかる。

　成長した子供たちのうち、家を継げるのは男子一人で、そのほかは相応の家に嫁《とつ》がせるか、養子に出さなければならず、幕府は各大名家に縁談《えんだん》や養子縁組《えんぐ》みを強引に進めた。将軍の子供を押しつけられた大名家は、幕府に対する不満が募《つの》ったという。家斉の子沢山が、幕府の滅亡を早めたという説もある。

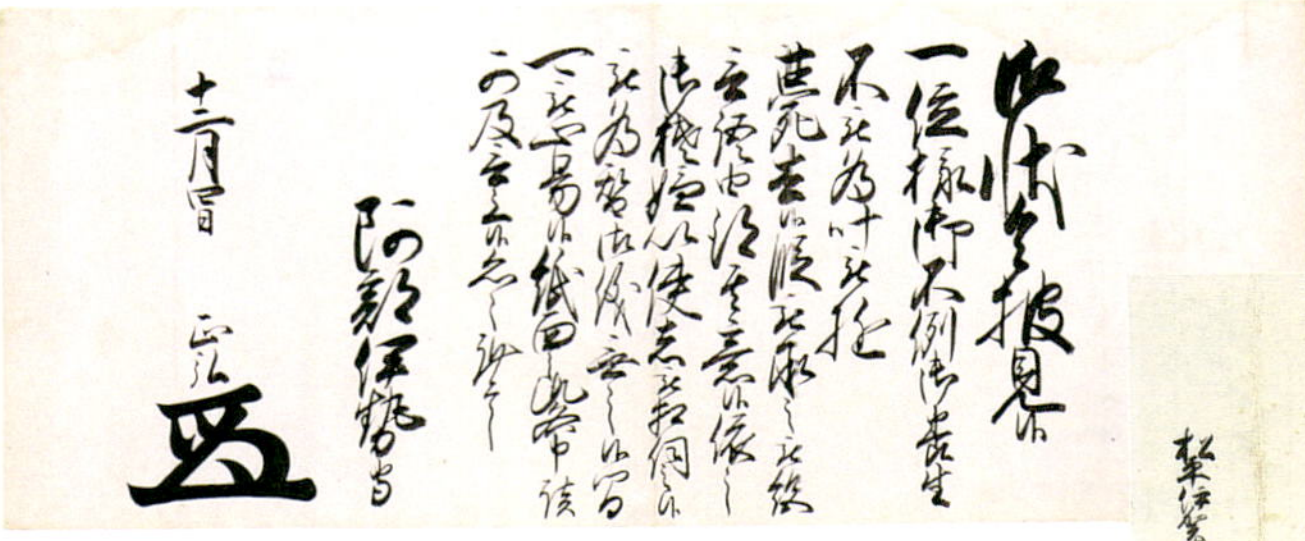

「徳川家斉黒印状」▶
重陽之節句（ちょうようのせっく）に際して出された徳川家斉の黒印状（こくいんじょう）。重陽之節句は陰暦9月9日に行われた儀礼で、端午（たんご）・七夕とともに幕府の重要な儀礼である五節句のうち。将軍家は大名家より進物を受け、本状のような黒印の礼状を発給した。（江戸時代後期）

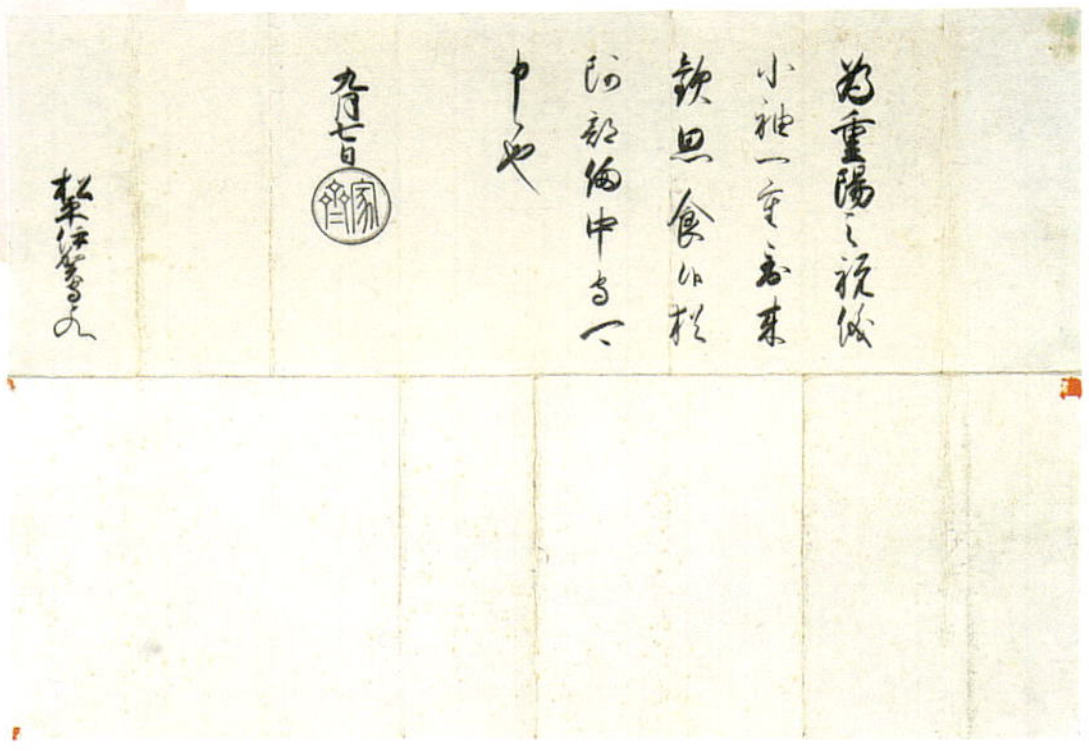

◀「老中奉書」　老中（ろうじゅう）阿部伊勢守正弘（いせのかみ・まさひろ）署名の奉書。将軍薨去（こうきょ）の旨が記される。（天保12年（1841））

▲「徳川家斉葬列絵巻」　大御所徳川家斉は天保12年（1841）閏1月30日、69歳で没した。諡号（しごう）は文恭院（ぶんきょういん）。出棺は2月20日で、東叡山寛永寺（現東京都台東区上野公園）に葬られた。葬地の上野にいたる行列が描かれ、絵巻に仕立てられている。（天保12年）

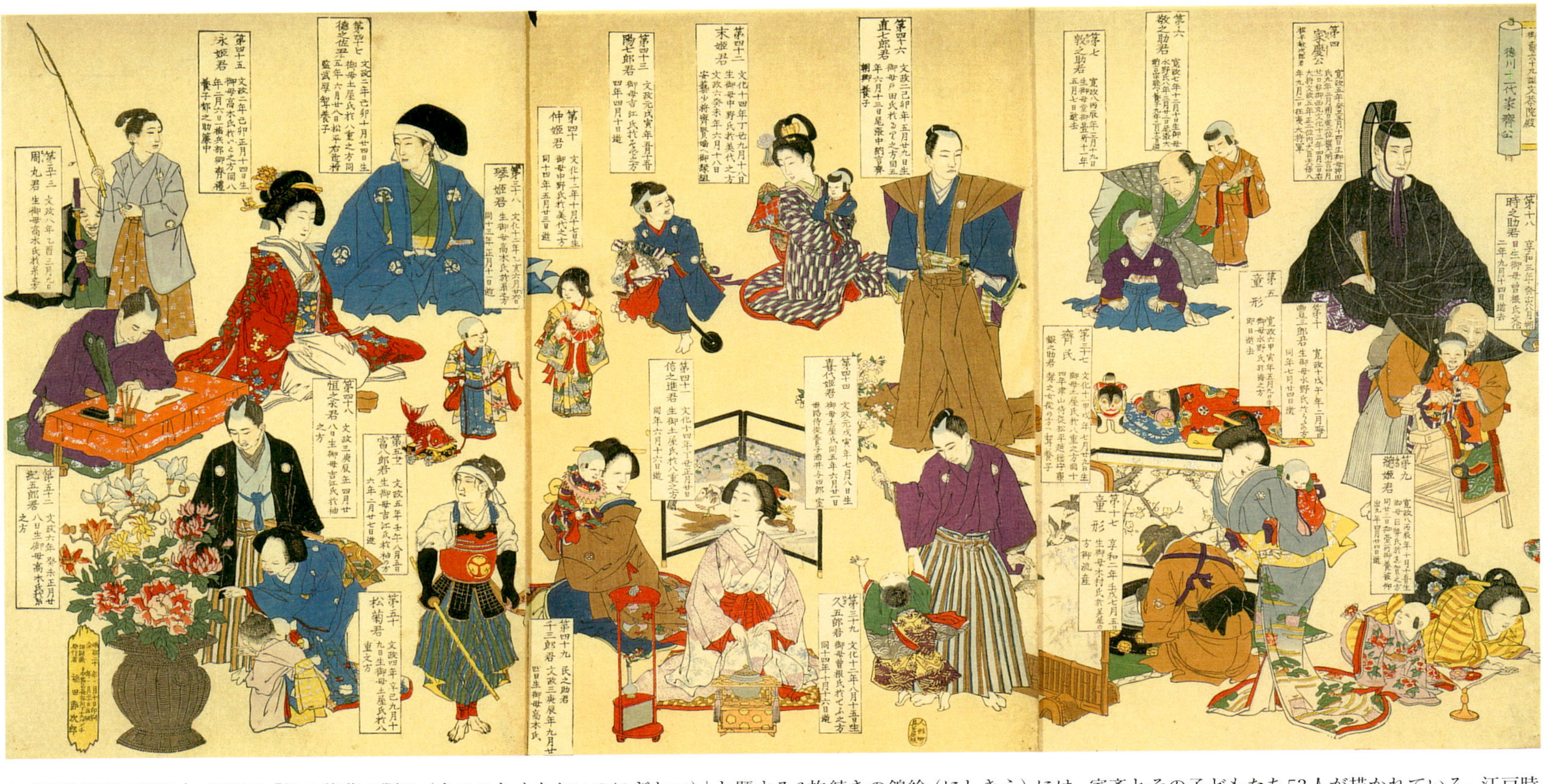

▲「松の徳葵の賑ひ」　写真の「松の徳葵の賑ひ（まつのとくあおいのにぎわい）」と題する6枚続きの錦絵（にしきえ）には、家斉とその子どもたち53人が描かれている。江戸時代、このような将軍家の私事に関わるものの出版は厳禁であった。明治維新から20年、世情が落ち着き、旧幕時代を懐かしむ風潮のなかで、描かれた想像画。表題の「松」は徳川

江戸幕府

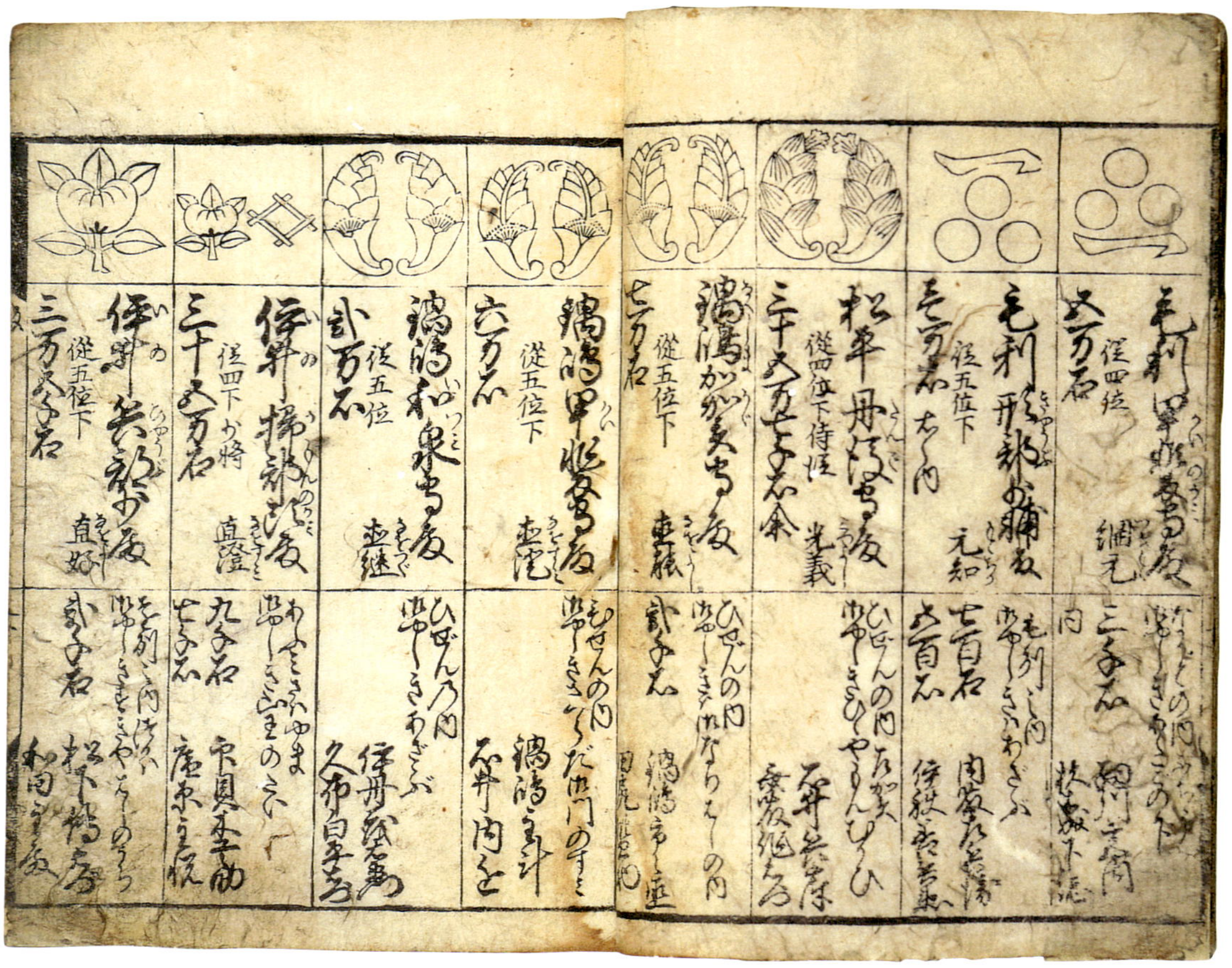

「御紋尽（ごもんづくし）」 近世前期の武鑑。題箋はないが、末尾に「寛文九年四月吉日松会開版」とあり、松会版「御紋づくし」の一種である。一頁に四つ、三段に区切られ、上段に紋所、中段に名字・官名・諱、位階、知行高、下段に在城・在所、江戸屋敷、家臣名とその知行高（一部）が記されている。「残花昔屋」の蔵書印があり、明治時代の詩人で考証家の戸川残花（ざんか）旧蔵。

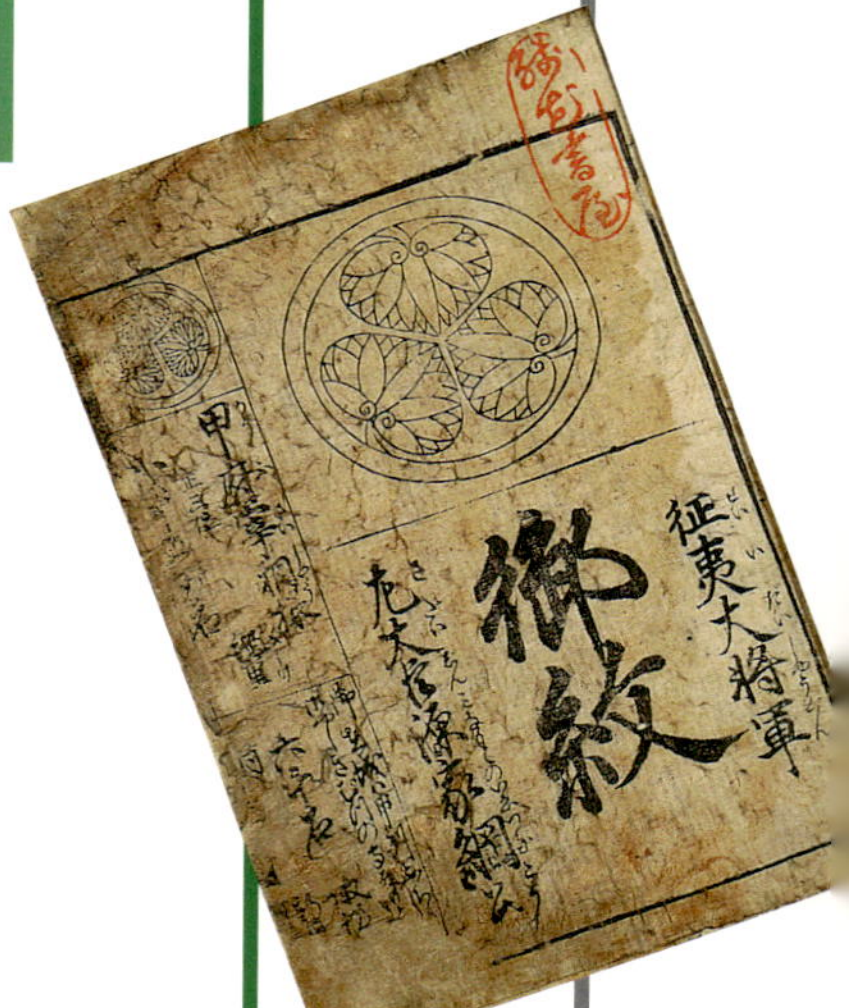

幕府の職制

江戸幕府の機構、職制は、「庄屋仕立《しょうやじた》て」といわれるように、徳川家が三河国《みかわ》（現愛知県）の一領主であったころの組織を、必要に応じて改変、整備していったものである。もっとも、領土の拡張により、また天正十八年（一五九〇）の関東移封によって軍事編成・機構、民財政システムがどう変わったか、天下人徳川家康が全国統治する際の枠組みはどうであったか、戦時下の組織が平時にはどのように変わり、機能したか、まだ必ずしも明らかにされていない。

幕府の行政組織が整備されたのは、三代将軍家光の時代である。それまでは大御所《おおごしょ》・将軍の恩寵《おんちょう》に基づく「出頭人《しゅっとうにん》」が多様な仕事を担っていたが、寛永十年代（一六三三～四二）に、個々の仕事内容が分化されたり、限定されて、老中《ろうじゅう》の制度などが整った。人に仕事が就《つ》くのでなく、職に人が就く形となり、官僚制的な組織に進化したのである。その後社会の秩序化が進み、武士身分の家格階層制に基づく職制が成立した。図示した役職では、老中・若年寄《わかどしより》・京都所司代《しょしだい》・大坂城代《じょうだい》・奏者番《そうじゃばん》・寺社奉行《じしゃぶぎょう》・大坂定番《じょうばん》には万石《まんごく》以上（大名）が就任し、その他には旗本《はたもと》が就任した。ほかに御家人《ごけにん》が就く数多《あまた》の役職があった。なお幕府職制の特徴として、ひとつの職に複数の人を置き、合議制、月番交代制《つきばんこうたい》がとられていたこと、町奉行や勘定奉行らが裁判も行い、行政と司法が未分離であったことなどを挙げておく。

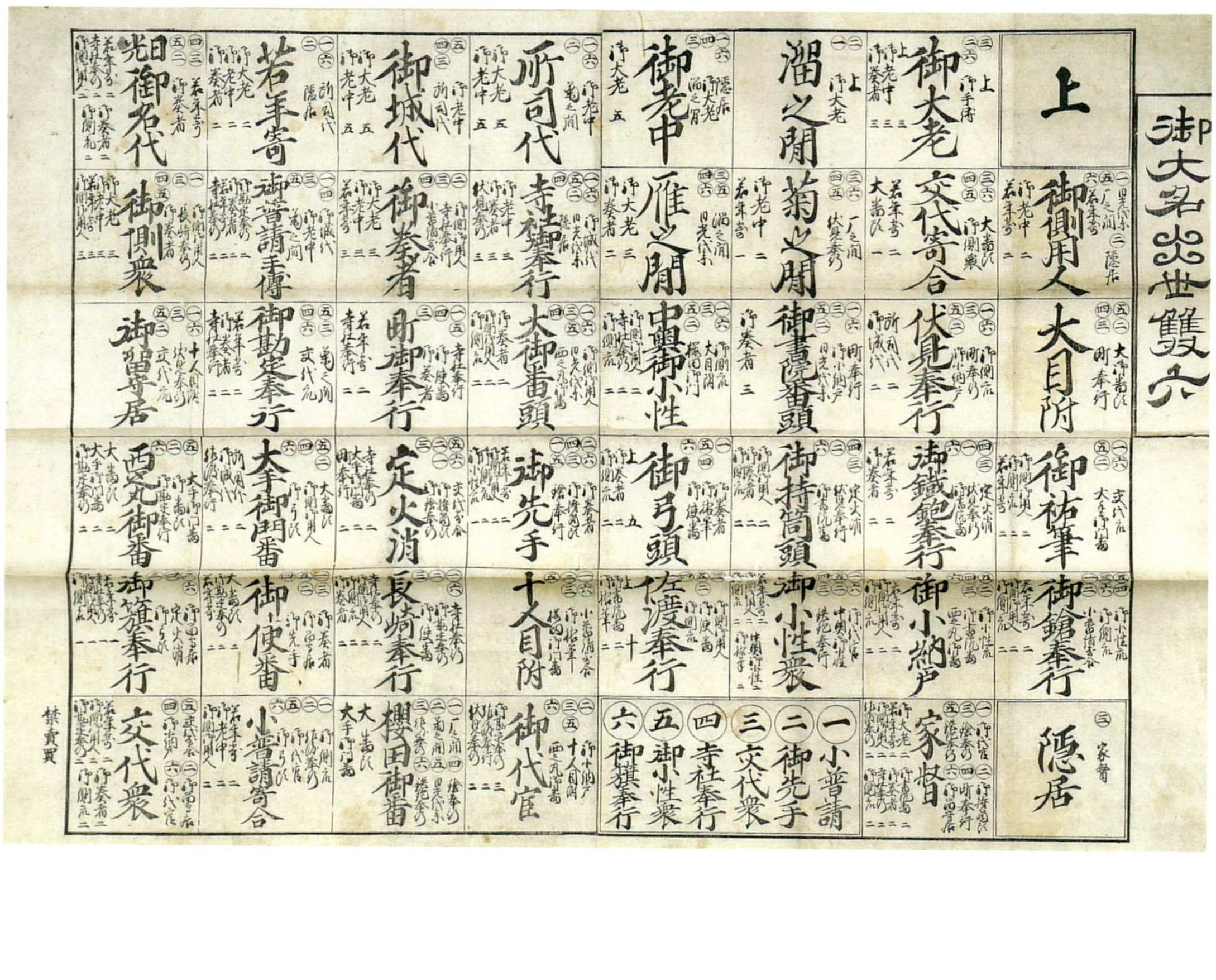

▶「御大名出世双六」 大老・老中などの幕府の役職、溜間・雁間などの詰めの間、御普請御手伝・大手御門番等の役儀に、家督、隠居を加えた四十五項目を双六（すごろく）に仕立てたもの。左下から右上の方向に向かって、格式が高くなるように並べられている。「大名」とあるが、旗本の就く役職も多く含まれている。左下に「禁売買」とあるので、一般には市販されなかったことがわかる。（江戸時代後期）

江戸幕府の主な役職と在職者

（役高1000石以上）享保17年（1732）末現在

将軍

徳川吉宗49

大老《たいろう》

空席

老中《ろうじゅう》

松平輝貞 68◆
松平信祝 50◆
松平乗邑 47◆
酒井忠音 43◆

京都所司代《きようとしよしだい》

牧野英成 62◆

大坂城代《おおさかじようだい》

土岐頼稔 37◆

寺社奉行《じしやぶぎよう》

（奏者番兼任）
西尾忠尚 44◆
松平忠暁 42◆
井上正之 37◆

奏者番《そうじやばん》

高木正陳 68◆
仙石政房 60◆
土井利治 60◆
増山正任 54◆
本多正矩 52◆
松平正貞 51◆
秋元喬房 50◆
戸田忠余 44◆
稲葉正親 41◆
井伊直定 38◆
丹羽倚氏 38◆
松平忠愛 32◆
板倉勝清 27◆

若年寄《わかどしより》

本多忠統 42◆
水野忠定 42◆
太田資晴 38◆

大坂定番《おおさかじようばん》

米津政容 51◆
永井直亮 40◆

老中支配

側《そば》　衆《しゆう》

有馬氏倫65◆
加納久通61◆
戸田政峯58
渋谷良信51
土屋英直46
巨勢至信37

留守居《るすい》

大久保忠位72
諏訪頼秋65
内藤信朋61
松平康納61

大番頭《おおばんがしら》

山名豊就57
板倉重浮56
秋元貞朝48
曽我助元47
酒井忠佳46
市橋直方44◆
小堀政峰43◆
酒井忠貫42
杉浦正奉41
森川俊常36◆
戸田氏房29◆
井上正敦26◆

田安御傅《たやすおもり》

興津忠閭73
諏訪頼篤72
伏屋為貞67

大目付《おおめつけ》

鈴木利雄73
有馬純珍64
駒木根政方61
三宅康敬54

町奉行《まちぶぎよう》

大岡忠相56
稲生正武50

勘定奉行《かんじようぶぎよう》

筧　正鋪75
松平政穀66
杉岡能連64
松波正春57
細田時以51

小普請組支配《こぶしんぐみしはい》

丹羽長道59
小田切直広53
久留島通富53
建部広充52
永見為位51
大岡忠恒49
土屋利起43
福島正視43

作事奉行《さくじぶぎよう》

木下信名53
小菅正親50

普請奉行《ふしんぶぎよう》

鈴木直武68
稲葉正房58

旗奉行《はたぶぎよう》

松平直由73
上田義鄰68

鑓奉行《やりぶぎよう》

星合顕行79
松田勝広77
朽木定盛64
小幡直昌61

高家《こうけ》

中條信実60
畠山基祐55
吉良義俊53
長沢資親52
前田玄長47
前田賢長44
大沢基清42
堀川広益39
織田信倉37
織田信栄36

留守居番《るすいばん》

永井治定77
石原安種76
末高政峯75
打越光高70
多賀常房60

伏見奉行《ふしみぶぎよう》

北条氏朝64◆

甲府勤番支配《こうふきんばんしはい》

宮崎成久59
松野昉義52

日光奉行《につこうぶぎよう》

水野勝彦47
竹中定矩44

駿府城代《すんぷじようだい》

酒井忠英72

京都町奉行

本多忠英65
向井政暉49

大坂町奉行

松平勘敬47
稲垣種信39

長崎奉行《ながさきぶぎよう》

細井安明62
大森時長42

堺奉行《さかいぶぎよう》

水谷勝比44

佐渡奉行《さどぶぎよう》

窪田忠任59
萩原美雅64

奈良奉行《ならぶぎよう》

松平乗有50

伊勢山田奉行《いせやまだぶぎよう》

堀　直知44

浦賀奉行《うらがぶぎよう》

妻木頼隆64

駿府町奉行《すんぷまちぶぎよう》

島　正祥46

駿府定番《すんぷじようばん》

佐野政春55

禁裡附《きんりづき》

松平忠一60
桑山元武53

大坂舟手《おおさかふなて》

横山忠知51

若年寄支配

書院番頭《しよいんばんがしら》

高木守興62
戸田忠胤41
水谷勝英41
朽木直綱37
阿部正府36
久貝正順36
土井利清35
大久保忠副32

小姓組番頭《こしようぐみばんがしら》

滝川元長71
松平正常67
青木直宥57
小笠原政登48
水野忠富45
水野分質45
三浦梩次36
青山幸覃32

百人組頭《ひやくにんくみがしら》

船越景次59
秋山正億48
藤懸永言45
松平忠盈44

新番頭《しんばんがしら》

小笠原常春67
倉橋久富52
高力長行52
大久保忠民44
本多正庸40

小普請奉行《こぶしんぶぎよう》

石野範種63
＊1名欠員

持弓頭《もちゆみがしら》

小野忠一78
渡辺　輝73

持筒頭《もちつつがしら》

筒井義勝80
青山幸遐73

先手鉄炮頭《さきててつぽうがしら》

戸田直供76
山川忠義76
曽雌定勇75
仙波道種73
田村顕普69
桑原清全68
細井勝郷67
鳥居成豊66
大島義浮65
杉浦勝照65
梶　正容64
進　成睦59
佐々木正庸56
高林利要48
小出英連47
高田政孝47
小川保関45
佐々成意43
松平忠郷（未詳）
吉田盛封（未詳）

先手弓頭《さきてゆみがしら》

窪田正良86
松平康郷82
近藤用張70
青山成展68
高城清胤68
建部広次60
渡辺久盼59
小笠原持広48

目付《めつけ》

田屋屋道55
河野通喬50
石河政朝47
布施直郷42
北條氏庸41
松前広隆41
馬場尚繁35
大岡忠征32
島田正之32
伊丹勝房28

使《つかい》　番《ばん》

高木正栄56
加藤納泰52
一色直賢51
石丸定枝50
本多政淳48
大島義敬45
加藤明雅44
諏訪頼深43
西尾邦教43
米倉昌倫43
片桐友晴41
永井直丘40
米津田岡40
浅野氏備37
安藤直規37
岡野成方36
堀　直好35
大久保教明33
近藤政共33
島津久府32
阿部正甫31
永井尚方30
加藤泰都27
牧野可賡24
松平武郷（未詳）

小十人頭《こじゆうにんがしら》

松平親春61
井藤忠亮58
池田政相55
山岡景淵54
曽我助賢48
井戸弘隆47
落合豊久42

徒《かち》　頭《がしら》

梶川忠栄59
神保長澄54
川勝氏令49
大久保忠根47
赤井直綏46
朝岡方喬46
小浜隆品45
曽根澄次42
藤懸永直42
青木信裕40
美濃部茂好39
堀　正辰36
松前端広34
別所矩満33
蜂屋貞延（未詳）

書院番組頭《しよいんばんくみがしら》

内藤貞恒65
栗原利規59
朽木長綱55
戸田忠就54
田付景庬50
美濃部茂孝46
能勢頼庸42
逸見義教41

小姓組組頭《こしようぐみくみがしら》

長塩正徳58
菅沼定勝57
安部信之47
小笠原長剛45
能勢頼一43
松平幸隆42
神保忠正36
堀　利庸34

儒者《じゆしや》

林　信充53

鷹匠頭《たかじようがしら》

小林直時41
戸田勝便35

◆は大名／名前の右の数字は年齢
＊「享保武鑑」「柳営補任」「寛政重修諸家譜」「徳川実紀」より作成

将軍の代替り

将軍（征夷大将軍《せいいたいしょうぐん》）の職は、古代において、蝦夷征討《えみしせいとう》のため東国に派遣される武将に与えられる臨時の職であったが、源頼朝《よりとも》以来、武家政権の首長の称とされるようになった。慶長八年（一六〇三）徳川家康は征夷大将軍となり、ここに江戸幕府が開幕した。家康はその二年後には子の秀忠に将軍職を譲り、この職が徳川家の世襲《せしゅう》であることを示し、自らは大御所《おおごしょ》として天下に君臨した。二代秀忠も子の家光が成人するのを待って将軍位を譲ったが、その後も大御所として天下の権を掌握していた。この頃までは将軍代替りが必ずしも政権の代替りを意味していなかったのである。

天皇から征夷大将軍に任命されることを将軍宣下《せんげ》というが、その儀式も三代家光までは父子で上洛《じょうらく》し、伏見《ふしみ》城に勅使を迎えて行われている。慶安四年（一六五一）、三代家光が死去し、四代家綱《いえつな》が幼少で後を継いだのちは、将軍宣下の勅使が関東に下向《げこう》し、大名・諸役人が居並ぶ江戸城本丸御殿大広間で儀式が行われた。

将軍の実質的な代替り日は、将軍宣下より前、前将軍が死去もしくは隠居《いんきょ》した後、「上様《うえさま》」と称されることを公式に触れられた時点であろう。前後して将軍世嗣《せいし》が江戸城西丸《にしのまる》から本丸《ほんまる》へ、隠居する将軍が本丸から西丸へ移った。その後、代替りの御礼が三日間続き、在府の大名・諸役人が参賀して、祝儀の品々を献上した。さらに大名・諸役人からの代替り誓詞《せいし》の提出、将軍宣下（宣下後は「公方様《くぼうさま》」と称された）、法令（武家諸法度《ぶけしょはっと》）頒布《はんぷ》、御朱印改《ごしゅいんあらた》めなどと続き、また代替りの巡見使《じゅんけんし》が発遣され、朝鮮通信使《ちょうせんつうしんし》や琉球《りゅうきゅう》からの賀慶使《がけいし》が新将軍の襲職を祝うために江戸城を訪れた。

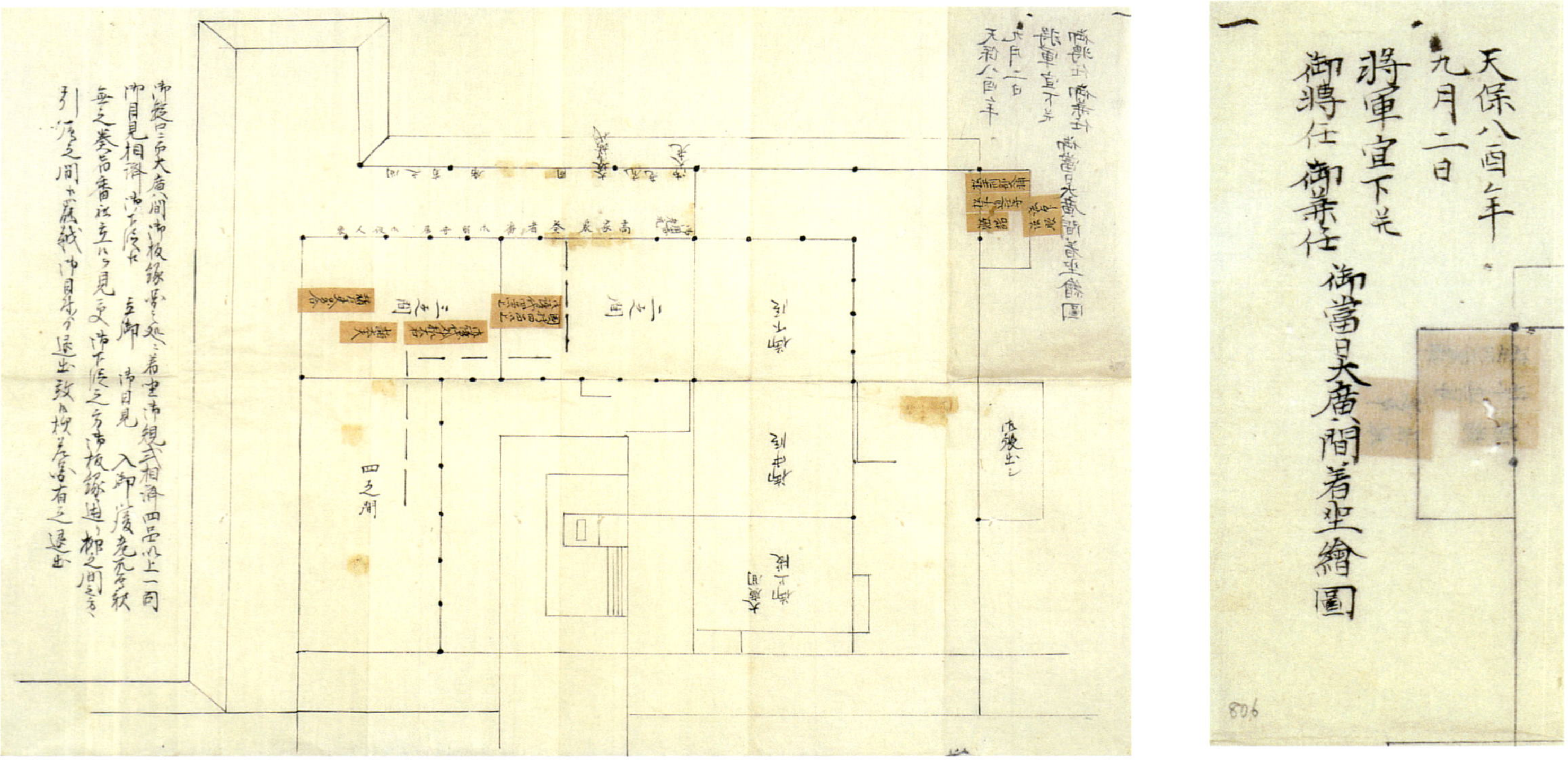

▲ 将軍宣下并御転任御兼任御当日大広間着座絵図（「丹後田辺藩牧野家文書」）
12代将軍徳川家慶（いえよし）の将軍宣下の儀式は天保8年（1837）9月2日、江戸城大広間で挙行された。この図は式に参列した大名・諸役人の着座の位置を示したもの。

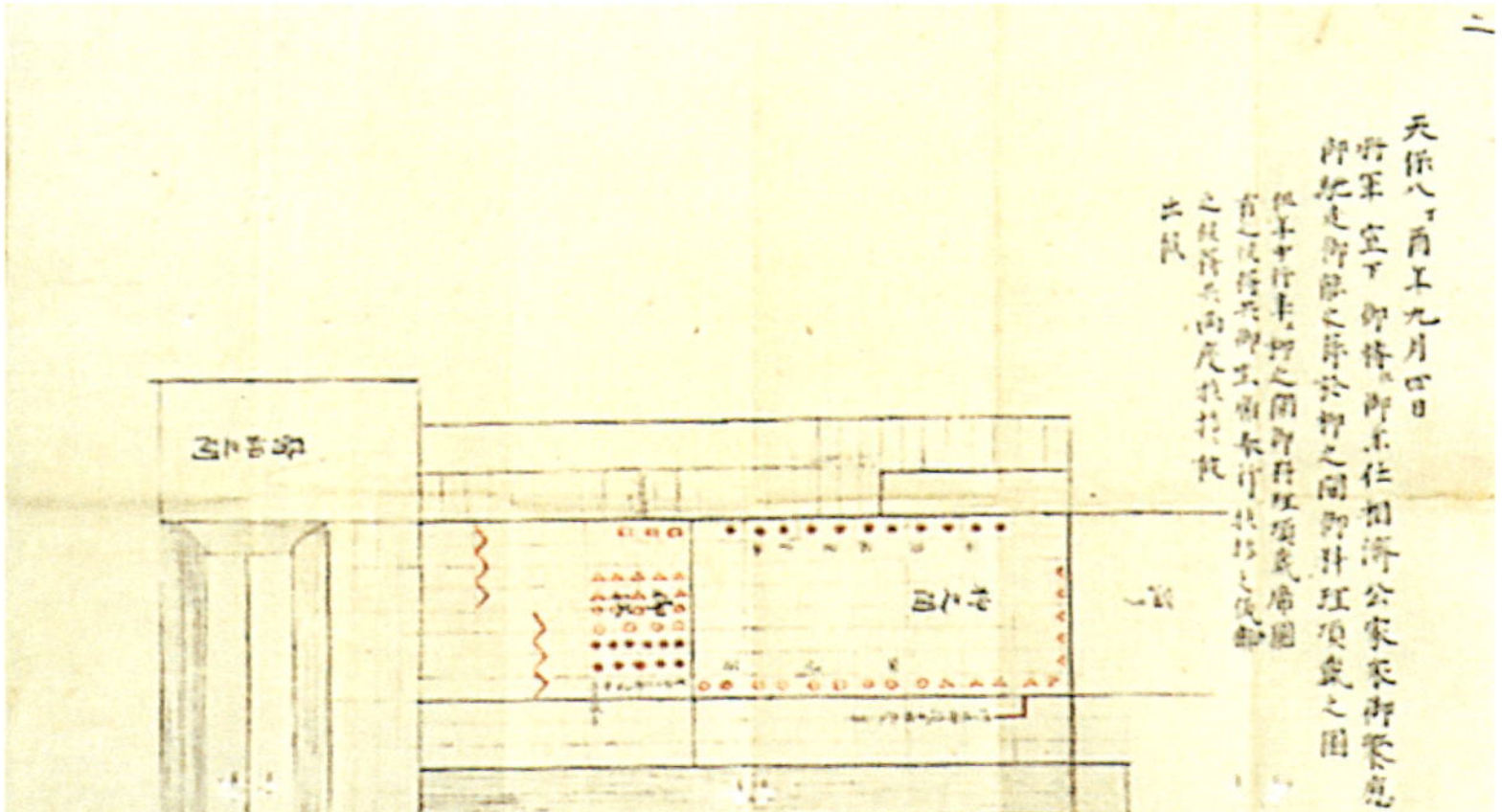
▲ 将軍宣下并御転任御兼任相済、公家衆御饗応御馳走御能之節、於柳間御料理頂戴之図（「丹後田辺藩牧野家文書」）
9月4日には将軍宣下のため東下した公家衆を饗応する能が催され、合間に席々で料理が振舞われた。これは柳間での詰衆らへの料理頂戴（りょうりちょうだい）の図。この能見物は江戸の町人にも許され（町入能）、酒・菓子が下賜された。

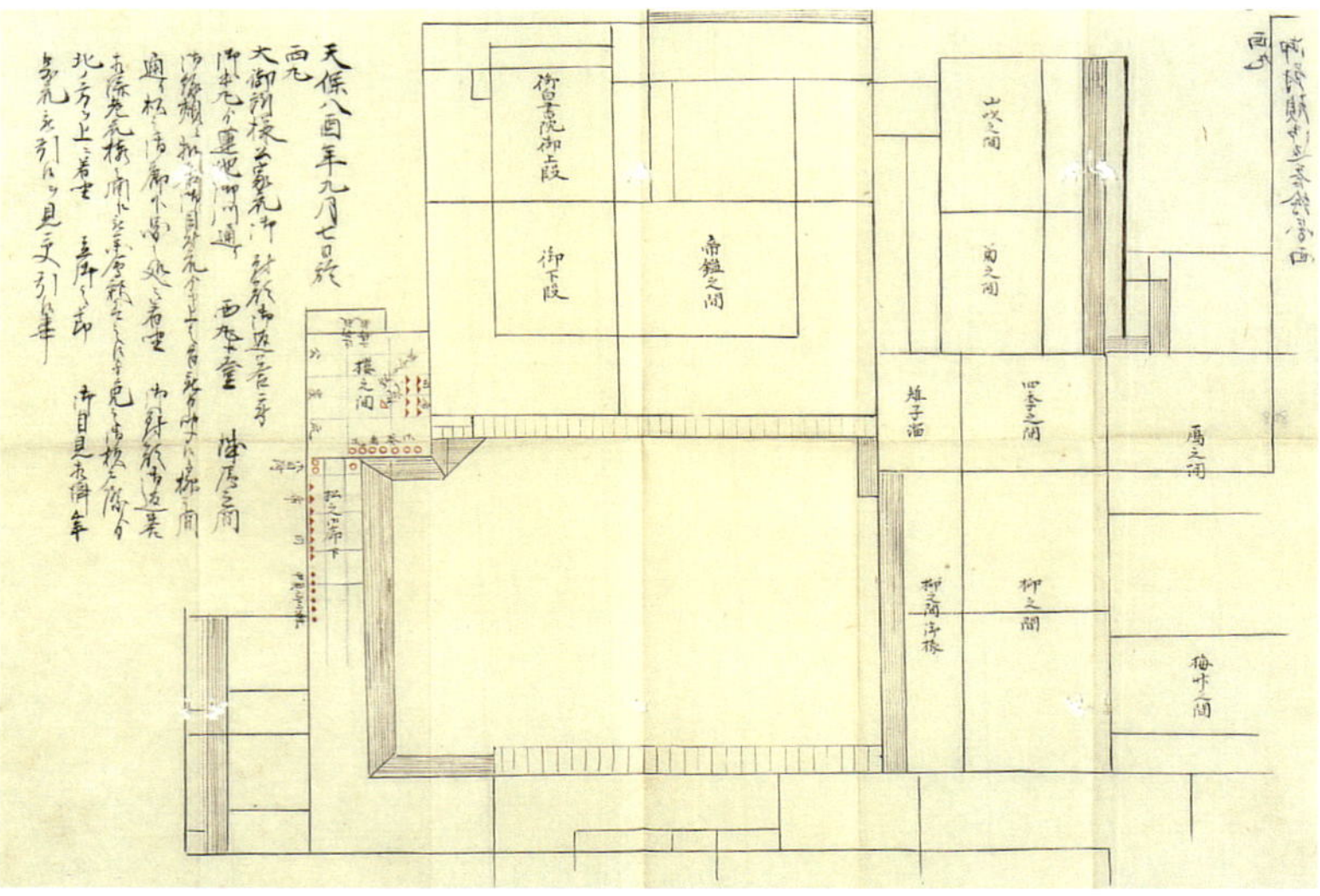
▲ 西丸御対顔御返答絵図面（「丹後田辺藩牧野家文書」）
9月7日には両御所（徳川家斉・家慶）が帰京する公家衆と対顔、京への返詞を述べる儀式が催された。図は西丸で行われた大御所家斉の「御対顔御返答」の儀に参列した大名・諸役人の座席の位置を示したもの。

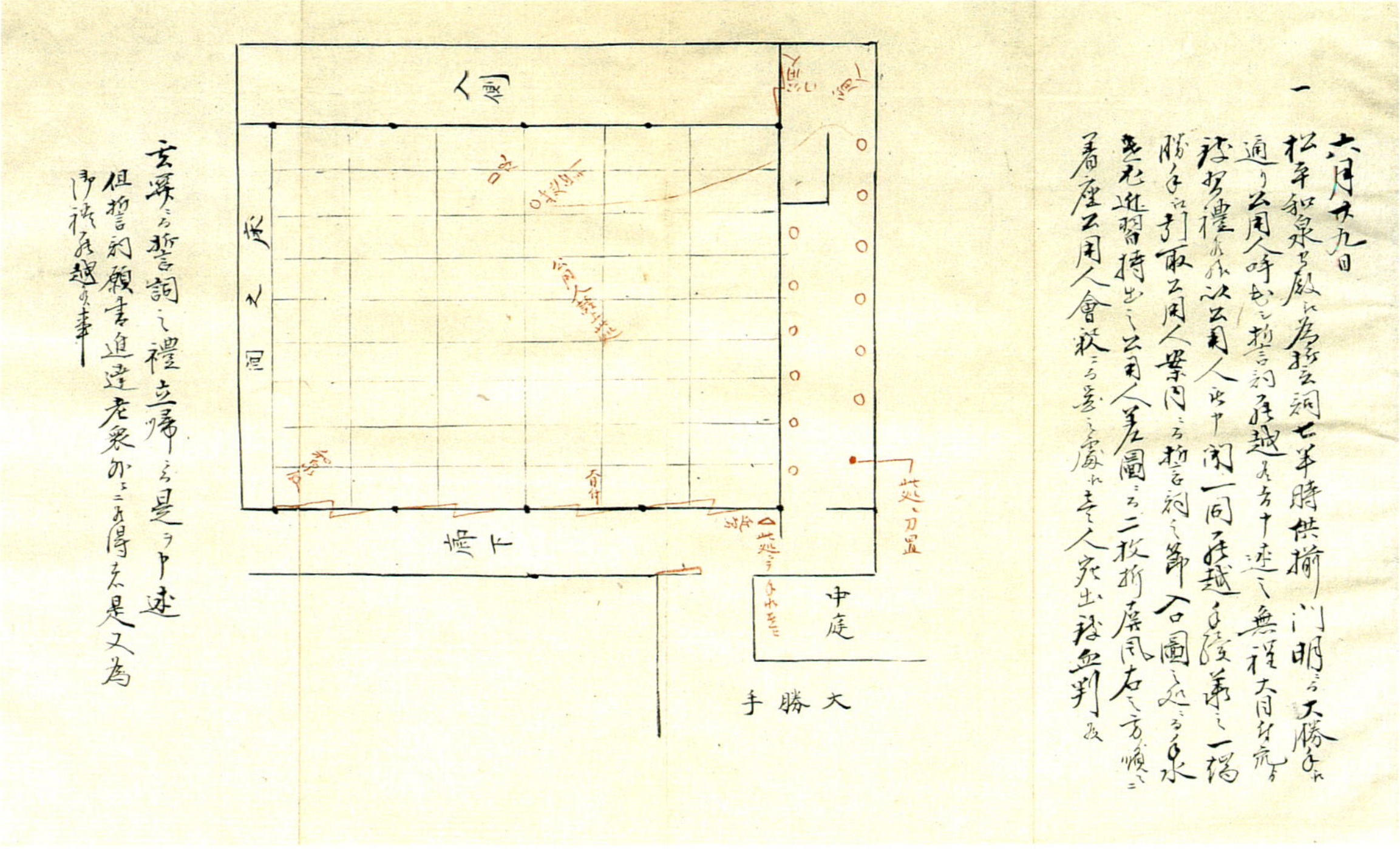

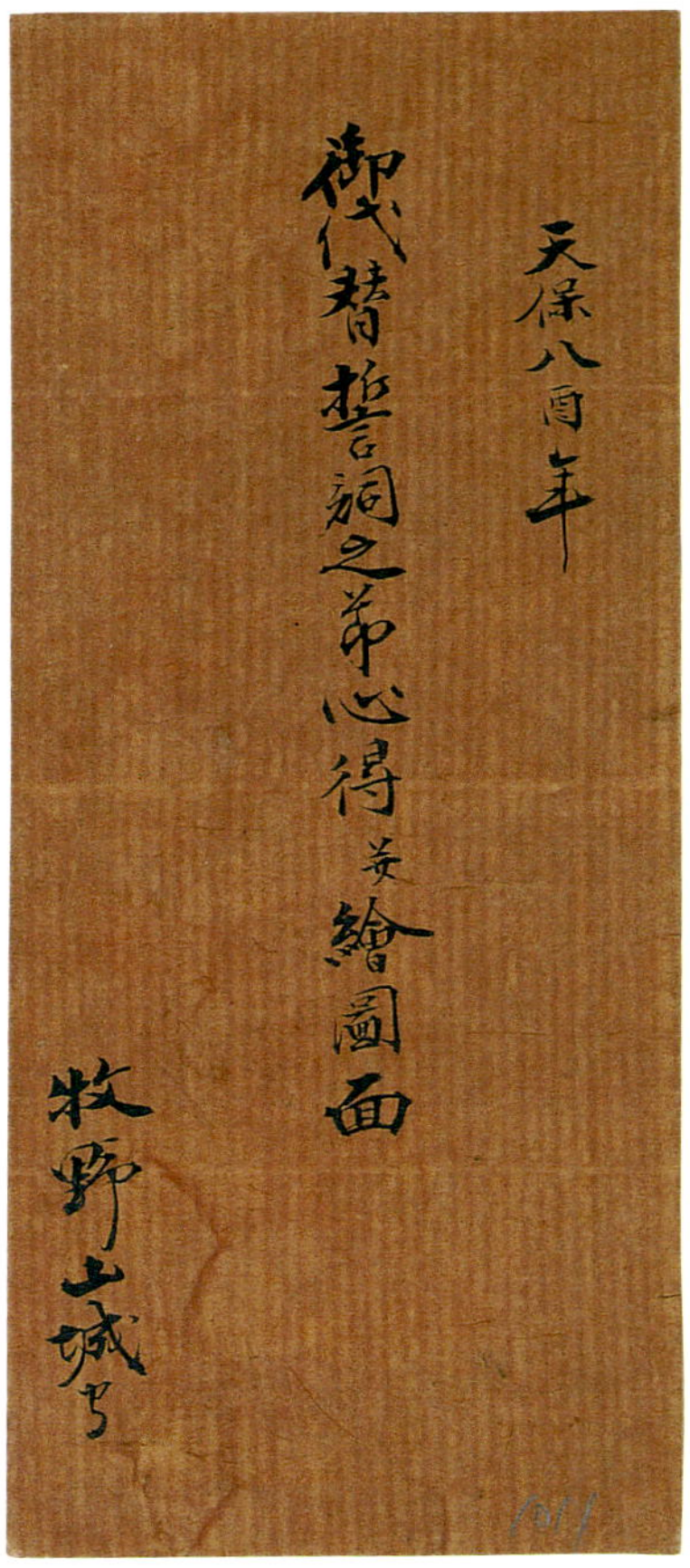

天保八酉年

御代替誓詞之節心得并絵図面

牧野山城守

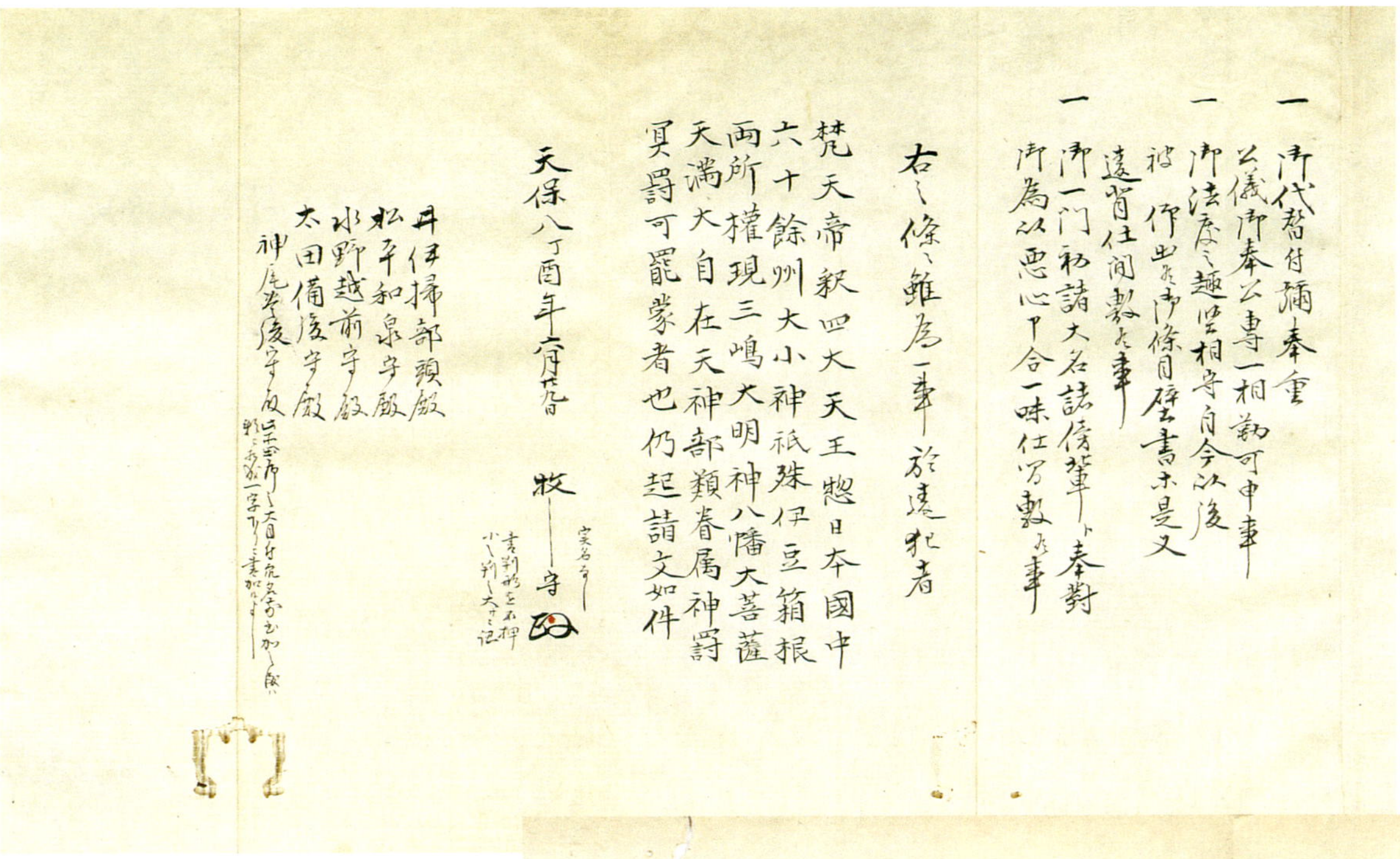

一 御代替付誦奉候之儀御奉公書一相勤可申事

一 御法度之趣堅相守自今以後被仰出候御條目堅書写是又遠背仕間敷候事

一 御一門并諸大名誌候輩与奉對御為以悪心申合一味仕間敷候事

右之條々雖為一事於違犯者

梵天帝釈四大天王惣日本国中六十余州大小神祇殊伊豆箱根両所権現三嶋大明神八幡大菩薩天満大自在天神部類眷属神罰冥罰可罷蒙者也仍起請文如件

天保八丁酉年六月廿九日　牧野

井伊掃部頭殿

松平和泉守殿

水野越前守殿

太田備後守殿

▲ **御代替誓詞之節心得絵図面**（「丹後田辺藩牧野家文書」）

12代将軍徳川家慶の代替り大名誓詞は、天保8年（1837）6月29日、老中（ろうじゅう）松平和泉守乗寛（いずみのかみ・のりひろ）宅で行われた。これはその際の手順を文と図で示したもの。大名は大目付（おおめつけ）の指導で習礼を行った後、手水（ちょうず）を使い、提出した誓詞を老中の公用人が読み上げた後、血判した。絵図面の下は牧野山城守（やましろのかみ）が提出した誓詞の写し。

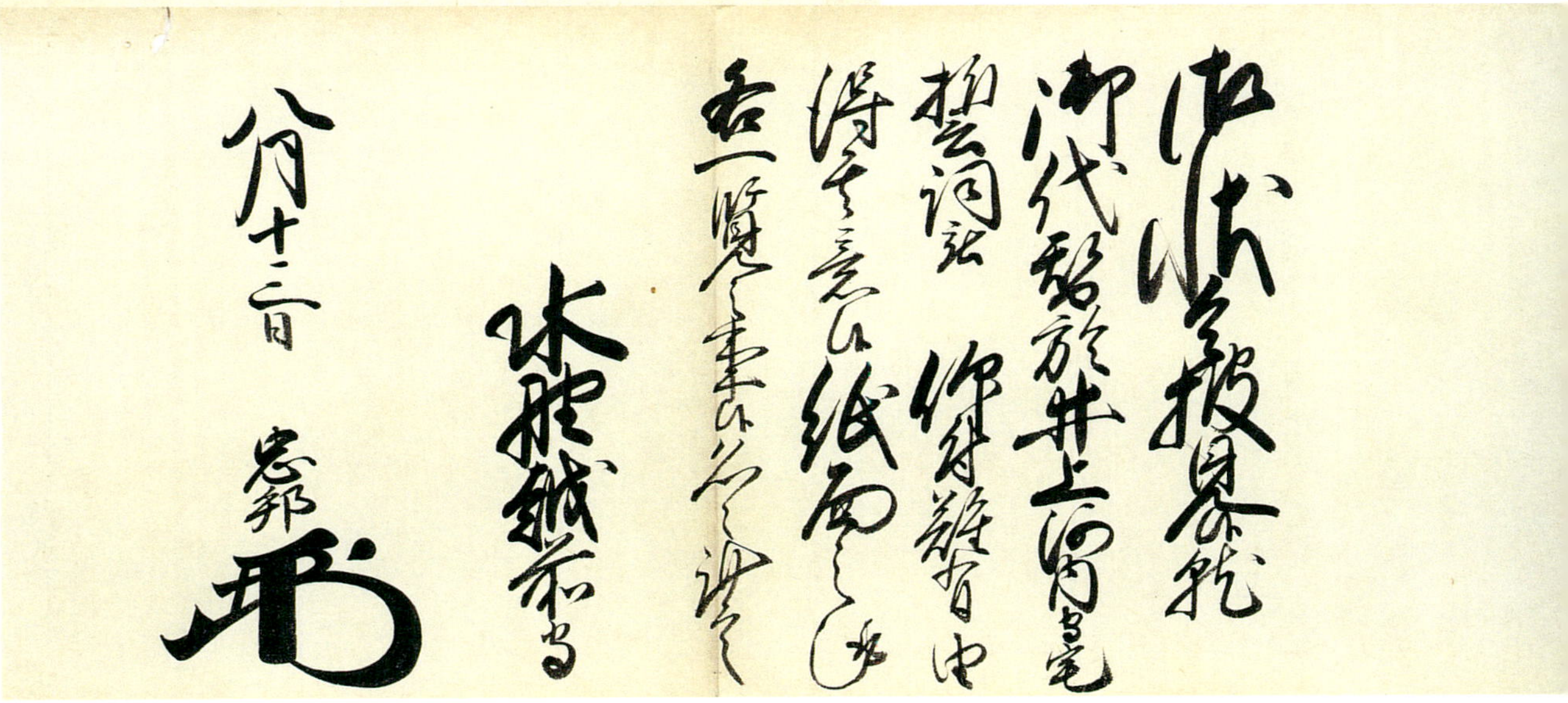

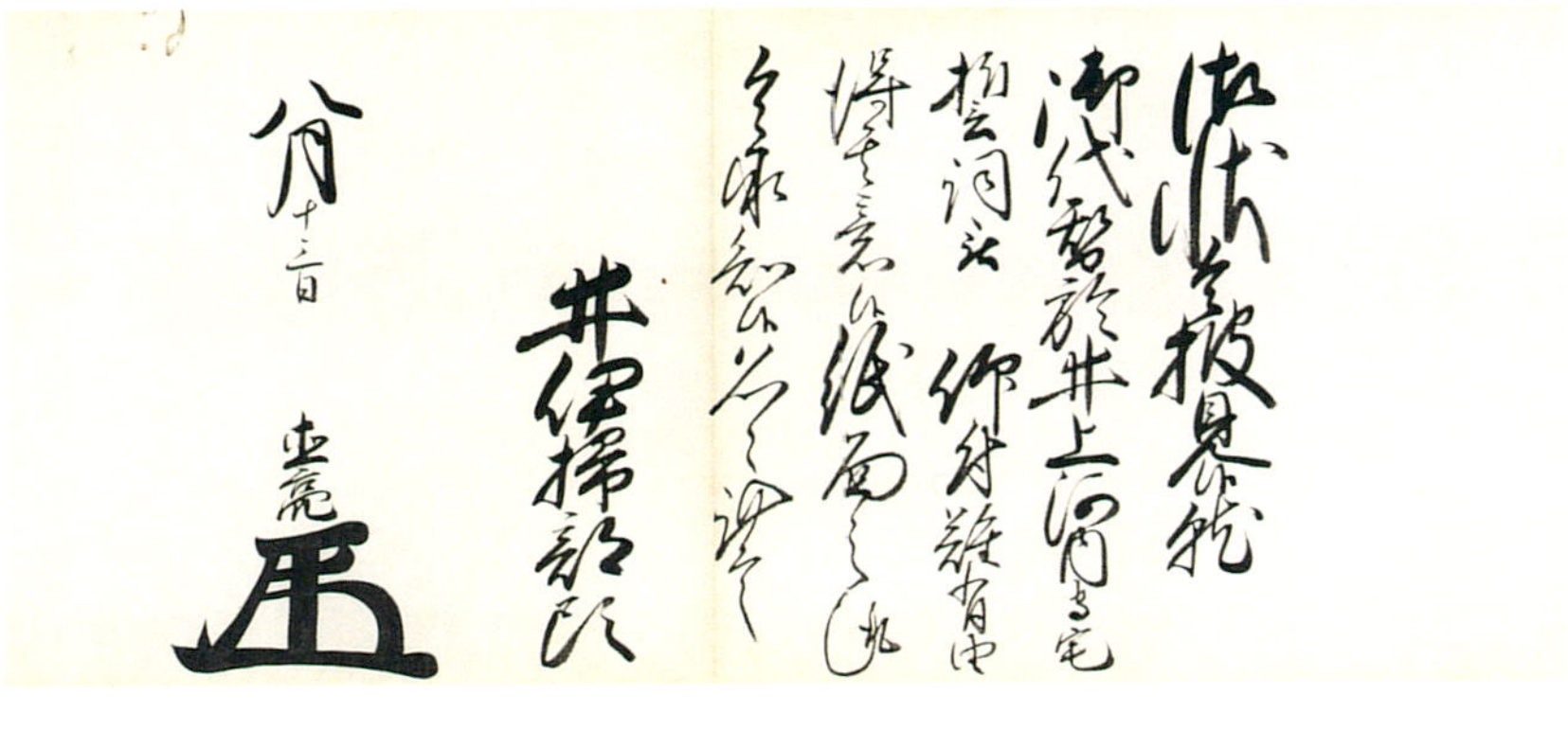

▲ **代替り誓詞についての老中奉書**

代替り誓詞を井上河内守（かわちのかみ）宅で仰せつけられてありがたい旨の書状に対する水野忠邦（ただくに）の返礼（上図）。水野の老中在任中ならば、12代将軍徳川家慶の代替り時（天保8年（1837））と考えられる。文中の井上河内守正春（まさはる）は当時奏者番（そうじゃばん）。奏者番宅でも誓詞血判が行われたか。宛先不詳のため実態不明。同日付、同趣旨の井伊直亮（なおすけ、大老か）の返礼も残存する（左図）。

木台花太鼓幕蒔絵櫛・笄（もくだいはなだいこまくまきえくし・こうがい）

玉鳳の銘のある蒔絵の櫛と笄である。櫛の両面には、老松に枝垂れ桜と菊の花を背景に、幔幕越しに雅楽の楽器である火焔大太鼓（かえんだだいこ）が色漆蒔絵で施されて主題となっている。笄の両端にも同様の模様が金蒔絵と色蒔絵で彩られる。櫛の幔幕には花菱紋と橘が見えるが、これが持ち主の家紋であるかは不明。（江戸時代後期）

日本橋（模型）

江戸博の模型・日本橋は「江戸向本所深川橋々箇所附寸間帳」（東京都立中央図書館東京誌料）記載の日本橋の寸法を参考に復元した。資料によれば、長さ二十八間（約五十メートル）、幅四間二尺（約八メートル）、杭三本建てが八側で、行桁は五通、両袖二間、高欄の高さは三尺七寸（約一メートル十センチ）、敷板は一寸（三センチメートル）であり、この復元では橋の長さを半分にして再現した。擬宝珠（ぎぼし）は、現存する万治二年（一六五九）の鋳物複製を付けてある。

江戸の町割り

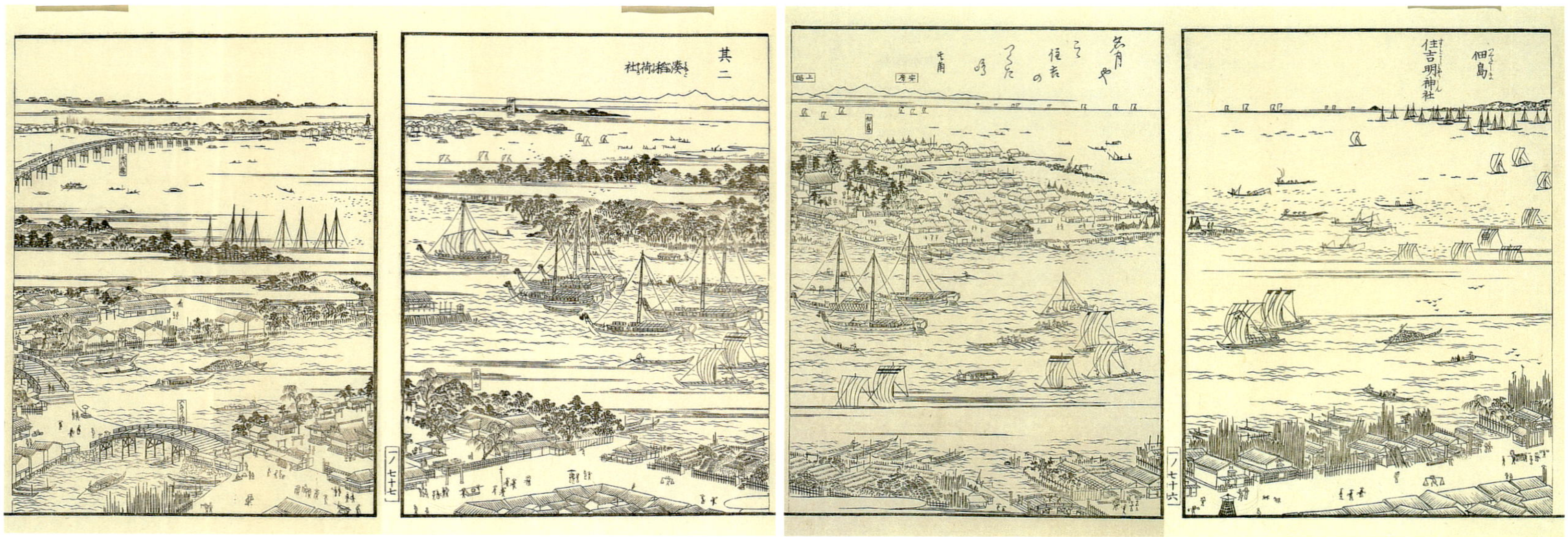

▲ **佃島の風景**（「江戸名所図会」天保 5 年（1834））

江戸の町割り

天下の総城下町・江戸は、天正十八年（一五九〇）徳川家康が入府し、とくに慶長八年（一六〇三）の家康が将軍職に就き幕府を開いて以来、急速に城郭都市としての整備が進んだ。江戸城を中心とした堀割《ほりわり》の開《かい》鑿《さく》と構築は、高台に武家・寺社地が、そして低地に町人地を配置した都市形成を行った。

とくに町割りは、江戸前島の土地をベースに、神田山を突き崩し、日比谷《ひびや》入り江を埋め立てて町人地を整えた。慶長八年以前に前島の半ばにも江戸城から東行する平川の流路を開鑿して隅田川《すみだがわ》へ通した。のちの日本橋川である。その川に、慶長八年幕府は諸国への交通要路の起点として大きな橋を架けた。翌九年に五街道の起点となる日本橋である。また元和六年（一六二〇）の通称仙台堀とよばれた伊達家による平川《ひらかわ》放水路の工事は、神田山を切り通して平川の流れの一筋を東行させ、隅田川までの流路としたが、これが神田川《かんだがわ》であり、この掘削した場所が切り立った崖《がけ》のあるお茶の水の溪《たに》である。この神田川の拡幅工事が行われたのは万治三年（一六六〇）であった。

すでに天正十八年九月二十九日の「天正日記」に、橋を架《か》けるべきところが二七三か所考えられると書かれている。江戸の土地は平坦ではなかったので、町人の住む商工業地や、水運による物資の運搬に重要な水辺の開鑿をし、堀割を造り、当然ながらそこには橋を架けざるをえない。そのうちの、さしあたり入用な橋が一〇五か所と言っている。そうした重要な架橋の一つとして、日本橋は開幕時に造られたのである。

日本橋は、南北の道が中軸から西へ約四十五度振れて架かるが、北は中山道《なかせんどう》、奥州道中《おうしゅうどうちゅう》、日光《にっこう》道中へ、南は東海道へと大通りがつながる。その街道筋の両側は商工と技能者の町として造られた。方六〇町の町割りは、平安京の町割りの模倣であるが、地形や通りとの関係であろうか、三度ほどのずれをもったやや平行四

▲ **繁栄する日本橋の風景**　富士山を遠方に、その右手に江戸城、そして大きく町人地の中心で五街道の起点でもある日本橋を大きく描く。手前の魚市場（魚河岸）の入り口にある板舟での魚商いが見える。（「東都名所日本橋真景并ニ魚市全図」歌川広重画、天保期頃（1830～43））

辺形をとっていることが、最近の研究からわかってきている。町は、本町や本石《ほんこく》町は、江戸城から一、二、三丁目と町名が振られ、両側町で構成される。日本橋から北の大通りは、室町一、二丁目のように、橋を起点として丁数が振られている。

こうして、開幕当初は、主として日本橋より北側に問屋街が、南側に職人町や芸能者の町が形成されたのである。諸国からの商工人たちの集住した、江戸の町では、尾張《おわり》町などのように出身地を示す町名や、両替町、大伝馬《おおでんま》町、旅籠《はたご》町、瀬戸物《せともの》町、鍛冶《かじ》町、畳《たたみ》町などと生業《なりわい》を表す町名が多く見られる。

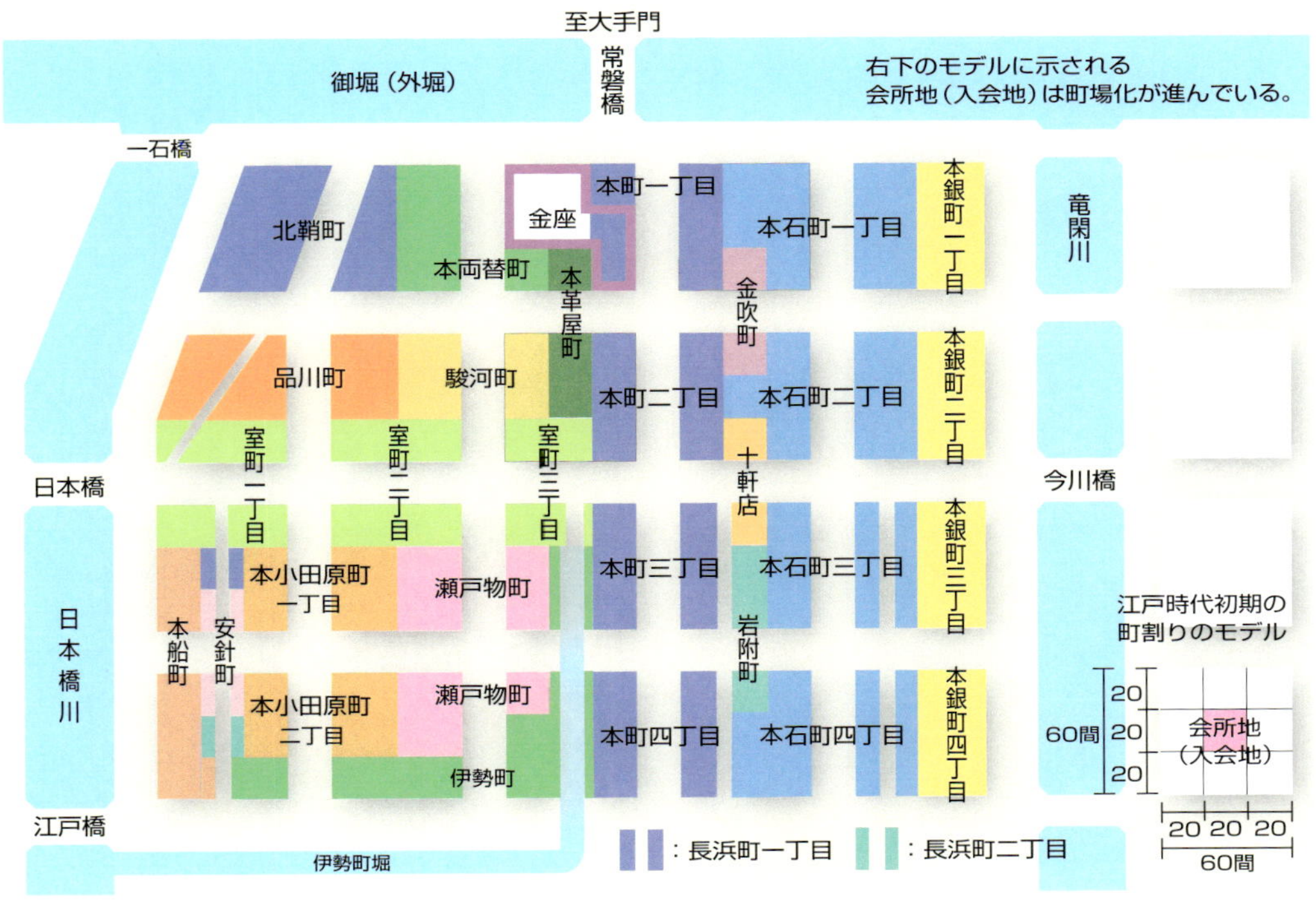

町割りの模式図と代表的な町名

とくに江戸の町割りで重要なのは、堀割を活用した江戸湊《みなと》へ海船する諸国からの物産の荷揚げの河岸地や舟入堀である。こうした堀を利用した舟運は、高瀬舟《たかせぶね》をはじめ、魚河岸に産地から生きのいい魚を供給する高速艇の押送船《おしおくりぶね》や、水上タクシーとでもいえる猪牙船《ちょきぶね》（縮めて猪牙とも）をはじめとして活躍した。大川（隅《すみ》田《だ》川）には大型納涼船の屋形船《やかたぶね》や、江戸湊や佃島《つくだじま》あたりには、大坂をはじめ諸国からの輸送船の樽廻船《たるかいせん》や菱《ひ》垣廻船《がきかいせん》などが錨《いかり》を投じた。

町人地の町割りに対し、江戸城を中核とした武家地は、城の東側の大手前には老中《ろうじゅう》・若年寄《わかどしより》などの大名屋敷が、そして西丸大手《にしのまるおおて》から大名小路《だいみょうこうじ》にかけては親藩《しんぱん》・譜代《ふだい》の大名屋敷が配備され吹上《ふきあげ》の地にあった、徳川御三家は明暦《めいれき》の大火《たいか》後にから曲輪《くるわ》外へ屋敷を移された。城の西側には、俗に番町《ばんちょう》と呼ばれた地域を中心に直臣《じきしん》の大番組の旗本たちが集住させられ、その他の旗本御家人は市《いち》ケ谷《や》・牛込・四谷など周辺部に屋敷があった。

寺社は、高台に境内地を構えた。上野台地には、天《てん》海《かい》が寛永年中に寺地を賜わり、東の叡山として東叡山《とうえいざん》寛永寺《かんえいじ》を創建し、藤堂高虎《とうどうたかとら》の寄進による五重塔が建立され、上野東照宮《とうしょうぐう》も勧請《かんじょう》されて、担《にな》い堂《どう》や根本中堂《こんぽんちゅうどう》が建立され寺観を整えた。一方で、芝《しば》に浄土宗の増上寺《ぞうじょうじ》が豊島《としま》郡貝塚（現千代田区平河町付近）から移転し建立され、二代秀忠の台徳院廟《だいとくいんびょう》をはじめ将軍家御霊屋《おたまや》として、寛永寺の将軍家御霊屋とともに、その壮大な伽《が》藍《らん》を競い合った。

こうした草創期の江戸城と市街地を鳥瞰《ちょうかん》図法で描いた屏風《びょうぶ》絵がある。「江戸図屏風」（国立歴史民俗博物館）や「江戸名所図屏風」（出光美術館）である。この江戸の都市景観図は、金雲の連続的な区切りによって、時間的・空間的に、画面の構成上、不用な部分を描かずに都市景観を主要な部分図のみで表現しているのが特徴である。

「江戸図屏風」は三代将軍家光の事績を織り交ぜながら、江戸城郭都市を俯瞰し、かつ江戸北郊の川越《かわごえ》城や鴻巣御殿《こうのすごてん》までが描かれる。

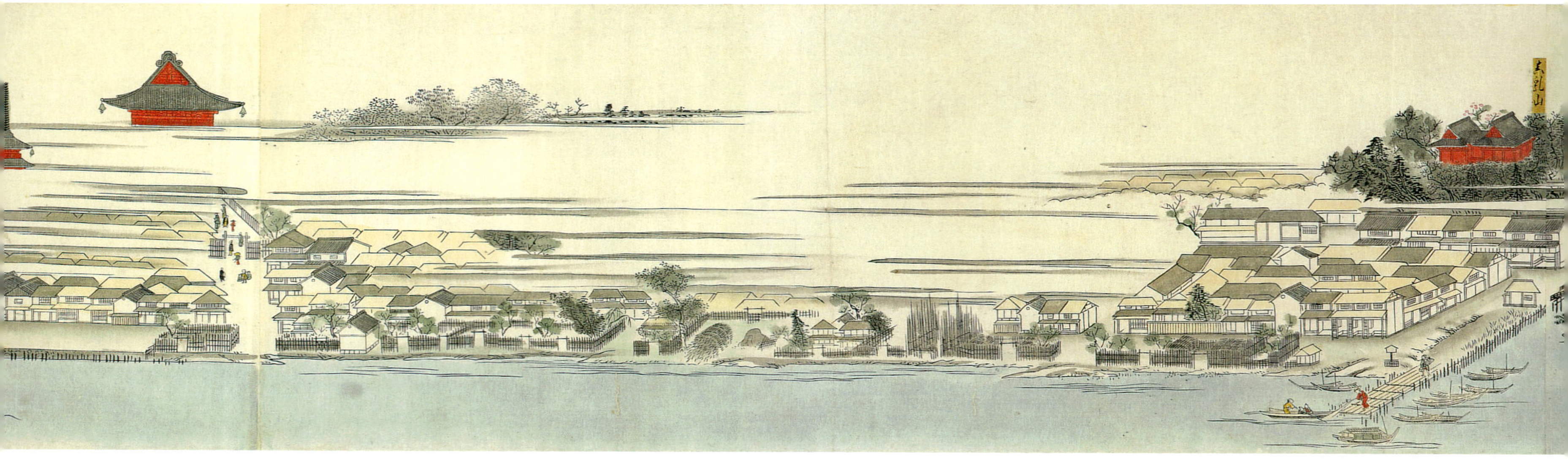

浅草寺の本堂・五重塔・仁王門、大川橋（吾妻橋）、左に駒形堂の隅田川西岸風景。

「江戸名所図屏風」は、建設途上の寛永期の江戸市中の様子が、浅草寺《せんそうじ》の三社祭《さんじゃまつり》、寛永寺と不忍池《しのばずのいけ》、神田明《かんだみょう》神《じん》の観世一代能《かんぜいちだいのう》、元吉原《もとよしわら》の遊廓《ゆうかく》、日本橋・中橋《なかばし》・京橋・新橋の通り筋、築地《つきじ》の上方下りの若衆歌舞伎《わかしゅかぶき》・人形浄《じょう》瑠璃《るり》・軽業《かるわざ》などの興行、湯屋《ゆや》、そして増上寺が画題となっていて、江戸草創期の城郭と町割りの状況が、活気に満ち満ちて表現されている。また、寛永期の江戸の様子は、「武州豊嶋郡江戸庄図《ぶしゅうとしまぐんえどのしょうず》」という地図にも、そのあらましが写されており、江戸城の曲輪や城門、見《み》附《つけ》、舟入堀が描かれ、武家地、寺社地、町人地が色分けされて示されている。

発展する江戸の町

江戸市中の火事や風水害、地震という災害は、江戸城をはじめ大名屋敷、武家屋敷、町家にかかわらず罹《り》災《さい》し、多くの被害をもたらした。武都として発展しはじめた江戸は、明暦三年（一六五七）の通称振袖火事《ふりそでかじ》により江戸城天守《てんしゅ》をも焼失する災害に遭《あ》い、天守やメインストリートの三階櫓《さんかいやぐら》をも欠く都市景観となった。

こうした大火災の類焼を避けるため、御三家は内郭の吹上から外へ移転し、また広小路《ひろこうじ》や広場が設けられ、隅田川には両国橋《りょうごくばし》が架けられ、以後永代橋《えいたいばし》、新大橋《しんおおはし》、吾妻橋《あづまばし》と架橋されて、向島《むこうじま》・本所《ほんじょ》・深川《ふかがわ》地域が急速に開発されて、江戸の市域が周辺へ広がった、また度々の火事や洪水、地震などによる災害と復興によって、そのつど新しい都市の風景が出現した。

一方、上野寛永寺門前の広小路や、湯島天神門前、浅草寺門前の並木から浅草見附前の通り、そして芝神明前の門前、本所回向院や深川富岡八幡、永代寺の門前など、多くの門前町が形成され、寺社参詣や縁日、祭礼などに賑わいを見せた。

また明暦の大火後に浅草田圃へ移転した新吉原や、天保の改革で浅草猿若町へと移転した江戸三座など、遊里や芝居町の御府内から外への移転は、新たな町の形成と活気を生み出し、根岸に文人の里が形成されたりした。

文政元年（一八一八）の「江戸朱引《しゅびき》墨引図」（東京都公文書館）は、このように発展する市街地をどこまで市中とするかについて幕府が判断をした絵図である。当初御府内は今の千代田《ちよだ》・中央区に相当したが、ここでは今の台東《たいとう》・文京・新宿・港・大田・墨田・江東《こうとう》区の地域へと大きく広がった。また風景の原点ともなる地誌の編纂《へんさん》も、こうした景観図を残す重要な役割をなした。

また、天保五年（一八三四）に刊行がはじまった、江戸の雉子町《きじまち》の町名主《まちなぬし》斎藤家三代にわたる江戸の絵入り地誌『江戸名所図会』は、長谷川雪旦《はせがわせったん》・雪堤《せってい》の精緻な挿《さし》絵《え》とともに、江戸の景観を私たちに伝えてくれる。

安政二年（一八五五）十月二日に起こった江戸大地震は、大手前や大名小路の武家屋敷をはじめ本所・深川地域に大きな被害をもたらした。この震災後の復興新たな江戸の風景は、版元《はんもと》・魚屋栄吉《さかなやえいきち》の企画で、浮世《うきよ》絵《え》師・歌川広重《うたがわひろしげ》の筆により「名所江戸百景」（一一九図、うち一図は二代広重）という新名所シリーズが安政三年～五年にかけて描かれた。

日々新しい都市景観

さて雲形による区切りはなく、あたかも上空から見たようなランドスケープの江戸図がある。それは鍬形《くわがた》蕙斎紹真《けいさいつぐざね》（浮世絵師・北尾政美《きたおまさよし》）筆の一枚摺り木版画「江戸名所之絵（江戸鳥瞰図）」や、その肉筆画「江戸一《ひと》目図《めず》屏風」（津山市郷土博物館）である。深川上空から、江戸城、富士山を俯瞰する景観で、手前に隅田川が流れ、左に江戸湊が位置する。この享和《きょうわ》三年（一八〇三）に刊行された「江戸名所之絵」には、二六五の地名などが書き込まれており、その都市景観にランドマーク情報が付加されており、大江戸の拡がりを見せてくれる。

本所・深川のみならず隅田川の東岸地帯をはじめ、江戸四宿《ししゅく》（千住《せんじゅ》・板橋・内藤新宿・品川）辺りまでの町場化は、大江戸の町として街道筋の町のみならず、武

▲隅田川と大側（川）橋（両国橋）（「隅田川両岸一覧」鶴岡蘆水画、東江源鱗撰、関根柯影刀、天明元年（1781））右手から、高台の社殿は真乳山聖天（まっちやましょうでん）、

家屋敷や寺社の郊外への拡大・移転にともない、門前町や片側町の形成が起こり、また度重なる火事によって、町は幾度も変貌を重ねた。

こうした中で、火除地《ひよけち》を大きな橋の橋詰めや寺社の前、あるいは中橋あたりの中心に作って、非常時における町家の密集化による類焼や、混乱に非常時にそなえたりした。たとえば、両国橋の広小路、上野寛永寺黒門前《くろもんまえ》（通称、上野山下《やました》）の広小路、浅草寺門前の広小路、昌平橋《しょうへいばし》前の八ツ小路《やっこうじ》、芝愛宕下《あたごした》の広小路などが有名である。そして、本来日本橋あたりの町割りの方六十間《けん》のうち、真ん中の二十間四方が入会地《いりあいち》であったものが、漸次作業場や、裏長屋、蔵地などと転換されて、家屋のびっしりと建てこんだ町の景観となっていったのである。そうした町家も、蔵造りなどの耐火住宅への幕府の指導がなされたものの、焼け屋と呼ばれるほどの頻繁な火事の被災により、板葺《いたぶき》き板羽目《いたはめ》の店舗や住宅が実際は多かったのである。

そして町の真ん中に新道を通すことも多くなって、町の細分化が行われるようになった。日本橋を中心にした大通りでは、二階建ての町屋が連続し、やがて江戸の後期には寿司屋や水飴屋《みずあめや》、二八饂飩蕎麦屋《にはちうどんそばや》、お茶漬け屋のような飲食の店も登場し、盛《さか》り場的な様相を示してきたのである。

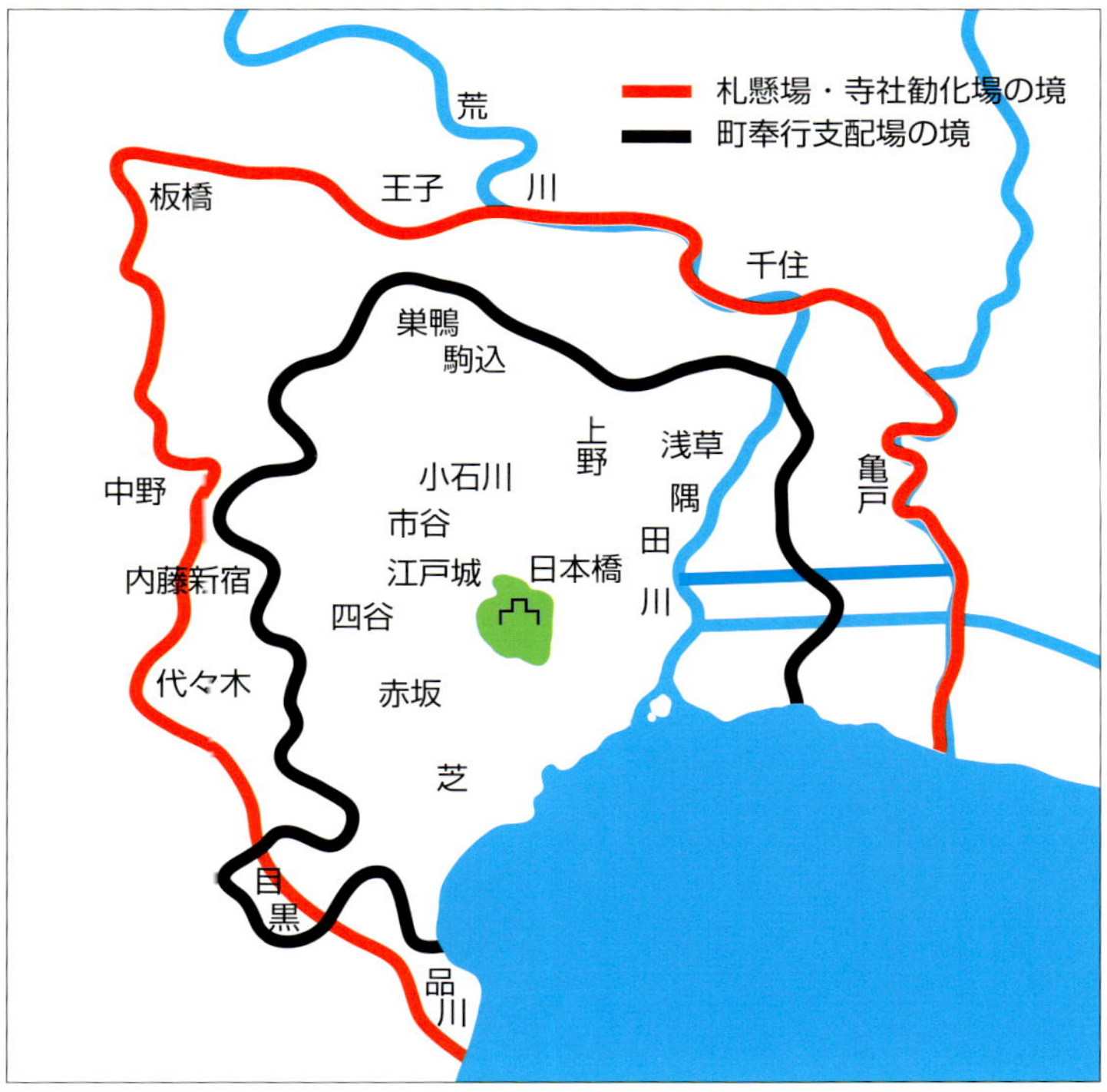

大江戸の範囲（江戸朱引墨引図より）

拡がる武家地

江戸城を中心に配置された諸大名家の屋敷は、大手前に老中などの重要な幕閣の大名家の上屋敷が、西丸下や大名小路には親藩・譜代の屋敷が軒を並べていた。また外桜田門外には井伊家　をはじめ、麹町・四谷・市ヶ谷・赤坂・八丁堀《はっちょうぼり》・霊岸島《れいがんじま》・築地《つきじ》・鉄砲洲《てっぽうず》・愛宕下多くの大名の屋敷があり、また市外へと拡大をつづけた。下級の武家は、番町・市ヶ谷・牛込・飯田橋などをはじめ、上野山下・下谷・浅草・本郷・小石川などに展開した。

先に述べたように、明暦の大火後に隅田川を越えた本所・深川地域の開発が急速に進んだのであるが、また向島の地域も含めて、墨堤より東側の地域にも諸大名家の中屋敷・下屋敷や旗本屋敷が数多く造られた。たとえば、元禄十五年（一七〇二）十二月十四日の赤穂浪士の討ち入りで有名な高家吉良上野介義央《こうけきらこうづけのすけよしひさ》の本所邸も、本所の回向院裏にあった。

そして、郊外へと武家地も伸展をつづけ、大久保・雑司ヶ谷《ぞうしがや》・音羽《おとわ》・駒込《こまごめ》・染井・王子・巣鴨・日暮里《にっぽり》などや、内藤新宿・千駄ヶ谷・青山・目黒・白金・麻布・芝高輪と、武家屋敷が見られるようになるのであった。こうした武家屋敷の御府内からの拡大とともに、寺院の郊外移転が生じ、幕末期の江戸の絵図では、下谷・浅草・駒込・日暮里・市ヶ谷・四谷・本所・深川・赤坂・愛宕下・芝高輪・品川・目黒・青山などにドーナツ化現象が見られるのも、こうした要因からである。

明治維新によって、庭園の緑を多く保有した広大な武家屋敷は、明治政府の下で、公官庁や陸軍の用地、学校、外国の大使館などの施設、そして公園として活用され大きく変貌をとげたのである。

日本橋

日本橋の架橋

五街道の起点、天下の総城下町江戸の人・物・情報の拠点となった日本橋《にほんばし》は、慶長八年（一六〇三）にはじめて架けられた（『慶長見聞集』）。家康が江戸入府して間もない天正十八年（一五九〇）には、江戸市中に橋を架けなければならないところが二七三か所、うちさしあたり一〇五か所が必要であった（『天正日記』）。日本橋は、なかでも、擬宝珠《ぎぼし》を持つ重要な公儀橋として架けられた。慶長の創架後、元和四年（一六一八）に再び架けられ、長さ三十七間四尺五寸（約六十八メートル）、広さ四間二尺五寸（約八メートル）であったという。その後もたびたび火災などで、架け直しや、一部修復工事をされ幕末に至り、明治六年（一八七三）に西洋式の木造橋になった。現在の石造橋は、明治四十四年（一九一一）、妻《つま》木頼黄《きよりき》の設計によるものである。

日本橋は、蝸牛《かぎゅう》状の濠を持つ御府内《ごふない》町人地の中心に、江戸城から東に向かう平川《ひらかわ》をまたいで架けられ、水運と陸運の交叉する拠点として、昼夜人の途絶えることなき場所であったという。南橋詰めに、高札場《こうさつば》と晒《さら》し場《ば》（拡大部分）が置かれ、橋を境に北側に神田明神《かんだみょうじん》、南側に山王権現《さんのうごんげん》の氏子《うじこ》のエリアが形成されたのである。

▲「江戸日本橋より富士を見る図」
この絵は、日本橋とそのありようをよく示している。日本橋の周りに蔵があり、船着き場があり、魚や様々な物資の集積地が描かれ、そして象徴としての江戸城、富士山が描かれる。（渓斎英泉画、江戸時代後期）

◀日本橋の仕様（波多野純復元設計）
文政十二年（一八九八）架橋時の日本橋は、長さ二十八間（一六八尺、約五十一メートル）、幅四間二尺（二十六尺、約七・九メートル）を有した（『江戸向本所深川橋々箇所附寸法帳』東京誌史所収）。江戸博六階には、長さを半分にしてこれを復元してある（三九頁写真）。

江戸日本橋ヨリ冨士ヲ見ル圖
英泉画
英泉画
N
小伝馬町牢屋敷
本石町時の鐘
長崎屋
鎌倉河岸
神田橋門
(現JR線)
金座
三井越後屋
常盤橋門
道三堀
一石橋
日本橋
魚河岸
銀座
評定所
呉服橋門
迷子標
日
本
江戸橋
橋
高札場
北町奉行所
白木屋
川
(現東京駅)
楓川

日本橋周辺図

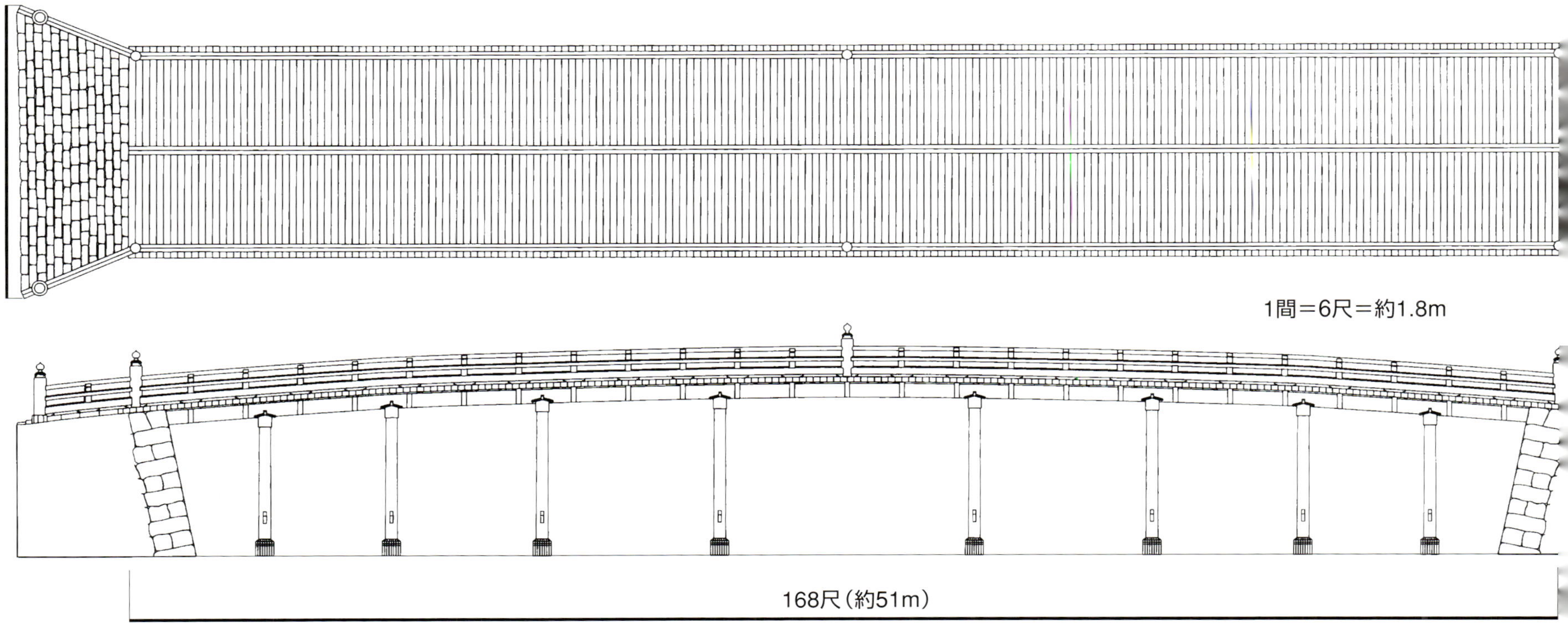

26尺(約7.9m)
1間＝6尺＝約1.8m
168尺(約51m)

城下町江戸

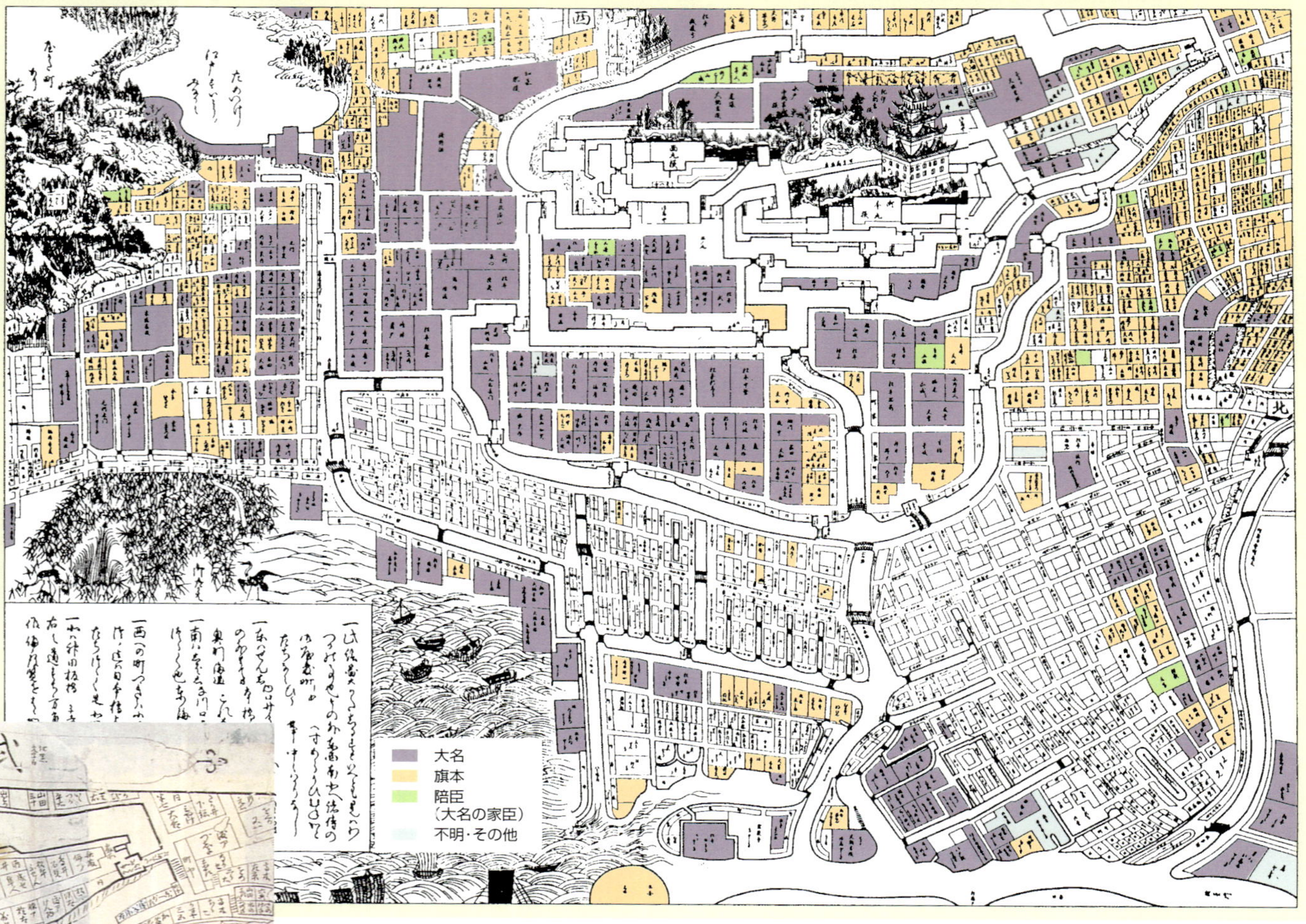

寛永期の武家地
「武州豊嶋郡江戸庄図」を原図に、『徳川諸家系譜』・『寛政重修諸家譜』・『断家譜』・『徳川実紀』により作成

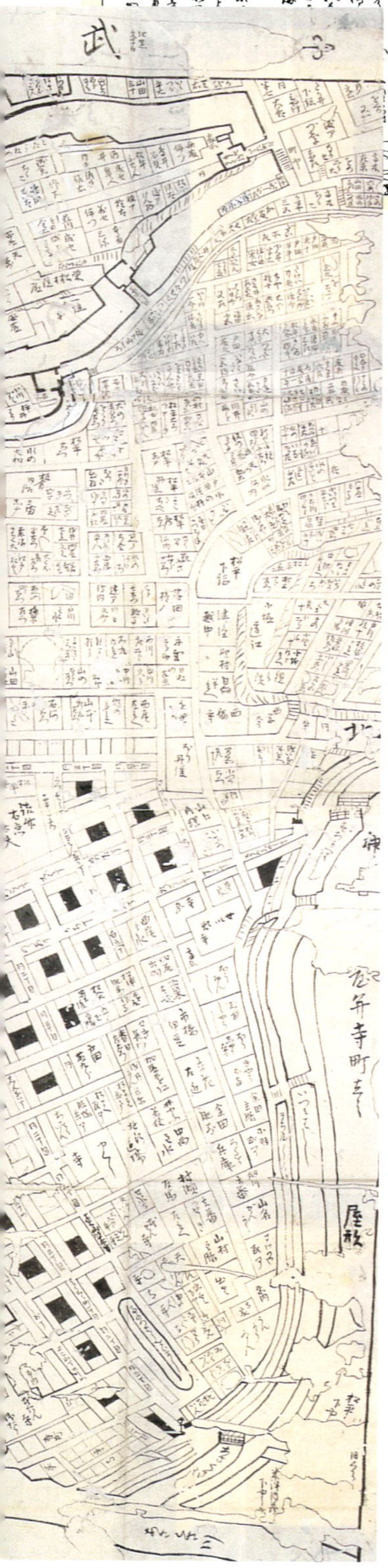

天下の総城下町

幕藩体制下の江戸時代、全国を支配する幕府と、一定地域を統治する大名が存在した。大名の所領あるいはその統治組織は、歴史用語として「藩《はん》」と称されている。藩の政庁（藩庁）の所在地の多くは城下町である。（江戸時代の大名の格式を示すものに、領知の規模と城の有無による国持《くにもち》・国持並・城主・城主並《なみ》・無城の区別がある。幕末段階で、国持二〇藩、国持並三藩、城主一二五藩、城主並一六藩、無城一一一藩となっていた。）

一般の城下町は城に大名、その周辺に藩士と彼らの生活を支える町人（商人や職人など）が居住する都市を指す。幕府が置かれた江戸は禄高《ろくだか》七百万石の超大大名徳川将軍家の城下町であった。ところが江戸は、城に征夷大将軍、城下に将軍の直参《じきさん》である旗本《はたもと》・御家人《ごけにん》とともに、将軍に臣従する全国の大名とその家族と家臣の一部、彼らの生活を支える多くの町人が居住していた。いわば江戸は「全国の城下町中の城下町」で、「総城下町」とも称すべき都市であった。

城に政権掌握者、城下に臣従する大名が居住する「総城下町」の先駆的形態は、織田信長の近江《おうみ》国安土《あづち》、豊臣秀吉の山城《やましろ》国伏見《ふしみ》、摂津《せっつ》国大坂に見られる。続く徳川政権下では、大名妻子の江戸居住と、大名自身の江戸と国許《くにもと》の隔年居住の強制を骨子とする参勤交代《さんきんこうたい》の確立により、江戸は人・物・情報が集中する大都市、まさに「天下の総城下町」となった。

江戸が「総城下町」となる契機は、天正十八年（一五九〇）の家康の関東移封である。このとき家康は江戸を本拠と定め、二五〇万石の大大名の城下町建設に着手した。豊臣秀吉の死、関ヶ原合戦の勝利により全国支配権を掌握した家康は、中央政庁所在地に相応しい江戸の建設を開始し、天下普請により三代将軍徳川家光の寛永年間（一六二四〜四四）に「総城下町江戸」が一応の完成をみた。

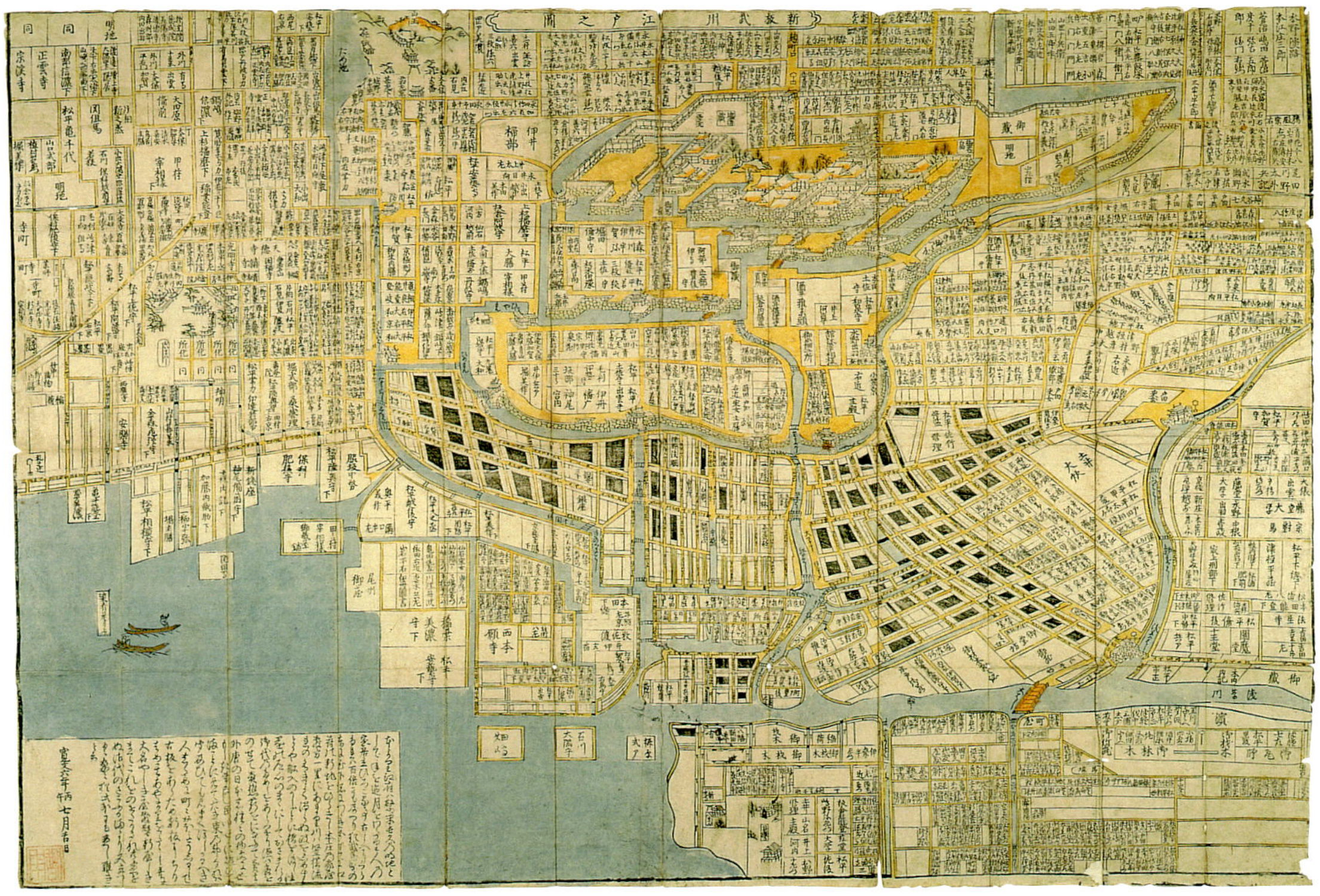

◀「新板武州江戸之図」
江戸博所蔵の「江戸図」としては最も古い刊記をもつ。「武州豊嶋郡江戸庄図」を祖とする「寛永図」群に属す。明暦3年(1657)正月の大火(振袖火事)後の江戸の復興ぶりがわかる。万治4年(1661)に開板されたこのシリーズから、図右下部に隅田川(すみだがわ)の東部が描かれるようになった。(寛文6年(1666))

▼「武州豊嶋郡江戸庄図」(江戸期模刻版)
数多く刊行された江戸の地図(特に「江戸図」と呼ばれている)の嚆矢とされる。「武州豊嶋郡江戸庄図」のオリジナル版の現存は、確認されていないが、本図のような模刻版や写本は多種大量に製作された。方位は後続の多くの江戸図と同様画面下方が東。当時の江戸の全域は描かれていないが、一応の完成をみた総城下町江戸の様子がよくわかる。(景観年代寛永9年(1632)9月以前,天保期写)

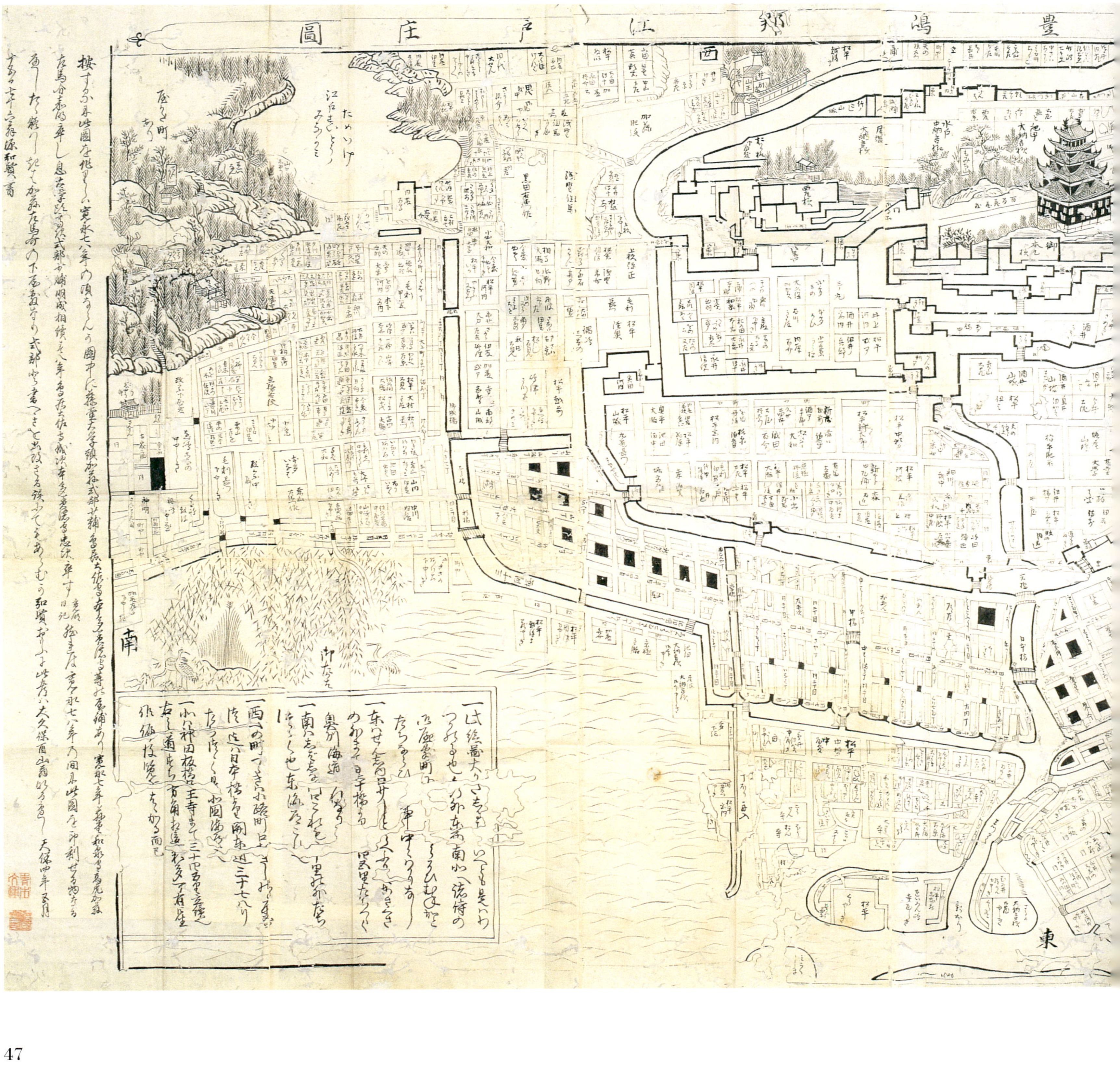

▲**「江戸図正方鑑」**（部分）防災措置が施された総城下町江戸の地図（江戸城付近）。明暦の大火のあと、江戸は敵の来襲に備えた軍事都市の要素を排除し、防災の観点から、火事の延焼防止のための火除地や広小路（図中 の部分）が設けられ、土手が築かれた。（元禄6年（1693）、佐藤四郎右衛門板）

江戸の地図

総城下町「江戸」を対象とした地図は、特に「江戸図」と呼ばれている。これは特別な言い習《なら》わしで、一般に地域名に「図」を付したものは、その地域の景観を描いた絵画を指す。「江戸図」という特称があるのは、その数の多さに由来する。

江戸図を「江戸地域の手描き、あるいは木版・銅版刷の地図」と規定すると、その数は改訂版を含め数千種になるという。飯田龍一・俵元昭著『江戸図の歴史　別冊　江戸図総覧』（築地書館、一九八八）によると、長禄年間（一四五七〜六〇）の景観を描いたとされている「長禄江戸図」から明治十年（一八七七）刊の木版の「東京図」まで、一一八四種の「江戸図」の存在が確認されている。同書刊行後、未載の江戸図が（江戸博所蔵分を含めて）かなり見つかっているので、その数はさらに増加するだろう。このように一つの都市に、これほど数多くの地図が刊行された例は世界的に珍しいという。

江戸図の最大の特色は、武家屋敷の情報が圧倒的に多いことである。総城下町江戸の六割から七割は武家地が占めていた。大名の屋敷地は原則的には幕府から下賜されるもので、幕府の指示による屋敷替えや武家間の相対替《あいたいが》えもあり、また私的屋敷地の買収も行われていた。さらに譜代大名や旗本・御家人が就任する幕府の役職の異動が頻繁にあった。一方、江戸時代は贈答社会で、相互訪問や附届《つけとど》けが日常的に行われた。ところが江戸の武家地には町名がなく、地番表示や標札の習慣がなかったので、訪問先や附届け先を適確に知るには、武家屋敷の最新の情報が掲載される地図が必需品となっていたことから、数多くの江戸図が刊行されたと考えられる。

▼日本橋付近の拡大図　総城下町江戸の中心部。中央は五街道の起点日本橋。

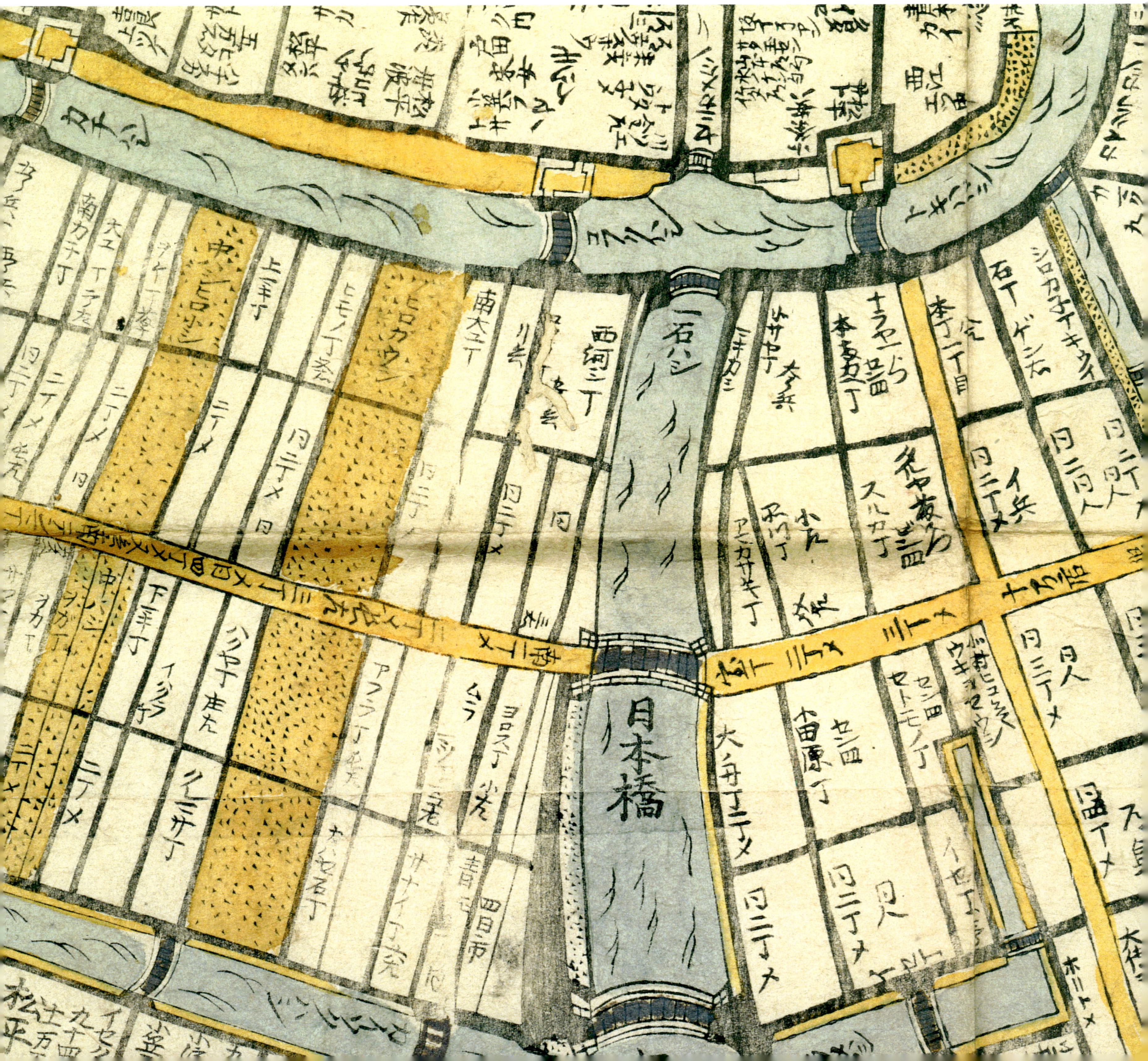

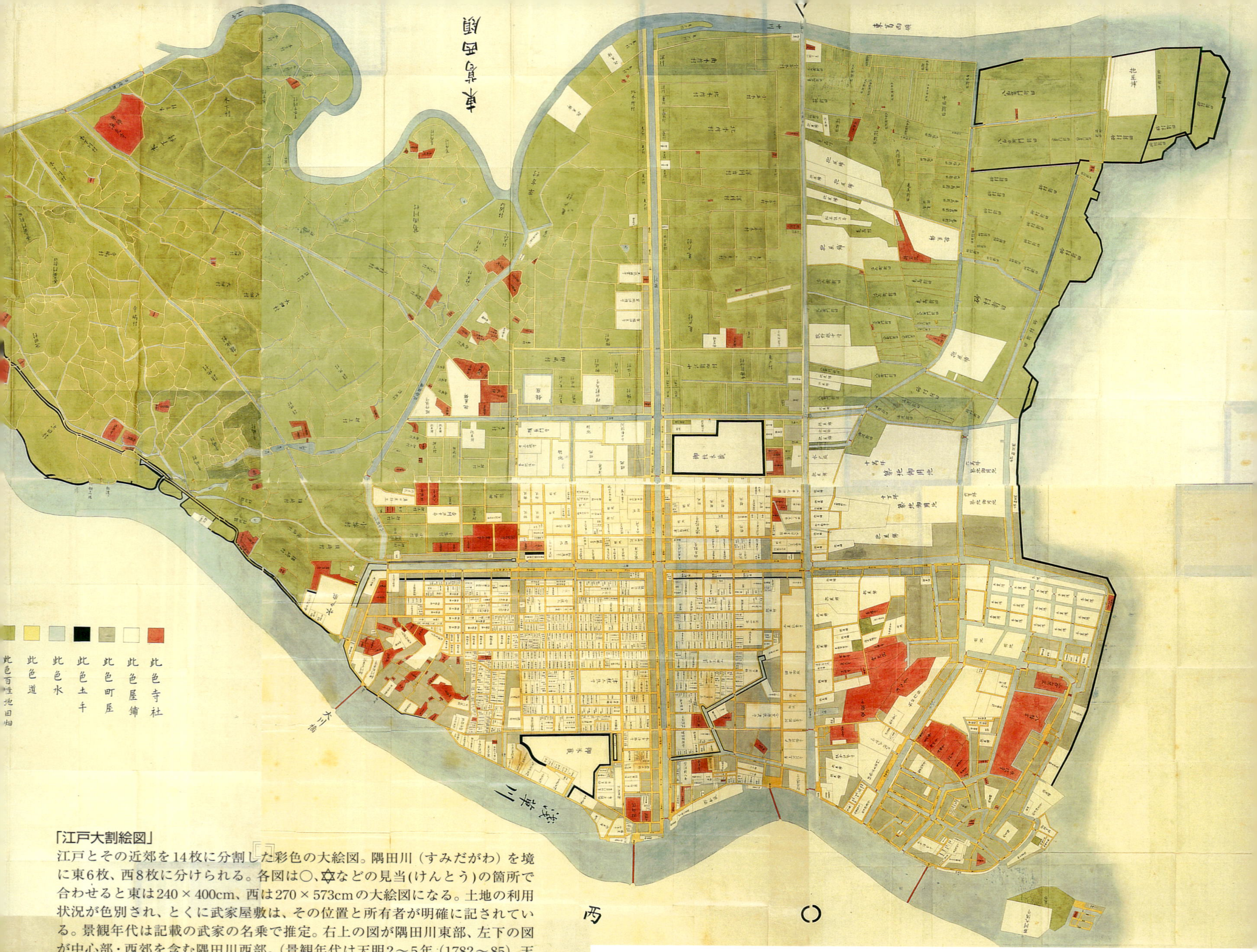

「江戸大割絵図」
江戸とその近郊を14枚に分割した彩色の大絵図。隅田川（すみだがわ）を境に東6枚、西8枚に分けられる。各図は○、✡などの見当(けんとう)の箇所で合わせると東は240×400cm、西は270×573cmの大絵図になる。土地の利用状況が色別され、とくに武家屋敷は、その位置と所有者が明確に記されている。景観年代は記載の武家の名乗で推定。右上の図が隅田川東部、左下の図が中心部・西郊を含む隅田川西部。（景観年代は天明2～5年（1782～85）,天明～寛政年間（～1800）の成立）。

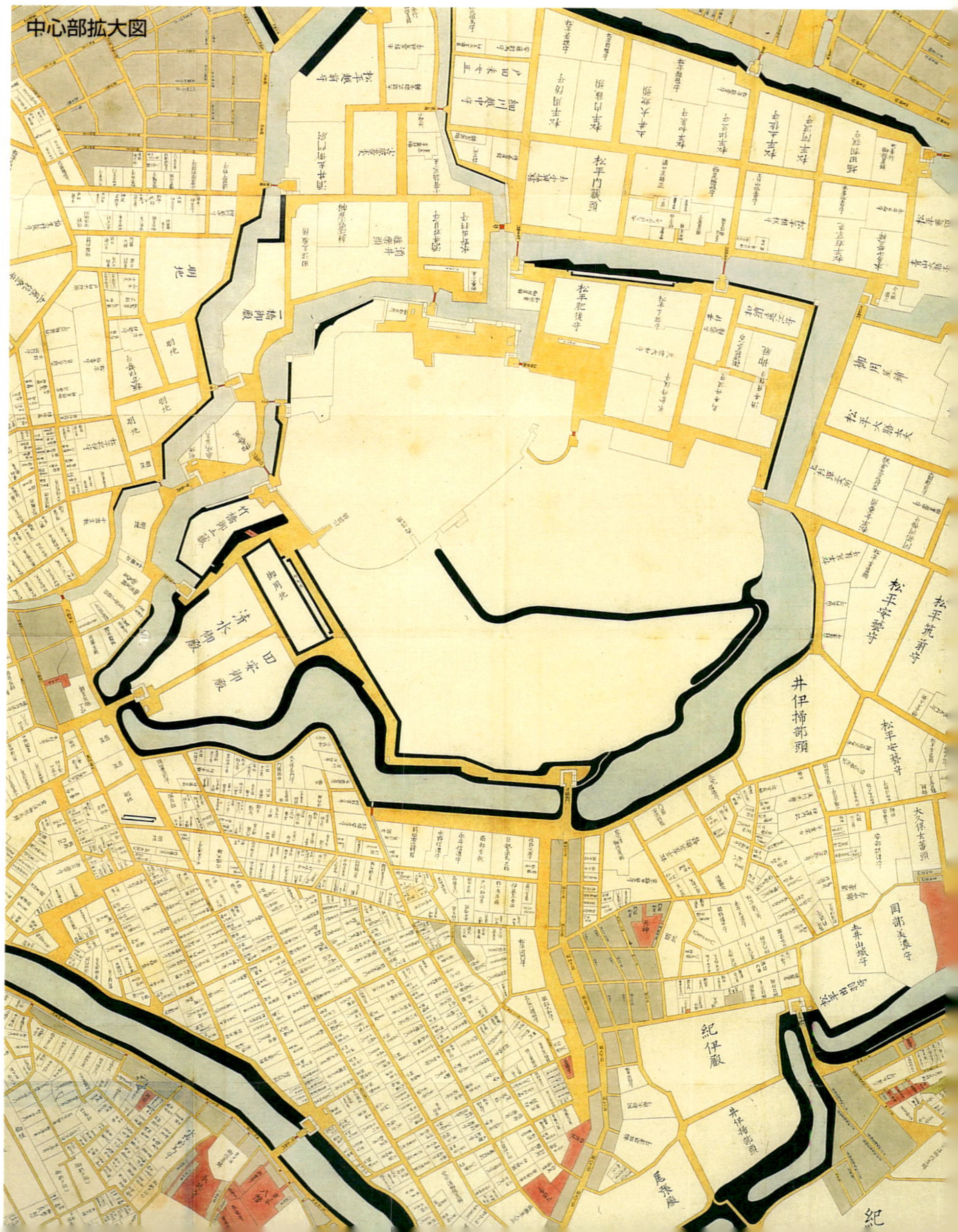

中心部拡大図

江戸図の方位

現在日本で流布している地図は、特に断りのない限り、手前（下）が南、奥（上）が北である。ところが江戸図は「武州豊《ぶしゆうと》嶋郡《しまぐん》江戸庄図《えどのしょうず》」をはじめ、ほとんどが手前が東、奥が西である。その理由として前出の飯田龍一・俵元昭著『江戸図の歴史』では「これはおそらく西部に山の手につらなる高台があり、東部に低地と海があって、鳥瞰《ちょうかん》として見おろした感じがつきまとい、ことに初期の江戸では、そうすることが江戸城の正面に正対することになるし、繁華街を下（手前）に、城を上部（奥）に位置させて、京の内裏に近い形で、上下のバランスをとることにもなる」と指摘している。この指摘の裏には都市建設の四神相応説《しじんそうおうせつ》があると考えられる。

四神相応説は中国の都建設の基本で、王宮正面南の神・朱雀《すざく》には汙地《くぼち》（低地＝海・池）、奥の北・玄武《げんぶ》には丘陵、東方・青龍《せいりゆう》には流水、西方・白虎《びやつこ》は大道が配されるのが良い地相とされた。日本の平安京では、内裏《だいり》の北の丘陵に船岡山、南の汙地に巨椋池《おぐらいけ》、東の流水に賀茂川《かもがわ》、西の大道に山陽道を配し、この地相を満たす。江戸建設の際、この平安京を模したが、実際の地形では四神相応しないので、時計回りに九〇度転回して合せた。すなわち実際には江戸城の西にある麹《こうじ》町《まち》台地を北の丘陵に、北にある平川《ひらかわ》を東の流水、東にある日比谷《ひびや》入江を南の汙地、南に走る東海道を西の大道に見立てたのである。

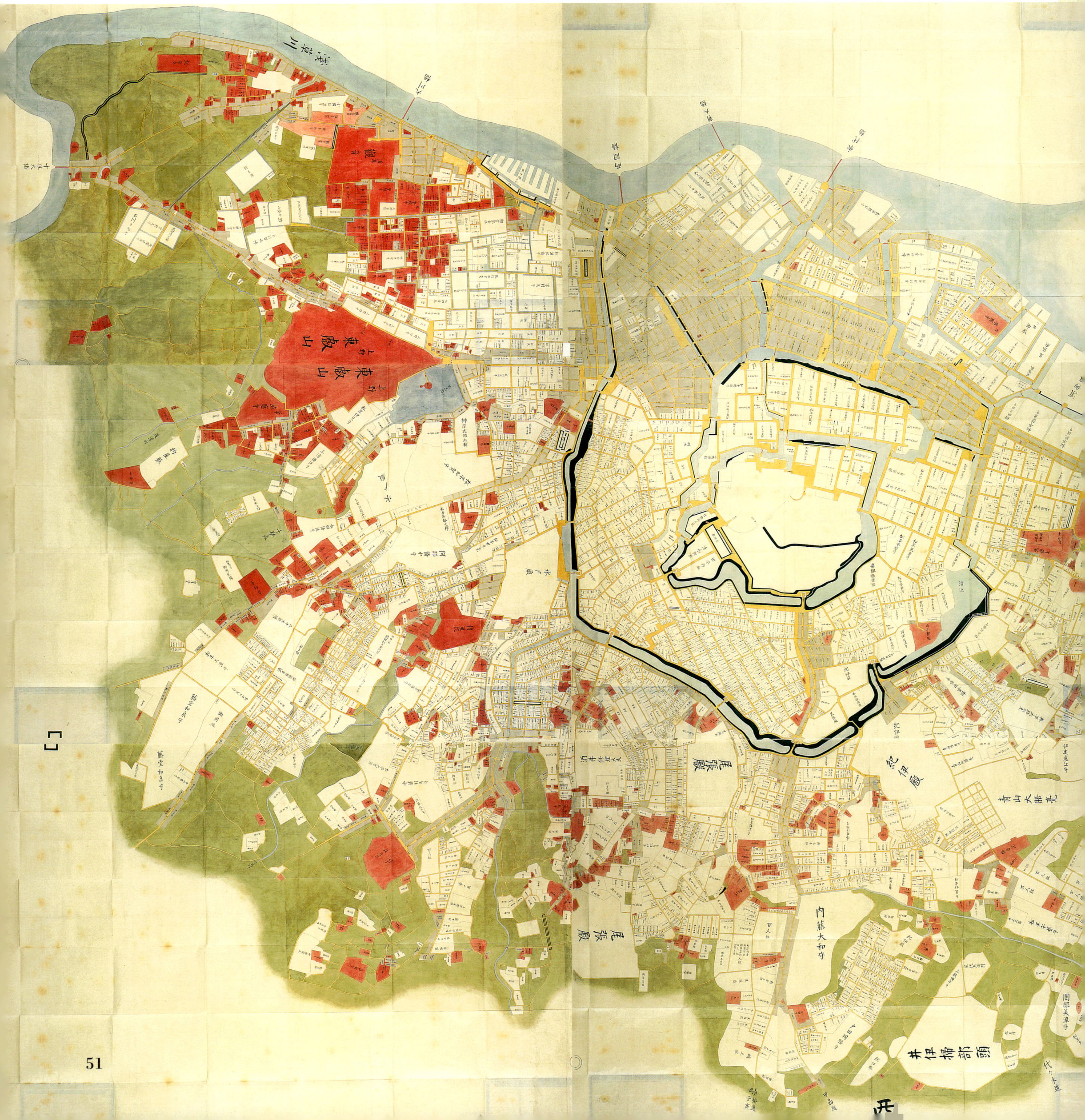

▲ 江戸切絵図の嚆矢「東都番町図」
内題は「番町絵図」。のちに大ブームを起こす「江戸切絵図」の先駆的存在。このシリーズは八図の刊行が確認されているが、江戸全域が揃わなかったことや、販売点数が少なかったせいかブームを起こすことはなかった。（狐阡瀬貞雄・鼇峰依為質編輯、宝暦5年（1755）秋刊、吉文字屋次郎兵衛・美濃屋平七板）

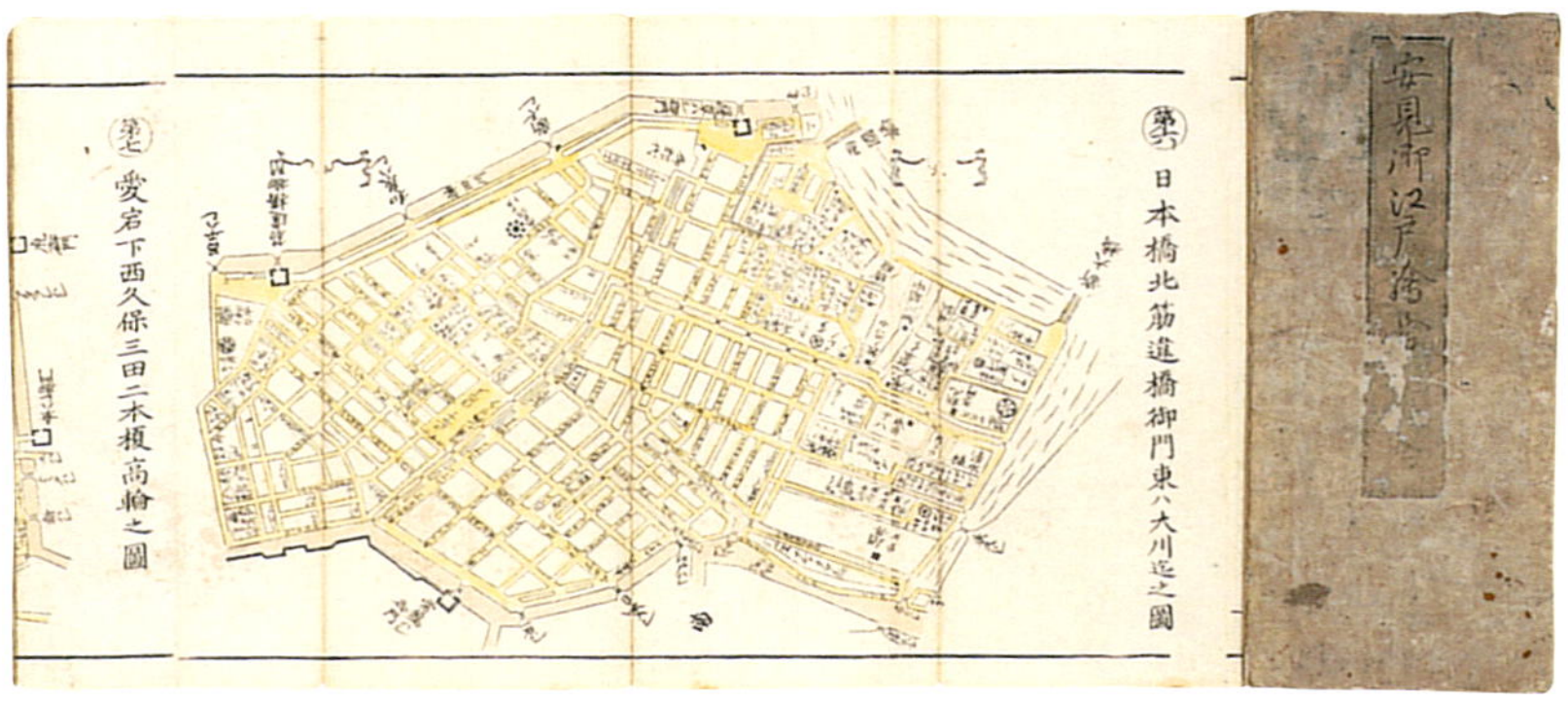

▶「日本橋北筋違橋御門東八大川迄之図」
江戸の区分地図帖。本図のほか総図1枚と「御城辺大名小路之図」「外桜田ヨリ赤坂御門マテ之図」など17枚を収載。「天保十己亥四月於東都以價弐朱求之」の書込がある。（「安見御江戸絵図」天保年間（1830～44）刊、村子慶編、須原屋茂兵衛板）

江戸切絵図

江戸切絵図《きりえず》は、現行の東京区分地図に相当する。前述のように江戸図刊行の主目的は訪問や附届《つけとど》け先を適確に知るためであったが、江戸そのものの面積が広大で、武家屋敷の位置と持主の名前が判読できるほどの縮尺にすると、地図自体が大きくなり、実際に尋ね歩くとき携行に不適であり、携行に便利な小さな地図にすると情報の判読が困難になってしまう。この両者の要望に応えたのが切絵図である。文字判読が容易な縮尺の区分図であれば、江戸全体の地図を携行する必要はなく、目的地と経由地の地図二、三枚を携行すれば事が足りるからである。

最初の切絵図は宝暦五年（一七五五）吉文字屋次郎兵《きちもじやじろべ》衛《え》・美濃屋平七《みのやへいしち》板の『番町絵図《ばんちょうえず》』で、この切絵図のシリーズは「吉文字屋切絵図」と呼ばれている。いの一番に番町が取り上げられたのは、この地域は街区が複雑で、しかも幕府の役人が多数居住しており、その転居や異動が頻繁に行われたので、特に正確な情報を記載した地図を必要としたからである。このシリーズは安永四年（一七七五）の『築地八町堀日本橋南絵図《つきぢはつちようぼりにほんばしみなみえず》』まで八図刊行で中断した。その原因は、すみやかに江戸全体を網羅できず、要望に応えられなかったからだとされている。

中絶していた切絵図は七十年後の弘化三年（一八四六）近江屋吾平《おうみやごへい》（近吾堂《きんごどう》）板『番町絵図』で復活した。近江屋は専門の地図出版業ではなく、番町に近い麹町《こうじまち》十丁目に店を持つ荒物屋で、よく番町の屋敷の所在を尋ねられたので、簡単に説明するため地図を刊行したとされる。

近江屋は七年で江戸全域三十枚を刊行し、積年の要望に応え、切絵図ブームに火をつけた。一方、嘉永二年（一八四九）には、絵草紙業を営んでいた尾張屋清七《おわりやせいしち》（金鱗《きんりん》堂《どう》）が『大名小路神田橋内内桜田之図《だいみょうこうじかんだばしないうちさくらだのず》』を刊行し、近江屋と相競うようになった。尾張屋は実測から離れ、デフォルメをして、赤・青・緑・黄など色鮮やかな実用本位の絵図を仕立てた。一方近江屋は実測に基づく地道な地図を刊行したが、最終的には尾張屋に吸収されてしまった。

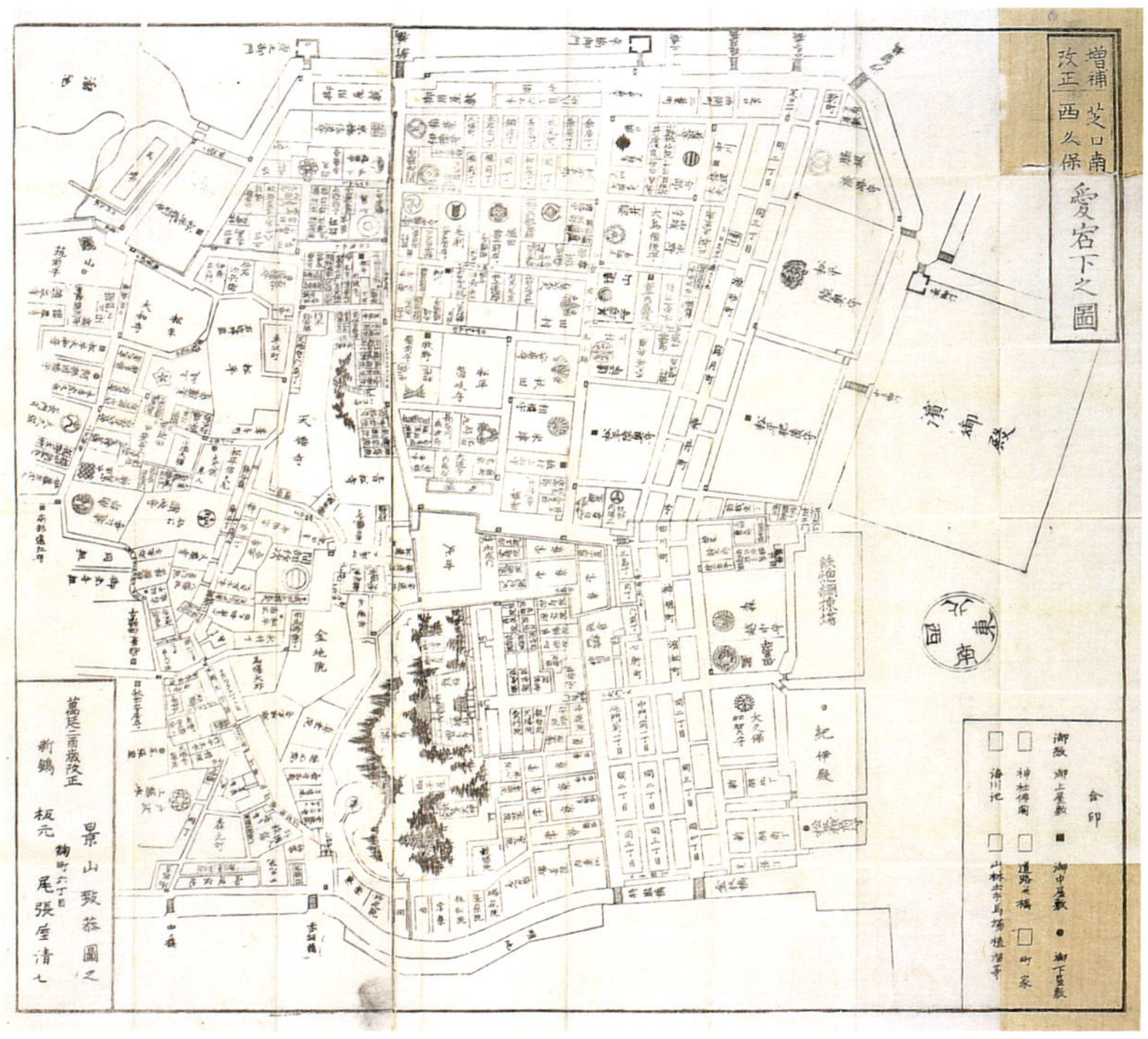

b. 増補改正 芝口南 西久保 愛宕下之図 （万延2年（1861）改正新鐫、景山致恭図、尾張屋清七板）

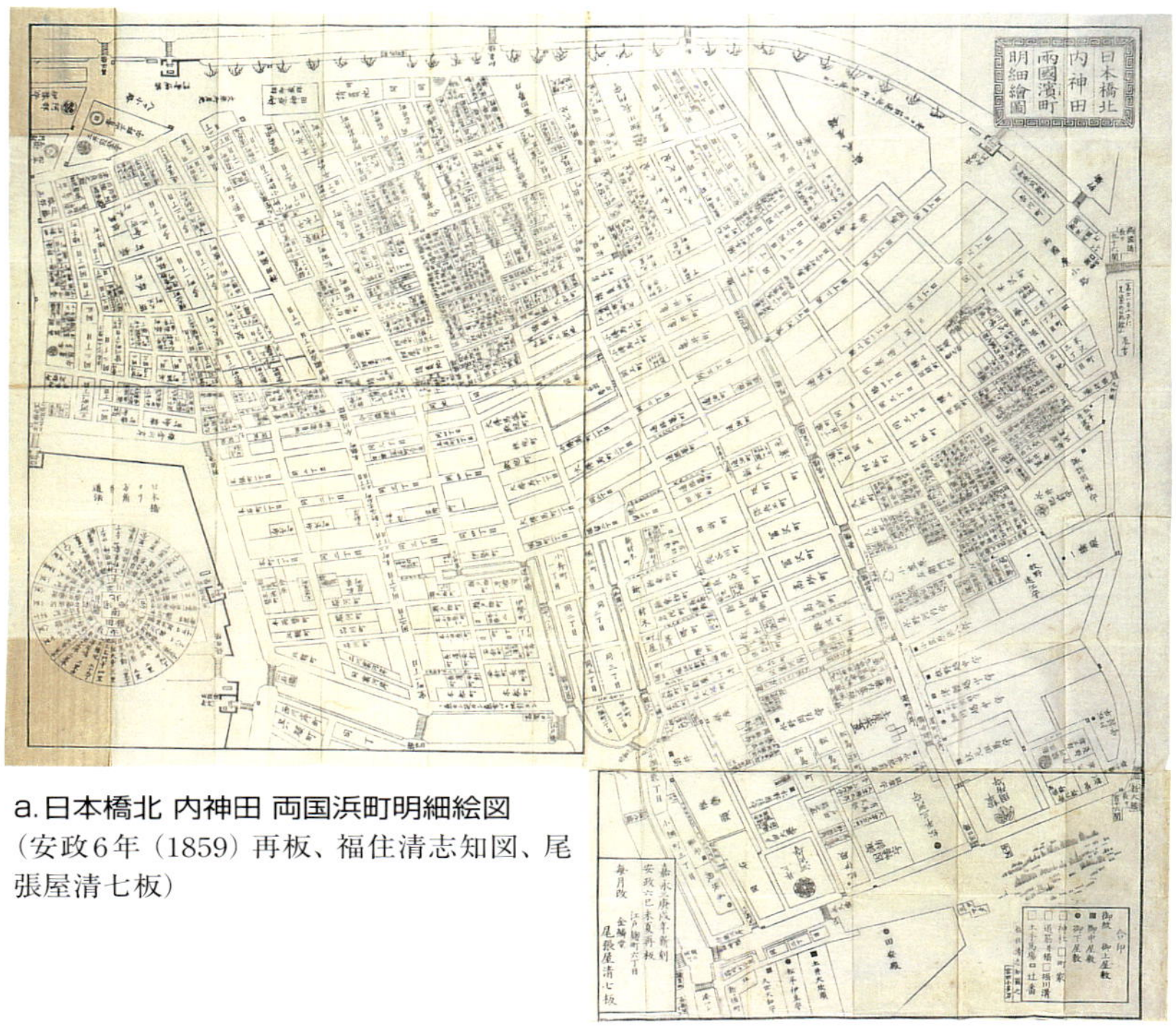

a. 日本橋北 内神田 両国浜町明細絵図
（安政6年（1859）再板、福住清志知図、尾張屋清七板）

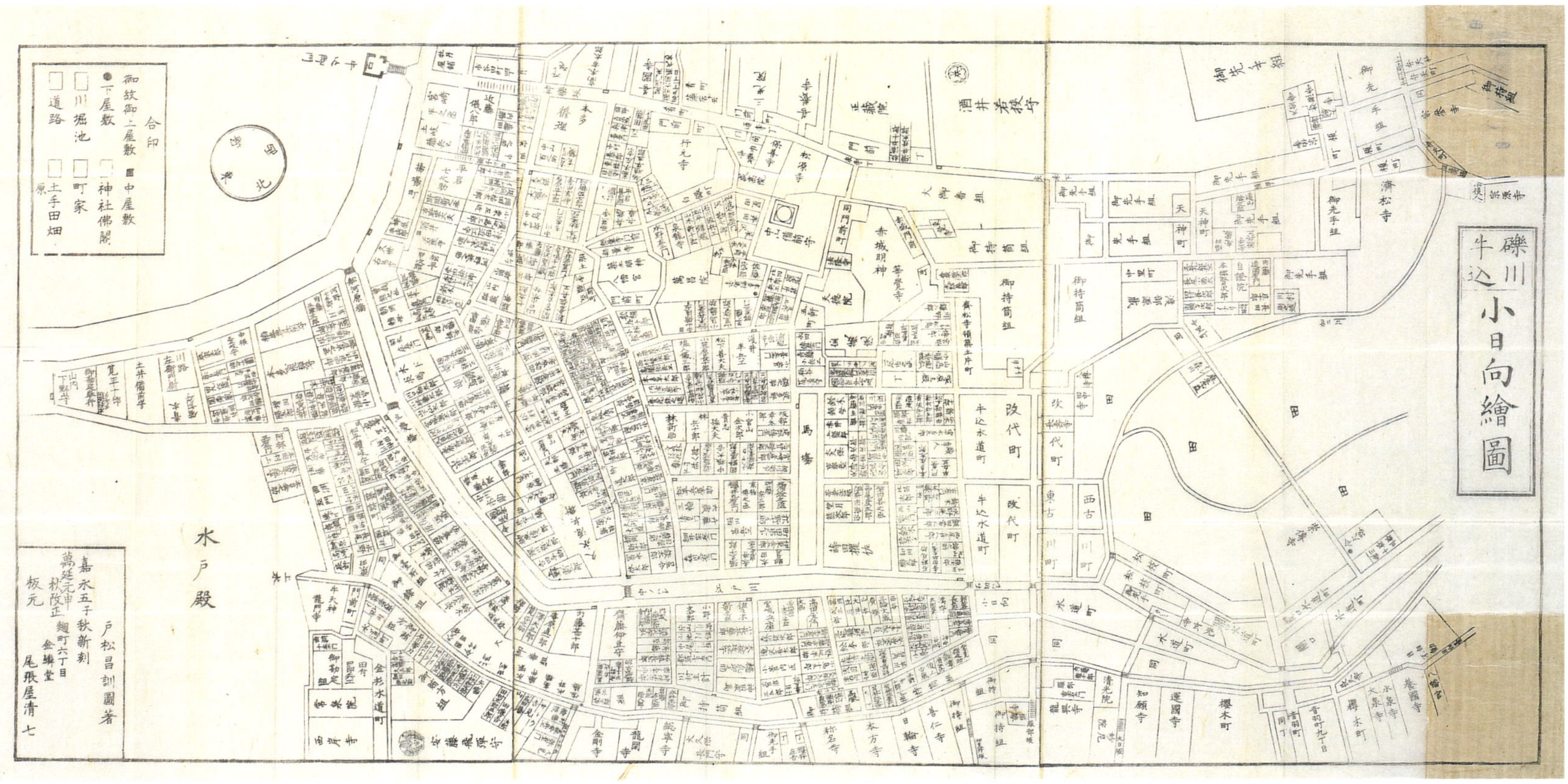

c. 礫川牛込 小日向絵図 （万延元年（1860）改正、戸松昌訓図、尾張屋清七板）

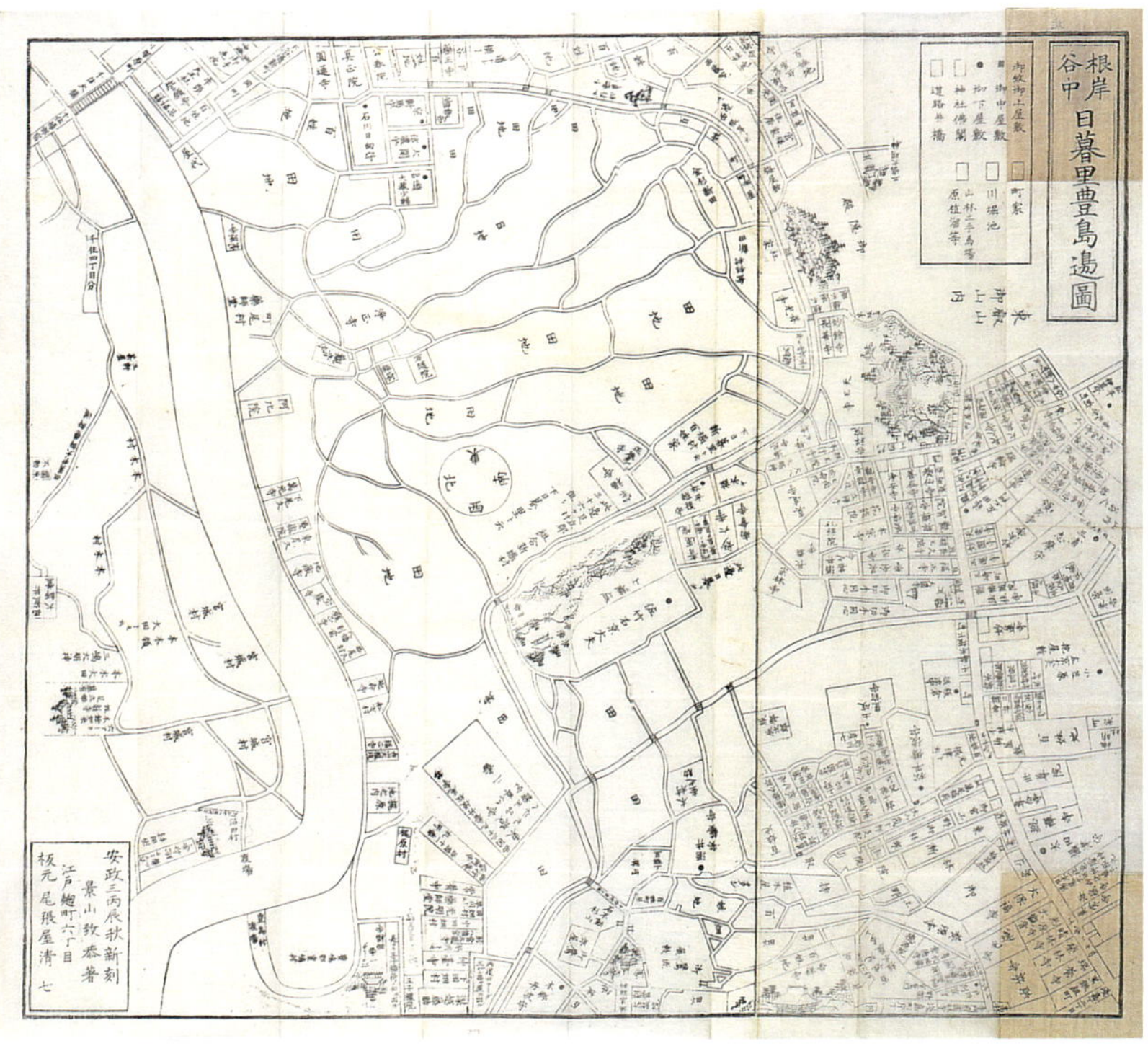

d. 根岸 谷中 日暮里豊島辺図 （安政3（1866）新刻、景山致恭著、尾張屋清七板）

切絵図の中断期に盛行した変形の区分図に「安見《やすみ》御江《おえ》戸絵図《どえず》」シリーズがある。このシリーズは経折本《きょうおりぼん》のような形態をとっている。折本は横長の紙を縦折にしたもので、道中図《どうちゅうず》などに用いられた。これを広大な江戸の地図に応用したのである。当初は全域図に当たる総図と区分十二図で構成されたが、のちに区分十七図に増強された。折本にすると、比較的小さく折畳むことができる上に、展げてもスペースを要しない利点があり、訪問先の位置・場所がわからない時に携行するのに重宝した。そのため遅々として出版が進まない吉文字屋板切絵図を尻目に数多く売れたのであるが、尾張屋板の切絵図出現により、駆逐されてしまった。

「御江戸駕籠絵図」（a～d）
薄い紙（雁皮紙）に刷られた切絵図。「駕籠絵図」は別称。刷りが難しく高級品とされた。全部揃えても携行しやすく、馬で遠出をした大名用との説がある。

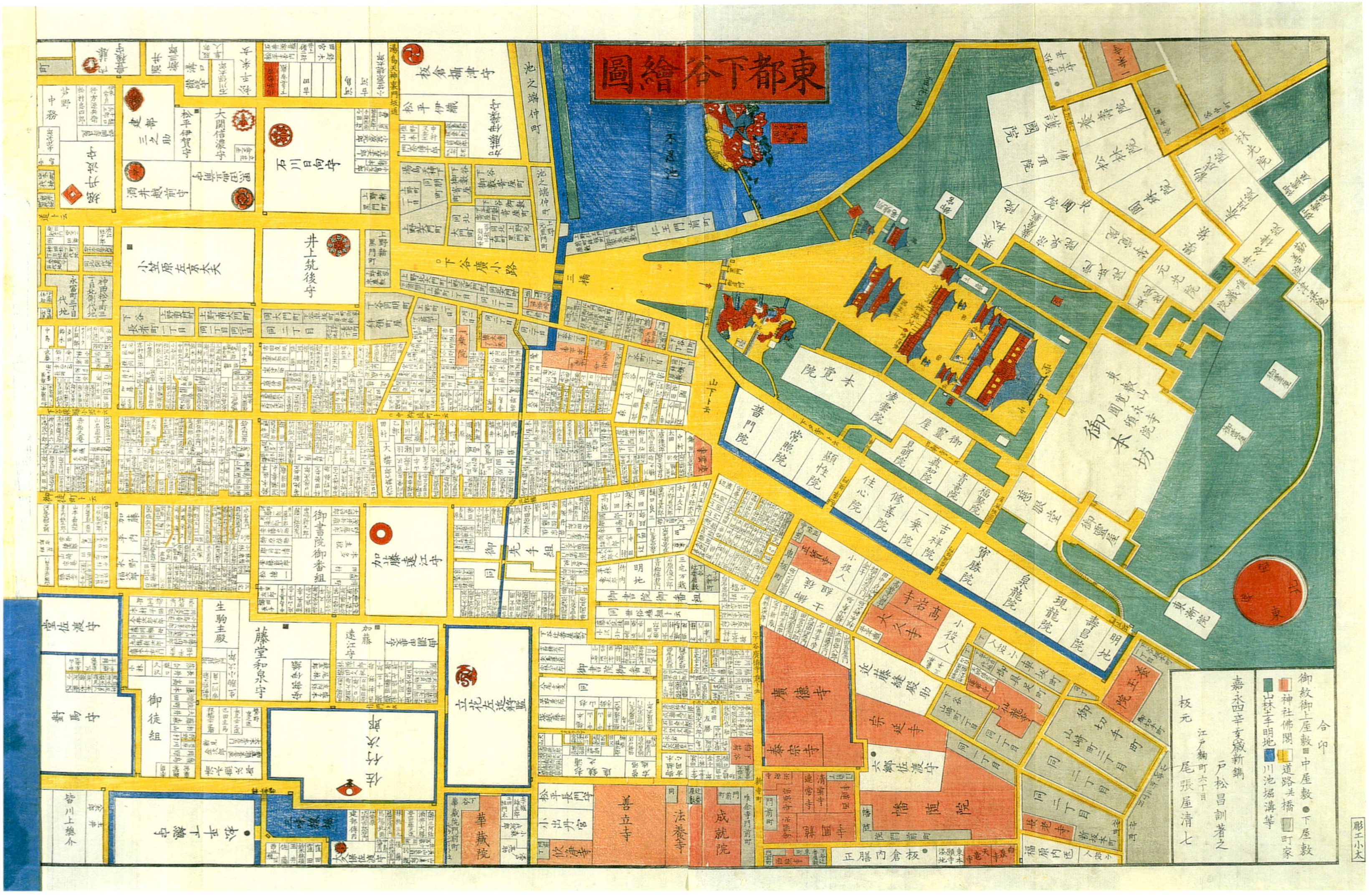

▲ 下谷絵図

内題は「東都下谷絵図」新規参入3年目の尾張屋版の切絵図。右上に寛永寺を配す。図の形は機械的区分ではなく、わかりやすい区分の仕方で横長となっている。屋敷などの所有者の文字は正面玄関と正対するように書かれているので、方向がバラバラになっている。下図は寛永寺部分の拡大図。「絵図」らしく絵画的に描かれている。左図は左上部の拡大図。武家・寺社・町人地の輻輳している状況がよくわかる。（尾張版「江戸切絵図」嘉永4年（1851）新鐫、戸松昌訓著、尾張屋清七版）

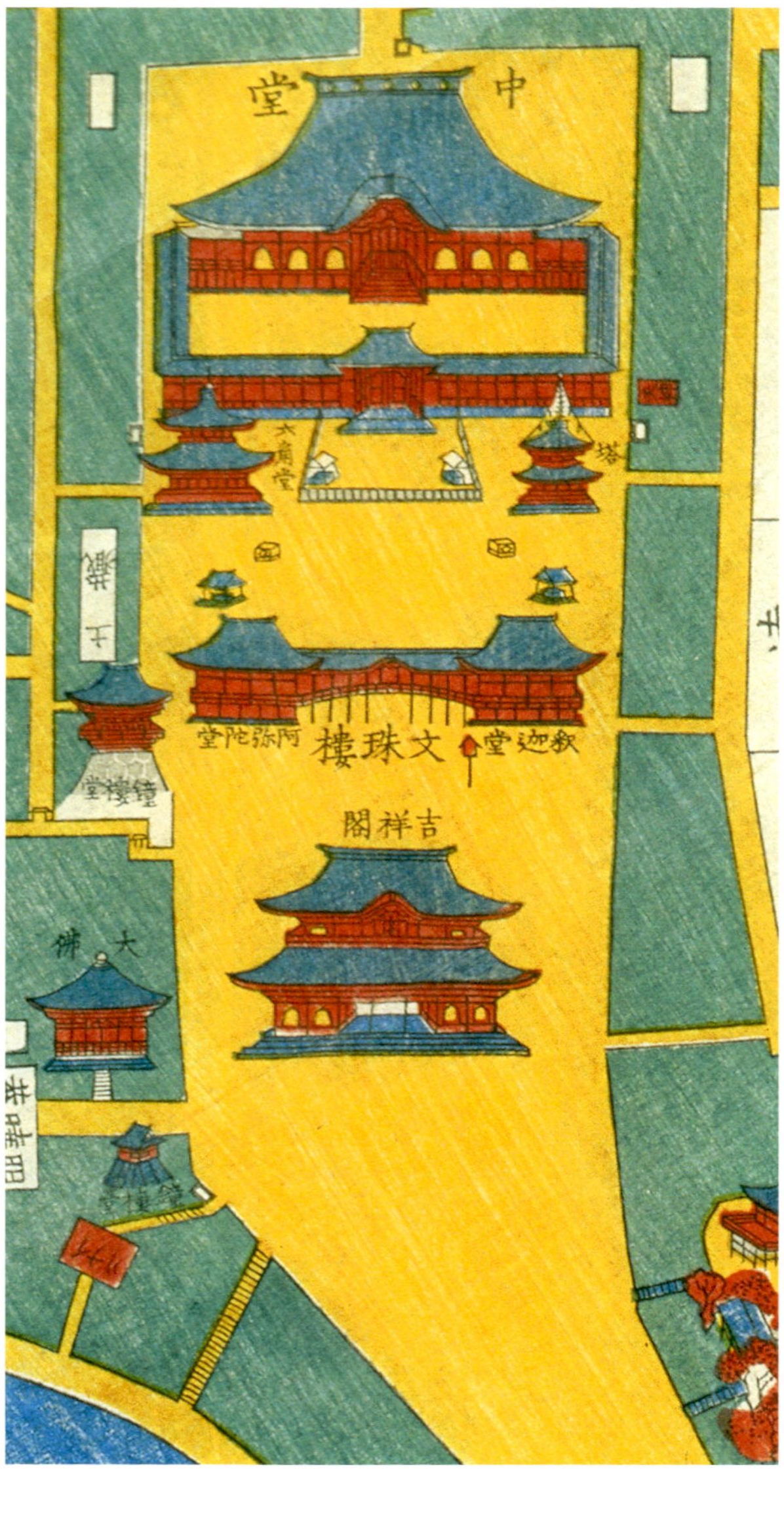

江戸図の大きさと形

多種多様の江戸図が刊行されたのであるが、その大きさは目的・使い方により異なっていた。

大図は畳や床《ゆか》の上に展げて、立ち上って周囲から見る仕様で、方形の長い辺が五尺（約一五〇センチメートル）以上ある。目から地図までの距離と当時の部屋の中の明かるさに応じるように大きな文字になっている。畳むと大型の版本のサイズになる。江戸全体の情報を得たり、目的地を確認したものと思われる。また彩色した江戸図は一幅の絵としても鑑賞に堪える。

中図は長辺が三尺～五尺（約九〇～一五〇センチメートル）ほどで、膝の前に展げて、座って見られる大きさとなっている。

小図は長辺が三尺（約九〇センチメートル）以下で、畳むと着物の懐や袖に納まる大きさである。切絵図はこのサイズである。小図の江戸全域図は江戸の全容を知るには便利であるが、縮尺が小さくなりすぎて、面積の広い大名屋敷を収載するのが限度であり、訪問先を見極めるには不向きで、花の都江戸の土産として用られたものもある。

江戸全体の形は、明暦三年（一六五七）の大火以前は南北に長い方形であり、大火後隅田川《すみだがわ》東域が開発、編入されると細長い逆Lの字を一八〇度転回した形になり、これを伝統的に方位を時計回りに九〇度回すと下部中央から左隅が海となり、地図としては空白になる。紙が貴重であった時代、大図・中図では左下の空白部分に、大名が行列する際供奉する槍の形（どこの大名か識別できる＝槍印）や江戸の年中行事や名所などの情報が記されている。小図では、本所《ほんじょ》・深川《ふかがわ》地域を本図に繋がるように貼り付けられている。また隅田川の東と西の部分に分け、二枚の方形の地図に仕立てたものもある。

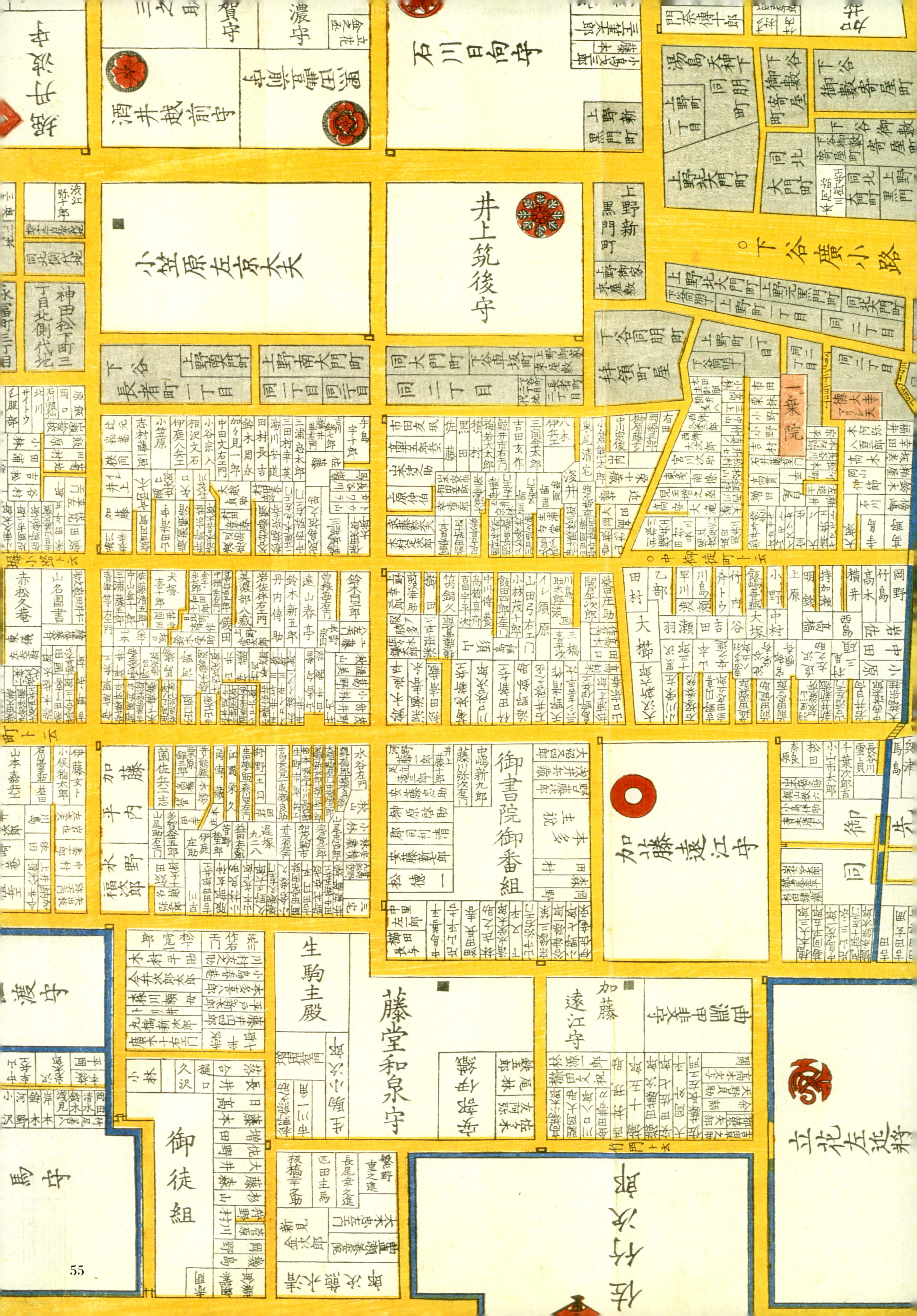

石川日向守
酒井越前守
井上筑後守
小笠原左京大夫
下谷廣小路
上野北大門町
下谷長者町
上野南大門町
御書院御番組
加藤遠江守
加藤平内
藤堂和泉守
生駒主殿
御徒組
立花左近将

▲ **江戸の鳥瞰図**　大江戸の町並みを微細な情報とともに描く（「江戸名所之図（江戸鳥瞰図）」鍬形蕙斎紹真画、享和3年（1803））

江戸の鳥瞰図

江戸が発展して「大江戸」と呼ばれるようになった十八世紀後半の都市・江戸の景観を、一目で見るが如きに描いた絵図が上梓《じょうし》された。それが、この大大判一枚摺《ず》りの錦絵「江戸名所之絵《えどめいしょのえ》」である。通称「江戸鳥瞰図《えどちょうかんず》」といわれたこの絵を描いたのは、浮世絵師（名は北尾政美《まさよし》）から津山《つやま》藩松平家の御用絵師となった鍬形蕙斎紹真《くわがたけいさいつぐざね》であり、俯瞰《ふかん》図法に西洋の一点透視図法を加味した絵図である。しかも、この絵は鍬形氏蔵板というわば私家版で、彫師野代柳湖《ほりしのしろりゅうこ》による微細な地名が二六五も書き込まれている。刊行は、『割印帳』によれば享和三年（一八〇三）八月で、当時有数の日本橋界隈の版元であった須原屋市兵衛《すはらやいちべえ》・茂兵衛《もへえ》・伊八《いはち》の売り広めとなっている。

この絵は、よほど人気があったとみえ、文化十四年（一八一七）に再版され、また再刻版も出され、明治期に入って孫の蕙林《けいりん》の模刻本や、江戸時代でもこの「江戸名所之絵」を写した版本挿絵や、扇面の銅版画も刊行されている。蕙斎自身も、文化七年（一八一〇）の津山藩主に従って国許《くにもと》入りをする際に、この版画を大きくした肉筆の彩色画「江戸一目図《えどひとめず》」（現在、六曲一隻屏風仕立）を前年に描いて持参しているほか、掛幅絵《かけふくえ》を依頼を受けて何枚も描いている。

丁度、向島《むこうじま》の上空から江戸城、富士山の雄姿を眺めやり、九段坂《くだんざか》の急な登りの表現や、一石橋《いちこくばし》、日本橋、江戸橋の架かる日本橋川を中心に江戸の町並みを

あたかも覗《のぞ》き込むような錯覚を起こさせる仕掛けである。よく覗き込むと、大屋根の東西の本願寺《ほんがんじ》、上野の寛永寺《かんえいじ》の境内や浅草寺《せんそうじ》門前に参詣や物見遊山の人々の姿がある。聖堂《せいどう》の先には水道の木樋《もくひ》の橋が神田川《かんだがわ》に架かる。三井越後屋、松阪屋の大店《おおだな》や、二丁町の中村座・市村座、それに木挽町《こびきちょう》の森田座もある。細やかな情報を載せた大江戸の絵図である。

江戸のインフラ

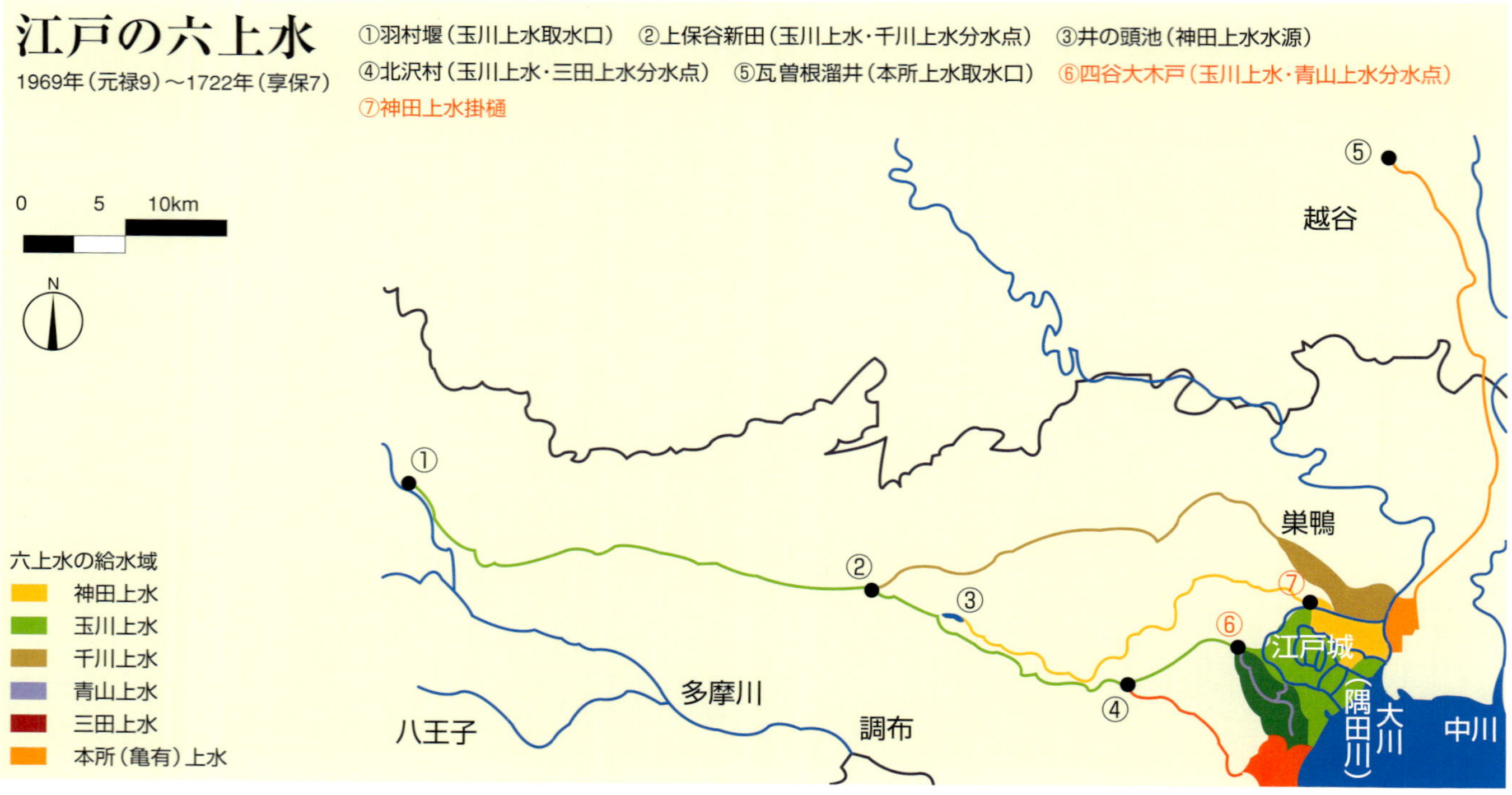

▲「神田川・玉川・千川・三田上水図」

▲江戸城・半蔵門
半蔵門の脇には上水道が通されていた。人物の後ろに見える。（「旧江戸城写真ガラス原板」横山松三郎撮影、明治4年（1871））

水道

江戸の大人口を養う重要なライフライン整備の一つに上水道《じょうすいどう》の建設と維持があった。徳川家康は天正十八年（一五九〇）、江戸入城時点で神田上水開鑿《かんだじょうすいかいさく》を決めたと伝える。同時に江戸の流水や池泉、湧水も利用、井戸も掘り水を確保した。神田上水と玉川《たまがわ》上水は特に江戸の水道として長く利用された代表的な上水であった。

神田上水は井《い》の頭池《かしらいけ》を水源とし、武蔵野《むさしの》台地を開鑿して関口町（現新宿区）からお茶の水を経て、水道橋の掛樋《かけひ》を通して神田川を渡し御府内《ごふない》へと引かれた。この間善福寺池と妙正寺池からの水流を合流、玉川からの助水も柏木《かしわぎ》・淀橋《よどばし》で取り入れた。開発は大久保藤五郎忠行《ただゆき》で、この功績により主水《もんと》の呼称を得たという。また一説に内田六次郎が開発したともいう。この上水は、江戸城内や周辺の武家屋敷、神田から日本橋・永代《えいたい》・両国《りょうごく》地域の町屋のために安定した水を供給した。

玉川上水は玉川（多摩川）の流水を羽村《はむら》で摂取、開《かい》渠《きょ》で四谷大木戸《よつやおおきど》まで通し、武家屋敷や町方の家々に水道として引いた。開鑿は、承応二年（一六五三）庄右衛門・清右衛門が請け負い、功績により玉川の姓を賜った。松平伊豆守信綱《いずのかみのぶつな》を総奉行に家臣が事業にあたったという説もある。本所《ほんじょ》（亀有《かめあり》）上水は万治二年（一六五九）開発を始め、一時休止後、元禄期に再開、埼玉郡瓦《かわら》曽根溜井《そねためい》を水源に足立《あだち》郡を経て葛飾《かつしか》郡へ入り、本所報恩寺から本所一帯に給水。青山上水は万治三年（一六六〇）玉川上水の四谷大木戸から分水、四谷・青山・赤坂・麻布などに配水。渋谷川《しぶやがわ》・赤羽川《あかばねがわ》などと呼ばれ金杉（現港区）から江戸湾へ至る。三田《みた》上水は寛文四年（一六六四）玉川上水を下北沢《しもきたざわ》村で分水、大崎《おおさき》・芝《しば》・高《たか》輪《なわ》地域へ配水。千川《せんかわ》上水は元禄九年（一六九六）玉川上水を上保谷《かみほうや》村で分水、巣鴨《すがも》・本郷《ほんごう》・湯島《ゆしま》・浅草地域へ給水。本所上水は干満の差による水質変化が大きく、また、掘抜き井戸の普及もあり、享保七年（一七二二）に青山・三田・千川上水とともに上水廃止、以後これら四上水は灌漑に用いられた。

水道には幕府支配による上水奉行が任命されたが、実務は町年寄《まちどしより》が務めた。支配形態は道奉行や町奉行、普請奉行など時代により異なり、掛樋見守番人《かけひみまもりばんにん》や上水見廻《みまわ》り役を設け、沿岸の村々に開渠補修の役務を負わせた。享保十七年（一七三二）より水道を使う武家方（石高割《こくだかわり》）・町方（小間割《こまわり》）・在郷方からの水銀《みずぎん》の徴収が許され、上水の維持管理費へあてられた。上水から分岐した水は木や石の樋《とい》と桝《ます》の組合せで水道網としてはりめぐらされた。その設備は幕府御普請のものと町方普請のものとがあった。水道網は度々の侵入する泥土との戦いで、維持管理は大変であったという。

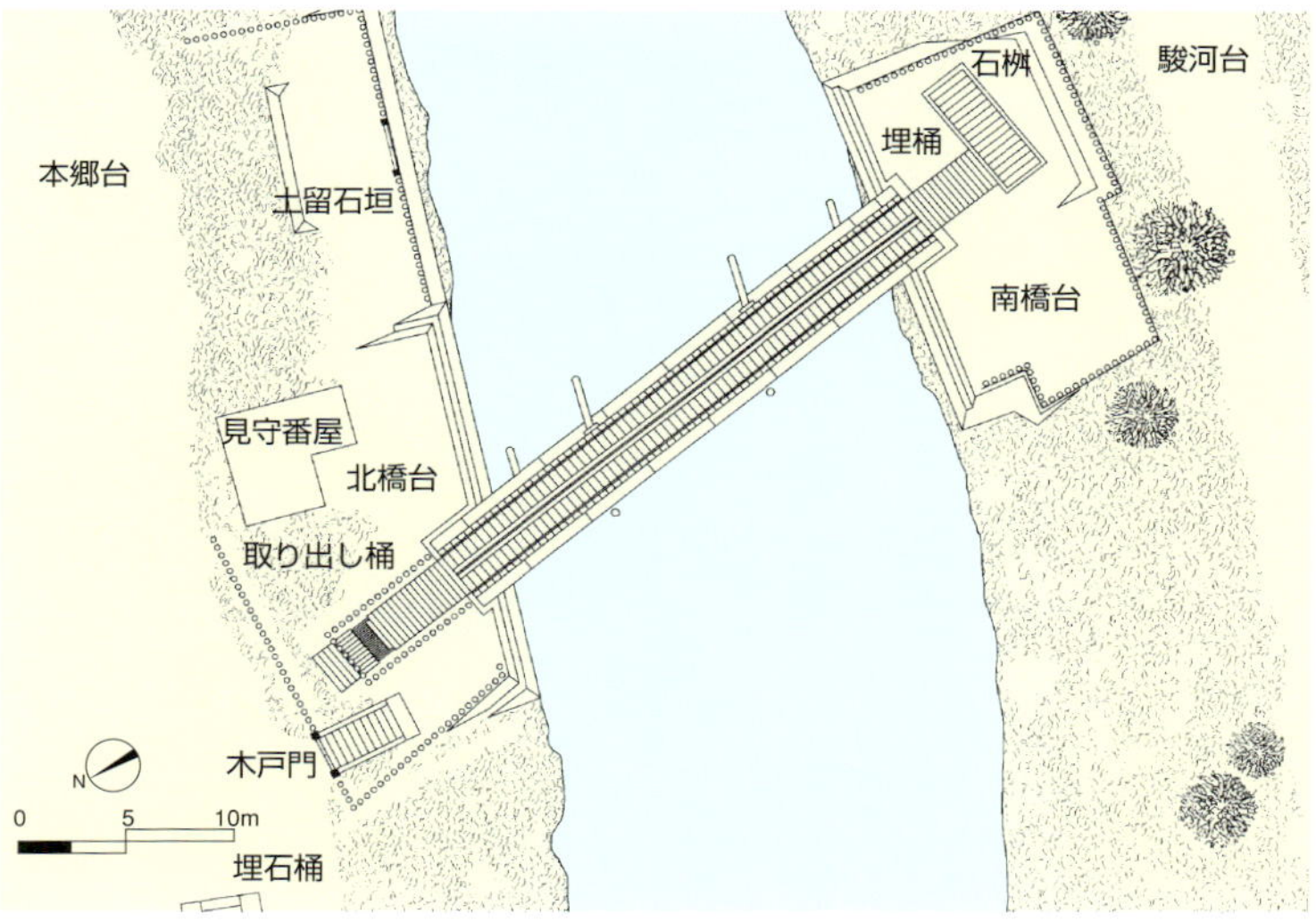

神田上水（模型）とその平面図
現在の水道橋駅と御茶ノ水駅との間で神田川を越える掛樋（「温故写真集」江戸時代末期）。本郷台（左側、現文京区）から駿河台（現千代田区）方面へ渡される。その隣にあった橋が掛樋にちなみ俗に水道橋（すいどうばし）と呼ばれた。写真は水道橋付近から撮影したもの。現在、右手の土手の中腹を中央線が走る。掛樋は現存しないが、今でも往時の面影をわずかにとどめる。

五街道

慶長八年（一六〇三）江戸城大手東側の平川《ひらかわ》の流れに日本橋が架けられ、南へ東海道、北へ中山道《なかせんどう》（木曽《きそ》街道）、奥州 道中《おうしゅうどうちゅう》、日光《にっこう》道中、そして西へ甲州《こうしゅう》道中と全国へつながる五街道の起点となった。その五街道には、三十六町を一里と定め、一里ごとに塚を築いて里程《りてい》の目安とした。そして人馬の往来のため宿駅《しゅくえき》を定めて、旅行の便に供した。特に東海道は江戸と京の往来の幹線で、幕府と朝廷の政治、また江戸と上方の経済・文化の交流路であった。

また瀬戸内海の津々浦々《つつうらうら》を経由する上方と長崎の間をつなぐ海路や山陽道や長崎道などの陸路は、和蘭陀《オランダ》や中国の交易の使節を、そして対馬《つしま》の宗《そう》氏を介した朝鮮の使節を往復させた道であった。

これらの主要街道のほかに北国《ほっこく》街道・三国《みくに》街道などをはじめ、脇往還《わきおうかん》と呼ばれた道が五畿七道《ごきしちどう》に張りめぐらされ、三百諸侯の国元との参勤交代やそれ

品川の宿・六郷の橋▶

◀大津の宿

「東海道五十三次図屏風」
この東海道五十三次図は、右隻第１扇の上段右（上部の屏風の右上端）「江戸」からはじまり、その下「品川」から「六郷の橋」を渡り「川崎」宿へと街道は続き（拡大図右上）、両隻にまたがり絵巻のように宿駅は経由し、左隻第６扇上段左端から右隻第１扇下段右端へとつながり、左隻第６扇下段の近江の琵琶湖浜「大津」（拡大図左下）から京へ上るという仕掛け。金雲地によって段が区切られ、絵巻形式の東海道絵の屏風仕立てとなっている。（狩野宗信画、寛文年間（1661～1672））

ぞれの交易を助けた。

四方を海に囲まれた島国の日本では、ことに海路による人や物の行き来が発達した。江戸に幕府ができてしばらくすると、大消費都市江戸への大量な物資の供給のために大型船が造られ、特産品や原材料の産地から、そして経済の拠点大坂から江戸への廻船《かいせん》が運行された。菱垣廻船《ひがきかいせん》や樽廻船《たるかいせん》のように、米などの大量の荷や重い酒樽などを運送するのに都合よく工夫された船の建造がされ、また幕府の命令で寛文十一年（一六七一）頃から河村瑞賢《かわむらずいけん》による東廻り・西廻り航路が開発された。

こうした海路と陸路の発達により人々の旅行も安全に行われるようになり、江戸後期になると信仰や病気療養に名を借りた旅も頻繁に行われるようになった。そして街道の主要な宿駅では、近辺の名勝旧跡の案内や名物を売りものとするようになった。

すでに寛文十二年（一六七二）には東海道・西海道の木版摺り道中図《ず》が作られたが、元禄三年（一六九〇）に菱《ひし》川吉兵衛《かわきちべえ》（師宣《もろのぶ》）画、遠近道印《おちこちどういん》の名による三分一町の積りの「東海道分間絵《とうかいどうぶんけんえ》図《ず》」五帖が上梓《じょうし》され広まった。また寛政十二年（一八〇〇）幕府は道中奉行に命じて五街道の距離を計測し、それを縮尺した精緻な「五海道其外分間見《ごかいどうそのほかぶんけんみ》取延絵図《とりのべえず》」を制作した。また一方で街道図に各地の城下町を描き込んだ屏風絵も制作されたが、特に江戸と京との街道「東海道五十三次《ごじゅうさんつぎ》」を画題とする作品が多く遺っている。

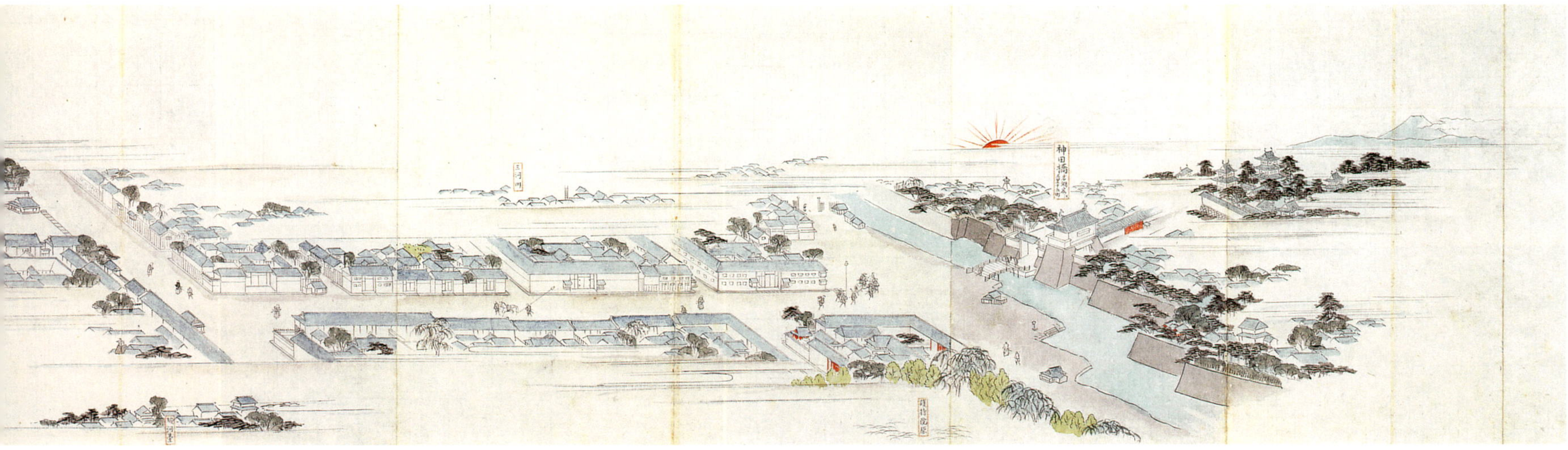

▲「日光道中絵図粉本」
8帖からなる江戸城神田橋御門から日光神橋までの日光道中絵図。記載された各城下の領主受領名などから文政７～11年（1824～28）頃の成立と思われる。各帖に「編脩地志備用典籍」の印が捺され、題簽に「日光道中絵図粉本」とあることなどから、昌平坂学問所における文化7年（1810）から開始された全国的な地誌などの編纂事業のための粉本であろう。ドイツへ流出した資料の里帰り品である。

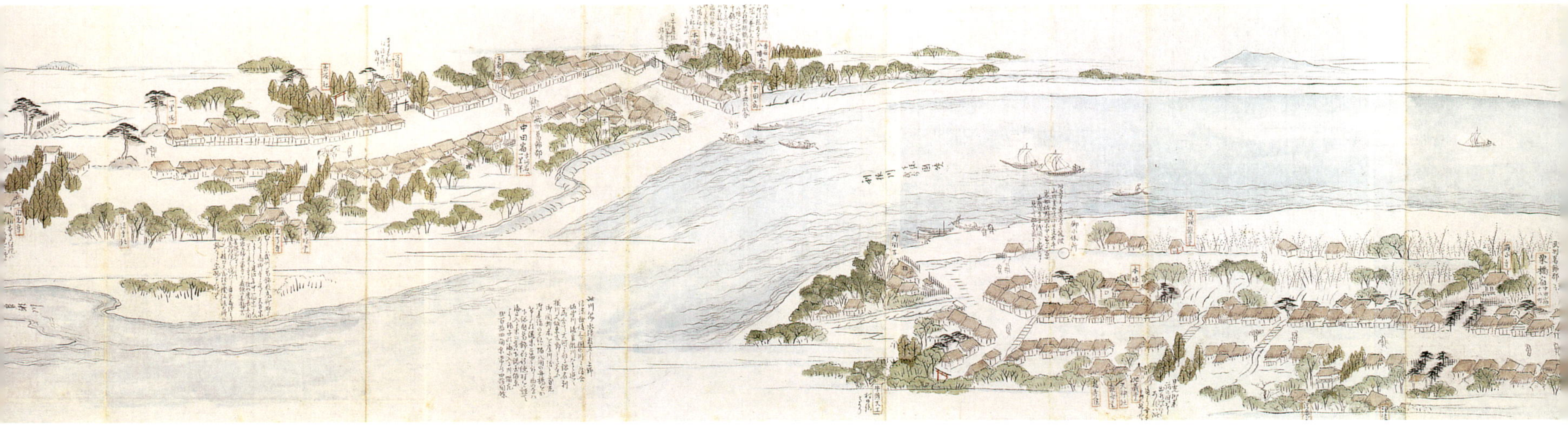

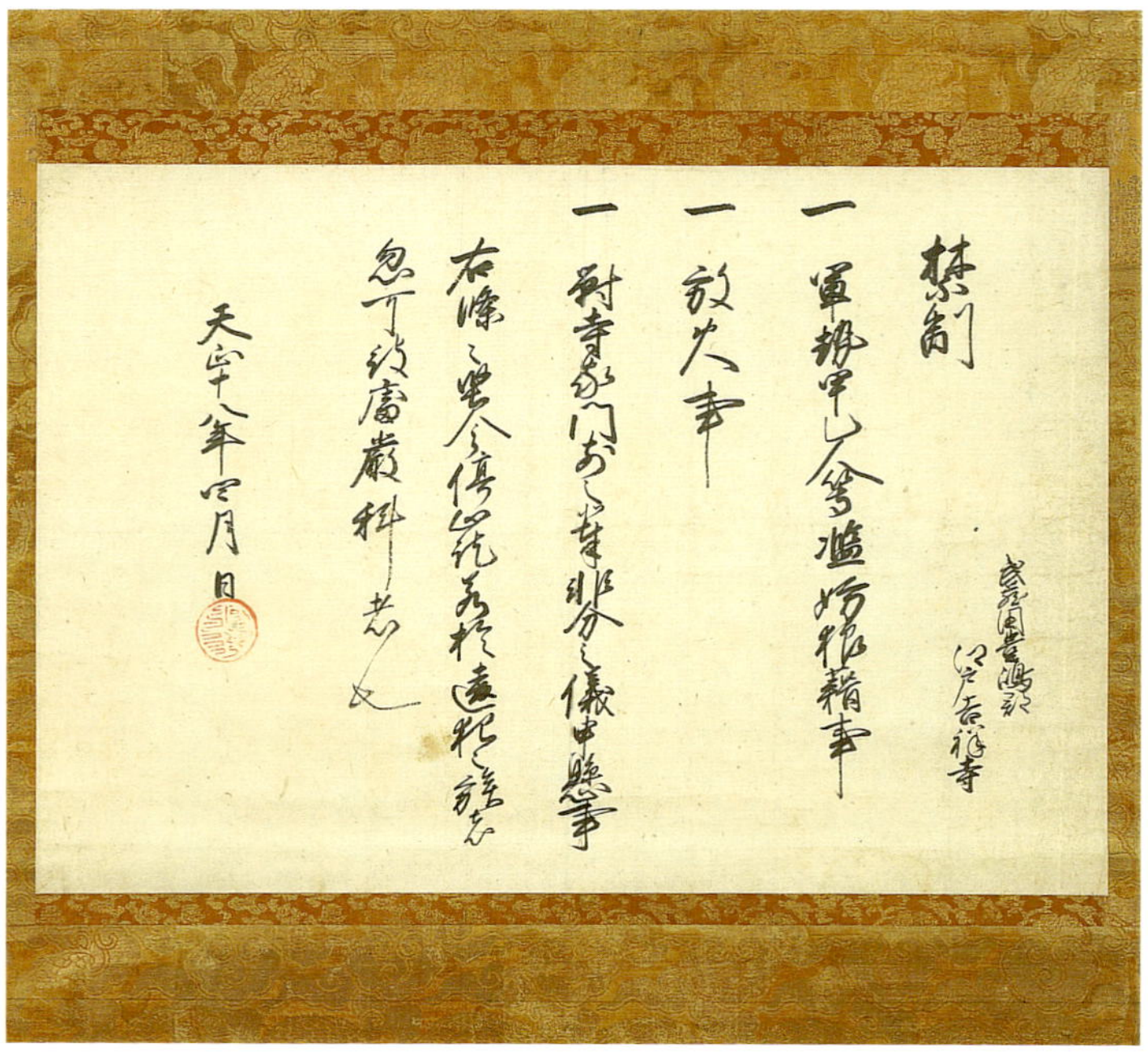

禁制
武蔵国豊嶋郡
江戸吉祥寺
一 軍勢甲乙人等濫妨狼藉事
一 放火事
一 對寺家門前之者非分之儀申懸事
右條々堅令停止訖、若於違犯之族者、忽可被處嚴科者也
天正十八年四月 日

豊臣秀吉禁制

天正十八年（一五九〇）の小田原合戦の折、江戸城下に所在した吉祥寺に豊臣家が与えた禁制。禁制は戦乱に伴う乱暴や略奪を防ぐための文書。

白紺糸威大袖

紀州徳川家に伝来した白紺糸威具足（しろこんいとおどしぐそく）に付属する左肩用の大袖（おおそで）。詳細は本文に記載した。金色に塗った本小札（ほんこざね）を白と紺の糸で威しているさまや三葉葵紋（みつばあおいもん）の金具などが据えられていることがよくわかる。

武具と調度

戦の装い――男性の調度

博物館が所蔵・展示する刀剣や漆器などの様々な資料は、とかく美術工芸的な視点で評価され、鑑賞されることが多い。個々の資料の持つ工芸的要素が「すばらしさ」を語っていた。加えて、個々の資料が当時の社会においてどのような機能を有していたか、どのような場面において活用されたか、このような視点で資料を再度見直してみたらどうであろうか。とりわけ武家の道具を見た場合、政治性までもが見えてくることすらある。

例えば本書所載の「刀《かたな》　朱銘《しゆめい》三原《みはら》」（六八頁）である。この刀剣は延享二年（一七四五）九月に八代将軍徳川吉《よし》宗《むね》が板倉勝清《かつきよ》に贈った刀である。吉宗は引退の祝儀として、田安宗武《たやすむねたけ》・一橋宗尹《ひとつばしむねただ》・紀伊徳川宗直《むねなお》ほかの徳川一門、前田宗辰《むねたつ》・島津継豊《つぐとよ》・伊達宗村《むねむら》ほかの諸大名に刀剣を送った。そのうちの一振りである。将軍引退の引き出物であった刀剣が、将軍と大名の間の儀礼や時代の画期を語っているのである。

刀剣だけではなく、武家が所蔵した品々には様々な意味が込められていた。

具体的な一例として具足《ぐそく》がある。将軍家に限らず藩祖の具足は個々の家では重要な意味を持っていた。代を重ねても藩祖の具足をデザインの基調として、自身の具足を制作する例が多々見られた。

仙台藩の伊達家では、伊達政宗《まさむね》が所用した黒漆五枚胴《くろうるしごまいどう》具足《ぐそく》がモデルとなっている。この具足では、兜《かぶと》に据えられた右上がりの細長い三日月形の前立《まえだて》が一際目立つ。前立ては弦月形と呼ばれている。政宗所用のもの程に細長いものではないが、向かって左あがりの半月の形の前立が、四代綱村《つなむら》・五代吉村《よしむら》・七代重村《しげむら》・九代周宗《ちかむね》・十一代斉《なり》義《よし》・十二代斉邦《なりくに》などの歴代藩主の兜にも据えられている。

踏襲された形は前立だけではなかった。黒塗りされた五枚の鉄板で構成された胴の様式（黒塗五枚胴）も継承されている。この胴の様式は伊達政宗から鎌倉雪の下の甲冑師《かっちゅうし》を呼び寄せて制作させたものだった。

このように伊達家では政宗の具足を踏襲して、自身の具足を制作させていた。この仕様は家臣にまで及んでおり、藩主の脇を固める家臣まで、同じ形式の具足を身にまとっていたことになる。

福岡藩黒田家では初代藩主黒田長政《ながまさ》の銀箔押一《ぎんぱくおしいち》の谷形《たになり》兜《かぶと》と黒漆塗桃形 水牛脇立兜《くろうるしぬりももなりすいぎゅうわきたてかぶと》がモデルとなっている。銀箔押一の谷形兜は、方形の桧材《ひのきざい》の薄板を兜に立て、その上部を前方に弓形に曲げた形を取る。表面には銀箔が押されている。平家物語で語られる義経《よしつね》が越えた一の谷鵯 越《ひよどりごえ》の険難な崖を表現したものといわれ、この名称が付けられている。この様式の兜を二代忠之《ただゆき》・六代継高《つぐたか》・十一代長溥《ながひろ》・十二代長知《ながとも》が使用する。長政具足の胴は黒《くろ》糸威《いとおどし》であり、代々藩主の具足は黒もしくは紺糸を用いるが、黒い単色の雰囲気を模して作られている。

黒漆塗桃形水牛脇立兜は兜の両脇から水牛の角が生えたごとくの形をしている。長政が文禄・慶長の役に際して着用したという。この形を三代光之《みつゆき》・十二代長知が模して自身の甲冑を制作している。

熊本藩細川家では、細川忠興《ただおき》の所用した黒糸威横矧二《くろいとおどしよこはぎに》枚胴《まいどう》具足《ぐそく》が重要視されている。「越中頭形《えつちゆうずなり》」と呼ばれる形の兜の頂部に、山鳥の尾を垂直に植え込む形である。忠興が関ヶ原の合戦に際して着用したもので、細川家では「御吉例《ごきちれい》の具足」として、後世の範とされた。その例として、三代忠利《ただとし》所用の銀小札啄木糸射向紅威具足《ぎんこざねきつつきいとさしむかいべにおどしぐそく》などが知られている。

彦根藩井伊《いい》家は赤備えで有名。朱塗具足《しゆぬりぐそく》を歴代藩主のほか家臣に至るまで着用している。初代直政《なおまさ》の召し替え用具足は波形の鉄板札を横に矧ぎ合わせて、右脇腹で引き合わせる二枚胴。兜には両脇に金箔押の平たい角のような天衝立物《てんつきたてもの》が付けられている。この具足をモデルとして、歴代の藩主は大型の立物を、家臣は小型の立物を付けた具足を調えた。直政着用の具足を模したものとして、二代直孝《なおたか》着用の燻革威段替胴具足《いぶしがわおどしだんがえどうぐそく》・八代直定《なおさだ》着用の緋《ひ》糸《いと》威二枚胴具足《おどしにまいどうぐそく》・九代直禔《なおただ》着用の白浅葱糸威段替胴具足《しろあさぎいとおどしだんがえどうぐそく》ほかが知られている。

新しい藩主は、藩祖を顕彰し、その徳を継承したいという意志を誰もが持っていたであろう。紹介した各大名家の例に見るように、デザインの基調を引き継いで具足を制作する。新調した具足の具体的な表現に新藩主の願いが込められていた。制作された具足の表現にその意志を見ることは可能であろう。

大名家に限らず、徳川将軍家でも同様な例があった。将軍家の場合、デザインの継承についてやや詳しい史料が残されている。

徳川家康所用の具足は南蛮胴具足《なんばんどうぐそく》や金陀美具足《きんだびぐそく》、白檀塗具足が有名であるが、とりわけ家康を語る著名な具足として、伊予札黒糸威胴丸具足《いよざねくろいとおどしどうまるぐそく》がある。現在は歴代徳川将軍の甲冑とともに久能山《くのうざん》東照宮所蔵となっている。兜は前立には円を描く歯朶《しだ》の葉形を用いるので、歯朶具足とも呼ばれている。大黒頭巾《だいこくずきん》の形をした変わり兜であるが、これは家康が具足を着用している大黒の姿を夢で見て、その具足を模造させたためといわれる。そのため御《ご》夢想形《むそうなり》とも御霊夢形《ごれいむなり》とも呼ばれている。具足は伊予札縫《いよざねぬい》延《のべ》の胴丸で、黒漆塗りの地に黒糸威とした黒を基調としたものである。

家康はこの具足を着用して、関ヶ原の合戦や大坂の陣に臨んだ。没後は久能山東照宮に収められ、正保四年（一六四七）正月には江戸城内紅葉山《もみじやま》の宝庫に収蔵された。徳川家ではとりわけ重要にされていた。

四代将軍徳川家綱《いえつな》は将軍宣下《せんげ》に際して、家康所用歯染具足を模した具足の制作を開始し、明暦三年（一六五七）正月に完成した。完成した具足は「御写形《おうつしがた》」と呼ばれた。先の大名家の例に見たように、「御写形」の具足を制作し、先祖の威徳を継承することを期して制作したのだろう。家綱は着用の「御写形」のほか、もう一領の「御写形」を制作した。この甲冑は紅葉山に安置した家康所用歯染具足の代替として久能山東照宮に奉納された。久能山では奉納された具足を貫衆具足《しだぐそく》と呼び、紅葉山に収蔵された家康所用歯染具足と同格の扱いとして、ご神体同様に尊重していた。

家綱以後の歴代将軍は、この家康所用歯染具足の御写形を新調し、正月の具足祝《ぐそくいわい》の飾り具足とするのを通例とした。具足祝とは、具足開《ぐそくびらき》ともいい、武家の年中行事で正月の儀礼に当たる。武家の表道具の甲冑や刀剣を飾り、具足餅を飾る。祝儀後、具足餅を欠き割って参列者に配布し、賞翫《しょうがん》する儀礼である。

徳川家の関係では『徳川実紀《とくがわじっき》』の慶長十六年（一六一一）正月二十日条に「江戸城にて具足の御祝あり。又連歌の筵を開かる。」と記載がある。その後しばらく記載がないものの、元和六年（一六二〇）には通例となっていることが確認される。この祝儀は三河以来の風習であったとされるが、その起源など詳細については不明である。

承応元年（一六五二）正月十一日、家綱は紅葉山に収蔵した家康所用歯染具足を江戸城内本丸黒木書院に行平《ゆきひら》の太刀《たち》・国宗《くにむね》の陣刀・三原の脇差《わきざし》とともに飾った。従前は正月二十日であったが、家光の忌日が二十日に当たってしまったため、この年以後は正月十一日に定例的に行われることになった。

この正月祝儀において、明暦二年（一六五六）まで家康所用歯染具足が飾り具足に使われた。そして、翌明暦三年からは「御写形」が江戸城内黒書院に飾られた。この例が後の範となった。

徳川将軍家に限らず、足利将軍家でも類似の儀礼が行われていたらしい。初代将軍足利尊氏《たかうじ》の具足の一領に「御《お》小袖《こそで》」と号する具足があった。『太平記《たいへいき》』『梅松論《ばいしょうろん》』などに足利尊氏が着用していたと記載され、足利家重宝の御鎧とされた。歴代将軍が着初めに使用したという。また合戦に際しては必ず奉持したといわれ、記録では十三代足利義満《よしみつ》・九代義尚《よしひさ》・十代義稙《よしたね》・十三代義輝《よしてる》が着用もしくは携行したことがうかがわれる。

この具足は原資料が伝わらないために詳細が不明である。しかしおおよそは白糸威《しろいとおどし》の具足と推定され、ニューヨーク・メトロポリタン博物館所蔵の白糸威褄取具足《しろいとおどしつまとりぐそく》と類似のものと考えられている。足利将軍家では御所の一室に厳重な一室を設け、重大の鎧《よろい》と太刀を安置し、警固の番衆を配置した。この間を「御小袖の間《おこそでのま》」と称したという。足利家では神物の扱いを施して管理し、不吉の兆しがあるときに具足が鳴動すると伝えた。

初代将軍足利尊氏も着用した具足を神格化し儀礼に活用されている。このことは徳川家の例に比較できよう。

正月儀礼の一場面に「御写形」とはいえ、徳川家康所用歯染具足が飾られるのは実に意味のあることといえよう。甲冑の機能の重要な視点である。

婚礼の日——女性の調度

女性の調度では婚礼調度の機能について一端に触れてみたい。

婚礼は武家の女性にとって、その生涯で最も華やかな儀礼であった。個人に関わることながら、むしろ家と家の結びつきが重視される当時の婚礼は、家格を保ちかつ権威を誇示するために、多大な費用が投入され、大量の労力が注がれた。その結実として豪華な婚礼調度が制作されたのである。和宮《かずのみや》の下向の際には、幕府が威信を懸けて調度を制作している。その様子は『和宮様御婚礼御用御入用帳《かずのみやさまごこんれいごようごにゅうようちょう》』（内閣文庫所蔵）などに書き留められている。

江戸後期を迎えると、幕藩体制の衰えとともに、一般に婚礼調度は器種・意匠などが形式化され、品数だけを揃えたような体裁だけの蒔絵《まきえ》となってしまう。そのような中で再利用の調度が見られるようになる。本書に掲載した雛道具はそのような背景を持つ道具ではないかと推測される。しかし、幕末にあっても将軍家が関わる婚礼にはそれなりの威信が込められていた。

嘉永五年（一八五二）十一月、水戸家徳川慶篤《よしあつ》と十二代将軍徳川家慶《いえよし》養女線宮幟子《いとのみやたかこ》の婚礼が行われた。徳川慶篤は斉昭《なりあき》の嫡子で幕末の混乱期に活躍した人物である。対する線宮幟子は有栖川宮幟仁《ありすがわのみやたかひと》の娘で、このとき、十七歳であった。宮家の権威までも帯びた将軍家と水戸家の婚礼は混沌とした中にあっても、威信を懸けたものであったろう。

この婚礼の経過が『徳川実紀』に記載されている。摘記してみると、諸大名から調度の献上が行われていることがわかる。

嘉永三年十一月
二十三日　幕府、水戸慶篤と線宮の婚礼につて、水戸家へ使者。
嘉永四年四月
　五日　幕府、婚儀は来年十一月に引き移りと水戸家へ伝える。
十一月
二十二日　結納。
二十三日　御祝の総出仕。
嘉永五年九月
　十一日　松平左京大夫《さきょうのだいぶ》（頼学《よりさと》）、白羽二重《しろはぶたえ》十疋呈上。
松平摂津守《せっつのかみ》（義比《よしたか》）、白羽二重十疋呈上。
松平大学頭《だいがくのかみ》（頼誠《よりまさ》）、紅羽二重十疋呈上。
十三日　松平越後守《えちごのかみ》（一斉《かずなり》）、小簞笥一・短冊箱一呈上。
松平安芸守《あきのかみ》（浅野斉粛《なりずみ》）、純子竪幕一対呈上。
丹羽《にわ》左京大夫（長富《ながとみ》）、大屏風一双呈上。
有馬中務大輔《ありまなかつかさのたいふ》（慶頼《よしより》）、台子一通呈上。
脇坂淡路守《わきさかあわじのかみ》（安宅《やすなり》）、綿百把呈上。
青山下野守《しもつけのかみ》（忠良《ただよし》）、多葉粉盆《たばこぼん》一・広蓋一呈上
間部下総守《まなべしもうさのかみ》（詮勝《あきかつ》）、紅羽二重十疋呈上。
十六日　松平阿波守《あわのかみ》（蜂須賀斉裕《はちすかなりひろ》）、猫足膳部十客分呈上。
細川越中守《えっちゅうのかみ》（斉護《なりもり》）、膳部一通・台一通呈上。
藤堂和泉守《いずみのかみ》（高猷《たかみち》）、膳部一通呈上。
松平相模守《さがみのかみ》（慶守《よしのり》（高猷））、膳部一通呈上。
上杉弾正大弼《だんじょうのだいひつ》（斉憲《なりのり》）、挟箱呈上
松平内蔵頭《くらのかみ》（池田慶政《よしまさ》）、茶弁当一荷・提重一組呈上。
松平左兵衛督《さひょうえのかみ》（信和《のぶかず》）、衣桁《いこう》一脚呈上。
津軽《つがる》越中守（順承《のぶよし》）、紅羽二重二十反呈上。

十八日　小笠原左京大夫（忠徴《ただよし》）、緞子《どんす》呈上。
松平陸奥守《むつのかみ》（伊達慶邦《よしくに》）、長大文箱・長文箱・半文箱・中屏風一双呈上。
松平出羽守《でわのかみ》（斉貴《なりたか》）、銀肴鉢五呈上。
松平肥前守《ひぜんのかみ》（鍋島斉正《なべしまなりまさ》）、黒棚一呈上。
伊達遠江守《とおとうみのかみ》（宗城《むねなり》）、紅羽二重二十疋呈上。
松平兵部大輔《ひょうぶのたいふ》（慶憲《よしのり》）、紅羽二重二十疋上。
酒井左衛門尉《さえもんのじょう》（忠發《ただあき》）、書棚一呈上。
十九日　松平加賀守《かがのかみ》（前田斉泰《なりやす》）、膳部一通・長目録箱一呈上。
二十二日　佐竹《さたけ》二郎（義睦《よしちか》）、膳部一通呈上。
二十三日　宗対馬守《そうつしまのかみ》（義和《よしかず》）、紅羽二重二十疋呈上。
二十六日　松平讃岐守《さぬきのかみ》（頼胤《よりたね》）、長目録箱・長文箱呈上。
松平薩摩守《さつまのかみ》（島津斉彬《なりあきら》）、縮緬《ちいめん》幕呈上。
松平美濃守《みののかみ》（黒田斉溥《なりひろ》）、貝桶《かいおけ》一対呈上。
井伊掃部頭《いいかもんのかみ》（直弼《なおすけ》）、猫足膳部一呈上。
堀田備中守《びっちゅうのかみ》（正睦《まさとし》）、食籠《じきろう》五呈上。
酒井修理大夫《しゅりのだいふ》（忠義《ただあき》）、用箪笥一呈上。
松平下総守（忠国《ただくに》）、紅羽二重二十疋呈上。
酒井雅楽頭《うたのかみ》（忠宝《ただとみ》）、純子十五巻呈上。
松平肥後守《ひごのかみ》（容保《かたもり》）、蚊帳《かや》二帳呈上。
松平越中守（定猷《さだみち》）、紅羽二重二十五疋呈上。
南部美濃守（利剛《としひさ》）、具桶一対呈上。
二十八日　尾張中納言《おわりちゅうなごん》（徳川慶恕《よしくみ》）、御厨子棚《みずしだな》一・飾膳部一呈上
紀伊中将《きいのちゅうじょう》（徳川慶福《よしとみ》）、膳部・台子一呈上。
紀伊一位《いちい》（徳川治宝《はるとみ》）、行器《ほかい》七荷呈上。
松平越前守《えちぜんのかみ》（慶永《よしなが》）、行器七荷呈上。
十一月二十日　調度品を水戸家小石川《こいしかわ》邸につかわす。
十二月十五日　線宮、水戸家小石川邸に御引移り。
十六日　婚儀終了につき、御祝で総出仕。

献上した大名家は紀伊徳川家・水戸徳川家・越前松平家などの一門のほか、前田家・伊達家・黒田家・蜂須賀家・浅野家など、名だたる家々が名を連ねて献上している。集まった調度は線宮の引き移りに先立って、水戸家小石川邸に収められた。

婚礼調度は女性の家で調えられるほか、男性の家で御待ち道具として制作されることもあった。線宮幟子の場合、持参するべき婚礼調度が各大名家に配分され、婚礼の祝儀として将軍家に収められていることがわかる。幕末の財政窮乏の折りの窮余の策であろうが、将軍家と大名家の儀礼の一側面を語っているとも言えるのではなかろうか。婚礼調度の一品一品が婚礼の当該家のほか、主従関係をも語っているのである。

ところで、本書掲載の梨子地葵紋散松菱梅花唐草文《なしじあおいもんちらしまつびしうめのはなからくさもん》様蒔絵女乗物《ようまきえおんなのりもの》は修理時の記載からこの線宮幟子の所用品と推測されているものである。江戸中期頃に制作された乗物が、この婚礼に際して再利用されたと推測されている。同じ意匠の調度品があまり伝わらないことには、このような再利用という背景があったかもしれない。

いずれにせよ、この線宮の調度も現存していれば乗物のように工芸品として鑑賞される婚礼調度であることは間違いない。加えて背景となる様相を踏まえれば、幕府の儀礼・主従関係そして幕末の政治史を語っていることが理解できよう。調度品の新しい一面を語れるのではなかろうか。

このほか、天目茶碗《てんもくぢゃわん》・茶入れなどの茶道具や掛幅《かけふく》など、室礼に関わる道具も、近年では注目を集めている。将軍の御成《おなり》に際しては、室町時代以来の伝統的な部屋飾りが必要であった。家の格式をこれらの室礼の道具は語っていた。

武家の所蔵品は工芸品として鑑賞するだけでも味わいがある。しかしそれぞれが当該期にあっては個々の機能をもって存在していた。その視点は江戸時代の社会を考えるうえできわめて重要な問題を含んでいる。

武具と装束

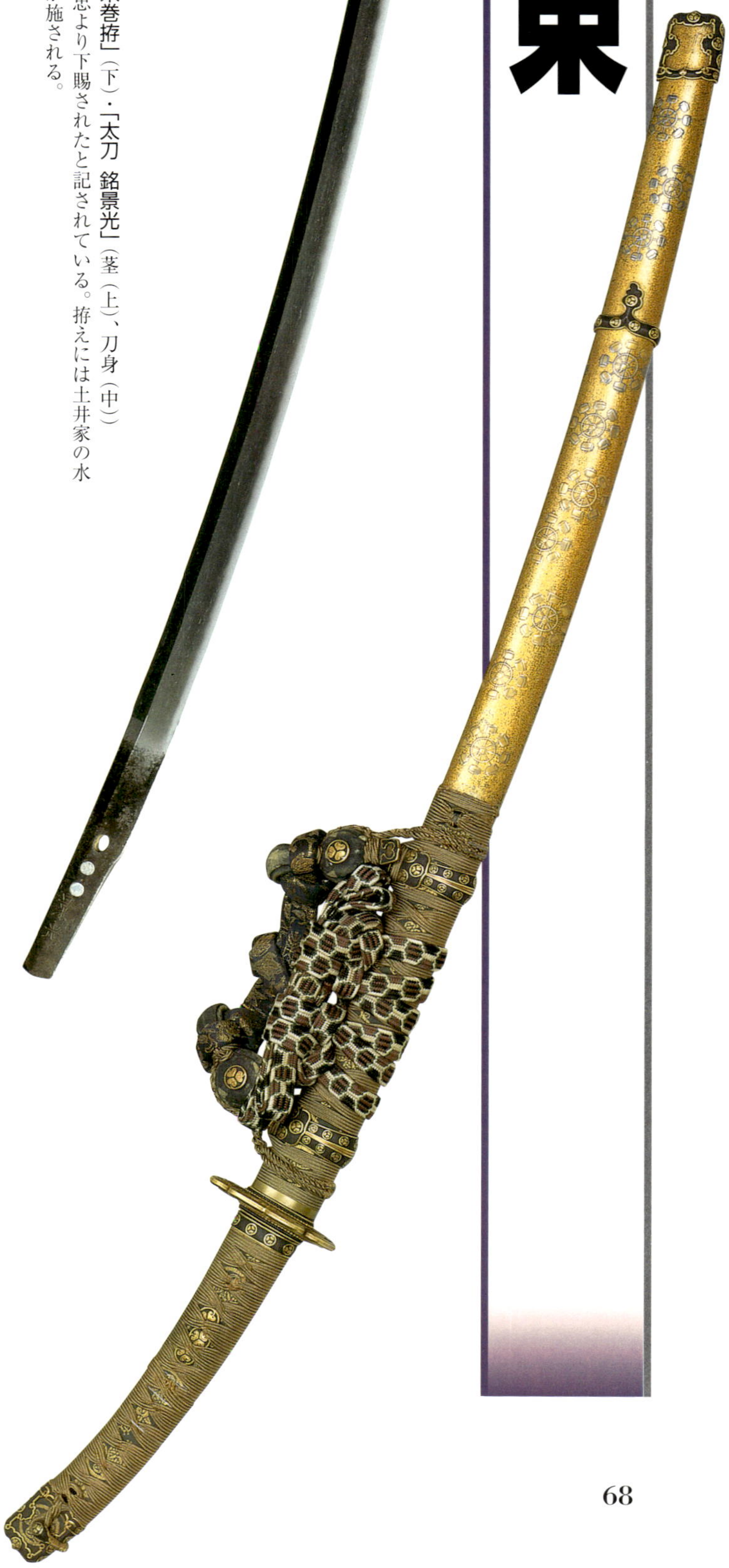

▶「梨子地水車紋散蒔絵三葉葵紋金具付糸巻拵」（下）・「太刀 銘景光」（茎（上）、刀身（中））
箱書きには土井利勝（としかつ）が徳川秀忠より下賜されたと記されている。拵えには土井家の水車紋の蒔絵、金具には徳川家の三葉葵紋が施される。

刀剣

刀剣から連想されることといえば、合戦の道具・果たし合いなど、とかく殺伐としたイメージがつきまとう。しかし、刀はそれだけの目的で存在したのではない。例えば、江戸時代に「名字帯刀《みょうじたいとう》」の語が示すように、刀を帯びることは身分標識として機能していた（「刀」とは腰に足緒《あしお》でつる太刀《たち》に対し、帯にさして敵を斬《き》るのに便した長い刀を指す。「打刀《うちがたな》」とも）。また、第二次世界大戦後には占領軍が武装解除の目的で刀剣を没収したが、その内で美術的な価値が認められたものが残されることとなった。刀の機能は暴力的なことのみではなかったのである。

江戸時代、大名は儀礼の際に、衣冠《いかん》に糸巻太刀拵《いとまきたちこしらえ》の太刀を帯びるのが決ま

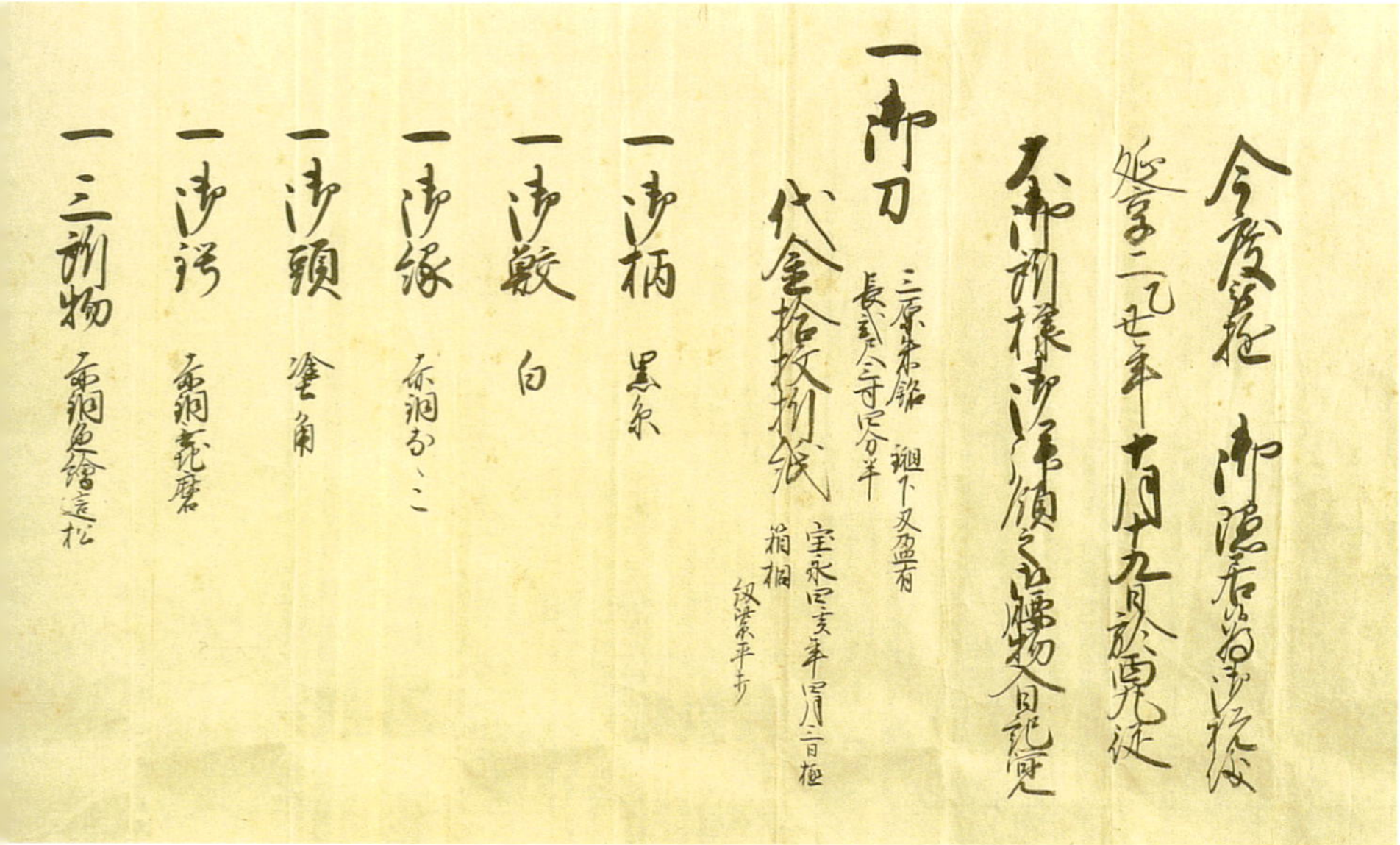
一 御刀
一 御柄 黒糸
一 御鮫 白
一 御縁
一 御頭
一 御鐺
一 三所物

「黒呂色鞘刀拵」（中）・「刀 朱銘三原」（下）・「御刀目録」（上）
延享2年（1745）9月に8代将軍徳川吉宗が板倉勝清に贈った刀、下賜の由緒書を書き記した御刀目録（上）とともに伝えられるほか、『徳川実紀』などの諸記録にも下賜の記事が見える。刀身は鎌倉時代から南北朝時代にかけて備後国三原で活躍した刀工によるもので、茎（なかご）には朱で三原と銘が記されている。黒呂色の端正な鞘には、赤銅色絵這松の彫金がある金具（三所物）が備えられている。

▲「源氏車紋散糸巻太刀拵」(右下)・「刀 銘備前国住長船彦兵衛尉忠光」(刀身(右上)、中子(上))
源氏車紋散糸巻太刀拵は「竜法眼寿(花押)」の銘があることから、幕末に芝新銭座を拠点に活躍した、田中清寿(1804～76)の作であることが確認される。源氏車紋から越後国高田藩の榊原家(榊原政愛(まさちか)もしくは次代の政敬(まさたか)の所用か)の伝来と推測される。細かな魚子(ななこ)が打たれ、きわめて質の高い作品である。この拵えの刀身は本来太刀であるべきだが、長船忠光(おさふね・ただみつ)の「刀」が利用されている。

りとなっていた(太刀は儀仗・軍陣に用い、刃を下向きにし腰につるのを通例とする)。幕府内でも正月儀礼には必ず使用されている。写真の梨子地《なしじ》水車紋散蒔絵《すいしゃもんちらしまきえ》三葉葵紋金具付糸巻拵《みつばあおいもんかなぐつきいとまきこしらえ》や源氏車紋散糸巻太刀拵《げんじぐるまもんちらしいとまきたちこしらえ》は具体的な事例である。

「刀《かたな》 朱銘三原《しゅめいみはら》」とその拵えである黒呂色鞘刀拵《くろろいろさやかたなこしらえ》は江戸時代の贈答に使われた刀剣である。延享二年(一七四五)九月に八代将軍徳川吉宗《よしむね》が将軍職を嫡子家重に譲り、西丸《にしのまる》に退いた。翌月十九日に吉宗は引退の祝儀として、田安《たやす》宗武《むねたけ》・一橋宗尹《ひとつばしむねただ》・紀伊徳川宗直《むねなお》ほかの徳川一門、前田宗辰《むねたつ》・島津継豊《つぐとよ》・伊達宗村《むねむら》ほかの諸大名に刀剣を贈った。この刀はそのとき、陸奥《むつ》国泉藩主板倉勝清《かつきよ》に贈られた。板倉家ではこの仕様を目録に認《したた》め、拝領の由緒とともにのちの時代に伝えた。写真の御刀目録《おかたなもくろく》である。実はこの刀、吉宗下賜に先立つ宝永四年(一七〇七)七月十八日、豊前《ぶぜん》国小倉藩主小笠原忠雄《ただかつ》が、徳川家宣《いえのぶ》子息の御七夜《おしちや》の祝儀として献上したものだった。江戸時代、武家社会では刀剣が贈答品として循環しているのである。

とかく、殺伐としたイメージをもたらす刀剣であるが、刀剣には別の役割があった。武士の象徴として身分・格式を表現するもの、儀式などさまざま場面での贈答品としてのもの、といった平和的な機能も持ち合わせていた。平和的な武士にも、思いをめぐらせていただければと思う。

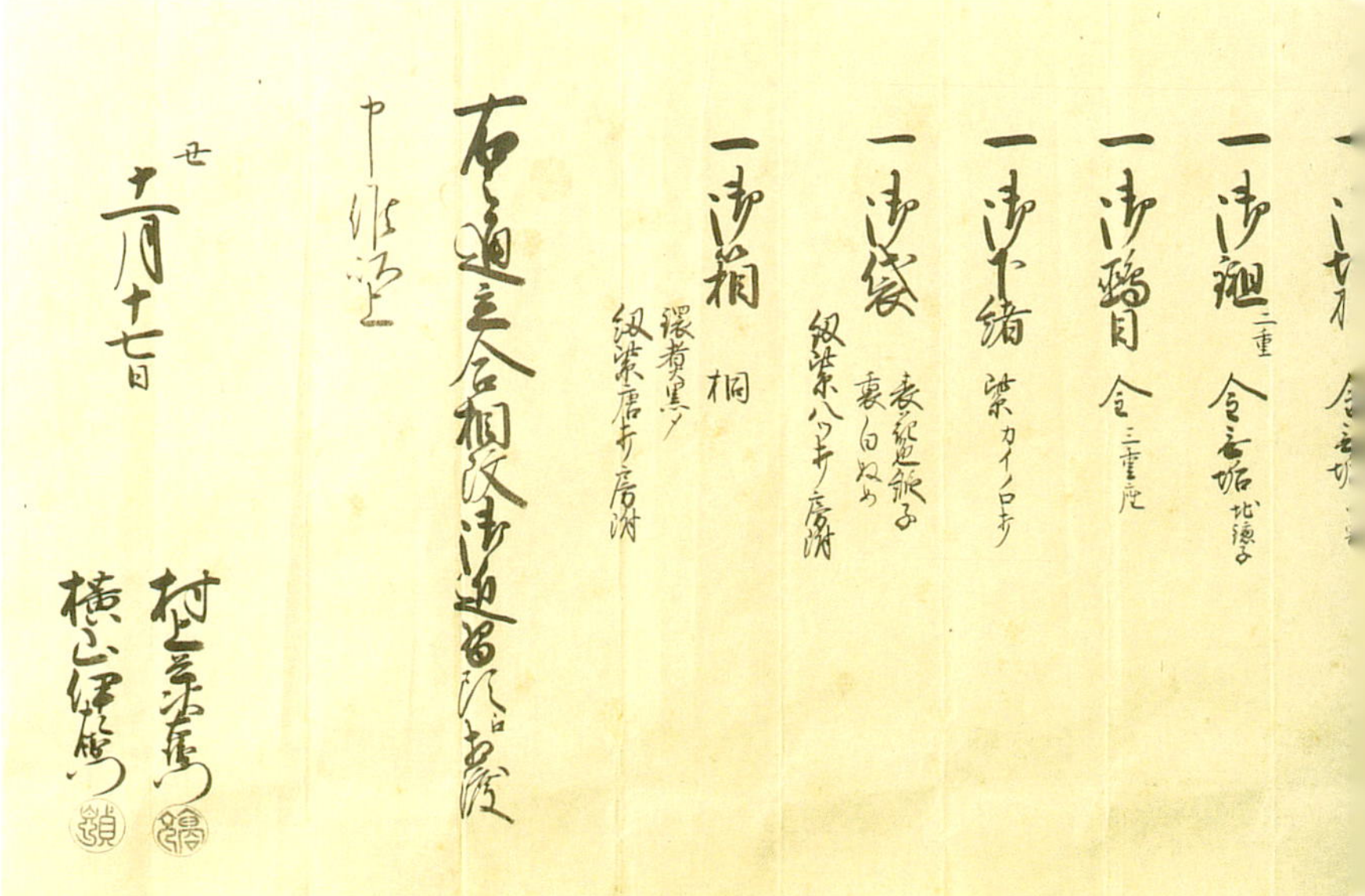

◀「柄巻用鮫皮(つかまきようさめがわ)」
鮫皮は刀の拵えの柄に滑り止めを兼ね装飾用として巻かれた。実際には鮫の皮ではなくアカエイ類の皮を乾燥させたものが使用された。図版の資料は徳川将軍家に伝来したもので、将軍の佩刀(はいとう)および贈答用刀剣に使用されるために納品されたものである。(文久2年(1862))

▲「白紺糸威具足」 次頁のように様々な付属品が残されている。（延享3年（1746）制作）

甲冑

上の甲冑《かっちゅう》一領は、金の小札《こざね》を白と紺の糸でつづり、兜《かぶと》の正面には倶利迦羅《くりから》竜王（不動明王の化身）の前立《まえだて》を飾る。袖や臑当《すねあて》には白檀塗《びゃくだんぬ》りが施される。随所に三葉葵紋《みつばあおいもん》の金具が据えられている。絢爛豪華《けんらんごうか》なこの白紺糸威具足《しろこんいとおどしぐそく》は、まさに徳川家の威勢を語っている。

付属する品から、紀州徳川家十一代の斉順《なりのぶ》（一八〇四〜四六）の所用のものであることがわかる。斉順は第十一代将軍家斉《いえなり》の七男として生まれ、十代紀伊藩主徳川治宝《はるとみ》の養子となり、紀伊徳川家を相続した。その生没年からこの白紺糸威具足も十九世紀前半の制作と考えられる。

とりわけこの甲冑で評価されるのは、具足にともなう様々な付属品が残されていることである。帯・手拭《てぬぐい》・鉢巻《はちまき》・下着・替えの頬当《ほおあて》などが一揃《ひとそろ》い伴っている。現在に伝わる具足としては珍しい。

甲冑は平安時代の大鎧《おおよろい》から胴丸《どうまる》・腹《はら》巻《まき》、さらには当世具足《とうせいぐそく》へと変化し、江戸時代を迎えた。戦乱のなくなった江戸時代後期にあっては、大鎧などを写した復古調の甲冑が多く制作された。この甲冑のように装飾性は富むものの、実用性からはほど遠いものだった。

戦乱から隔たった時代にあって、なぜ甲冑は制作されたのか。その答えは甲冑の持つ今ひとつの役割に求められる。例えば、足利将軍家、徳川将軍家の両者とも、家と象徴する甲冑を殿舎に飾り、対面する儀礼を行っていた。

▼金銀烏銅軍配団扇

▲頬当（鼻頬・白糸威垂）

▲八幡座雨蓋
（はちまんざあめおおい）

▲頬当（頬・白紺糸威垂）

▼采配（黒塗白麾（くろぬりはくき））

▲葵紋染弽（あおいもんぞめゆがけ）（決拾（けっしゅう））

▲羽二重上帯

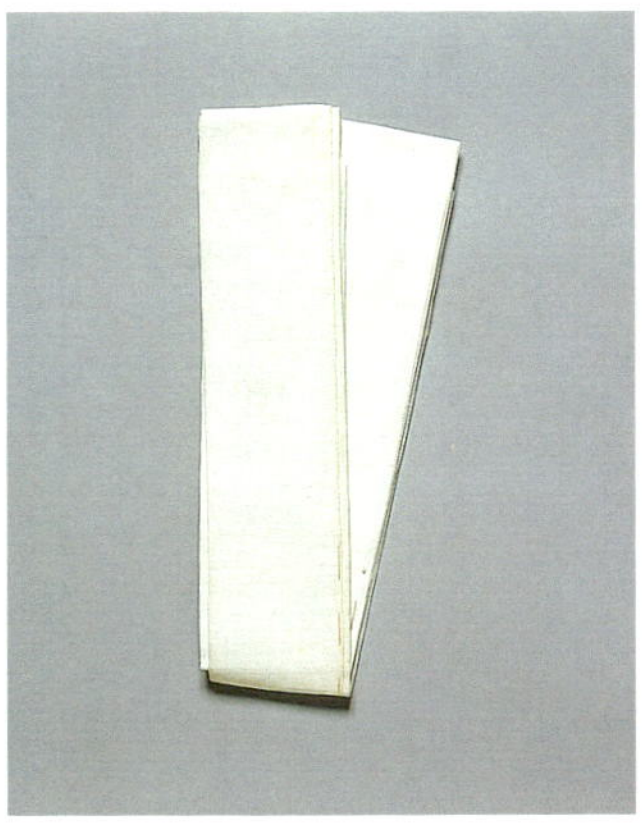

▲鉢巻

▲手拭

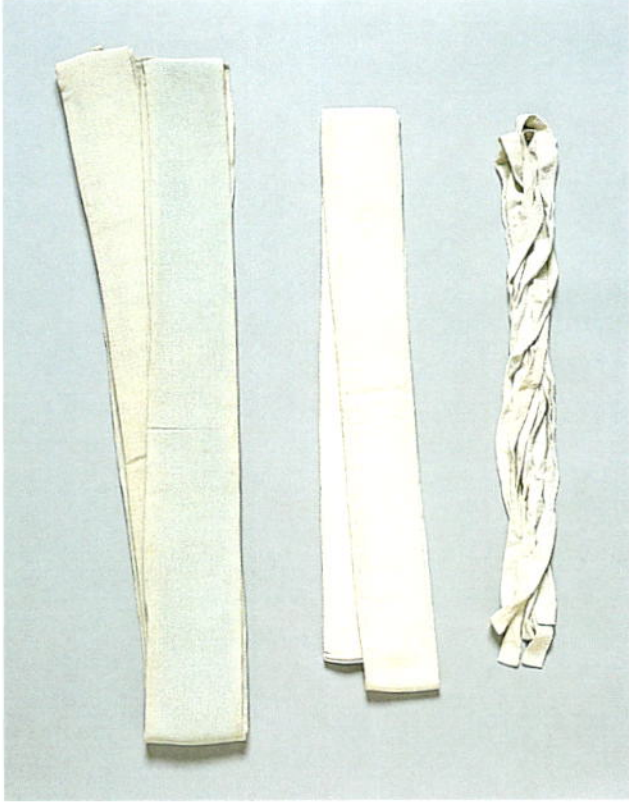

▲縮緬（ちりめん）上帯・縮緬帯（中細紐）・縮緬帯（細紐）

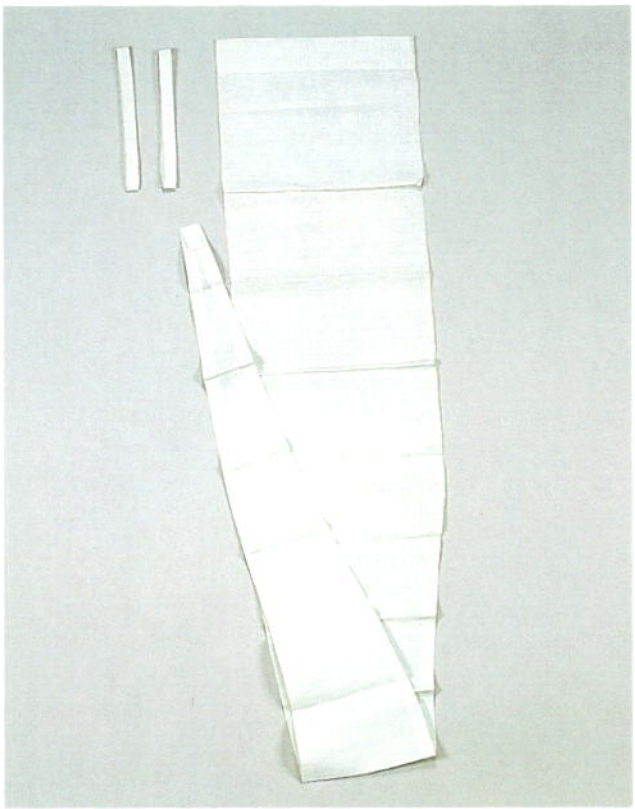

▲下帯（褌、紐付）

▲葵紋縹（はなだ）縮緬地下着（ビロード襟付）

▲葵紋縹縮緬地下

▲葵紋紺麻地下着

▲花紋縹緞子（はなだどんす）小袴（踏込）

▲佩楯（はいだて）（鎖地）

▲薄藍地小袴（カルサン）

▶臑当（鎖地）

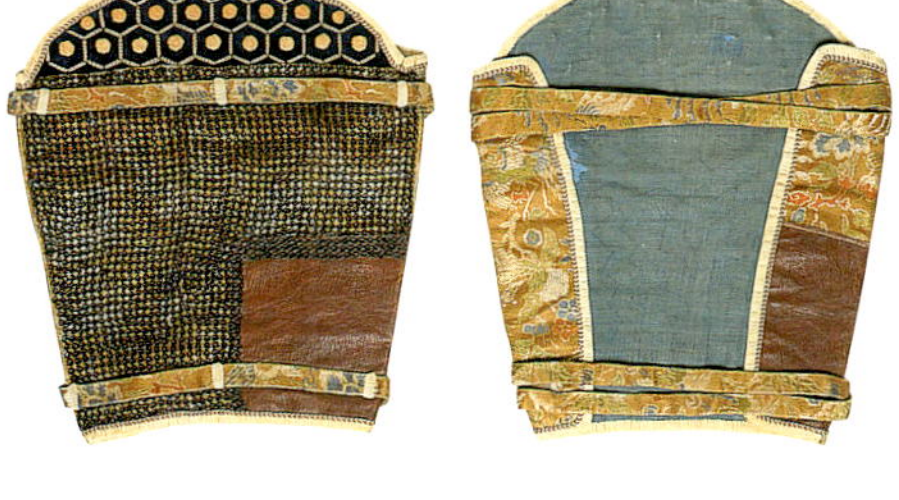

また、徳川将軍家ほか黒田家・伊達家などの大名家では新当主が家康や藩祖の甲冑を模して新しい甲冑を制作した。先祖の権威を継承しようと考えたのであろう。

このように甲冑は、戦場とは異なった場で武士の本質である武威を表現し、権威の源泉となった。

銀小札白糸威丸胴具足《ぎんこざねしろいとおどしまるどうぐそく》は伊予《いよ》国西条《さいじょう》藩松平家に伝来した具足。同家は紀州徳川家の分家である。この具足はとりわけ扇形の大袖《おおそで》が珍しい。あまり見ることのない形である。この形の具足では蟷螂《かまきり》の前立《まえだて》がある一領が知られる。戦前の売立て目録に掲載されていた甲冑で紀伊徳川家に伝来した。二領の具足が紀伊徳川家で共通点を持つため、あるいはこの大袖は同家独特の形であったのかもしれない。銀小札白糸威丸胴具足は名称にもあるとおり、銀小札。紀伊徳川家伝来の蟷螂の具足は金小札だった。

本藩が金小札で支藩が銀小札というのは、格式と関係しているように思える。また銀小札具足には装飾の家紋がない。あるいは紀伊徳川家から本藩とは家紋の異なる西条松平家に養子で出ることが予想されているために家紋を施さなかったのだろうか。いろいろと想像をかき立てる具足である。

紺糸素懸威五枚胴具足《こんいとすがけおどしごまいどうぐそく》は、菖蒲《しょうぶ》の葉のごとき細長い鍬形《くわがた》が印象的である。胴の脇の下などに天保十五年(一八四四)八月吉日に明珍宗保《みょうちんむねやす》が制作したことを記す銘がある。復古調の大鎧とは異なり、全体に実用性が感じられる。幕末を迎え、動乱を予期して調えた具足なのであろうか。

五月人形のような具足は白檀塗本小札青糸威童具足《びゃくだんぬりほんこざねあおいとおどしわらべぐそく》。古く緑色は青と表現したためこの色の名称が付されている。何らかの通過儀礼に際して制作されたのであろうか、胴に比べて兜《かぶと》が大きく、着用したことが感じられる。この具足には写真の大袖と交換用の壺袖《つぼそで》と二種類の袖がある。大袖はまさに復古的であることから、儀礼用に使用されたのであろう。対する壺袖は実用的なもので、あるいは合戦を予想して制作したのであろうか。高級感あふれるこの具足からは、子に期待する親や家臣たちの感情が読めるようである。

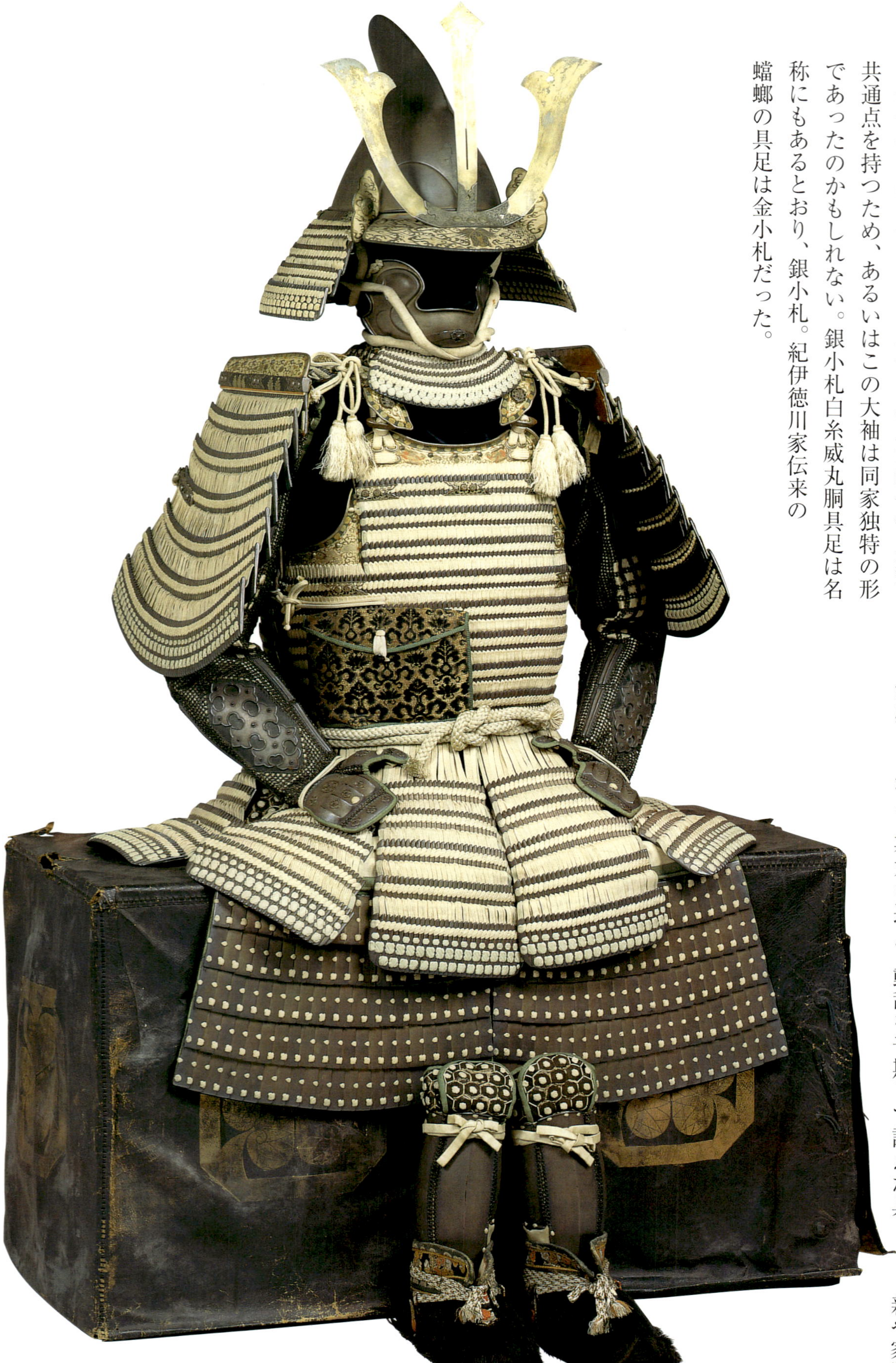

▲「銀小札白糸威丸胴具足」
伊予国西条の松平家に伝来した具足。当初の制作は江戸中期と推測される。また、付属する文書(下の図版)により、安政2年(1855)11月に整理され、松平頼学(よりさと)の召替用の具足とされたことが確認される。銀の小札を白糸で威した清涼感がある具足。胴の絵革には四面に四神が描かれている。

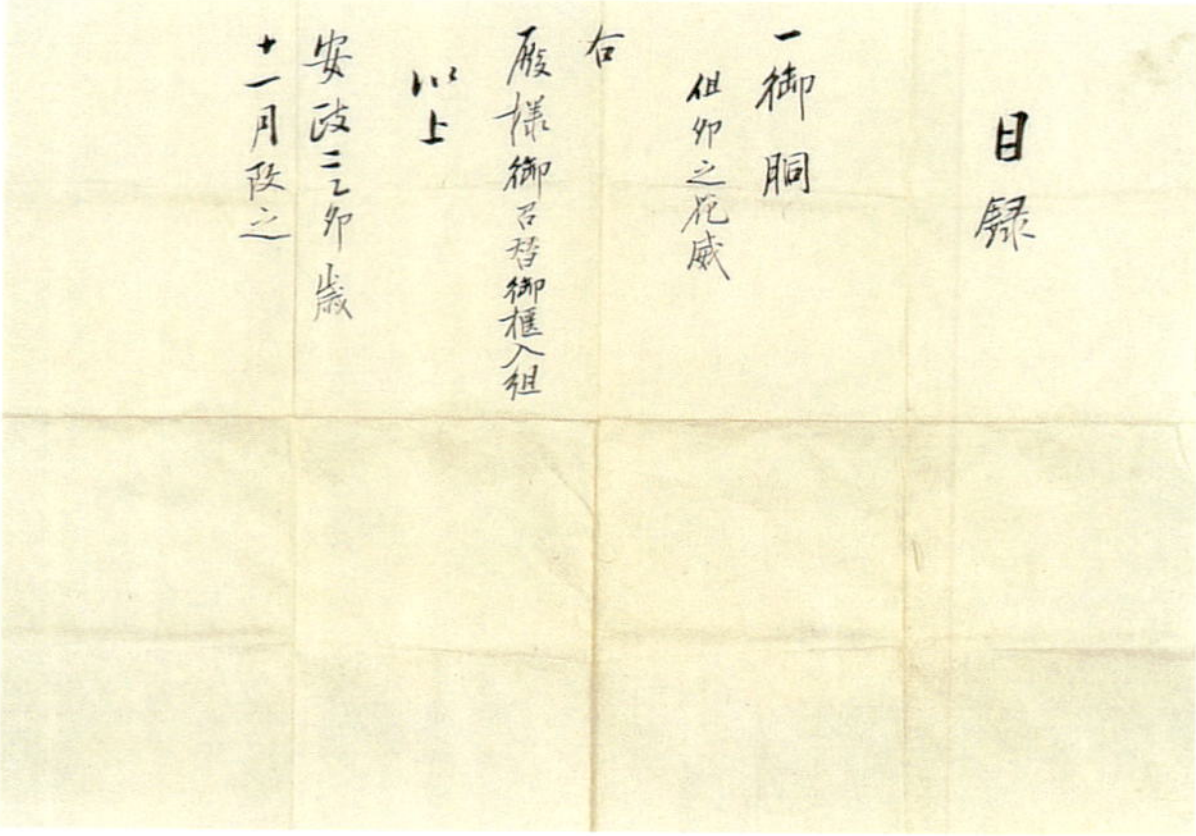

目録
一 御胴
但卯之花威
右
殿様御召替御櫃入組
以上
安政二乙卯歳
十一月改之

◀「牡丹唐獅子梵字鋳出背負陣鐘(ぼたんからじしぼんじいだしせおいじんがね)」
収納箱に「陣鐘」と墨書きされた「南紀徳川家」の見出があり、紀州徳川家に伝来したことを伝える。鐘は金具で装飾された木枠につるされており、表面には牡丹と唐獅子の浮き彫りがある。

◀「背負陣銅羅（せおいじんどら）」
網代網の櫃に収納される。伝来は不詳であるが、大名家に伝来したものであろう。背負うように木枠に紐がつけられており、銅鑼は上からつるされ、下部から垂らされた紐で固定されている。背負ったまま銅鑼を鳴らすことも考えたのだろう。

▲「梵字日月軍配団扇（ぼんじにちげつぐんばいうちわ）」
表面は赤地の中央に金円を（上）、裏面は黒字に銀円を据え（下）、曼荼羅のごとくに梵字を配する。軍配の箱には、「伊達陸奥守」の付箋が張り付けられ、伊達吉村（よしむら）の所用を伝えている。

▶「白檀塗本小札青糸威童具足」
金箔を貼った上に透漆（すきうるし）をかけた本小札を、深緑色の紐で威した、子供用の具足。兜の縁などには細かな唐草文（からくさもん）や家紋の浮き彫りがあり、贅沢な甲冑である。前立ほか随所に丸に梅鉢紋（うめばちもん）が配されることから、久松松平家に伝来したものと推測される。

◀「紺糸素懸威五枚胴具足」
板札を紺糸で素懸に威し、兜には細長い鍬形と扇の前立てが据えられた具足。覆輪（ふくりん）などの金具には細かな装飾が施されている。伝来は不詳であるが、具足全体の仕様の高さと丸に蔦紋（まるにつたもん）の存在から伊勢国久居藤堂家との関連が推測される。

さまざまな武具

甲冑《かっちゅう》や刀剣のほかにも武家が所蔵した武具はいろいろある。鷹《たか》道具や馬具も所蔵され、相伝される武家の表道具である。

馬具はさまざまな道具の総称である。一般に馬の背に乗せて騎座を安定する鞍橋《くらはし》と足を載せる鐙《あぶみ》が知られるが、そのほかにも鞍の下に敷く韉《したぐら》または大屧《おおなめ》(大滑)、泥よけとして用いられる障泥《あおり》、鐙を吊る力革《ちからがわ》、騎乗者が腰をおろす鞍橋の居木の上に置く鞍褥《くらしとね》、馬腹からして鞍に結ぶ腹帯《はるび》、四緒手《しおで》に結び鞍が前後に異動しないようにする胸懸《むながい》と尻懸《しりがい》、馬を制する轡《くつわ》とその轡を馬の頭に取り付ける面懸《おもがい》、轡に結ぶ手綱《たづな》、引馬に用いる差縄《さしなわ》、そして鞍覆《くらおおい》などがある。

馬具の歴史も古く、従前は合戦の道具のひとつであったが、江戸時代には身分格式を表現するため、装飾豊かなものとなった。とりわけ鞍橋には蒔絵《まきえ》などが施され、現代では美術的に鑑賞の対象にもされている。しかし、実際に使用されると鞍橋は装飾が痛むため、加飾がやりなおされることになる。したがって構造材に記される銘と外観の蒔絵の年代があわないケースがしばしば見られる。

馬具のほか、旗差物《はたさしもの》・幔幕《まんまく》・馬標《うまじるし》などの陣営具も武具として注目される。江戸博には先に掲載した陣鐘《じんがね》・銅鑼《どら》などが所蔵されている。また、軍配や采配なども数点ながら所蔵されている。

江戸博の所蔵する武具のうちで、伝来不詳ながら珍しい資料として母衣《ほろ》がある。他所に伝存する資料もさほど多くはないであろう。母衣とは、保侶・保呂・幌とも書き、絵画資料では背後に付けられた大きな風船のように描かれている道具である。鎧武者《よろいむしゃ》が矢を防ぐ目的で背負う布製の道具である。古くは平安時代から存在したようであるが、時代の変化とともに本来の機能に加えて、指物《さしもの》の一種にもなった。また矢を防ぐことから転じて戦場での除難の役割も期待されるようになっていった。

▲「菊桐紋蒔貝鞍橋（きくきりもんまきがいくらはし）」
対馬宗家伝来の鞍橋。黒地に高蒔絵で宗家の桐・菊紋が配される。

鞍覆
飾馬として馬を引く時に鞍橋にかけるもの。いずれも対馬宗家伝来品。

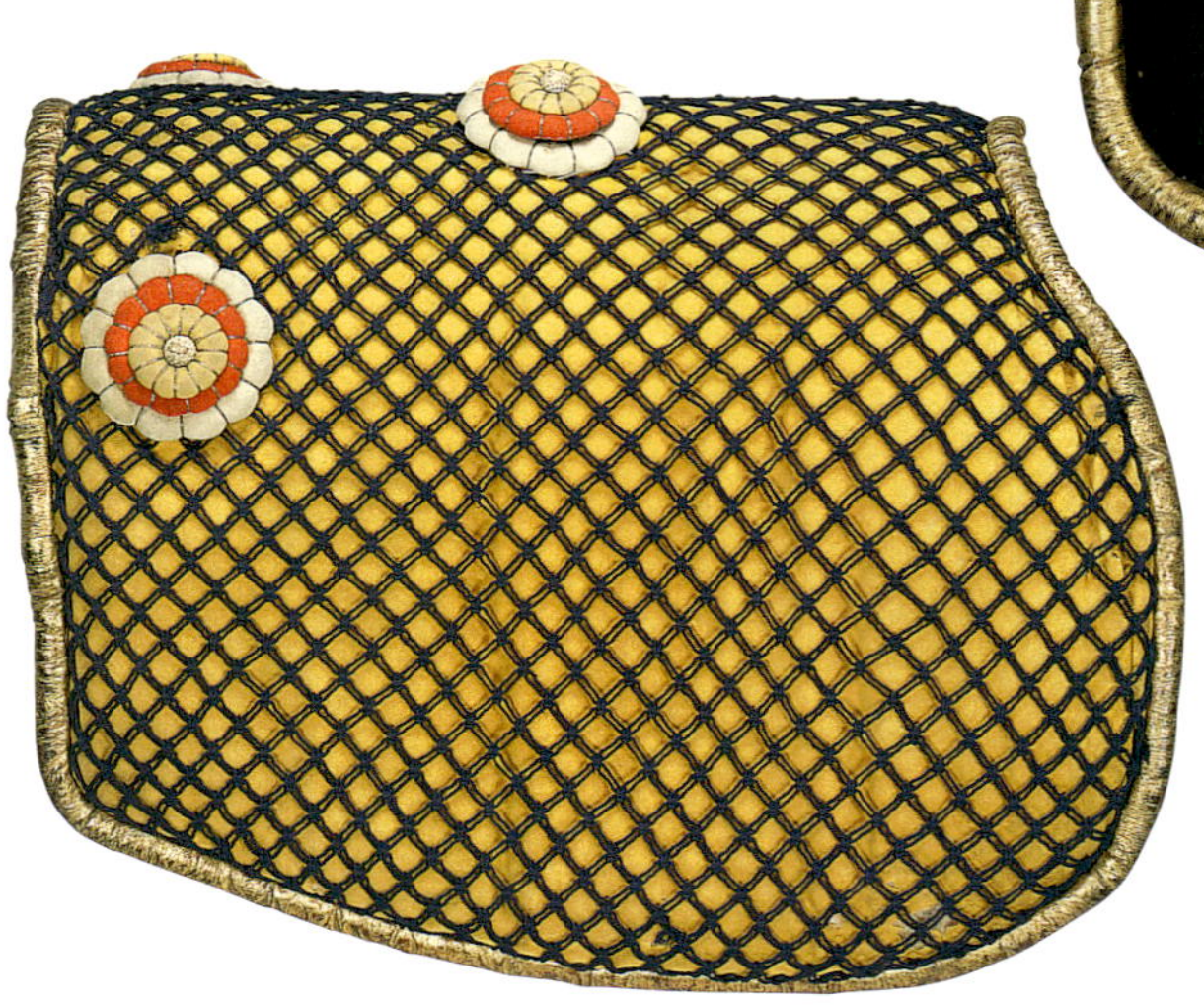

◀ 水呑（みずのみ）
鷹狩りの際の水飲み。対馬府中藩宗家第四代当主の宗 義眞（そう・よしざね、1657～92）の所用と伝えられる。（延宝7年（1679）制作）

▶ 母衣
玉柄杓を逆さにしたような骨組み籠（母衣串）に、四方に房紐が付く布（母衣布）で包む、風を貯えたように形作る。甲冑の背に付けられた請筒（うけづつ）に差し込み、懸緒（かけお）で肩上などに結んで使用していた。布の裾は後ろに引かせるか、もしくは裾紐を腰にまわして結び留めた。

▲▼「若緑麻地桐紋狩衣（わかみどりあさじきりもんかりぎぬ）」
狩猟に用いられた衣服であったことから狩衣の名称が付けられた。織文様のある絹地裏付に、袖口を縛るために緒を通すのが形式である。江戸幕府では元旦や将軍宣下（せんげ）などの柳営（りゆうえい）で行われる大きな儀式、また日光・紅葉山で行われる神事の際の礼服として、四位以上の武家が着用した。（幕末～明治初期）

▲「藍媚茶麻地桐文素襖（上）・袴（あいこびちゃあさじきりもんすおう・はかま）」
素襖は直垂の一種で、式正の直垂、大紋（直垂の一種で大形の家紋を五カ所に染め出した装束）に次ぐ装束として広く着装された。裏のない布製で、生地には麻を用いるのを原則とする。定紋をつけるなどを特色としている。（幕末～明治初期）

装束

武家の装束にはさまざまなものがある。甲冑《かっちゅう》や陣羽織《じんばおり》といった戦衣に非日常的な装束がとりわけ目立つが、日常的なものもあった。後者は公家の服飾の影響を受けており、身分や格式と密接に関わっていた。狩衣《かりぎぬ》・直垂《ひたたれ》・大紋《だいもん》・素襖《すおう》と呼ばれる装束がこれにあたる。

江戸博所蔵の染織資料としては、第一章で紹介した徳川家康所用の萌葱葵《もえぎあおい》紋付《もんつき》小紋染《こもんぞめ》羽織《はおり》は、代表的なものである。背景が詳しく知られることに加え、近世初頭の染織資料としての重要性も着目され、国指定重要文化財になっている。

このほか江戸博が所蔵する染織資料としては、対馬《つしま》宗《そう》家に関わる装束があげられる。浅黄《あさぎ》平絹地《ひらぎぬじ》宝尽文《たからづくしもん》摺箔《すりはく》産着《うぶぎ》にはじまり、大名家の様々な儀礼に関するもの収蔵されている。例えば直垂である。直垂は元は庶民の労働着であったが、平安時代末期より武士の日常着となったという。鎌倉時代は幕府出仕の公服となり、室町時代には公家も私服とした。江戸時代には袴を長袴とした場合は礼服となり、式日《しきじつ》の所用とされた。写真の素襖・狩衣のほかに薄《うす》茶麻地《ちゃあさじ》直垂・小袴、香色絹地《こういろきぬじ》指貫《さしぬき》、檜扇《ひおうぎ》に夕顔文長絹《ゆうがおもんちょうけん》などが所蔵されている。

宗家に関わる染織資料の中では、非日常的な装束ではあるが、火消装束も華やかさを際だたせている。火消し活動に際して、町火消しは半纏《はんてん》・頭巾《ずきん》・手袋・腹掛《はらが》けなどの実用的な出で立ちで

▲ **出羽・米沢藩　上杉家　「大名火消行装図巻」**　大名火消の全貌を描いた、全長121.3mにも及ぶ絵巻。火事場に赴く設定で、米沢藩上杉家の大名火消行列を描いている。また巻末には装束や幟（のぼり）ほかの道具もかられる。後代のために大名火消に関わる必要事項を画像で残すために取りまとめた絵巻と考えられる。

「白羅紗地桐文火事装束」　兜頭巾（右）**・羽織・胸当**（上）**・陣羽織・胸当**（下）
写真の装束のほかに、野袴が揃う。熱に強い毛織りの羅紗の白色が基調となり、家紋の五七桐紋が赤くポイントとなっている。（幕末〜明治初期）

あったが、大名は羽織《はおり》・袴《はかま》に兜《かぶと》や笠《かさ》といった身分格式を重んじた装束をまとった。消化作業に従事するよりも、指揮・監督にあたり、大名の威儀を示すためであったと考えられる。写真の火消装束は、白羅紗《しろらしゃ》に赤い五七桐紋《ごしちきりもん》が縫いつけられ、清楚な雰囲気を漂わせている。実用的なあり方より美意識にこだわって仕立てられたこの装束は、緊急時にあっても華やかさを求めた武家の姿勢を表現している。

　とかく武力に視線が注がれる武士ではあるが、身分や格式を踏まえた装束をまとい、政治的存在を表現していた。武士という身分を考える上で注意を払う必要があろう。

奥向の調度

婚礼の調度

婚礼調度とは婚礼に際して、女性の家から嫁ぎ先に持参するもので、いわゆる嫁入り道具一式をいう。江戸時代には、大名家・公家・大商人家の婚礼に際しては豪華な婚礼調度が制作された。この調度は、例えば唐草文様《からくさもんよう》などで統一された意匠に家紋を散らした蒔絵で装飾されている。構成される諸道具は化粧具・文房具・遊戯具・武具・飲食具・運搬具など多岐にわたり、実に豊富で豪勢な一群が制作された。これらの品のうち、黒棚《くろだな》・書棚《しょだな》・厨子《ずし》棚（三棚）、および貝合せ道具を収めた貝桶《かいおけ》は、婚礼調度の中でもとりわけ重要な調度であった。

婚礼調度は江戸時代以前より制作されており、室町時代には近世婚礼調度に連なる調度群が形成されていたと考えられている。具体的な資料としては、桃山時代まで下るが高台寺蒔絵《こうだいじまきえ》で知られる京都の高台寺に伝わる蒔絵調度がある。この調度は豊臣秀吉正室北政所《きたのまんどころ》の調度として知られており、近世婚礼調度の成立を考えるうえでの重要な資料群になっている。

▲「叢梨子地葵紋散蒔絵提重（むらなしじあおいもんちらしまきえさげじゅう）」
提重は花見弁当とも呼ばれ、行楽の時に使用される携帯用飲食器のセット。銚子・重箱・小皿・盆などが一括して一箱に収められる。本資料は提重としては比較的大型で、叢梨子地に三葉葵紋が散らされている。伝来は不詳であるが、徳川家間の婚礼に関連する品と思われる。

▲「叢梨子地葵紋散広蓋 （むらなしじあおいもんちらしひろふた）」
広蓋は乱箱（みだればこ）ともいい、手回り品や衣類などを入れる浅い方形の箱。一重の箱もあるが、本資料のように二重にして使用した箱もあった。衣服などの下賜などに際しても、この箱に載せて授けられた。なお本資料は箱裏には所用者を示す団扇模様の蒔絵がある。

婚礼調度の全体像が把握されるようになるのは、寛永期に制作された資料群である。代表的な婚礼調度として知られているものは、いずれも徳川家光の娘が関係したもので、家光長女千代《ちよ》姫《ひめ》が尾張徳川光友《みつとも》に嫁する際に制作された「初音《はつね》の調度《ちょうど》」（徳川美術館所蔵）、養女亀姫《かめひめ》が前田光高《みつたか》との婚礼に際して制作された「菊《きく》の白露蒔絵調度《しらつゆまきえちょうど》」（徳川美術館所蔵ほか）、そして養女輝姫《てるひめ》の所用品と推定される「綾杉地獅子牡丹《あやすぎじししぼたん》紋蒔絵調度《もんまきえちょうど》」（林原美術館所蔵ほか）などである。婚礼調度の形式や種類などのおおよそは寛永期頃に調えられたと考えられている。

「綾杉地獅子牡丹紋蒔絵調度」は、現在では数か所に分散して収蔵されているが、そのうちの大半を所蔵する林原美術館所蔵の資料群は国指定重要文化財に指定されている。江戸博では、十《じゅっ》種香箱《しゅこうばこ》を所蔵している。

婚礼に際して制作された調度品は、その後に縁者に贈答されたり、所用者の没後に形見分けで分散したりした。また近親者の婚礼に際して、婚礼調度として再利用されることもあった。数奇な運命をたどった調度も知られている。調度の伝来は江戸時代の政治史の一側面を物語っていることもある。

なお江戸博は江戸の商人鹿島家に関わる十九世紀初頭の婚礼調度も所蔵する。武家と変わらぬ品揃えで江戸商人の豊かさをしのばせている。

近世婚礼調度は江戸時代を通じて制作されたが、技術的には寛永期を頂点にしだいに衰退する。背景には幕府や諸大名の財政的窮乏の問題もあった。

▲「綾杉地獅子牡丹蒔絵十種香箱」
綾杉地獅子牡丹蒔絵を意匠とした婚礼調度は、3代将軍徳川家光の養女輝姫が慶安2年（1649）に尾張徳川家へ嫁する時に持参した道具群で、江戸時代の代表的な婚礼調度と評価されている。伝来を異にして江戸博の所蔵品となった本香箱は、同意匠の婚礼調度のなかでも、きわめて蒔絵の質が高く、江戸時代初頭の漆工芸技術の高さを伝える。上の写真は上蓋。（幸阿弥長重、慶安2年（1649））

▲ 御所人形「打出の小槌を曳く童子」

和宮から下賜された御所人形。御所人形としては大型なものである。人形を伝えたのは幕臣大熊家。幕末、大熊鐸之助（おおくま・たくのすけ）が和宮奥向き御用を統括する広敷番頭（ひろしきばんがしら）を5年間にわたって務めていた。その頃に下賜されたと推測される。

和宮ゆかりの調度

江戸博には和宮《かずのみや》に関わる資料がいくつかある。

和宮は「公武一和《こうぶいちわ》」の政策によって、天皇家から十四代将軍徳川家茂《いえもち》に降嫁《こうか》した人物として著名である。ペリー来航以降、開国という歴史の流れの中で、尊皇攘夷《そんのうじょうい》思想の高まりとともに、条約《じょうやく》勅許《ちょっきょ》をめぐる朝廷と幕府の将軍継嗣《けいし》問題と絡み複雑な様相を見せていた。安政五年（一八五八）に大老に就任した井《い》伊《い》直弼《なおすけ》は強硬的な姿勢を貫く一方、朝廷と幕府の「公武一和」を模索した。朝廷の権威を幕府のなかに取り込んで政局を安定させようとねらったものだった。井伊直弼が桜田門外《さくらだもんがい》の変《へん》で暗殺されたが、この後も政策は継承され、文久元年（一八六一）に和宮降嫁が実現することになる。万延元年（一八六〇）十二月二十五日、江戸下向に先立って納采《のうさい》の儀が行われた。

文久元年十月二十日、和宮の輿《こし》は江戸に向けて出立する。当初、京都から江戸に至る道筋は東海道が予定されていた。しかし、街道沿いの治安が不安であることから、中山道に変更され、東海道は諸道具のみが下ることになった。十一月十五日に江戸に到着し、江戸城北丸《きたのまる》清水邸に入った。十二月十一日には本丸に輿入れし、婚礼は翌年二月十一日に行われた。この時、徳川家茂、和宮ともに十六歳であった。

▼「絲毛御車行列并御役人附（いとげおくるまぎょうれつならびにおやくにんつけ）」
和宮の江戸下向は初めての降嫁という慶事であったため、庶民は好奇と新しい時代に対する期待目で行列を見守った。そのため、江戸や京などでは種々の刷り物が印刷され頒布された。

行列に加わった人名が列挙され、華やかさの一端が表現されている。

（文久元年（1861））

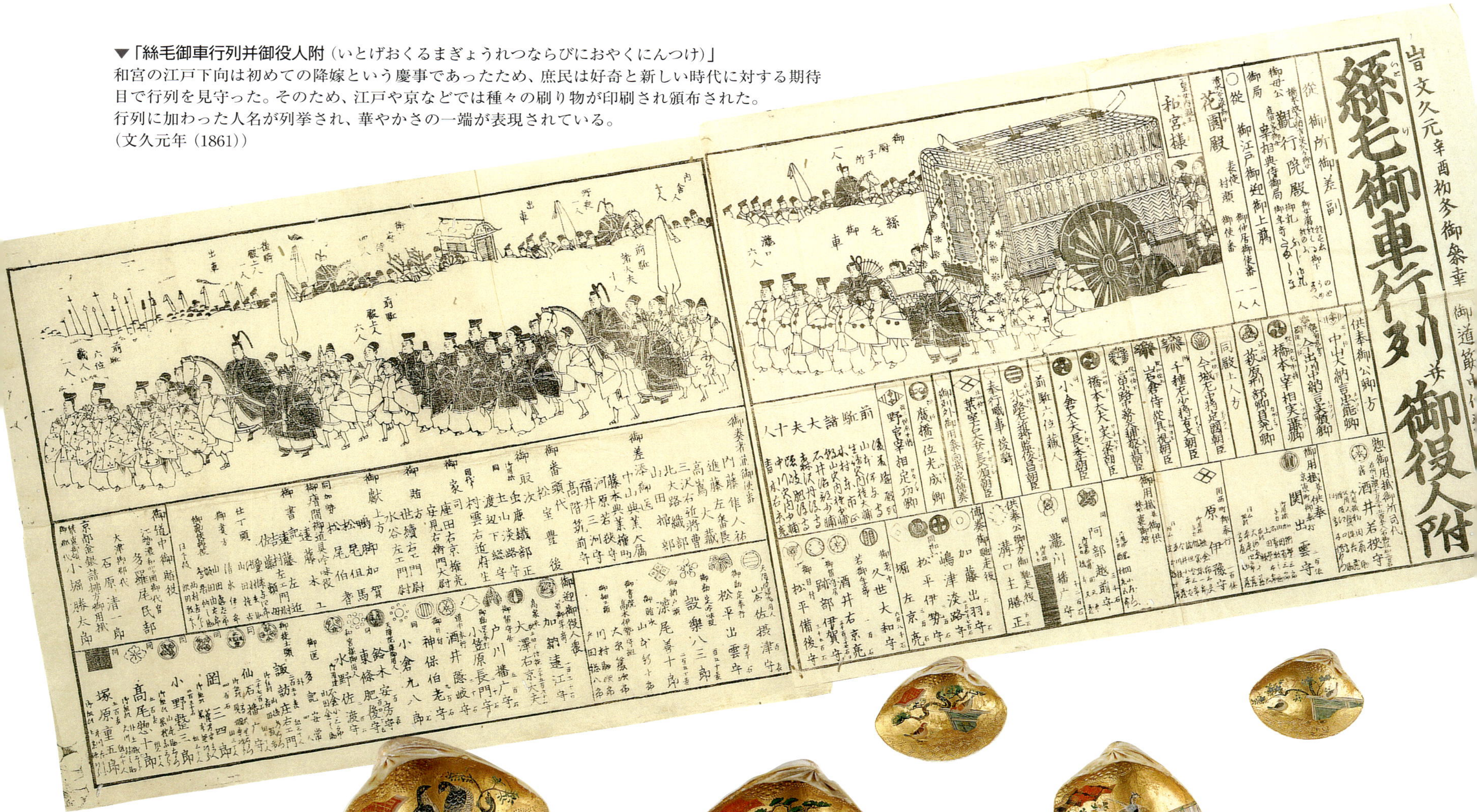

▲「黒塗桐鳳凰文様金銀蒔絵貝合道具（くろぬりきりほうおうもんようきんぎんまきえかいあわせどうぐ）」
13代将軍家定夫人敬子（すみこ、天璋院）の調度と伝えられる。天璋院は薩摩藩島津家の出身で、慶応3年（1867）の江戸開城に際しては、和宮とともに徳川家の存続に尽力したという。貝桶（かいおけ）には鳳凰ほか様々な鳥が蒔絵されており、鳥尽くしのデザインとなっている。

和宮の調度は京都において制作された最高級のものであった。加えて、幕府側でも用意された。幕府の細工所が制作にあたり、その詳細は『和宮様《かずのみやさま》御婚礼御用御入用帳《ごこんれいごようごにゅうちょう》』（内閣文庫所蔵）などに記されている。制作には金二八三両三分一朱、銀八六四貫三三八匁六分三厘二毛の経費を要した。万延元年（一八六〇）九月六日に内々に制作が申し渡され、十一月一日に「御縁組御用」が仰せ渡され、同月四日より制作が開始される。意匠は「花桐唐草両御《はなきりからくさりょうご》紋散蒔絵《もんちらしまきえ》」と記載される。細工人はわずかな時間の中、泊り込みで制作を実施した。

調えられた調度は、文久三年（一八六三）の江戸城本丸大火に際して不幸にして焼失してしまった。和宮調度の全体像を知りうることはもはやかなわないが、この時に焼失を免れたものや、その後に制作された調度品からその豪華さを知ることができる。

眉作箱《まゆつくりばこ》と櫛台《くしだい》はいずれも化粧道具のひとつである。村梨子地《むらなしじ》に桐唐草の模様と三葉葵紋《みつばあおいもん》と葉菊紋《はぎくもん》が蒔絵され、豪華な仕上げになっている。『和宮様御婚礼御用御入用帳』に記載される「花桐唐草両御紋散蒔絵」とはこの意匠のことと思われる。梨子地とはいえ黒塗りの地が目立つ、黒の地色と梨子地の金粉の部分とが重厚感あるコントラストをなし、独特な村梨子地に仕上げられている。当初に調えられた婚礼調度の一具ではなかろうか。

耳盥《みみだらい》は村梨子地に葉菊紋だけが散

▲「村梨子地葵葉菊紋散金蒔絵耳盥」
耳盥（左）と歯黒次（はぐろつぎ）・渡金（わたしがね）・潼子（とうず）。耳盥は梨子地に大きく葉菊紋が配される。これに対し、渡金には葵紋も合わせて彫られることから、取り合わせられて一組にされたものであろう。梨子地蒔絵の作風も眉作箱や櫛台のそれとは異なる。現存する和宮調度の来歴の複雑さをうかがわせている。

▲「村梨子地葵葉菊紋散唐草文様金蒔絵櫛台」
鬢台（びんだい）とも呼ばれ、長方形の盆の形をした天板がつき、3段4個のひきだしがつく化粧道具の台。ひきだしのなかには櫛が収められていた。類似の形態の台には鼻紙台がある。眉作箱と同じ黒色が栄える梨子地蒔絵である。

らされる意匠。梨子地も眉作箱と櫛台は異なった仕上げとなっている。伝来が同一で葉菊紋を使用していることから、和宮所用であることは間違いなかろう。葵紋がないことからあるいは京都で制作されたものであろうか。

文久三年（一八六三）の火災後、代替の品が揃えられたらしい。雛道具については意匠に使われる紋が葉菊紋とは異なっているが、和宮雛道具と伝承されていたという一群がある。代替の雛道具であったのだろう。写真の十種香道具も同じ伝来経過で江戸博に収蔵された資料である。葉菊紋の十種香道具《じゅっしゅこうどうぐ》が見あたらないが、この道具も和宮所用であった可能性がある。

江戸博にはこのほか、葉菊紋が彫られた炭桶や、部分的ではあるが雛道具がある。これらも和宮所用と考えられている。これらの諸道具は幕末史に残る悲劇の女性として和宮を今に語り継いでいる。婚礼から六年後の慶応二年（一八六六）七月二十日、家茂は二十一歳の若さで大坂城において急死する。江戸に残された和宮はそのまま明治維新を迎え、江戸開城に際しては徳川家存続のために行動した。

文久の火災による焼失。そして代替品による調度の整備、さらにはその後の分散などの経緯があり、和宮調度の全貌をとらえることは容易ではない。江戸博所蔵の調度はその謎を取りほぐす一群なのである。

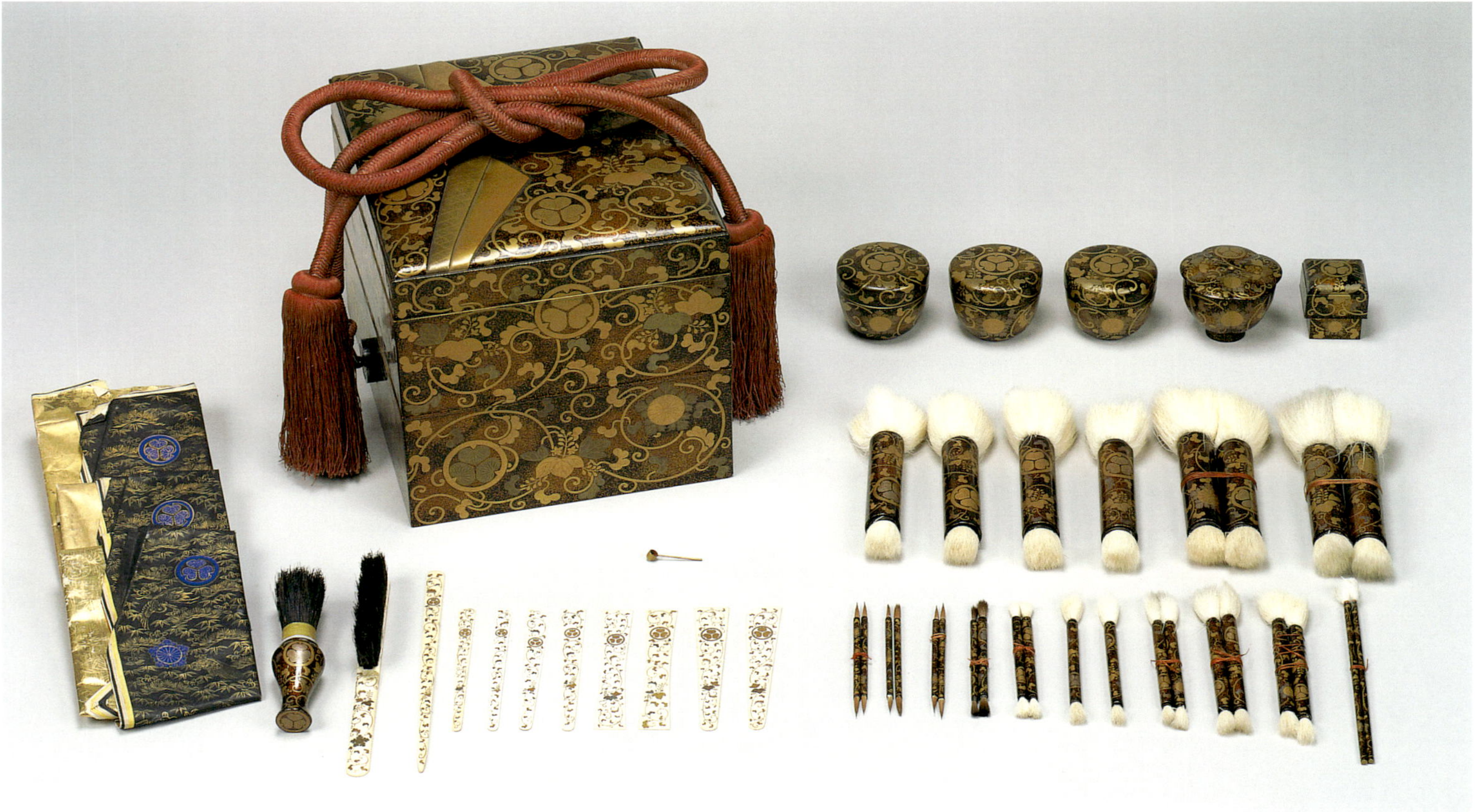

▶「村梨子地葵葉菊紋散唐草文様金蒔絵眉作箱」
方形の箱が二段の重箱となっており、蓋がつき、房つきの紐が施されている。中には眉作りの様々な化粧用刷毛（はけ）・篦（へら）・芯入・子箱などが収納される。蓋は畳紙の蒔絵が施され、箱でありながらも畳紙で、収納する刷毛などを包み込むという表現になっている。

▲「黒塗桜唐草文様金蒔絵十種香道具」
十種香道具は香合わせの道具一式をコンパクトに収めた箱。香合わせとは薫物合わせともいって、10種の合香を聞き分けて賞翫し、またその当否を競い合う遊び。葉菊紋や葵紋が施されてないが、他の和宮調度と伝来を同じくしており、和宮所用品の可能性がある。

雛道具

春は各地の博物館で雛祭りの飾りの展示を行う。雛人形《ひなにんぎょう》や雛道具《ひなどうぐ》の展示である。江戸博にも徳川家に由来する雛道具が数種類ある。このうち全体がほぼ揃っているのが、黒塗牡丹紋散松唐《くろうるしぼたんもんちらしまつから》草蒔絵《くさまきえ》雛道具《ひなどうぐ》である。この雛道具は、食器類に三葉葵紋《みつばあおいもん》が据えられていること、基調となる意匠が牡丹紋松唐草文様であることから、十三代将軍家定《いえさだ》正室敬子《すみこ》（天璋院）所用品の可能性が考えられる。同夫人は島津《しまづ》家から近衛《このえ》家の養女となり、将軍家に嫁いだ。その経緯が関係するのであろうか、数ある牡丹紋のいくつかは島津家の丸《まる》に轡紋《くつわもん》の家紋を消し、その上に描かれている。このほかに断片的であるが松唐草葵

厨子棚（ずしだな）

書棚

黒棚

盃
銚子

三方

行器（ほかい）
食籠（じきろう）

菓子盆

高坏（たかつき）

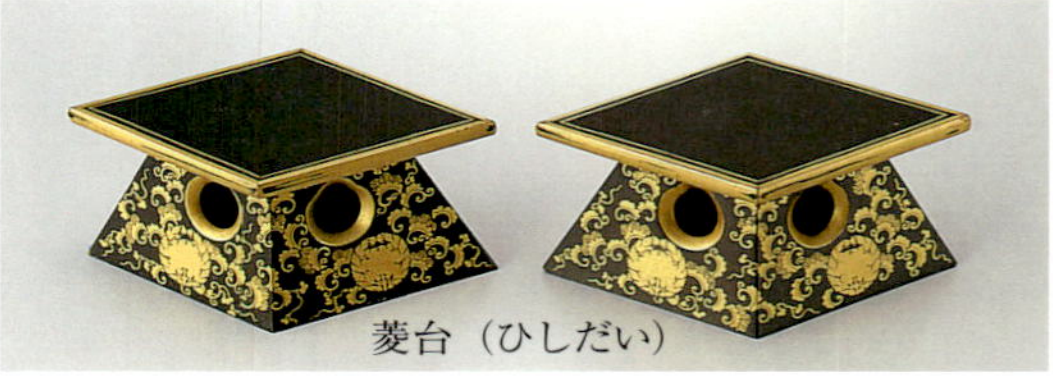
菱台（ひしだい）

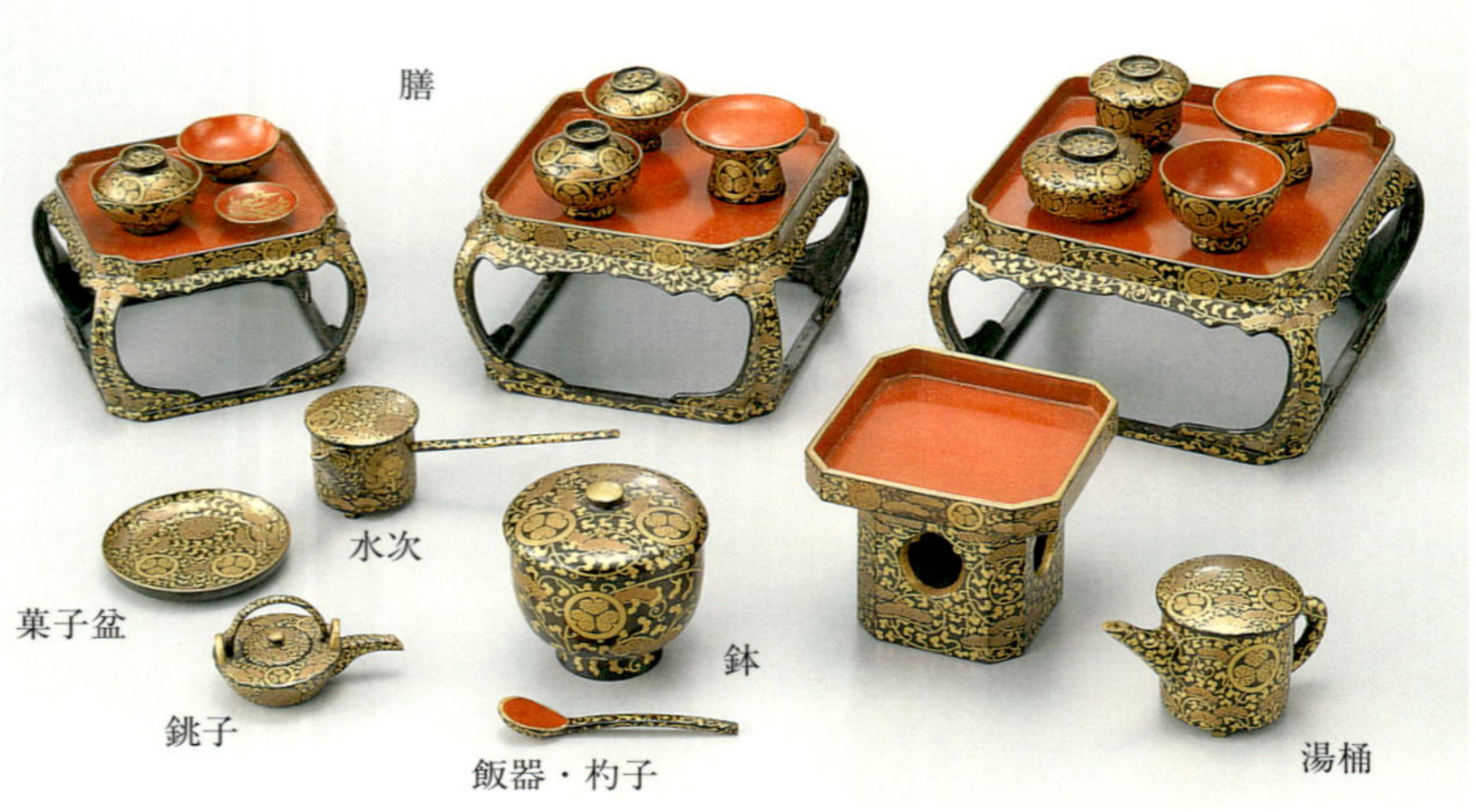
膳
水次
菓子盆
銚子
鉢
飯器・杓子
湯桶

提重（さげじゅう）
重箱

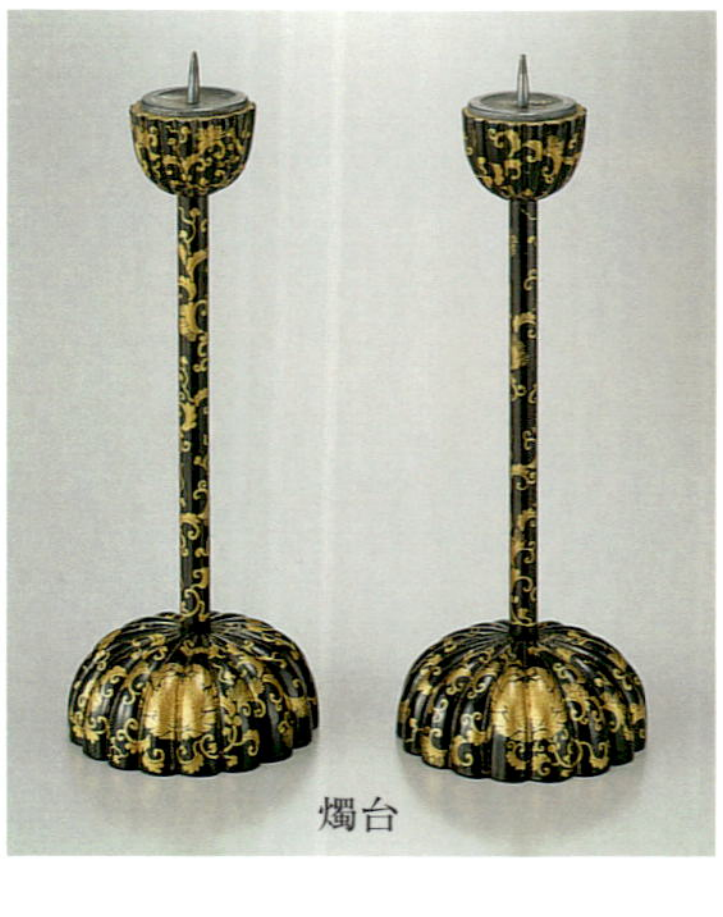
燭台

台火鉢

瓶子

花台

各図は「黒塗牡丹紋散松唐草蒔絵雛道具」（安政3年（1856））

牡丹紋蒔絵を意匠とした十三代将軍家定正室敬子の雛道具と、牡丹唐草葵浮《ぼたんからくさあおいふ》線菊紋散蒔絵《せんぎくもんちらしまきえ》の雛道具がある。なお後者について徳川宗家では、十四代将軍家茂夫人和宮《かずのみや》所用の伝承があり、後に再利用された可能性がある。

見台（けんだい）　文台　手箱　文箱（ふばこ）

絵机　脇息（きょうそく）　料紙箱

鏡台　髪台（びんだい）　櫛台（くしだい）

手拭掛（てぬぐいかけ）　茶碗　湯桶　盥（たらい）　歯黒道具（はぐろどうぐ）

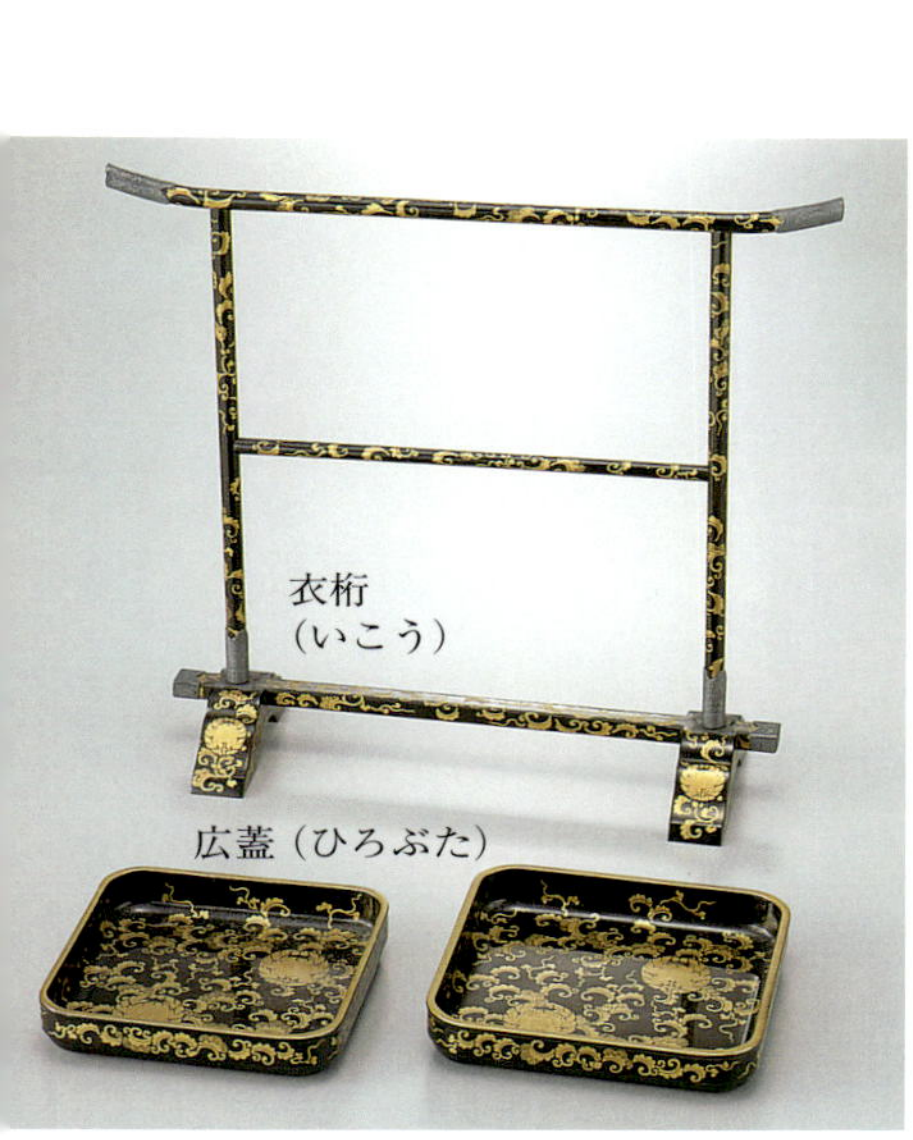
衣桁（いこう）　広蓋（ひろぶた）

冠台（かんむりだい）

刀掛（かたなかけ）

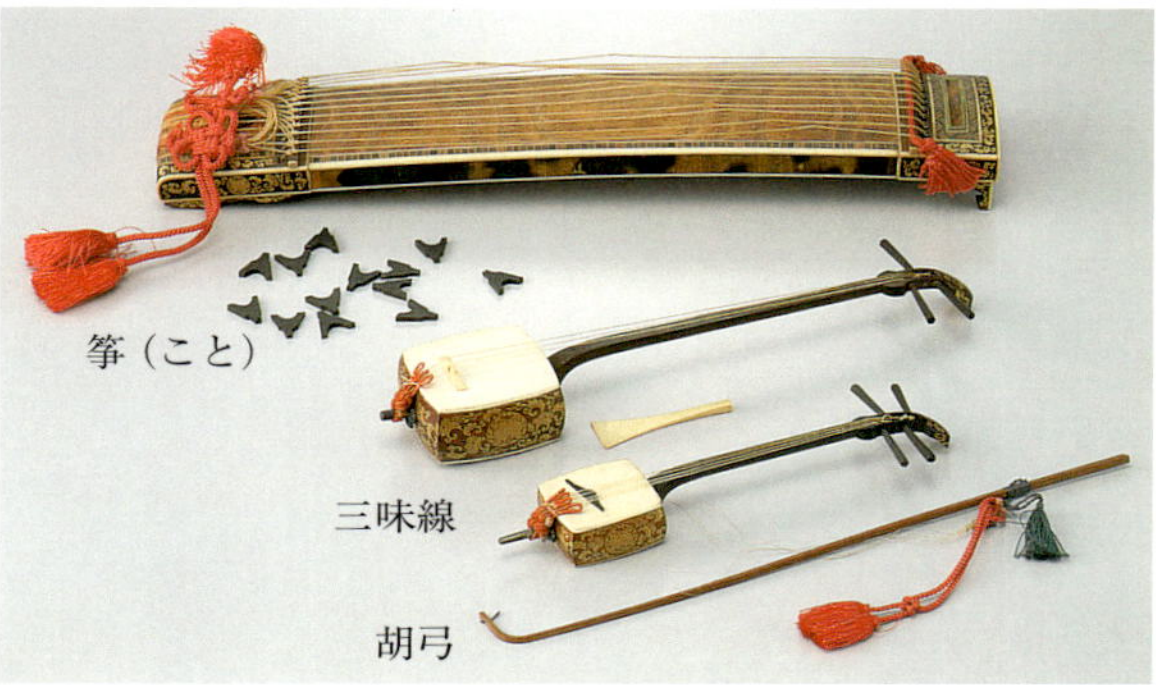
箏（こと）　三味線　胡弓

台子（だいす）

煙草盆

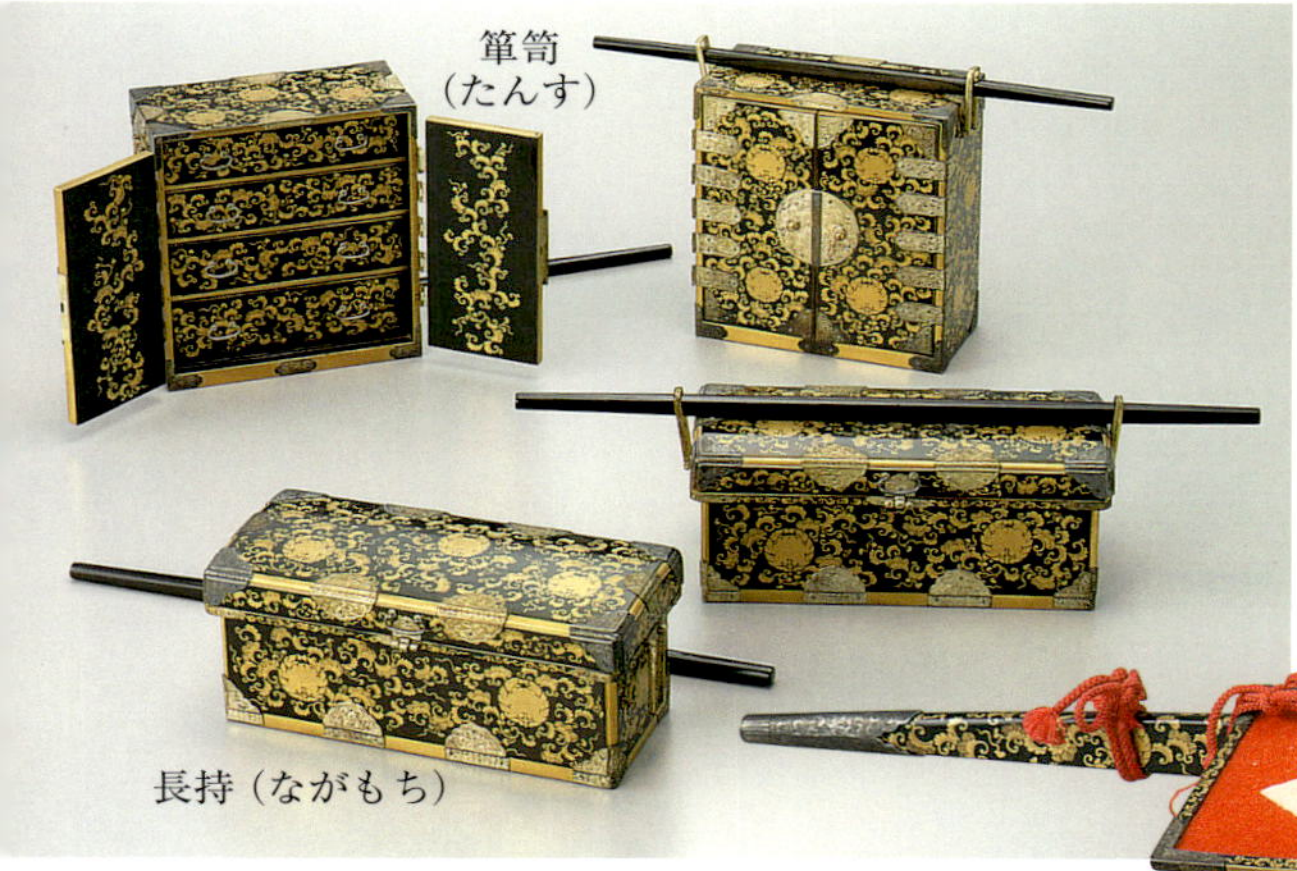
箪笥（たんす）　長持（ながもち）

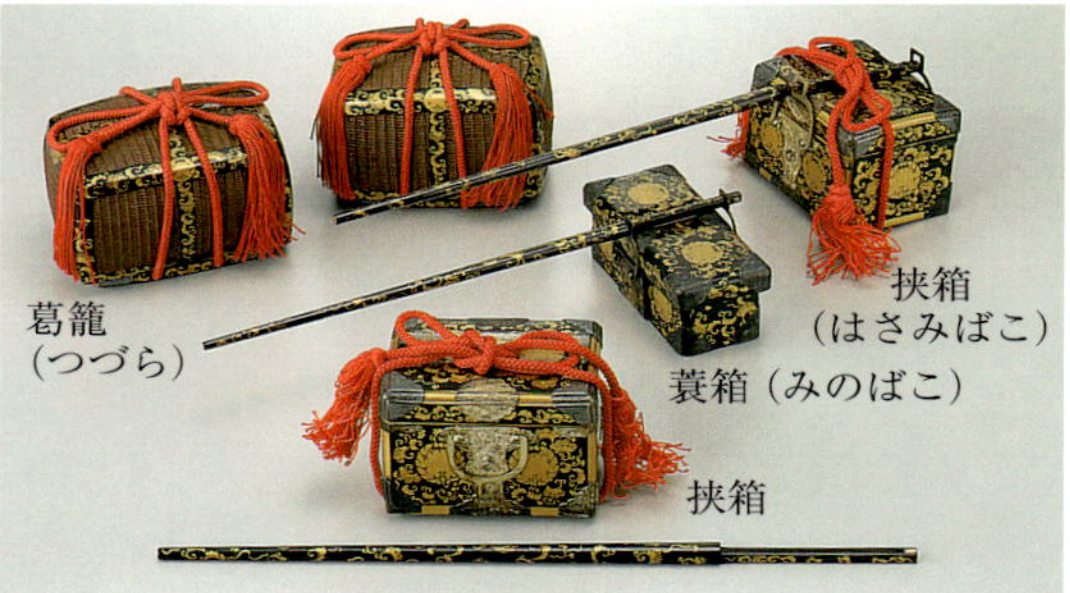
葛籠（つづら）　挟箱（はさみばこ）　蓑箱（みのばこ）　挟箱

薙刀（なぎなた）　日傘

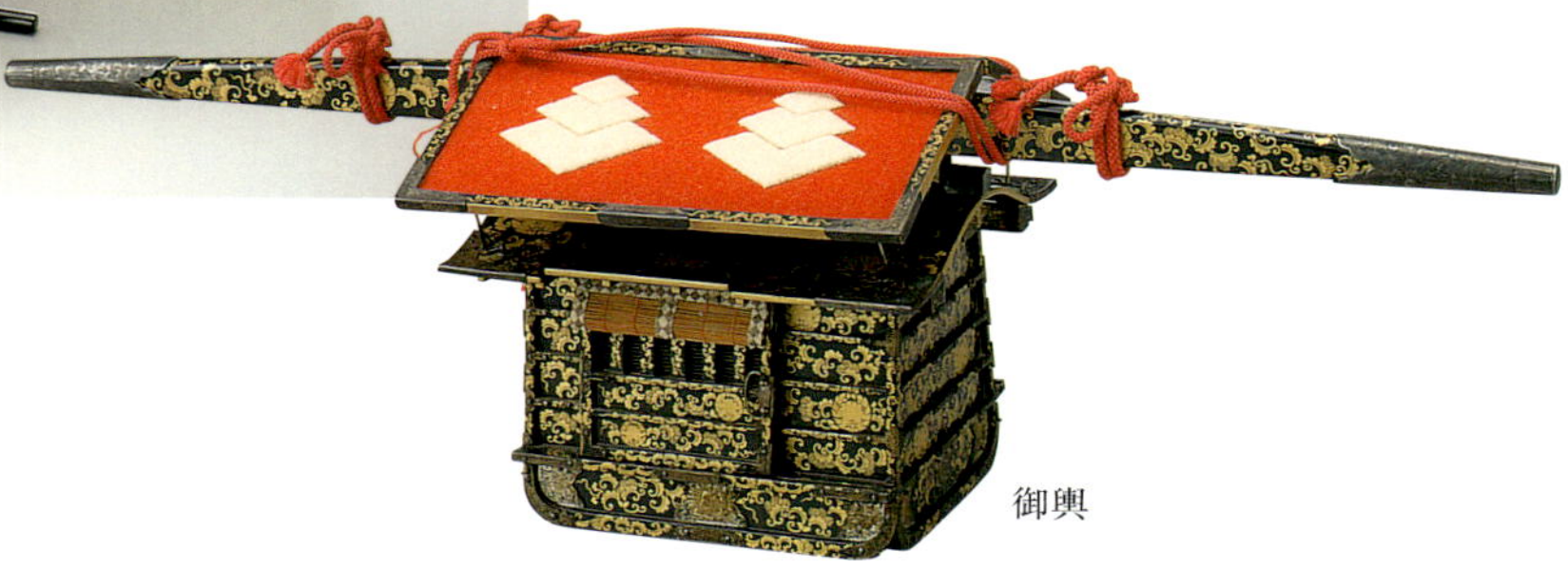
御輿

茶弁当

女乗物

江戸時代、駕籠《かご》は代表的な交通手段であった。その駕籠のなかでも、大名の夫人が利用するような、蒔絵《まきえ》が施される豪華な駕籠は女乗物《おんなのりもの》と呼ばれた。

これに対して、大名が所用する駕籠は乗物《のりもの》と呼ばれ、網代《あじろ》を基本とする質実さを感じる乗物であった。著名な事例としては徳川家康所用の乗物（日光東照宮所蔵）と津山《つやま》藩松平家が参勤交代に使用したもの（津山市郷土資料館所蔵）が知られている。江戸博でも津山藩松平家の乗物について複製を制作し、体験用として展示している。

さて、女乗物は家の格付けにより外装が区別される。黒漆《くろうるしぬ》塗りに家紋と唐草模様の蒔絵で彩られる乗物は上級のものとされ、大国の大名の夫人クラスが利用したとされる。館蔵品では梅唐草丸《うめからくさまる》に三階菱紋蒔絵女乗物《さんかいびしもんまきえおんなのりもの》と松竹梅椿剣酸漿紋蒔絵女乗物《まつたけうめつばきけんかたばみもんまきえおんなのりもの》がこれにあたる。

また大名家のなかでも小国の大名家や高禄の旗本家では、漆塗りではなく天鵞絨《てんがじゅう》（ビロード）張りの乗物を使用した。天鵞絨の乗物は素材が痛みやすく、現存する資料は著しく少ない。

そして、朱塗《しゅぬ》りの網代の乗物、薦打《こもう》ち仕様の乗物などが、これらに続く格式の乗物であった。

この格式にあたらない乗物がある。梨子地蒔絵《なしじまきえ》のそれである。現在、確認されている梨子地乗物は四挺である。徳川黎明会・徳川美術館所蔵「梨子地《なしじ》菊折枝《きくおりえ》蒔《まき》絵女乗物《えおんなのりもの》」と水府明徳会・徳川博物館所蔵「梨子地松竹唐草蒔絵女乗物」、現在所蔵者不明ながら尾張徳川家伝承の一挺、そして江戸博で所蔵する「梨子地葵紋散《なしじあおいもんちらし》松菱梅花唐草文様蒔絵女乗物《まつびしうめはなからくさもんようまきえおんなのりもの》」である。梨子地蒔絵の地は黒漆塗りに比べて質が高いことはもちろんである。加えていずれも徳川家が関連しており、梨子地の乗物はとりわけ格が高いことを示す。いわば例外的な乗物ということになる。

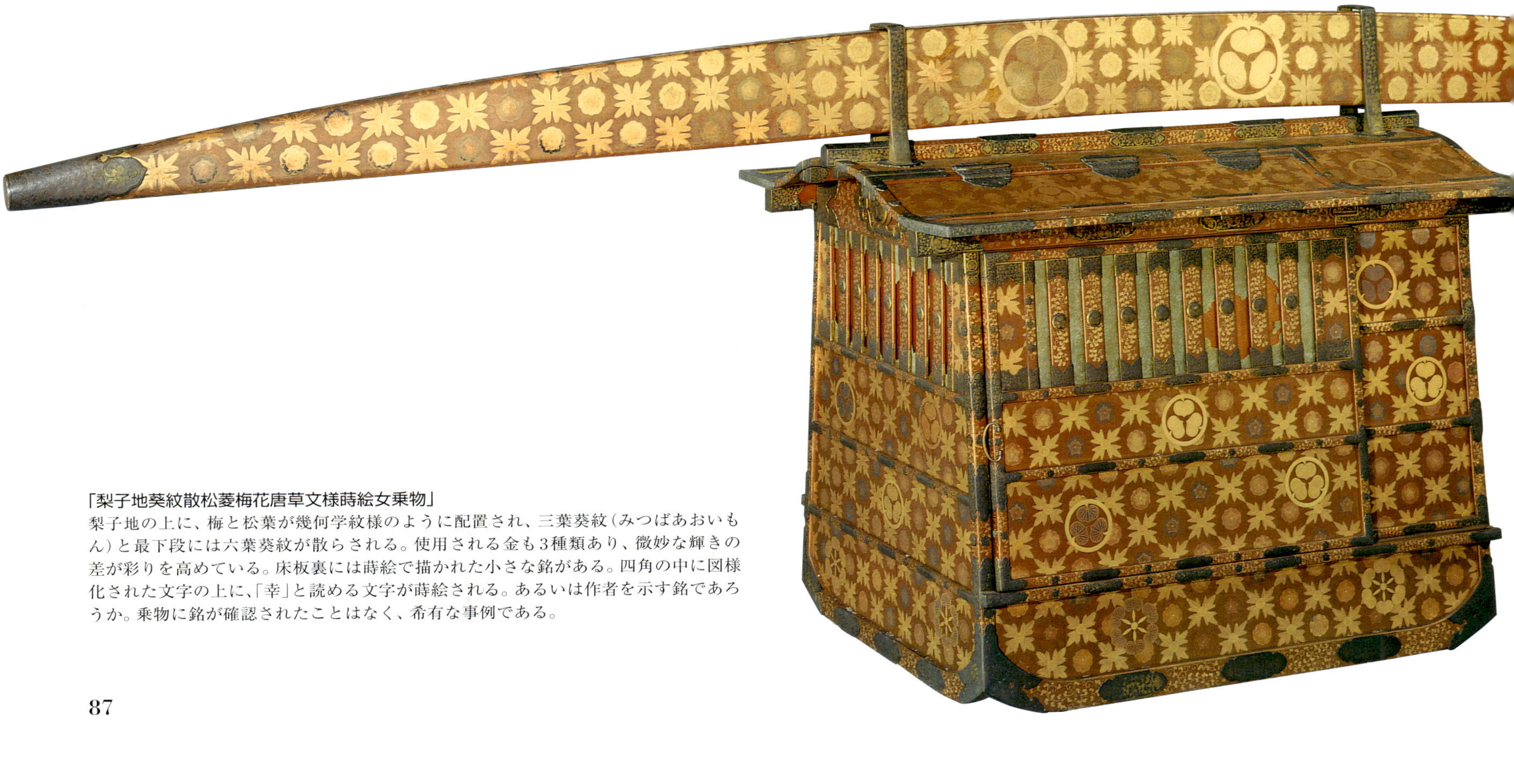

「梨子地葵紋散松菱梅花唐草文様蒔絵女乗物」
梨子地の上に、梅と松葉が幾何学紋様のように配置され、三葉葵紋（みつばあおいもん）と最下段には六葉葵紋が散らされる。使用される金も3種類あり、微妙な輝きの差が彩りを高めている。床板裏には蒔絵で描かれた小さな銘がある。四角の中に図様化された文字の上に、「幸」と読める文字が蒔絵される。あるいは作者を示す銘であろうか。乗物に銘が確認されたことはなく、希有な事例である。

▲「唐草揚羽蝶紋蒔絵女乗物（からくさあげはちょうもんまきえおんなのりもの）」

▲「梅唐草丸に三階菱紋蒔絵女乗物」
黒塗りで家紋を散らし、唐草文様の蒔絵を施した外装のものは、最上級のものとされていた。内部にも四面にはなやかな絵画が描かれている。外装の最下段に据えられる六葉葵紋の金具は注目される。

▲「松竹梅椿剣酸漿紋蒔絵女乗物」
若松・竹・梅・椿と剣酢漿紋（けんかたばみもん）を金・青金の高蒔絵などで飾る。地の一部には梨子地の箇所も見られる。内装の絵画は、金箔紙に松竹梅・牡丹・鶴亀・水鳥などが描かれている。豪華な仕様の乗物である。所用者は家紋から姫路藩酒井家に関わる夫人が想定される。

表面に描かれた蒔絵《まきえ》の意匠は、所用者によって異なった模様であり、かつ三棚などの婚礼調度と意匠が統一される。これにより所用者が謎解きのごとく解明されることがある。例えば梅唐草丸《うめからくさまる》に三階菱紋蒔絵女乗《さんかいびしもんまきえおんなのり》物《もの》である。外装に丸に三階菱紋という家紋が蒔絵で散りばめられる。所用者がこの紋を家紋とする家に関わることを示している。さらに最下段には六葉葵紋《むつばあおいもん》の金具があしらわれている。これは徳川・松平家一門が使用する紋であり、所用者が徳川家もしくは松平家に関係することが推定される。紋散らし梅唐草文様という乗物の外装の仕様もそれを裏付けている。現在のところ、十三代将軍家定《いえさだ》の生母である於美津之方《おみつのかた》（本寿院）が使用者であったことが考えられている。於美津之方は旗本跡部《あとべ》家の出身であり、同家の家紋は丸に三階菱紋である。将軍生母という立場と外面の意匠はこの乗物の所用者として考えられる関係である。

乗物は現在の自動車のような実用品で、使って消耗すれば廃棄される。したがって、使用頻度が高い男性用乗物の残存率はきわめて低い。一方、婚礼時以外にはほとんど使用されなかったであろう女性用乗物は、いわば装飾品と同じように大事に扱われたため、当初の所用者が没したのちも、関係する別の夫人の調度として再利用されることがあった。八六、八七頁に掲載した、梨子地葵紋散松菱梅花唐草文様蒔絵女乗物も再利用が確認されている。後付の金具や応急的な切断が見られ、当初より再利用の可能性は指摘されていた。江戸博で行った修理の際に金具裏から「嘉永四年亥三月」および「丹阿弥《たんあみ》」などの墨書が発見された。年次は修理年次を示すものと考えられ、確実に再利用されたと考えられるに至った。この墨書および仕様などから、十二代将軍家慶養女線宮幟子《いとのみやたかこ》（有栖川宮幟仁親《ありすがわのみやたるひと》王の妹）が水戸家十代当主徳川慶篤《よしあつ》に嫁ぐに際して、再利用したと推測された。

正月小松引（「十二ヶ月月次風俗絵図」）

江戸幕府御用絵師の狩野養川院惟信（ようせんいん・これのぶ）と伊川院栄信（いせんいん・ながのぶ）父子による、王朝貴族の年中行事を憧憬した月次絵（つきなみえ）十二幅の一図。徳川将軍家斉（いえなり）をはじめ、管制の改革を推進した松平定信（さだのぶ）や、実父一橋治済（ひとつばし・はるさだ）、若年寄堀田正敦（まさあつ）らが歌を寄せていた和歌帖が附属する。享和二年（一八〇二）頃の作か。

初宮参りに従う人々（「日吉山王社参詣図屏風」）

寛永一九年（一六四二）二月九日、家光の嫡男の日吉山王社（ひえさんのうしゃ）初宮参りに桜田門を出る供奉（ぐぶ）の御小人（おこびと）の騎馬姿。小結をかけた烏帽子（えぼし）をかぶり、小素袍（こすおう）の衣装で大総（おおふさ）をかけた馬にまたがる。屏風全体は二八、二九頁に収録。

大名と旗本

大名

大名とは　江戸時代の「大名《だいみょう》」は、将軍と直接主従関係を結んだ武士で、一万石以上の領地（領知）を有する者を指す。一万石以上の領地を有していても、大名の家臣は、将軍直属ではないので「陪臣《ばいしん》」と呼ばれ、大名として扱われなかった。また、将軍直属で禄高《ろくだか》（領地）が一万石未満の武士は直参《じきさん》（旗本《はたもと》・御家人《ごけにん》）と呼ばれた。

将軍との主従関係は、将軍から、これまで所持していた領地の安堵《あんど》（領有保障）、あるいは新たに領地を付与された「恩《おん》」の反対給付として、戦時に将軍の命令のもと戦地に馳せ参じる義務と、平時においては将軍の身辺警護・江戸城警備や御手伝普請などの「奉公」を行う双務契約である。他の主従関係と異なるのは、必ず領地（封地）が介在することで、とくに「封建的主従関係」と呼ばれている。

大名の語源としては、荘園《しょうえん》・国衙領《こくがりょう》の徴税単位「名《みょう》」に属する田地＝名田《みょうでん》を多く持った者を指したという説と、漢語で「立派な名前」「大きな誉《ほま》れ」を意味する「大《たい》名《めい》」から、有勢者を示すようになったという説がある。

近世の大名が、明確に定義されたと考えられているのが『武家諸法度《ぶけしょはっと》』である。元和元年（一六一五）の二代将軍徳川秀忠代の『武家諸法度』では「大名・小名」の語が用いられ、「国大名」という用語も使われている。寛永十二年（一六三五）の三代家光代の『武家諸法度』では「国主・城主・一万石以上」と記載され、「一万石以上」がいわゆる「大名」を規定する必要条件になったと解釈できる。また『武家諸法度』自体が将軍と直接主従関係を持つ武士を対象としたことから冒頭のような定義となるのである。

大名の大小　『武家諸法度』では「大名・小名」あるいは「国主・城主・一万石以上」と大名の大小を示すような用語が使われているが、一般に大名の大小は領地の規模で表している。領地の規模は面積ではなく、体積の単位「石《こく》」（一石＝約一八〇リットル）で表示された。これは石高《こくだか》制に基づき、その土地の生産力を米の収穫量に換算したものである。つまり十万石の大名は、米に換算して十万石の生産力のある土地・人民を統治していたということになる。

石高制は、土地の標準収穫量を基準に組み立てられた江戸時代の体制原理といわれる。石高の算出方法は、対象とする田畑（含屋敷地）の面積を検地（測量）によって求め、その値（単位は反《たん》、一反＝約九九〇平方メートル）に、係数としてその土地の一反当たりの米換算の期待収穫量を乗じて算出する。この係数は「石《こく》盛《もり》」あるいは「斗代《とだい》」と呼ばれ、場所によって数値は多少異なるが、一般に上田一石五斗、中田一石三斗、下田一石一斗、下々田九斗、上畑・屋敷一石一斗、中畑九斗、下畑七斗、下々畑五斗である。たとえば、面積二反一畝《せ》（二・一反＝約二〇八〇平方メートル）の田圃が中田と認定されれば、この田圃の石高は一・三石×二・一反で二石七斗三升となる。

このようにして決められた石高を村単位に積算したものが村高となり、大名などの領地の基礎数値となる。このほか石高は農民の年貢や雑税や人足を差出す夫役《ぶやく》（現夫、夫銭）などの負担量を算出する基準となる。また、一千石高の目付、三千石高の町奉行というように幕府の職格を表すようになった。

禄高の保証書　「何万石の大名」と称されるための保証書は、将軍の代替りごとに各大名に発給されていた。官位の従四位上《じゅしいのじょう》以上、もしくは十万石以上の大名には、将軍の花押《かおう》（書判《かきはん》）を据えた領知判物《りょうちはんもつ》、それ以下には将軍の朱印が押された領知朱印状《りょうちしゅいんじょう》と区別されていた。領知判物・領知朱印状と同時に国・郡ごとの村数と石高と村名を記した領知目録が添えられた。これにより「〇〇万石の大名」の〇〇万石が、土地一筆ごとに検地・石盛をした数値を積算したものであることがわか

安永4年（1775）頃の石高別の大名の数

石高	人数	石高	人数
1万	81	10万	26
2万	43	20万	5
3万	31	30万	8
4万	6	40万	1
5万	24	50万	3
6万	14	60万	2
7万	11	70万	1
8万	1	100万	1
9万	1	合計*	259

*領地を有さない3名を除く。
安永4年（1775）に編輯された『官中秘策』に基づく。

る。

領知判物・領知朱印状や領知目録は領知支配の根拠となる保証書であるので、各大名家は控《ひかえ》を作るほか、桐や漆塗りの箱に入れて大切に保管した。これらの書類は将軍の代替りごとに新将軍から発給され、その際前将軍発給の書類は返還することになっていたが、あまり守られず、領知判物・朱印状・目録の正本が控とともに残されている旧大名家が少なからずある。

藩　将軍から領有を保証された大名の領地は一般に「藩《はん》」と呼ばれている。またその領地支配の組織・機構も「藩」と称されている。この「藩」という呼称は幕府の公式の名称ではなく、大名領は「領知」「領分」「国」など、支配組織・機構は「御家中《ごかちゅう》」などと称されていた。

「藩」はもともと「まがき」「栗の丸太の柵」「さかい」「まもり」の意味を持ち、中国の周の時代、天子が諸国に自らを輔翼《ほよく》させるために配した諸侯のことを「藩屏《はんぺい》」「藩翰《はんかん》」「藩鎮《はんちん》」などと称した。この古例により江戸時代の儒者の間から、徳川将軍家に服属する大名を「藩侯」、その領地や支配組織を「藩」と呼んでいた。さらに江戸時代後期には「親藩」「当藩」「藩士」などの用語、「水藩《すいはん》（水戸《みと》藩）」「紀藩《きはん》（紀州《きしゅう》藩）」「薩藩《さっぱん》（薩摩《さつま》藩）」というような固有名詞も使われていた。

江戸幕府崩壊後政権を握った明治維新政府は、慶応四年（一八六八）閏四月、旧幕府領（天領）を直轄《ちょっかつ》とし、行政区画として府・県を置き、旧将軍家を含む旧大名の領地と支配組織・機構を「藩」として、その政庁である城や陣屋所在地名を冠し、正式に行政区画とした。公式名称としての「藩」は、明治二年（一八六九）六月版籍奉還《はんせきほうかん》を受けて大名二七四人を知藩事に任命したあと明治四年（一八七一）七月の廃藩置県まで存在した。

徳川家康が征夷大将軍《せいいたいしょうぐん》に就任した慶長八年（一六〇三）から、廃藩置県が断行された明治四年（一八七一）までに存在した藩の総計は、延べ五三〇である。このうち明治元年（一八六八）以後維新政府から認定された藩が、三十五ある。

大名の数　家康の将軍就任から廃藩置県までの間に「大名」と称される人はどの位存在しただろうか。

『寛政重修諸家譜《かんせいちょうしゅうしょかふ》』等を基に大名の数を算出した。「〇〇国および〇〇国内に〇万石を領す」と、藩庁所在地が記載されていない大名も可能なかぎり抽出、カウントし、御三卿《ごさんきょう》もその数に加えた。

このようにして算出した慶長八年（一六〇三）から明治四年（一八七一）までの大名の数は延べ四〇四五人となる。これに御三卿を加えると四〇七〇人となる。「延べ」としたのは、隠居したあと再び当主となる「再襲封《しゅうほう》」や、領地替え（転封《てんぽう》）や支藩主の本藩継承などにより、同一人物が複数の藩の当主になる例があるからである。これら重複者を除いた実数は三三六〇人となる。これに御三卿を加えると三三七九人となる。うち、明治元年（一八六八）以降の就任者は九十六人で、そのうち八人が再襲封である。

また明治二年（一八六九）、土地（版）と人民（籍）を朝廷に返還した版籍奉還のあとに二七四の藩主が改めて知藩事に任じられている。知藩事は地方長官として引き続き藩政を委任されたものである。知藩事に任命された者は延べ二九一人で、うち九十六人が明治元年以降に藩主に就任している。また知藩事のみ就任者は十九人である。

ちなみに、この実数三三六〇人を上表の安永四年（一七七五）の大名数二五九で割ると十三・〇となり、大雑把ではあるが、江戸時代の大名の代数の平均となる。この間の将軍家の代数は十六で、大名より二十三パーセント多い。また、慶長八年（一六〇三）から明治四年（一八七一）の間二六四年を十三・〇で割ると二〇・三年となり、大名の平均在職年数となる。

旗　本

徳川家譜代の臣　徳川将軍の制によると、将軍と直接主従関係を結ぶ武家を家門《かもん》・外様《とざま》・譜代《ふだい》の三区分にする仕方がある。このうち家門は徳川将軍家の血族、外様は、おおむね関ヶ原役《せきがはらのえき》以後徳川氏に服属した者をいう。譜代は関ヶ原役までに徳川氏に仕えた武家である。幕府の要職には、譜代の臣でなければ就くことができないとされた。徳川将軍の家臣を直参といい、直参はさらに大名・旗本・御家人の格式に分けられた。大名は領地一万石以上、一万石未満は旗本・御家人とされた。

旗本と御家人の区別は、一般に、将軍に謁見（御目《おめ》見《みえ》）できるか否か、つまり御目見以上・以下と区別されているが、これには法的な裏付けがあるわけではない。文化十年（一八一三）武蔵国《むさし》忍《おし》藩主阿部飛驒守正篤《ひだのかみまさあつ》からの問合せに対し、大目付《おおめつけ》が「御旗本ハ、万石以下御番衆ノ通称、御家人ト申ハ御目見以上以下ニ而差別ノ儀ニハ無之」と返答しているように、曖昧なものであった。

なお「旗本」とは、もともと①軍陣で大将のいる所、本陣・本営、②大将の麾下《きか》にいる直参、という意味を持っており、のちに戦陣において本営を示す旌旗《せいき》の下で、大将および側近を警衛する家臣を指すようになった。

旗本の出自《しゅつじ》　前出の譜代は、徳川家康およびその祖先が三河《みかわ》国内で勢力を張っていた時代の家臣と、家康の代になって駿河《するが》・甲斐《かい》・信濃《しなの》に領地を拡大し、さらに関東に移封するまでに、併合した今川氏・武田氏・後北条氏などの戦国大名の旧臣が基本的な構成員であった。

江戸時代になると大名（外様大名を含む）や旗本の子弟で本家から領地を分けられた者や新規に召し出された者がいた。また、家門大名から将軍に転じた五代徳川綱吉《つなよし》、六代徳川家宣《いえのぶ》、八代徳川吉宗《よしむね》が藩主であった時代の家臣も含まれる。さらに儒者・医師・碁所・将棋所・絵師・歌学方などの技芸により武家以外から召し出された者もいる。このほか、江戸時代中期以降、御家人から旗本に登用された者もかなりいた。その場合、御目見格以上の役職を三度勤めることが内々の条件であったという。また、御目見以下の者が当人の功績によって一代限り御目見以上に遇されることがあった。

旗本の数　文政三年（一八二〇）の『国字分名集《こくじぶんめいしゅう》』（『旗本武鑑《もとぶかん》』）によると、旗本の人数は、一二四苗字《みょうじ》（家）、六一六九人であり、うち役人（文官）一二九三人、番方《ばんかた》（武官）一五六六人、寄合《よりあい》（禄高三千石以上で無役の者）二四七人、駿府《すんぷ》（駿河国府中・現静岡市）勤番二十八人、甲府勤番一六三人、小普請《こぶしん》（禄高三千石未満の無役の者）二七五六人、不詳一一六人と記されている。また禄高別の人員は、一千石以上一六七六人、五百石以上一千石未満一六二六人、百石以上五百石未満一三〇九七人、百石未満七六六人、不詳四人と記載されている。

これを見ると、旗本六一六九人のうち、無役の寄合・小普請を合わせて三〇〇三人で、約四十九パーセントとなっており、旗本の数に較べ役職数がかなり少なかったことがわかる。禄高では百石以上一千石未満が三七二三人で約六十パーセントと圧倒的多数を占めている。

旗本の任務　旗本の主な役割は江戸城および江戸城下の防衛である。そのため、旗本には江戸在府が義務付けられており、江戸外で宿泊する時には届けを出さなければならなかった。また主な収入源である知行地（領地）は、武蔵・上総《かずさ》・下総《しもうさ》・常陸《ひたち》・上野《こうづけ》・下野《しもつけ》・相模《さがみ》など江戸周辺に集中していた。旗本の家臣は江戸詰《えどづめ》と知行《ちぎょう》所詰《しょづめ》に分かれていたが、知行所詰は年貢《ねんぐ》徴収など地方《じかた》支配にあたった小人数のみであり、大部分は江戸詰で

代表的な幕府の職制と与力・同心の配置人数

職　制	与力の人数	同心の人数	職　制	与力の人数	同心の人数	職　制	与力の人数	同心の人数
町奉行	25	100	百人組	20	100	鉄炮玉薬	0	36
京都町奉行	20	50	御持弓筒	10	55	鉄炮箪笥	0	14
大坂町奉行	30	50	火消役	6	30	弓矢槍	0	19
駿府町奉行	8	60	京都所司代	50	100	評定所	0	15
御留守居	8	50	大坂定番	30	100	伝奏屋敷	0	6
大番	10	20	具足奉行	0	19	普請方	0	100
書院番	10	20	槍奉行	0	10	千人同心	0	100
留守居番	6	20	書物奉行	0	21			
御先手	10	50	納戸頭	0	40			

あった。

旗本の幕府への勤仕は通常任務として江戸城・二条城・大坂城の警備や将軍の護衛を任務とする大番《おおばん》・書《しょ》院番《いんばん》・小姓組番《こしょうくみばん》・新番《しんばん》・小十人組《こじゅうにんぐみ》などの番方、町奉行《まちぶぎょう》・勘定奉行《かんじょうぶぎょう》・普請奉行《ふしんぶぎょう》・大目付・目付など行政・財務・司法・警察などの役方《やくかた》に就いた。戦時には幕府の軍役規定により禄高に応じた装備と兵員を即座に差出す義務があった。

明治の旗本　慶応三年（一八六七）の王政復古《おうせいふっこ》の大号令により征夷大将軍職が廃止された。旗本領を含め七百万石を領していた徳川旧将軍家は、江戸城明け渡し後の慶応四年（一八六八）五月二十四日、駿河国府中（現静岡県静岡市）七十万石の一大名として存続が許された。

前政権担当者の家が、禄高を十分の一に削減されたうえに、先祖ゆかりの地に移封されたのである。歳入が九割減となれば、これまでの家臣団すべてを養っていくことはできず、旗本・御家人の多くが、旧将軍家を去らなければならなかった。旧幕臣勝海舟《かつかいしゅう》（安芳《やすよし》）の著した『海舟別記』（江戸博所蔵）によると、慶応四年夏の段階で、旧幕臣三万三四〇〇人のうち一万五〇〇〇人が静岡へ、五二〇〇余人が新政府に、六〇〇〇人が帰農したとある。旗本・御家人の内訳は示されていないが、幕臣のうち半数以上が旧徳川家の禄を離れたことになる。

与力・同心

与力《よりき》・同心《どうしん》は、江戸幕府の末端に位置づけられていた下級武士の呼称である。与力は「寄騎」とも書き、馬に乗ることができる正式な武士といった意味があり、同心とは一揆《いっき》の際の一味同心に語源があると考えられている。いずれも加勢する者、団結する者などといった意味として使われ、特定の社会階層を持つものではなかったと思われる。江戸時代になると、与力・同心は幕府の支配組織の末端に位置づけられた下級武士のことを意味するようになった。

江戸幕府の支配組織は、その頂点にある将軍から家臣団の末端にいたるまで、家禄を相続することによって安定的に維持される仕組みになっていた。将軍も旗本も地位や家禄を世襲することによって将軍や老中《ろうじゅう》・奉行などといった地位・役職につくことができた。幕府や諸藩の支配組織は、こうしたイエの重層からできあがっていたのである。

江戸時代初期、幕府・諸大名の支配組織の最末端に位置づけられた与力・同心には、家禄が存在しなかった。江戸時代初期における与力・同心層は、一部の例外を除き、原則的には家禄を持たない一代抱《いちだいがかえ》であった（これに対して家禄を持つ家臣は譜代《ふだい》といわれた）。十七世紀の中葉にさしかかり、戦国期に一代抱として雇われた与力・同心に代替りが次々と起るなかで、与力・同心層の譜代化が進んでいったと考えられている。与力・同心の譜代化が進展した理由は、幕府の支配組織の特質と無関係ではなかった。

このように与力・同心は、町奉行や遠国奉行《おんごくぶぎょう》といった職制に附属するものとして編成されていた。しかも、その配置人数をみれば、これが主従制的に編成されたのではなく、職制上の都合によって人為的な編成を強く受けた結果成立した組織であったことが一目瞭然であった。江戸幕府の職制は、近代的な官僚制の要素を色濃くもち、各職制のトップは、次々と異動を繰り返しながら出世の階段を上っていった。

江戸幕府の職制は、こうした能力のある者を登用する筋道を持っていたのであるが、一方で町奉行のようにきわめて専門的な仕事を行う必要がある職制においては、専門官の存在が不可欠であった。幕府の職制は、末端に位置付いた与力・同心が専門職として譜代化をとげていった反面、異動を繰り返しながら昇進していく江戸幕府独特の官僚システムを形成していったのである。

参勤交代

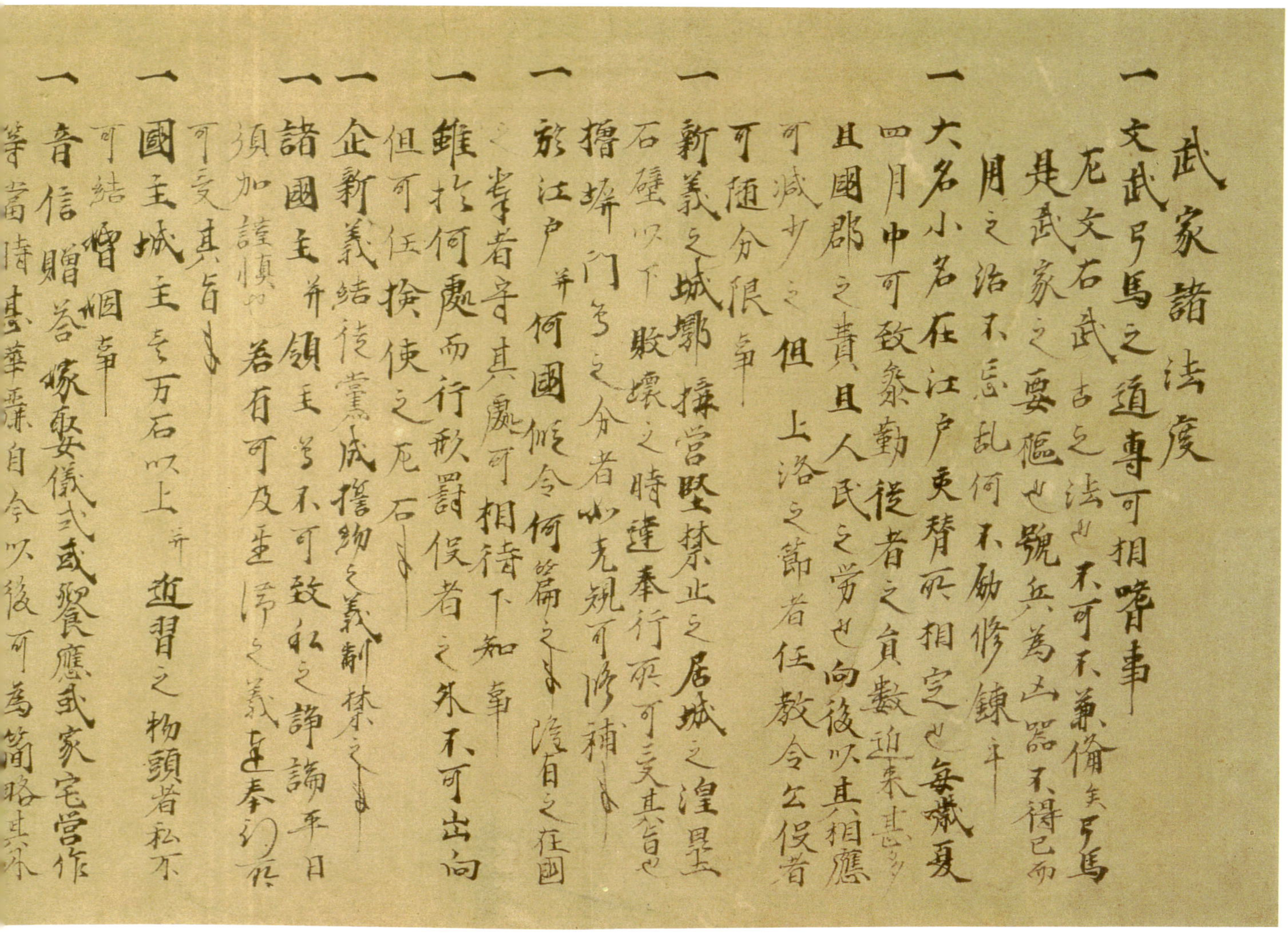

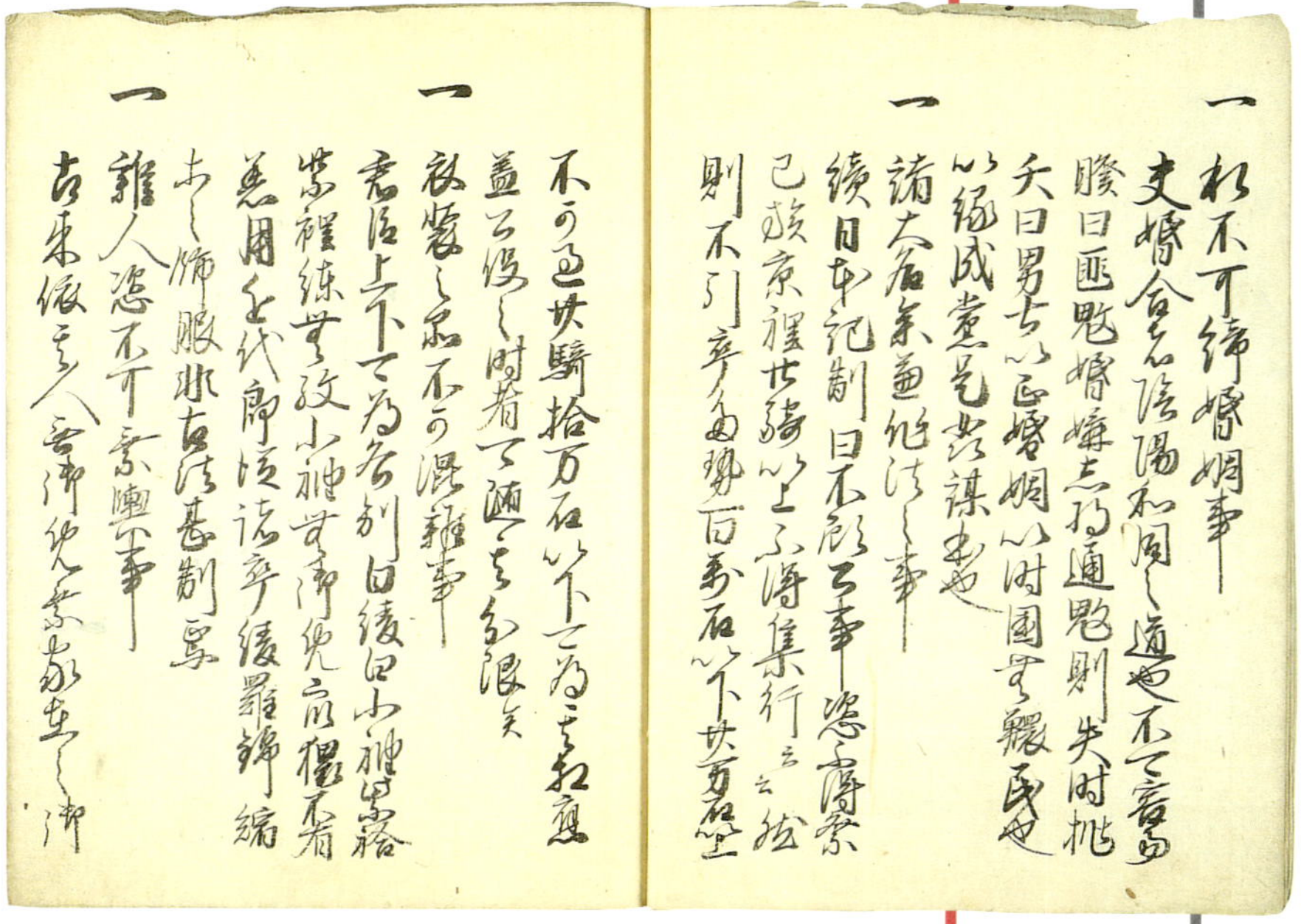

▲**最初の大名の行動規範「武家諸法度」** 第九条に「諸大名参兼（覲カ）作法之事（しょだいみょうさんけんさほうのこと）」と規定された。次の寛永六年（一六二九）の「武家諸法度」では、この条項は削除された。（慶長二十年（一六一五）七月七日公布、元和七年（一六二一）十月写）

大名の格式

江戸時代の大名の出自は、佐竹・伊達・毛利・松浦《まつら》・島津・宗《そう》など中世以来の系譜を引くものもいるが、多くは戦国時代に活躍した武将や、古くから徳川氏に仕えていた武士の子孫である。また柳沢・間部《まなべ》・大岡・田沼など元禄時代（一六八八—一七〇四）以降大名に取り立てられた家もある。

このように出自の様々な大名たちを類別するさい、もっとも一般的に通用しているのは、将軍との親疎関係により親藩《しんぱん》・譜代《ふだい》・外様《とざま》の三種に分ける方法である。ほかにも、国持《くにもち》大名か、城主か否か、石高の多寡や官位、大名の江戸城における殿席《でんせき》（詰《つ》めの間《ま》・控《ひか》えの間《ま》）で分けるというのもよく知られている。いずれも大名の家格を表すものであるが、このなかで、殿席による区別が近世大名の持つ様々な要素を集約した類別法であるといえる。しかも現実に機能していた分け方である。

次頁の表を参照されたい。大名は江戸城本丸に登城すると、表御殿《おもてごてん》（一八頁に掲載した「江戸城御本丸惣地絵図」を参照）の大廊下《おおろうか》（上之部屋・下之部屋）・溜間《たまりのま》・大広間《おおひろま》・帝鑑間《ていかんのま》・柳間《やなぎのま》・雁間《がんのま》・菊間縁頬《きくのまえんぼう》の部屋のいずれかに伺《し》候《こう》した。大廊下（松の廊下）に面した上之部屋・下之部屋は将軍家にゆかりの大名に与えられた特別待遇の部屋（休息所）である（上之部屋は御三家《ごさんけ》のみ）。この席の大名の場合、官位は高かったが、石高については多少があった。溜間は黒書院《くろしょいん》にあり、幕府重臣の席である。この部屋に詰めるものを溜詰《たまりづめ》といった。大広間には国持大名やこれに准じる大名が伺候した。この席の大名は四品《しほん》以上の官位であることを要した。なお以上の三席（大廊下・溜間・大広間）からは老中以下の幕府の役職に就任することはなかった。帝鑑間は古くからの譜代の席である。この席の大名

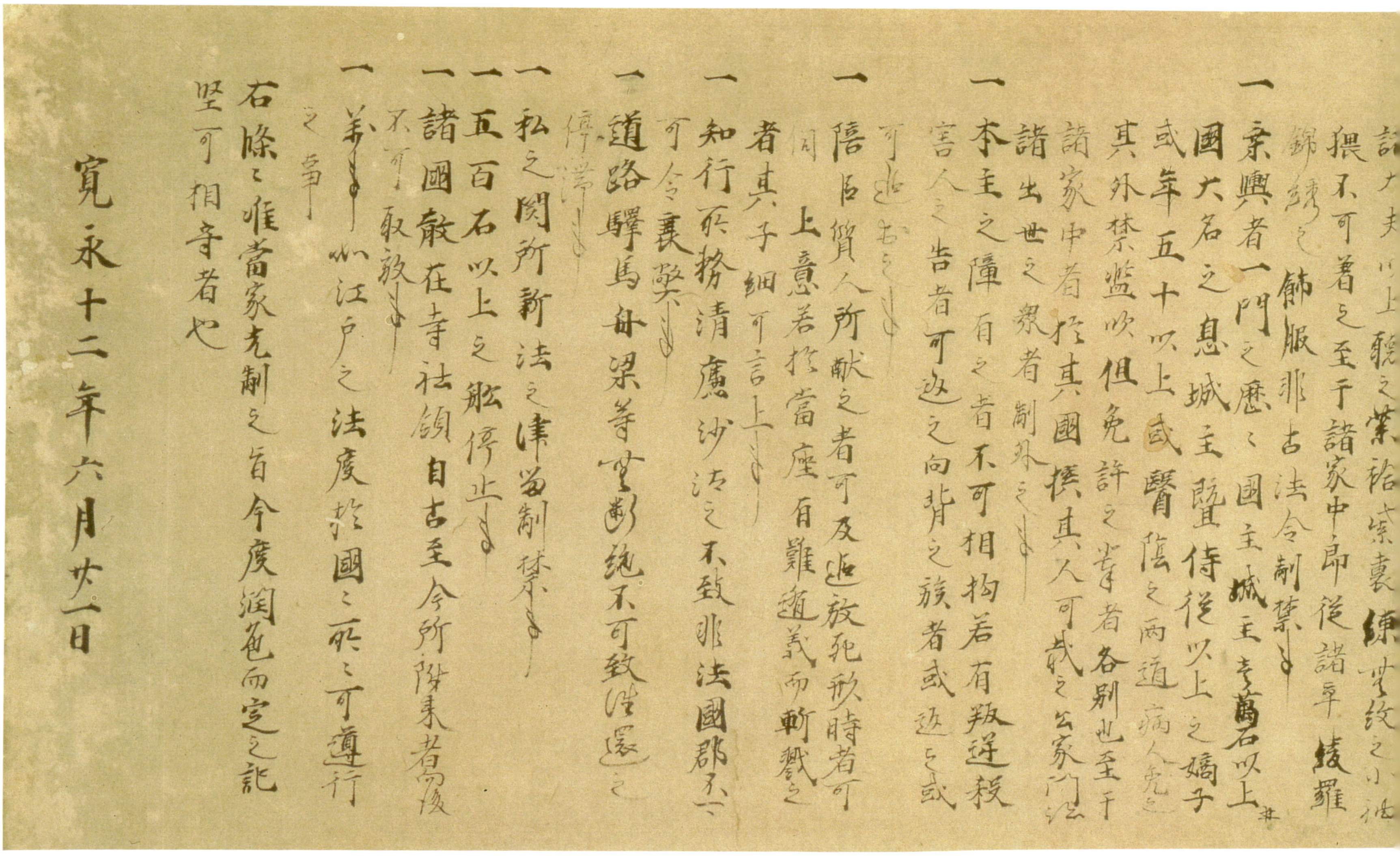

▲ **外様大名の参勤の時期を銘記した武家諸法度**　江戸参勤を制度化したとされる法令。寛永6年（1629）の「武家諸法度」で削除された参勤の条目を復活させ、外様大名に毎年夏4月（旧暦）に江戸参勤するように規定した。以後この条項は4代家綱（いえつな）の代の寛文3年（1663）に、毎年決められた時節に参勤するよう文言が改められ、幕末まで存続した。（対馬国宗家伝来，寛永12年（1635）6月12日）

は必ずしも城主ではなく、石高は十万石以上から一万石まで分布している。柳間は五位の外様の席である。雁間と菊間縁類は詰衆《つめしゅう》・詰衆並の詰めの間で、城主か否かで区別されていた。幕府の役職就任率は雁間詰大名（詰衆）がもっとも高かった。

殿席は大名の家格のみならず、大名の幕府への勤め向き全般を規定しており、幕藩関係や大名社会に大きな意味を持っていた。大名の江戸藩邸には、幕府や他の大名家との折衝連絡役を勤める留守居が置かれたが、その留守居たちの組合が、主人が同じ殿席同士で結ばれていたのもそのことを裏付ける。

江戸城殿席による大名の分類

殿席		大名	官位との関係	城郭の有無	石高	家数
大廊下	上之部屋	尾張徳川家・紀伊徳川家	従二位権大納言*	城	1万石〜30万石以上	3
		水戸徳川家	従三位権中納言*	城		
	下之部屋	加賀藩前田家	従三位宰相*	城		7
		将軍家所縁（婚姻・養子関係）の大名家	四位中将〜従四位下侍従	城・無		
溜　間	代々溜詰（常溜《じょうだまり》）	彦根藩井伊家・会津藩松平家・高松藩松平家	四位中将	城	10万石以上〜30万石	9
		桑名藩（幕末時）松平家・姫路藩（幕末時）酒井家など	従四位下侍従	城		
		中津藩奥平家など	従四位下侍従	城		
		幕末期、老中・京都所司代退職者	従四位下侍従	城		
大広間	代々の内溜詰（飛溜《とびだまり》）	国持大名（国主）・これに准じる大名	四位中将〜四品	城	1万石〜30万石以上	29
		柳河藩立花家・二本松藩丹波家など	四品	城		
帝鑑間	一代溜詰	譜代大名　古来より譜代	従四位下侍従〜諸大夫	城・無	1万石〜30万石未満	63
柳　間	溜詰格	外様大名	諸大夫	城・無	1万石〜30万石未満	79
雁　間	代々大広間席	詰衆　取立ての譜代	従四位下侍従〜諸大夫	城	1万石〜30万石未満	43
菊間縁類	代々の内大広間席	詰衆並　取立ての譜代	諸大夫	無	1万石〜3万石未満	33

*は極位極官（家の当主が叙任できる最高限度）
「諸大夫」は従五位下朝散大夫のこと、「城」は城主・「無」は無城、石高・家数は、天保6（1835）年の数値である。

参勤交代の制

将軍が大名に対し、原則として国許《くにもと》と江戸の隔年居住と、その妻子の江戸居住を強制したのが参勤交代制《さんきんこうたい》である。将軍への忠誠心を表すものとして、拝《はい》謁《えつ》と任務遂行のために国許から隊列を組んで江戸に上ることを参勤、交代の期を迎え、同様に国許へ帰るのを合わせ参勤交代という。江戸と国許とを往復する隊列を大名行列という。この行列は元来将軍に対する軍事奉公の程度を示威するもので、禄高《ろくだか》に応じた数の槍《やり》、刀、鉄砲などの武器を携《たずさ》え、臨戦態勢で行軍する形式をとっている。

家臣が忠誠心を示すために、主君のもとに拝謁に参上することは戦国時代から行われていた。江戸幕府の創始者徳川家康も、天正十四年（一五八六）十月以降、豊臣秀吉に対してほぼ毎年参勤している。徳川家に対する自発的な参勤は、関ヶ原役《せきがはらのえき》後から見られ、家康自身これを奨励した。

幕府は、主従関係を改めて確認する参勤を大名統制策の一つとして捉え、しだいに強化し、外様《とざま》大名に対しては寛永十二年（一六三五）施行の「武家《ぶけ》諸法度《しょはっと》」（九六、九七頁参照）により法制化した。寛永十九年（一六四二）には一門と多くの譜代《ふだい》大名にも参勤を命じ、さらに寛文四年（一六六四）には将軍に近侍していた一万石以上の詰《つめ》衆《しゅう》にも参勤を義務づけ、ここに参勤交代の制度が確立した。

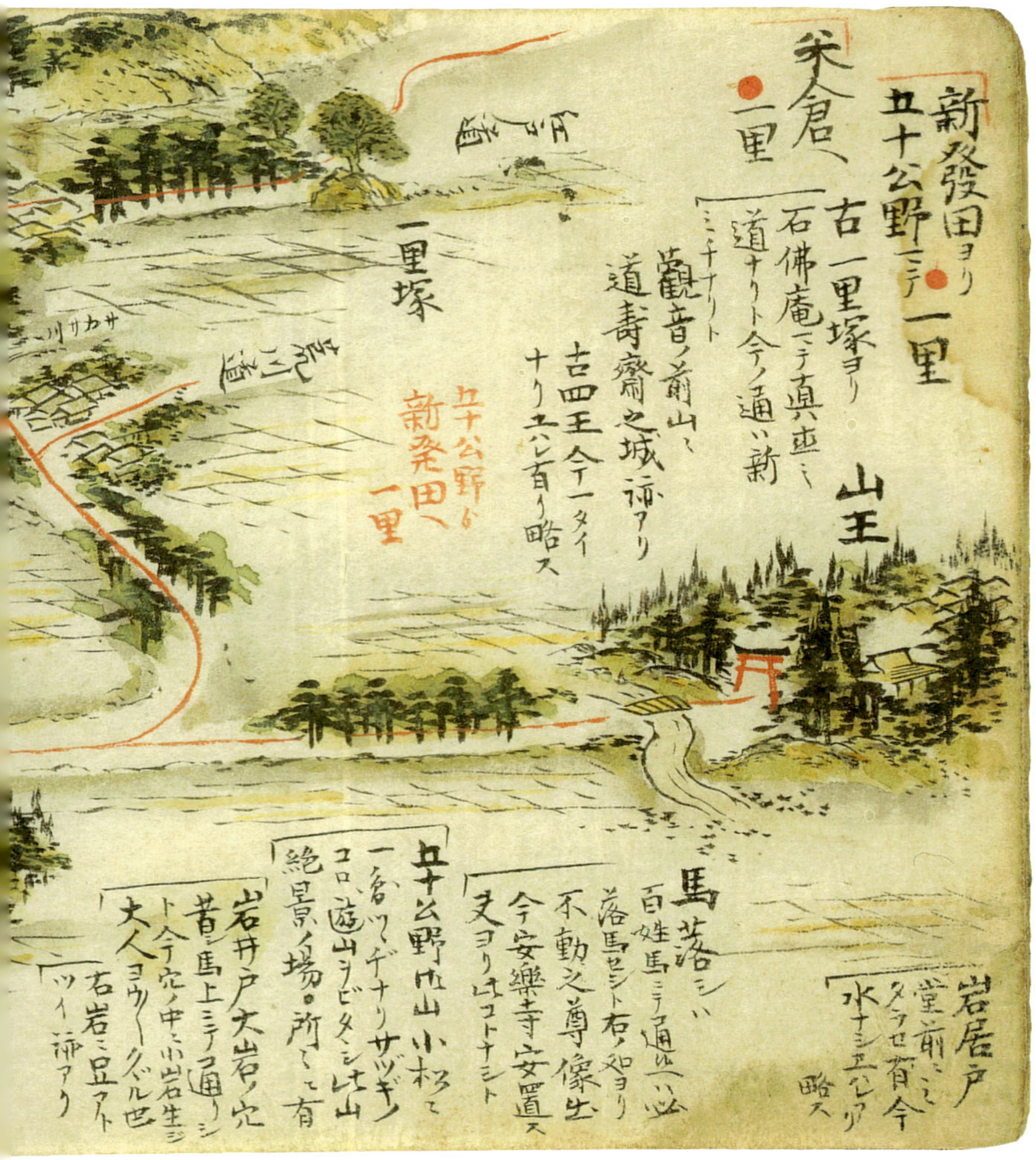

▲大名行列の経路絵図「新発田より会津を経て江戸に至る道中絵図」
参勤の供で江戸に上った越後国新発田（しばた）藩5万石（万延元年（1860）高直しにより10万石に）溝口家の藩士が描いた絵図。国許から会津経由で江戸上屋敷までの道筋と、本陣、関所、川、峠、名所などが克明に描かれている。文政5年（1822）の幕府の指示によると新発田藩は中山道経由となっているが、このように会津から奥州道中経由で江戸に出ることがあった。天保15年（1844）の参勤は、この道筋で9泊10日で江戸藩邸に到着している。上図は新発田から1里（約4キロメートル）の五十公野（いじみの）。（遠藤奉慶（ともよし）写、天保8年（1837）5月再写）

享保七年（一七二二）幕府財政の窮乏にともない、各藩から高一万石につき百石の米を献上するという上米《あげまい》制の導入とともに、大名の在江戸（在府）の期間を半年に短縮する措置《そち》がとられたが、享保十五年（一七三〇）旧に復された。ちなみにこの政策を推進した八代将軍徳川吉宗《よしむね》は、紀伊《きい》国和歌山藩主時代に歴代の将軍の中で唯一、参勤交代を経験している。

幕末の文久二年（一八六二）に妻子の居住地の自由化と、大名には三年に一年あるいは百日在府と制度が緩和された。これは幕府権威の根幹にかかわるとして、翌々元治元年（一八六四）に制度の復旧令が出されたが、混乱のため実効を見ず、明治維新を迎えた。

将軍に対して参勤をするのは大名に限らず、参勤の義務を負う「交代寄合《よりあい》」という特殊な旗本が約三十家あった。逆に参勤交代をせず、常時江戸に在った「定府《じょうふ》」の大名が御三家《ごさんけ》の水戸《みと》家など約三十家あった。

なお、幕府崩壊後、藩が存在していた明治四年までの間、参勤に代わる参朝の制度が想定され、明治三年（一八七〇）十月十三日付の『太政官日誌《だじょうかんにっし》』には次の記述がある。

諸藩知事朝集《ちょうしゅう》の順次を定め、之を十二班に分ち、四季毎《ごと》に更番せしめ、三箇年合せて十二番にして一周す、即《すなわ》ち春の当番は前年冬に参著し、春三箇月在京し、夏に至りて帰藩すべきものとす、他之れに準ず、但《ただ》し一季中閏月《うるうづき》あらば、四箇月とす。

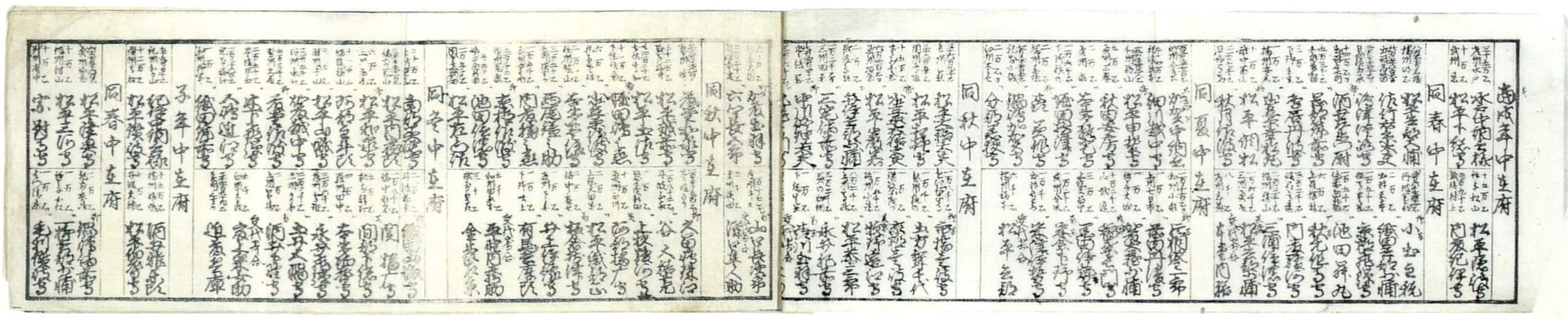

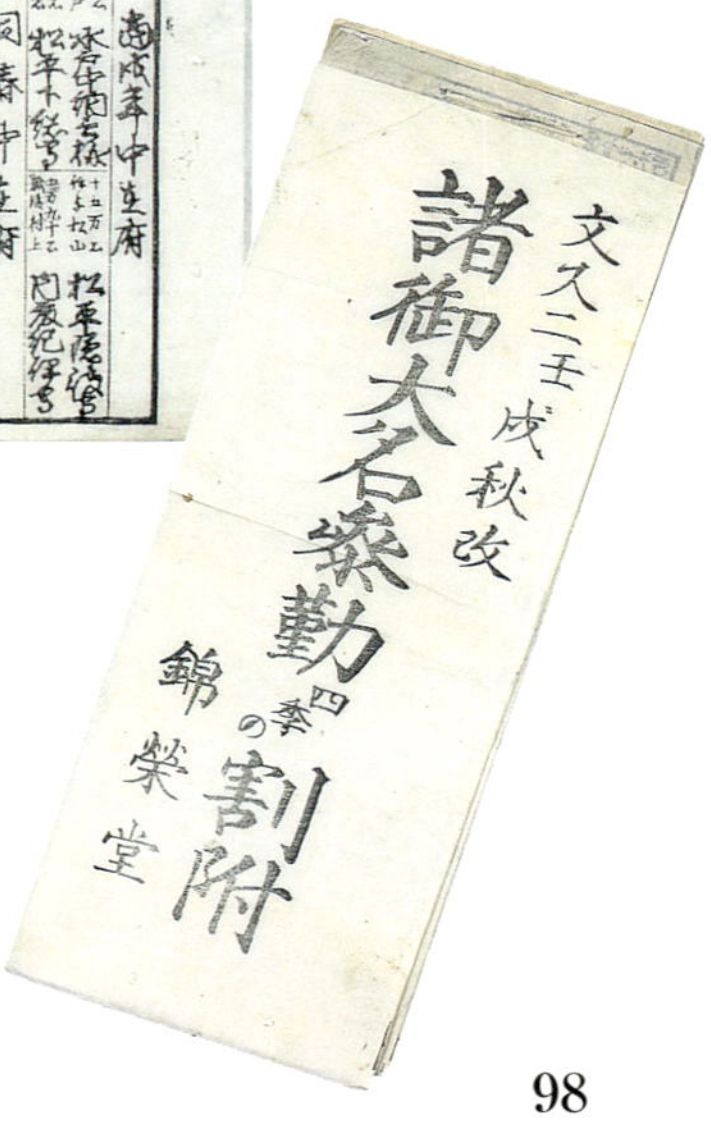

▲参勤交代制の緩和を示す摺物（すりもの）「諸御大名参勤四季の割附（わりつけ）」 文久2年（1862）閏8月22日、幕府は、各藩主が常時在国し、領民を撫育し、文を興し、武を奮って富強を図り、諸外国に対抗しようと参勤交代制を緩和した。緩和の内容は、大名妻子の居住地の自由化、大名の在江戸期間を3年に1年あるいは100日、定府大名の帰国であった。（文久2年（1862）秋、錦栄堂刊）

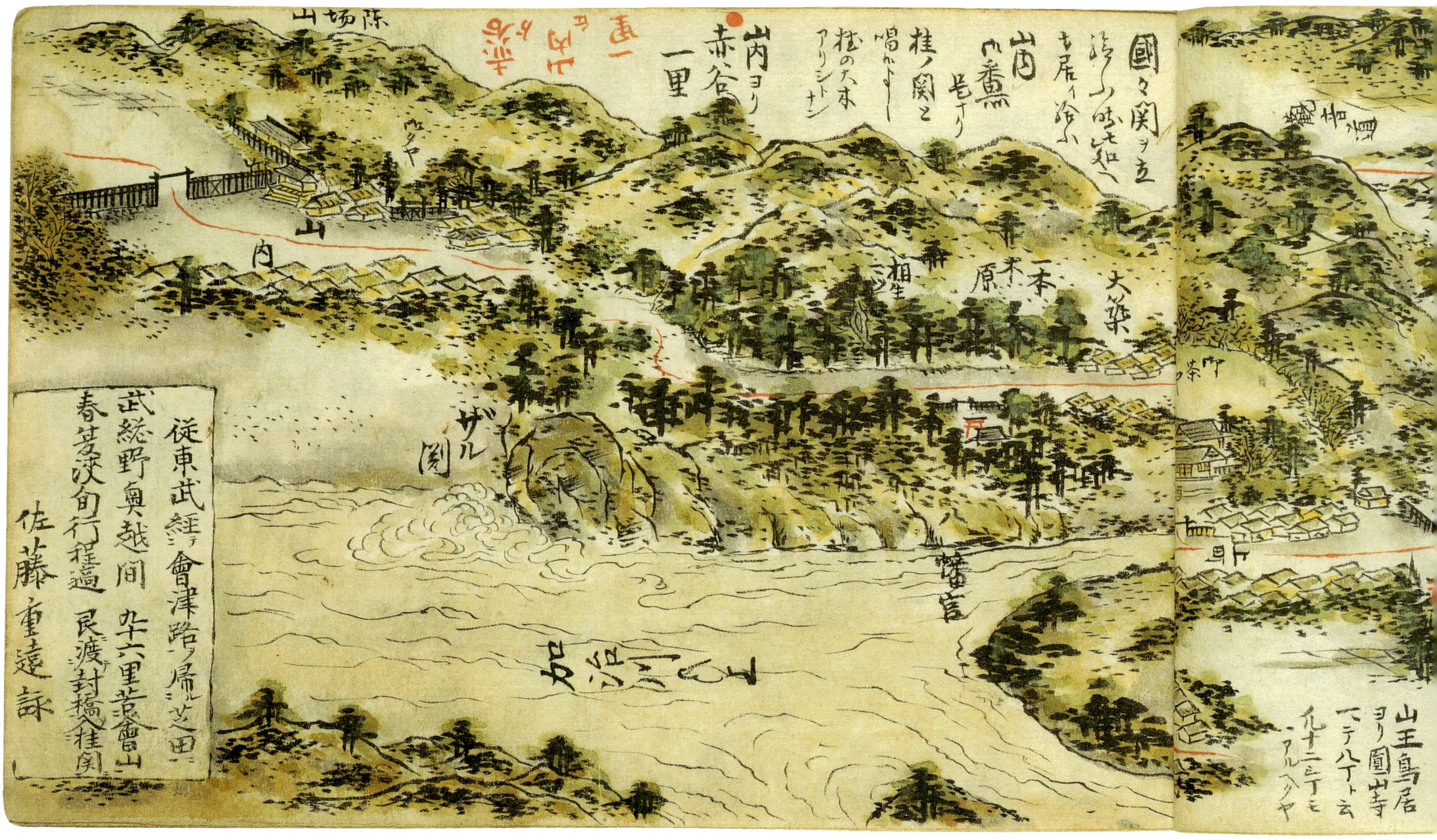

参勤交代による大名の居場所（10万石以上）
文化5年（1808）末

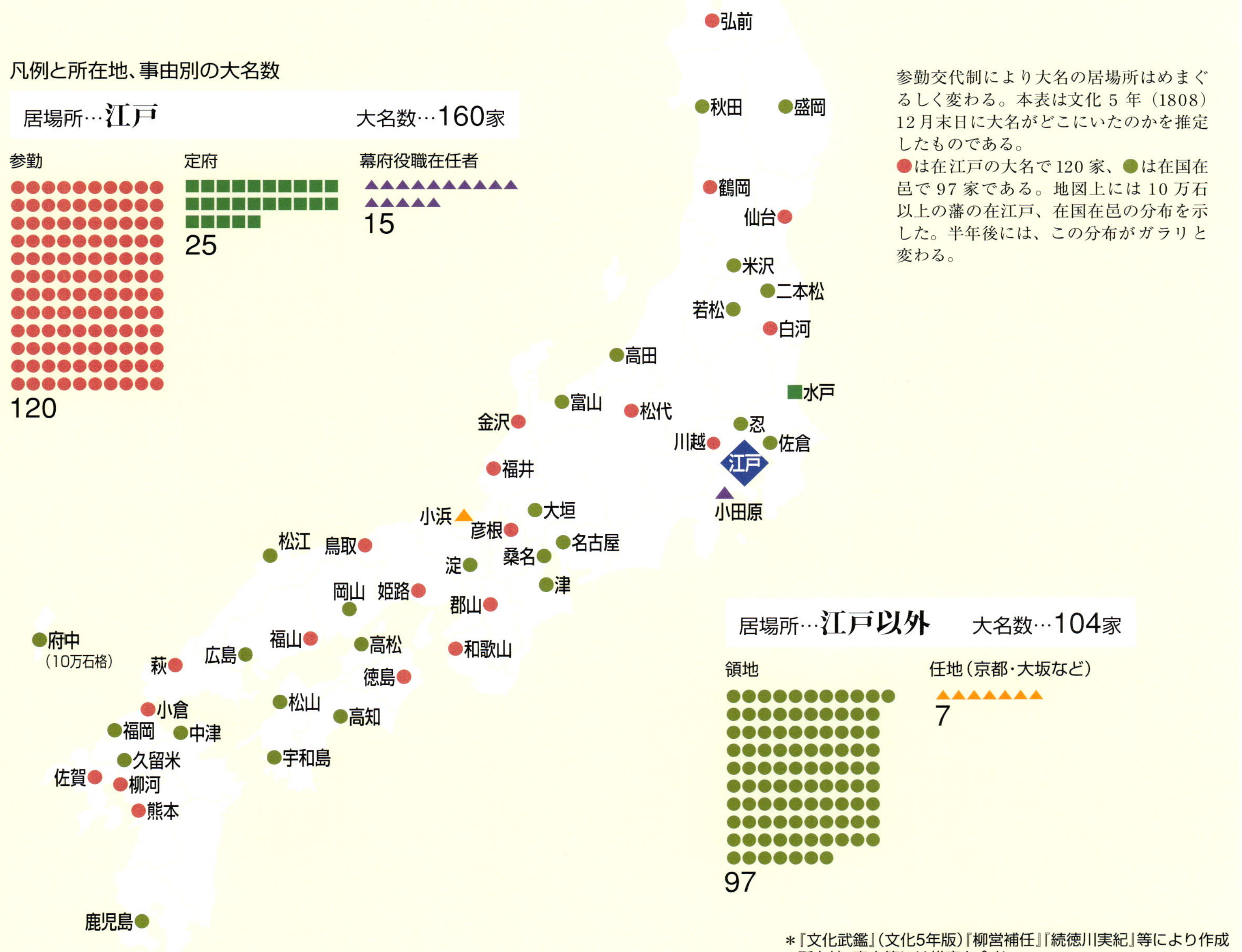

参勤交代制により大名の居場所はめまぐるしく変わる。本表は文化５年（1808）12月末日に大名がどこにいたのかを推定したものである。
●は在江戸の大名で120家、●は在国在邑で97家である。地図上には10万石以上の藩の在江戸、在国在邑の分布を示した。半年後には、この分布がガラリと変わる。

＊『文化武鑑』（文化5年版）『柳営補任』『続徳川実紀』等により作成
＊所在地・事由等には推定を含む

▲ 参勤の出発点新発田城大手先付近（「新発田より会津を経て江戸に至る道中絵図」 遠藤奉慶（ともよし）写 天保8年（1837）5月再写）

▶ 参勤の終着点幸橋門の前新発田藩江戸上屋敷
（「新発田より会津を経て江戸に至る道中絵図」）

大名行列

江戸時代、大名が参勤交代《さんきんこうたい》などで組む隊列を大名行列という。初期の大名行列は実戦を想定した戦闘部隊の行進であった。参勤交代は将軍に対する軍役遂行の発揚《はつよう》の具体的な姿という認識は、江戸時代を通じ維持された。一方大名行列は、その家の格式と武威の象徴と意識されたので、平和の社会が到来し、実戦性が形骸《けいがい》化しても、華美と規模を競《きそ》う傾向はしだいに増長した。このような動きを規制するため、幕府は慶安元年（一六四八）に大名行列の従者数を制限する触《ふれ》を出している。

大名行列の人数は、時代や各藩により異なるが、最も大きい加賀《かが》国金沢藩一〇二万石の前田家では、総勢で二千人を超えることがあった。大名行列は、藩主に直属の家臣団と、それぞれの家臣に仕える奉公人《ほうこうにん》（又者《またもの》）、藩が雇用する奉公人（足軽《あしがる》・中間《ちゆうげん》・小者《こもの》）や宿継人《しゆくつぎにん》足《そく》から構成されていた。

大名行列といえば、「下にい、下にい」と堂々たる行進を連想するが、錦絵《にしきえ》などで目にする槍《やり》の投げ渡しなどの演技は、江戸と国許《くにもと》や道中の主要な城下町・宿駅のみで仕立てられた。いわばハレの行列である。実際の行列は一日平均八～九里《り》（三十二～三十六キロメートル）移動するので、ただ黙々と歩くだけであったという。

時代が下ると各藩は財政難に苦しみ、各種の奉公人を家臣として常時召し抱えておくことができず、臨時に雇用する人足に依存するようになった。

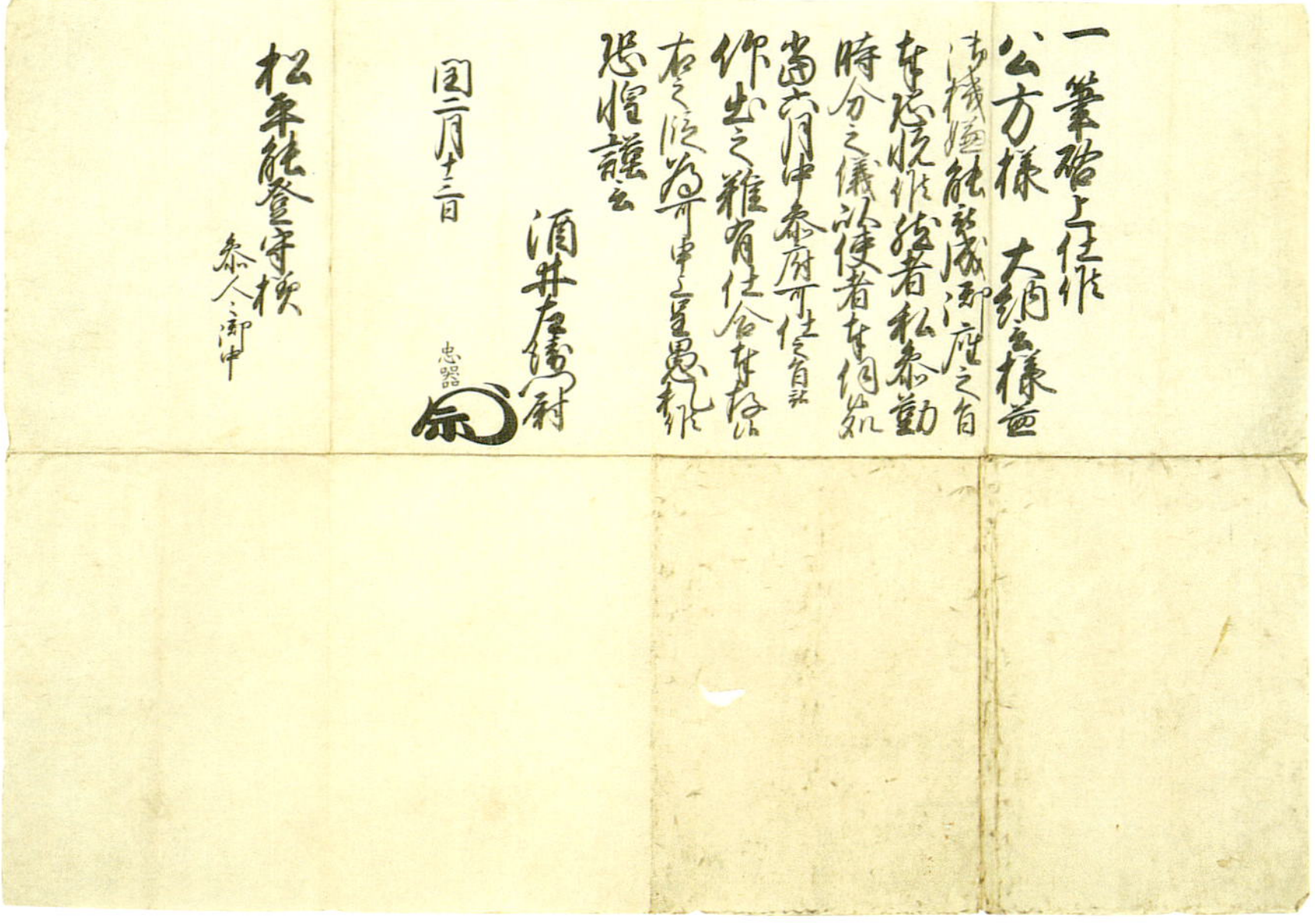

▲ **参勤の時節指示に対する老中宛請書「酒井左衛門尉忠器老中宛書状」** 在国の出羽国庄内（しょうない）藩主酒井忠器（ただかた）は参勤で出府する時節を幕府の老中に使者をもって問合せたところ，当六月中参府との指示があり，それに対する請書。松平能登守は西丸老中乗保（のりやす）で美濃国岩村藩主。大名の移動に際しては，このように幕府の細かな指示や承認が必要であった。（文化8年（1811）閏2月13日）

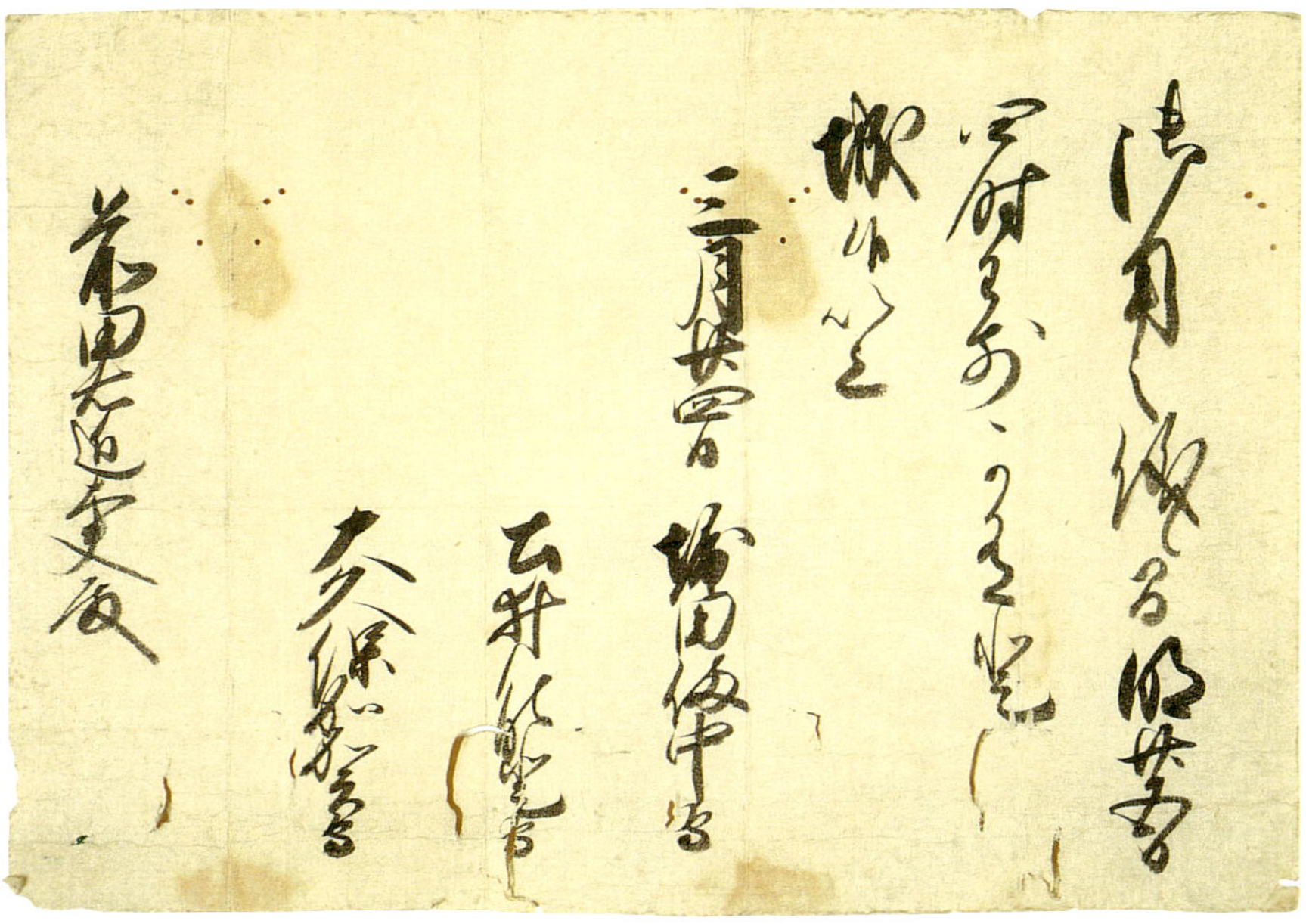

◀ **前田利意宛登城を命じる老中奉書（写）** 上野国七日市（なのかいち）藩主前田利意（としもと）は，延宝8年（1680）3月24日付のこの奉書の命令により翌3月25日登城したところ，秋に大坂加番に赴任するにあたり，その前に国許に帰る暇（いとま）を賜わった。このように臨時の措置として大名の帰国が認められることが，しばしばあった。差出人はいずれも老中で，堀田備中守は上野国安中（あんなか）藩主の正俊（まさとし），土井能登守は利房（としふさ，のち越前国大野藩主），大久保加賀守は下総国佐倉藩主の忠朝（ただとも）。（「登城命令　老中奉書」延宝8年（1680）3月24日）

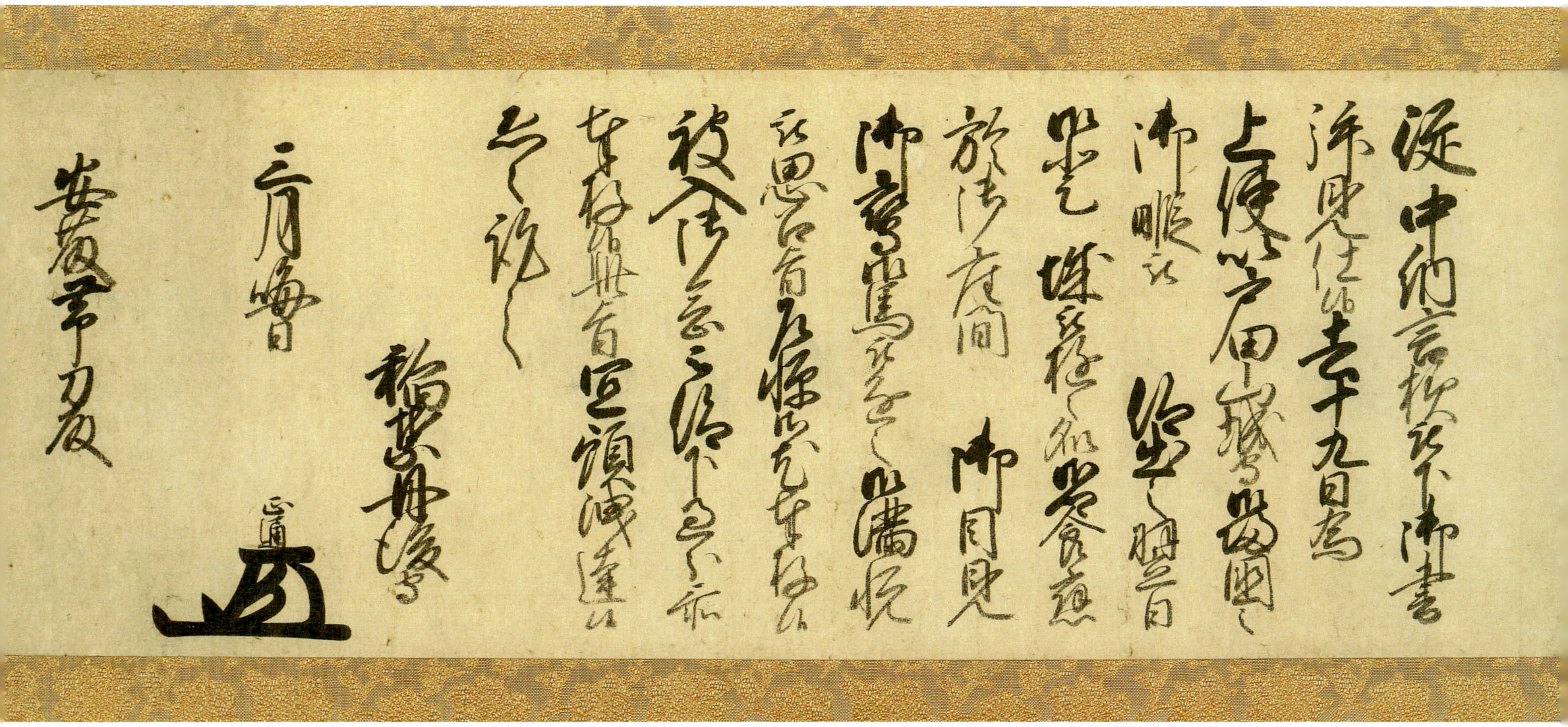

▲ **紀伊国和歌山藩主の帰国儀礼に関する書状** 和歌山藩2代藩主徳川光貞（みつさだ，8代将軍吉宗の実父）の帰国儀礼の様子を伝える書状。京都所司代の稲葉丹後守正通（まさみち，相模国小田原藩世嗣）から，和歌山藩の付家老（つけがろう）安藤帯刀（たてわき）（直清（なおきよ）・紀伊国田辺（たなべ）城主）に宛てたもの。光貞の帰国につき暇許可の上使として老中戸田山城守忠昌（ただまさ，武蔵国岩槻（いわつき）藩主）が和歌山藩邸に遣わされた。その礼のため翌日光貞が登城したところ将軍綱吉の饗応を受け，鷹と馬が贈られたとある。（「紀州藩主徳川光貞帰国御暇につき安藤帯刀宛稲葉正通書翰」天和3年（1683）3月晦日）

海の参勤交代

江戸時代物資輸送の主力は舟運であり、船舶の性能・安全性や航海術の向上は見られたが、参勤交代制にともなう大名と従者の移動はほとんど陸路であった。海路を使ったのは、かならず渡海しなければならない四国・九州と一部中国地方の諸藩であった。利用海域は瀬戸内海と、その周辺に限られていた。

土佐《とさ》国の高知藩では、江戸時代の初めは城下の港と大坂を直航していたが、天候に左右されたり、危険度が高いことから、遠廻りになっても四国を横断し、穏やかな瀬戸内海で本州に渡る経路に改められた。

また、豊後水道《ぶんごすいどう》や日向灘《ひゅうがなだ》北部に面する伊予《いよ》国松山、大洲《おおず》、宇和島《うわじま》、豊後国府内《ふない》（現大分県大分市）、臼杵《うすき》、日向国延岡《のべおか》などの各藩は城下の港と大坂や播磨《はりま》国室津《むろつ》（現兵庫県たつの市御津町）などと結ぶ航路を使っていた。

水軍を含む松浦党《まつらとう》の流れを汲む肥前《ひぜん》国平戸《ひらど》藩が、荒海で名高い玄界灘《げんかいなだ》を通る航路を主経路としているのは興味深い。

九州最南端の薩摩《さつま》国鹿児島藩は、享保（一七一六〜三〇）以前には、九州の西廻り航路を使ったこともあるが、以後は陸路九州を縦断し、豊前《ぶぜん》国小倉（現福岡県北九州市小倉区）、あるいは日向国細島《ほそじま》（現宮崎県日向市）に出て、そこから船で大坂に至る経路となったという。時として船を使うのが小倉と対岸の長門《ながと》国下関《しものせき》間だけのこともあった。

江戸から一番遠い鹿児島藩の藩主と従者は、年一回国許《くにもと》と江戸または江戸と国許の間を一か月半をかけて移動していた。つまり一年のうち一割以上の時間を移動に費していた訳で、経済面ばかりでなく、身体的・心理的負担はいかばかりのものであっただろうか。

京極備中守高豊（きょうごく・たかとよ）
讃岐国丸亀藩（まるがめはん）6万1500石

青山大膳亮幸利（あおやま・ゆきとし）
摂津国尼ヶ崎藩（あまがさきはん）4万8000石

黒田甲斐守長重（くろだ・ながしげ）
筑前国秋月藩　5万石

細川丹後守行孝（ほそかわ・ゆきたか）
肥後国宇土藩（うとはん）3万石

伊達宮内少輔宗純（だて・むねずみ）
伊予国吉田藩　3万石

稲葉右京亮景通（いなば・かげみち）
豊後国臼杵藩（うすきはん）　5万60石余

伊東出雲守祐実（いとう・すけざね）
日向国飫肥藩（おびはん）5万1000石余

浅野内匠頭長矩（あさの・ながのり）
播磨国赤穂藩（あこうはん）5万石

▲「熊本藩細川家御座船波奈之丸の図」
海路利用の際、大名が乗る船は「御座船（ござふね）」と呼ばれた。本図は肥後国熊本藩54万石細川家の御座船波奈之丸（なみなしまる）が豊後国鶴崎湊（つるさきみなと、現大分県大分市）に入る様子を描いたとされる。鶴崎湊は熊本藩の飛地で、船と乗組員が常置されていた。熊本藩は参勤交代乗下船場として、豊前国大里（だいり、現福岡県北九州市門司区）の湊も利用していた。（江戸時代後期）

▼「諸侯船絵図」
西国63藩の船の絵図。参勤交代で海路を利用する藩は、使用する船を認識させるため、船尾に独自の意匠の船印を掲げ、帆や船体を覆う幕に家紋を描いた。（天和3年（1683）頃）

木下縫殿助重俊（きのした・しげとし）
豊後国喜多之原（きたのはら、交代寄合）5000石

秋月佐渡守種信（あきづき・たねのぶ）
日向国高鍋藩（たかなべはん）3万石

相良遠江守頼喬（さがら・よりたか）
肥後国人吉藩（ひとよしはん）2万2100石

松平市正英親（まつだいら・ひでちか）
豊後国杵築藩（きつきはん）3万2000石

有馬左衛門佐清純（ありま・きよずみ）
日向国延岡藩　5万石

浅野式部少輔長照（あさの・ながてる）
備後国三次藩（みよしはん）5万石

松平出羽守綱近（まつだいら・つなちか）
出雲国松江藩　18万6000石

小笠原大助長胤（おがさわら・ながたね）
豊前国中津藩　8万石

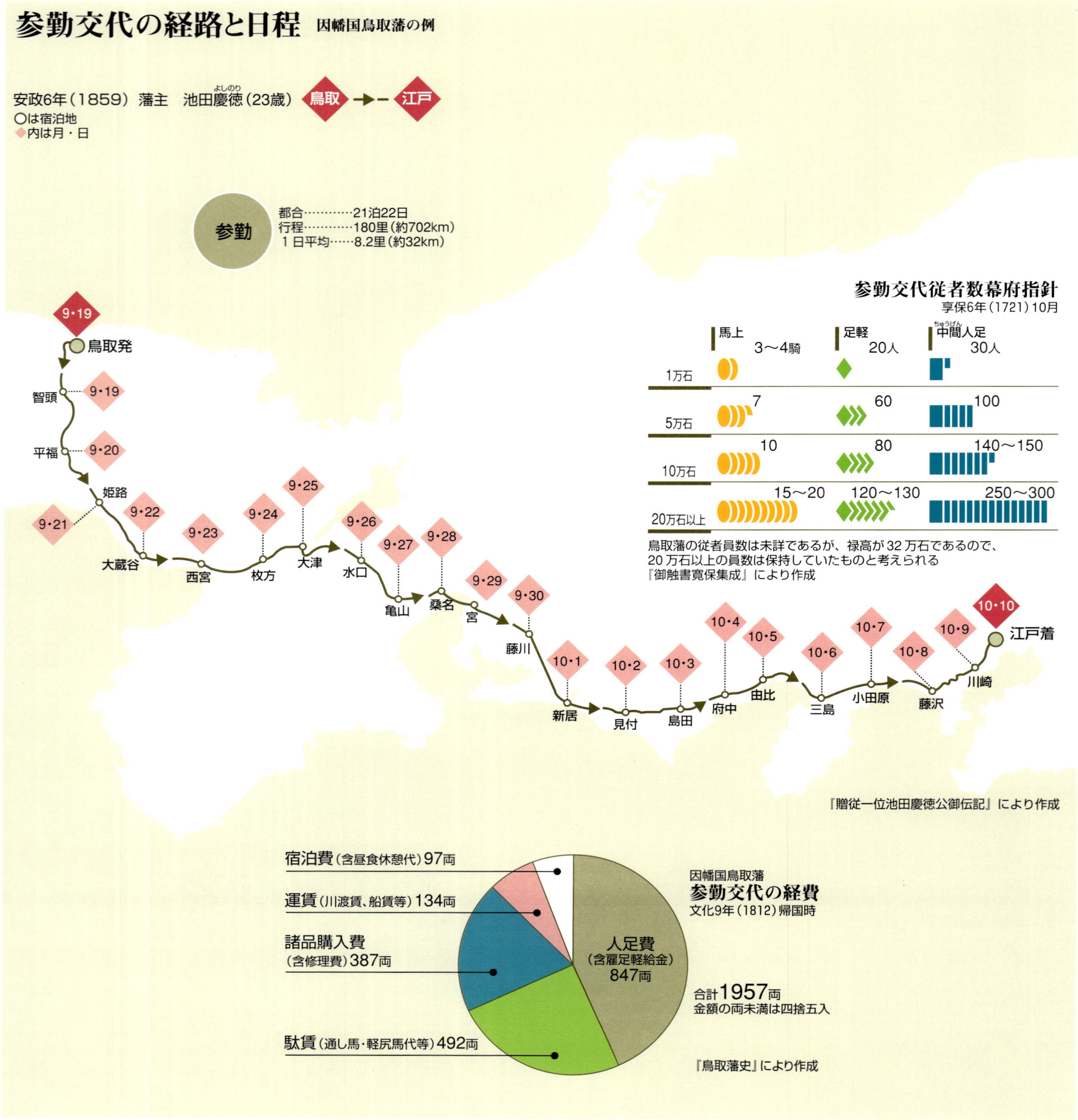

『贈従一位池田慶徳公御伝記』により作成

鳥取藩の従者員数は未詳であるが、禄高が32万石であるので、
20万石以上の員数は保持していたものと考えられる
『御触書寛保集成』により作成

経路と日程

大名が隊列を組んで、定期的に江戸と国許《くにもと》を往き来するいわゆる大名行列の経路は、文政五年（一八二二）四月に、幕府の道中奉行《どうちゅうぶぎょう》から次のように通過する街道を指定されるまで、特に規定はなかった。

東海道　一四八藩
（うち彦根藩等八藩は中山道も可）
中山道《なかせんどう》　三〇藩
日光道中《にっこう》　四藩
（千住《せんじゅ》―宇都宮《うつのみや》―日光間を利用）
奥州道中《おうしゅう》　三七藩
（千住―宇都宮―白河《しらかわ》間を利用）
甲州道中《こうしゅう》　三藩
水戸《みと》街道　二三藩
岩槻《いわつき》道　一藩
練馬《ねりま》道か中山道　一藩

因幡《いなば》国鳥取（現鳥取県鳥取市）藩三十二万石池田家の参勤交代《さんきんこうたい》順路は鳥取↕智頭《ちず》街道↕山陽道↕東海道↕江戸の一八〇里《り》（約七〇二キロメートル）で、安政六年（一八五九）の参勤時には上の図のように二十一泊二十二日をかけている。一日平均八・二里（約三二キロメートル）である。順路のほか、幕府の許可を得て、本貫地《ほんがんち》・美濃《みの》国池田郡にある先祖の墓の参詣や日光社参、あるいは東海道の混雑を理由に中山道を利用したことがしばしばある。このような例は、ほかの藩にも見られる。

原則として毎年支出される参勤交代の道中経費は膨大な額で、藩財政を圧迫していた。これは幕府の大名統制策

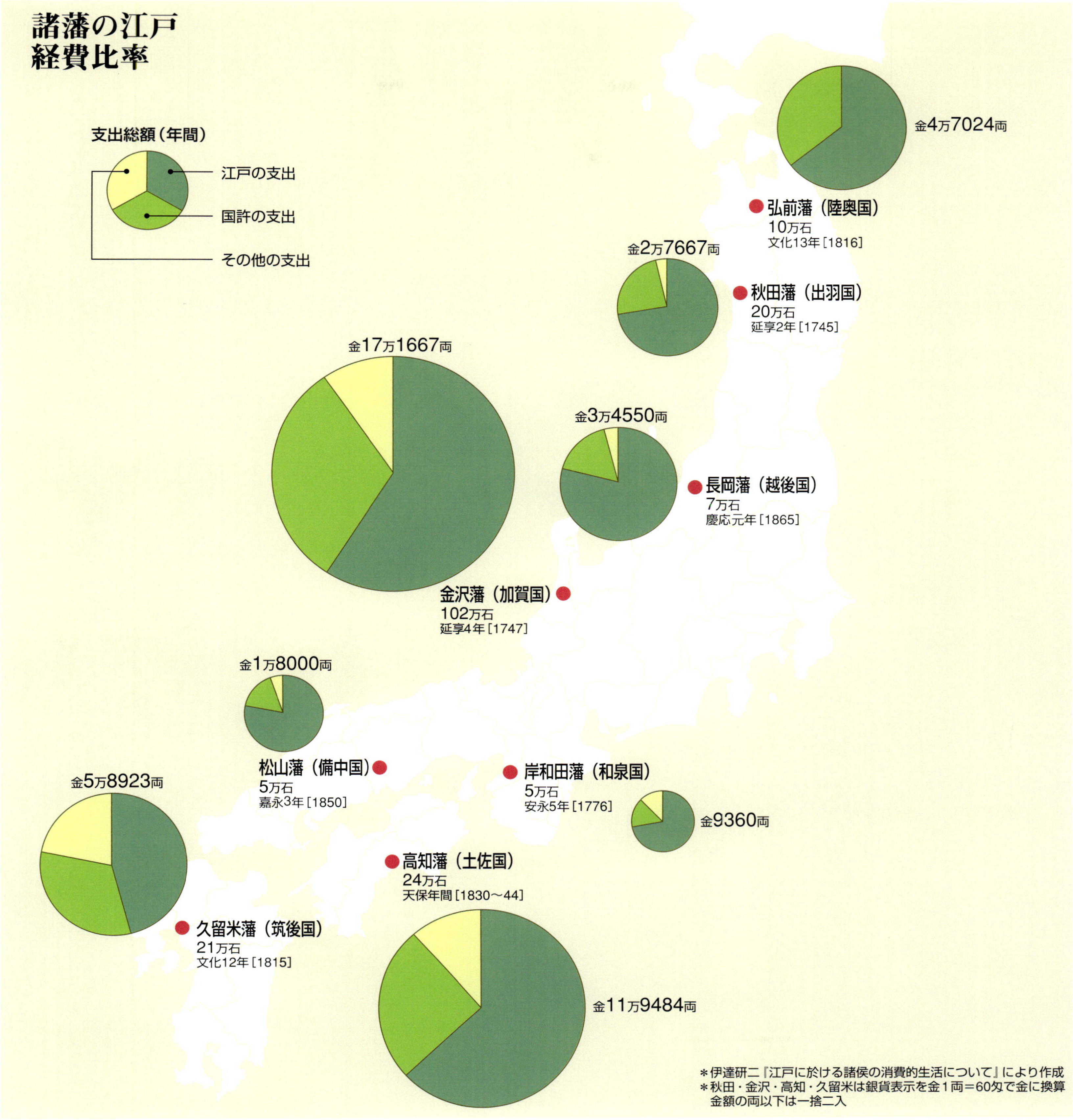

＊伊達研二『江戸に於ける諸侯の消費的生活について』により作成
＊秋田・金沢・高知・久留米は銀貨表示を金1両＝60匁で金に換算
金額の両以下は一捨二入

の一つとされているが、行列があまりにも大規模・華美になったので、一〇四頁右上の表のような従者数の指針を示している。

鳥取藩の記録では、享保十九年（一七三四）の道中経費の総額が五五〇〇両（一両十二万円として六億六〇〇〇万円）にのぼったとされる。以後鳥取藩では随行者の減員、装備の簡略化等経費の削減が図られ、文化九年（一八一二）の帰国時は一〇四頁のグラフのように一九五七両（二億三四八四万円）となった。支出の中では人足《にんそく》費、駄賃《だちん》といった雇傭人件費が七割近くを占めている。

諸藩の江戸経費

上の図は、諸藩の総支出に対する江戸経費・国許経費・そのほかの経費を示したものである。それぞれの藩の集計の仕方、経費項目のたて方、年次などが不統一で安易に一般化できないが、おおよその傾向は把握できる。各藩とも江戸支出の割合が高く、大半が五十パーセントを超えている。つまり全国の藩の財政支出のうち、かなりの部分が江戸で消費され、江戸の都市的発展を経済的に支えていたと考えられる。

各藩の江戸経費は①藩主一族の生活費、②在江戸家臣団および奉公人の俸禄、③江戸藩邸などの運営費、④対幕府や他藩との交際費などに充当された。

大名の登城風景

江戸滞在中（在府《ざいふ》）の大名は、年始・五節句《ごせっく》のほか、原則として毎月朔日《ついたち》・十五日・二十八日の式日《しきじつ》や徳川家康の関東打入りを祝う八朔《はっさく》（八月朔日）などには、本丸・西丸《にしのまる》へいっせいに登城し、将軍や大御所（前将軍）に拝謁することが義務づけられていた。このほか大名の元服《げんぷく》・家督相続《かとくそうぞく》・叙位任官《じょいにんかん》・参勤御礼《さんきんおんれい》・交代御暇《こうたいおいとま》などの時にも登城した。

本丸の登城口は大手門《おおてもん》と内桜田門《うちさくらだもん》（桔《き》梗門《きょうもん》）の二門である。多くの大名はこの門の外に建っている下馬札《げばさつ》のところで乗り物を降り、徒歩で入城しなければならなかった。また門内では従者の数が制限されており、供の者の大半は主人が下城するまで、そのまま待っていたので、門外は大混雑となった。

登城する時の服装は行事・季節・格式によって決められていた。

将軍拝謁《はいえつ》は四ツ半時（午前十時頃）で、拝謁の場所・席次・次第は格式によって異なっていた。なお、老中《ろうじゅう》・若《わか》年寄《どしより》・奏者番《そうじゃばん》など幕府の役職に就いている大名は、平日にも登城し、それぞれの詰所や執務部屋に赴いた。

「江戸城年始登城風景図屏風（左隻）」
月の年始登城の際の下馬先（げばさき）の風景。この左隻は、図右の坂下門（さかしたもん）と左の西丸大手門前（現皇居前広場）の供待（ともまち）の様子が描かれる。藩主に随行（ずこう）できる家臣の数が制限されていたので、多くの家臣はそのまま主君の帰りを待っていた。大名の登城となると下馬先はこのような大賑わいとなった。公認はされていなかったようだが、これらの家臣を目当てに様々な商売人が集まり営業を行っていた。度々の禁令にもかかわらず、変らぬ風物詩として幕末まで続いた。（佐竹永湖筆、明治31年（1898））

▲「江戸城年始登城風景図屏風（右隻）」 年始登城の際の大手門（右）と内桜田門（左）前の風景。

▲登城の行列、供侍の家来と商売人　左隻の部分図。中央、騎馬の武士の左上に、供侍の家来をあてこんだ酒売りが描かれている。

江戸城の年中行事

江戸城の年中行事《ねんじゅうぎょうじ》は正月元日から三日の年始御礼《ねんしおんれい》から始まる。元日は御三家《ごさんけ》・御三卿《ごさんきょう》、譜代《ふだい》大名、縁故ある外様《とざま》大名・交代寄合《よりあい》、諸役人、法印《ほういん》・法眼《ほうげん》位の医師・絵師、観世大夫《かんぜだゆう》など、二日は御三家・御三卿の子息、外様大名、万石以下目見《めみえ》以上の諸士、連歌師《れんがし》・神道方《しんとうがた》、三日は五百石以上の無役の士、諸用達《ようたし》町人らが登城して年始御礼した。以後、様々な催しが行われた。

主な年中行事は次のとおりである。正月は三日夜の謡初《うたいぞめ》、七日の人日《じんじつ》（五節句の一つ）の七草の祝い、十一日に御具足鏡開《おぐそくかがみびらき》が行われた。日は一定していないが二月から三月にかけては年始御答礼《ごとうれい》の勅使参向《ちょくしさんこう》があった。三月三日には上巳《じょうし》（五節句）の御祝いがあり、四月十七日の徳川家康の祥月命日には将軍の紅葉山東照宮参詣が行われた。

五月五日は端午《たんご》（五節句）の御祝い、六月十六日には疫病祓《えきびょうばら》いのため将軍が八種の菓子を盛った折敷《おしき》を大名や諸役人に与える嘉祥《かじょう》の祝儀が行われた。七月七日は七夕（五節句）の御祝儀、八月朔日《ついたち》には八朔《はっさく》の総登城があった。

九月九日は重陽《ちょうよう》（五節句）の御祝いがあり、十月の最初の亥の日には、大手《おおて》・桜田《さくらだ》両御門で日暮から真夜中まで篝火《かがりび》を焚《た》き、将軍から紅白の餅が配られる玄猪《げんちょ》が催された。玄猪は「亥《い》の子《こ》」とも呼ばれ、収穫祭を起源に持つという。

十二月の十三日には御煤払《おすすはら》い、二十一日には歳暮《せいぼ》の御祝い、二十九日には城内《じょうない》に松飾りを建てた。また年《とし》内に節分を迎えたときには、夕方諸役人が登城し、年男《おとこ》の老中《ろうじゅう》などが豆撒《まめま》きをしたという。

それぞれの行事には参加資格・衣装・次第等が詳細に決められていた。このほか歴代将軍の祥月命日や命日の御霊屋《おたまや》参詣などがあり、ほぼ毎日のように何らかの行事が催されていた。

無彊（しょうへいむきょう）の盛賀というへし」とあるように壮観な風景であった。（文化13年（1816））

▲ **幕府の謡初の図**　江戸幕府の謡初は、毎年正月三日の夕刻江戸城本丸大広間で行われた。この日は江戸にいるすべての大名が登城し、観世大夫ら幕府お抱えの能役者による「高砂（たかさご）」の謡や「老松（おいまつ）」の囃子（はやし）などを将軍とともに楽しんだ。その起源は戦国末期に観世大夫が家康の夜着をつけて舞った故事にさかのぼるという。作者の雪岑（せっしん）は、観世流（かんぜりゅう）ワキ方福王流（ふくおうりゅう）の九代家元盛勝（もりかつ）で、実際に謡初に参加した人物で、大広間の様子を、ほぼ忠実に描いている。（「謡初図屏風」江戸時代後期）

▲ **年始登城する大名**　「江都四時勝景図（えどしじしょうけいず）」は幕府の表絵師狩野素川彰信（かのう・そせん・あきのぶ）が描いた江戸の年中行事絵巻。各月における江戸の代表的な景観を描いたもので、正月には諸大名の年始登城が取り上げられている。讃（さん）に「三百列侯、歳首（さいしゅ）登城は目下（もっか）比るい（類）なし、実に昌平➚

藩邸

江戸の大名屋敷

参勤交代制《さんきんこうたい》や幕政への参画などのため、各大名は領地内の城・陣屋《じんや》のほか、江戸にも居宅と政庁を兼ねる屋敷を構えた（藩内の産品の換金などのため京・大坂にも屋敷を持つ大名もいた）。

明治二年（一八六九）の調査によると、江戸の土地の七十パーセント近くは武家地であったという。武家地の半分は大名屋敷が占めた。大名屋敷の数は江戸時代後期には六百を超えた。これらの屋敷の敷地は将軍から下賜され、大名が殿舎を建てるのが原則であった。大名屋敷は必ずしも固定したものではなく、幕府の命令による屋敷替えや、大名同士あるいは大名と旗本との間で相対替《あいたいが》えが頻繁に行われた。また、将軍から下賜された公式の拝領屋敷のほか、所持する屋敷の隣接地や郊外の土地を私的に購入する抱屋敷《かかえやしき》を持つ大名もいた。

初期の大名屋敷は、いわゆる桃山風の造りで、豪華絢爛《ごうかけんらん》を競い合うとともに、城郭の守りを固める戦闘的な角櫓《つのやぐら》や二階櫓門《にかいやぐらもん》など戦国時代の遺風を持っていたが、明暦三年（一六五七）の

▼松平忠昌邸復元模型平面図

「伊予殿屋敷指図」（岡山大学池田文庫所蔵）をもとに作成。法量は京間（1間＝6尺5寸、約197cm）。面積は約6600坪（約2.2ha）。黄色の部分が復元箇所。

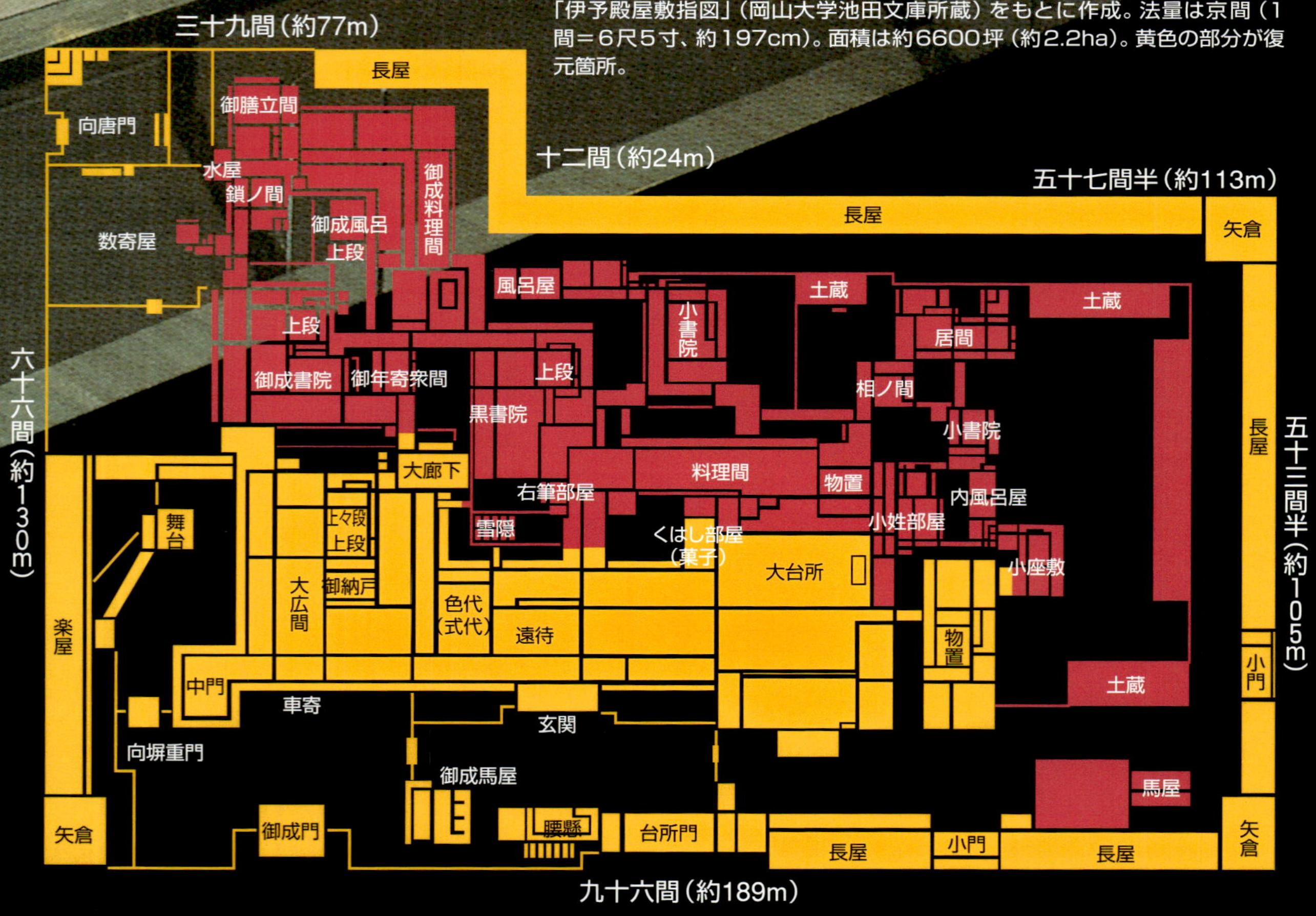

大火のあと、幕府の取締りと藩財政の逼迫《ひっぱく》などにより、華美な装飾や臨戦的な様相は姿を消し、簡素なたたずまいとなった。

◀**松平忠昌邸の御成門**（おなりもん、模型）
将軍の御成（来訪）の時に使用する特別な門。黒塗で金銀の装飾がほどこされ、同時期に造られた日光東照宮の陽明門を彷彿とさせる。

松平忠昌邸模型　（縮尺1：130　復元年代17世紀中期）
江戸城大手門の前にあった越前国福井藩52万5000石松平伊予守忠昌（ただまさ、1597～1645）の屋敷の復元模型。忠昌は徳川家康の孫。「伊予殿屋敷指図」（いよどのやしきさしず、岡山大学池田文庫所蔵）、「江戸図屏風」（国立歴史民俗博物館所蔵）、「甲良向念覚書」（こうらこうねんおぼえがき、東京都立中央図書館所蔵）などをもとに、現存する当時の建築物を参考に製作した。広大な敷地の四隅に櫓（矢倉）を配した桃山風の豪壮な建物であったが、明暦3年（1657）の大火で焼失し、以後このような華麗な大名屋敷は姿を消した。

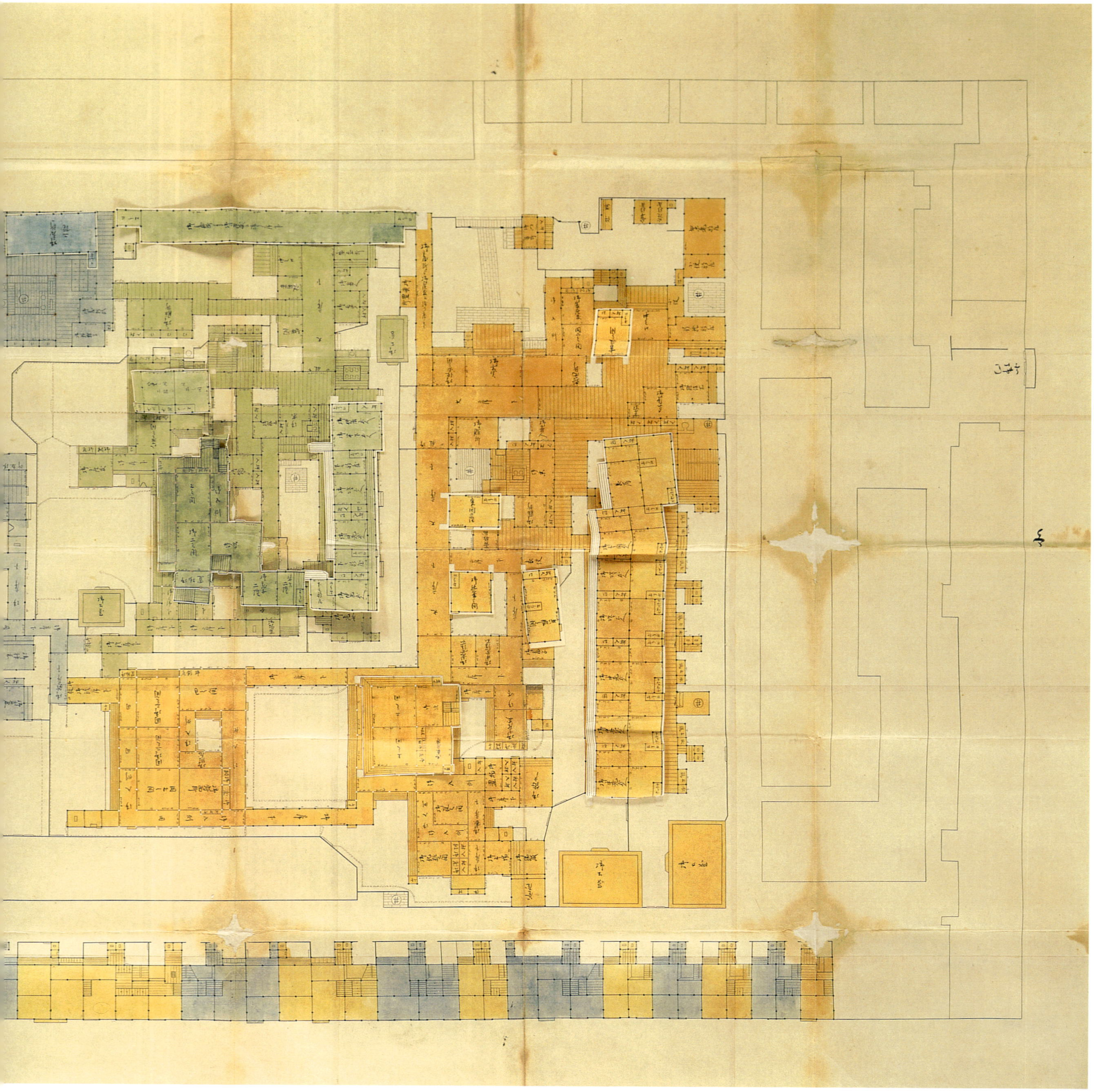

上屋敷と中屋敷

大名の多くは江戸に複数の屋敷を所持していた。それらは主として機能別に上屋敷《かみやしき》・中屋敷《なかやしき》・下屋敷《しもやしき》などと呼ばれていた。

上屋敷は藩主在府時の居所であったことから居屋敷《いやしき》と呼ばれた。上屋敷の設置場所は、幕府が監視しやすいことや、登城の便から、西丸下《にしのまるした》や大名小路《だいみょうこうじ》界隈《かいわい》など江戸城の近くが多かった。屋敷内には、藩主および正室の居所のほか、藩の江戸役所や家臣の宿所が設けられた。家臣の居住空間は、長屋《ながや》と呼ばれ数多く建てられた。とくに敷地の外郭《がいかく》の道路沿いに建てられた海鼠塀《なまこべい》、連子窓《れんじまど》二階建ての表長屋は、上屋敷を特徴づけるたたずまいだったという。

寛永年間（一六二四～四四）には三代将軍徳川家光の御成《おなり》（訪問）が頻繁にあり、各藩は競うように飾り金具や彫刻をあしらい、金箔をふんだんに使った御成門や御成御殿を建てたが、明暦の大火以後は、御成が減少したこともあり、簡略なものになった。

中屋敷は主に外濠《そとぼり》に沿った地域に配置され、退隠した大名や世嗣《せいし》の住まいにあてられたほか、上屋敷が罹災《りさい》した際の予備邸の役割を持っていた。また時代が下ると、中屋敷は上屋敷と比べ敷地に余裕があったので、藩主の日常的居住空間や江戸役所機能をここに移し、上屋敷は登城のための着替えや接客の際にしか使用しなくなった藩もある。

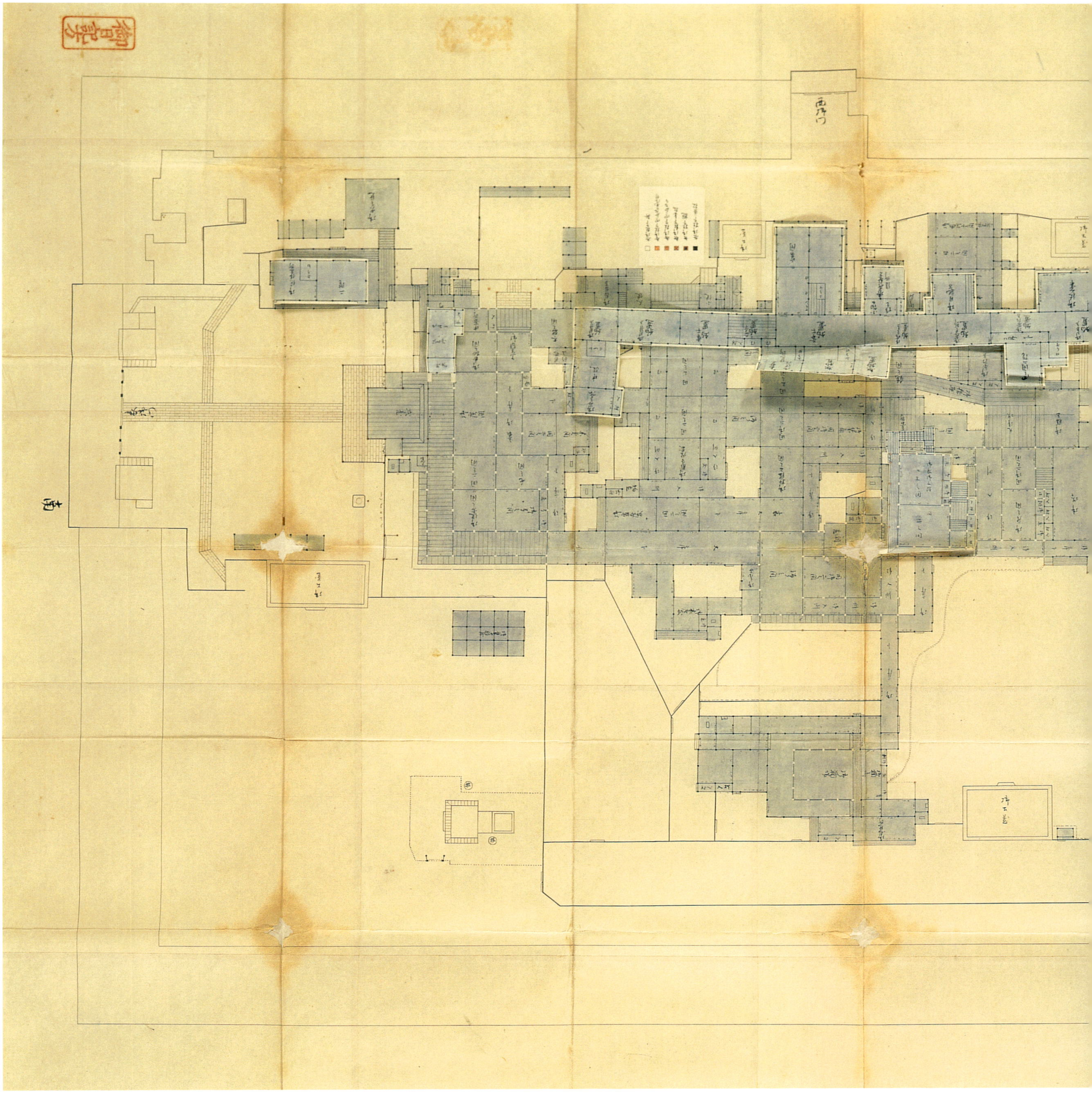

大名の上屋敷の多くは江戸城付近に配置されていたが、弘前《ひろさき》藩の上屋敷は、隅田川《すみだがわ》の東、本所《ほんじょ》にあった。もともと神田《かんだ》の鷹匠町《たかじょうまち》にあったものであるが、元禄元年（一六八八）この地に移されている。

安政三年（一八五六）段階で弘前藩は八〇七五坪（約二万六六四八平方メートル）の上屋敷のほか、中屋敷として本所三ツ目《みつめ》に二八七〇坪（約九四七一平方メートル）、品川戸塚村に二七〇〇坪（約八九一〇平方メートル）、浜町に四五五三坪（一五〇二五平方メートル）、下屋敷として北本所大川端《おおかわばた》に四九一坪（約一六二〇平方メートル）があり、柳島村、亀戸《かめいど》村入会《いりあい》の一万六五五四坪（五万四六二八平方メートル）、南本所大川端に九〇坪（約二九七平方メートル）の抱屋敷《かかえやしき》、本所緑町に八三坪余（約二七四平方メートル）、深川森下町に二二八坪余（約七五二平方メートル）の町並《まちなみ》屋敷を持っていた。

これらの屋敷のうち上・中・下屋敷は拝領地で、抱屋敷は代官支配地、町並屋敷は津軽家の家臣の所持となっていた。拝領地は無税であったが、代官支配地・町並地は課税対象となっていた。

▲**陸奥国弘前藩の上屋敷平面図**（「弘前藩津軽家上屋敷図面」天保二年（一八三一）本所二ツ目（ほんじょふたつめ、現墨田区緑二丁目・亀沢二丁目辺）にあった陸奥国弘前（現青森県弘前市）藩四万七千石（のち十万石格）津軽家上屋敷の平面図。

下屋敷

下屋敷は、大川（隅田川《すみだ》）や本所《ほんじょ》・深川の水路、あるいは海岸沿いの河岸地や四谷《よつや》・駒込《こまごめ》・下谷《したや》などの江戸郊外に設けられていた。その機能は藩財政を担う蔵屋敷、あるいは緊急時の避難場所や藩主の隠居所、休息所、接待所と多様であった。

蔵屋敷は、国許《くにもと》から送られた年貢米や特産品などを荷揚・保管・現金化する役割を持っており、海・川・水路から直接舟の出入を行うために舟入《ふないり》が備えられていた。

大名屋敷の庭園

敷地に余裕のあった下屋敷や中屋敷には、諸大名の別荘として広大な庭園が数多く築かれた。有力な大名は、将軍の上覧を受けることがあり、趣向を凝らした庭園を競って作っていった。たとえば、大川や海浜の屋敷には、庭園内に海の水を引き込んで、居ながらに潮の干満を楽しむ「潮入りの庭園」が造られた。現在の浜離宮や芝離宮庭園に、その面影を偲ぶことができる。

規模は小さくなるが、上屋敷にも庭園が造られていた。これらの庭園を、一般の町人が目にする機会はほとんどなかったが、江戸は京都に匹敵するほどの庭園都市であったということもできるだろう。

海側から見た下屋敷　芝から品川までの景観を海側から描いた絵巻。図は右が北でa（左）、b、c（下）、からこの場面を経て品川宿までと続く。（「浜御殿より品川新宿迄江戸往還絵巻」明和三～八年（一七六六～七一））

▲ 松平薩摩守屋敷（薩摩国鹿児島藩）　▲ 本芝浜　▲ 間部下総守屋敷（越前国鯖江藩）　▲ 金杉湊

b. 中央、舟が行き来しているのは新堀川（古川）で、その奥にかかるのは金杉橋。

a. 画面右は備中国新見藩関小十郎の屋敷。右の石垣から海へ落ちるのは下水か。右奥は芝・増上寺、左奥には当時有名であった有馬藩邸の火見櫓が見える。この場面の右には、水路を隔て浜御殿が描かれる。

c. 大きな築山を持つ庭園のある金杉御屋敷は因幡国鳥取藩の下屋敷。左下に見える水路は舟入で、物・人の出入りに用いられていた。

▲ 田辺藩牧野家の上屋敷

原標題「江都勝景よろゐの渡し」。現在の中央区日本橋兜町（かぶとちよう）の東京証券取引所あたり、丹後（たんご）国田辺藩（現京都府舞鶴市）3万5千石の牧野家上屋敷が、向う岸に描かれている。敷地は約6800坪（22440m^2余）。手前は日本橋川。物資輸送の舟が上下している。左下の舟は対岸の小網町（こあみちよう）と結ぶ鎧（よろい）の渡し舟。中央左は舟から屋敷に物資を搬入する施設。なお、文久2年の「江戸切絵図」ではこの屋敷は三河（みかわ）国西尾藩6万石の松平家の上屋敷となっている。

▲ 彦根藩井伊家上屋敷

原標題「江都勝景桜田門の図」。現在の国会議事堂前広場あたり。近江（おうみ）国彦根藩35万石（文久2年（1862）10万石削減）の井伊（いい）家の上屋敷が濠の向うに描かれている。敷地は約2万坪（66000m^2余）。正門は「井伊の赤門」として名高く、門前には江戸の名水「柳の井戸」があった。手前の道は桜田門（さくらだもん）に通じ、16代藩主井伊直弼（なおすけ）は、この道を通って登城する際水戸藩士らに暗殺された。

▲ 平藩安藤家の上屋敷

原標題「江都勝景大橋中洲之図」。大川（隅田川、すみだがわ）越しに陸奥国平藩（たいらはん、現福島県いわき市）5万石（文久2年2万石削減）安藤家の上屋敷を遠望する。現在の中央区日本橋中洲あたりに約5000坪（16500m^2余）の敷地を有していた。右奥に新大橋が見える。屋敷の左側には日本橋に通じる堀があった。なお安政6年（1859）の『江戸切絵図』では屋敷の主は下総国佐倉藩の堀田家になっている。

▲ 延岡藩内藤家上屋敷

原標題「江都勝景虎之門外之図」。現在の千代田区霞ヶ関（かすみがせき）3丁目あたりにあった日向（ひゅうが）国延岡藩7万石の内藤家の上屋敷が溜池（ためいけ）の向うに描かれている。敷地は約1万坪（33000m^2余）長閑な風情を醸し出しているが、現在は図の石垣を貫く形で道路が作られ、昔の面影はない。

各図は「江戸勝景図」（歌川広重画、川口正蔵板、天保6〜9年（1835〜38）初版）による。

▲萩（長州）藩毛利家上屋敷
原標題「江都勝景日比谷外之図」。現在の日比谷公園（ひびやこうえん）あたりにあった長門（ながと）国萩藩三十六万九千石の毛利家上屋敷の図。敷地は約一万七千坪（五万六一〇〇平方メートル余）に及ぶ。図中央に長屋から独立し、両番所を備えた国持大名（くにもちだいみょう）に許された豪壮な表門がある。その奥には長屋と長屋門が続く。突き当たりは日比谷御門。

錦絵に見る江戸藩邸

初代歌川広重《ひろしげ》（一七九七～一八五八）の「江都勝景《えどしょうけい》」は、大名の江戸屋敷を主題に描いた珍しいシリーズである。全七枚であるが、当初は十枚を予定したといわれる。版元は川口正蔵《しょうぞう》。天保三～四年（一八三二～三三）に保永堂《ほうえいどう》版「東《とう》海道五拾三次《かいどうごじゅうさんつぎ》」を発表し、風景画家としての地位を確固たるものにした広重が、天保六～九年（一八三五～三八）の間に刊行した作品である。門構えや塀や敷地内の建物の屋根などが写実的に描かれているので、大名屋敷の外観を知るうえで貴重な絵画資料である。また屋敷の近くを徒歩や舟で行き交う人びとが活き活きと描かれており、人々の生活の中に大名屋敷がどのような位置を占めていたかをうかがうことができる。このような錦絵は勤番武士や御用商人らの江戸土産物として作られていた。

ここに掲げた図のほかに、陸奥《むつ》国若《わか》松《まつ》（福島県会津若松市）二十三万石の松平氏の中屋敷《なかやしき》を描いた「芝新銭座《しばしんせんざ》の図《ず》」、肥前《ひぜん》国佐賀三十五万七千石余の鍋《なべ》島《しま》家の上屋敷を描いた「山下御門之内《やましたごもんのうち》」がある。

▲ **小石川の水戸徳川家上屋敷**　原標題「水戸様」。常陸国水戸藩35万石徳川家の上屋敷。水道橋（すいどうばし）付近から北西方向を臨む。神田川（かんだがわ）に沿った御長屋が描かれている。左中央奥は小石川御門（こいしかわごもん）。屋敷内の庭園は小石川後楽園として現存する。敷地は広大で、現在の東京ドーム、後楽園遊園地、中央大学、大塚養護学校、文京区役所を含む11万1000坪（36万6300m²余）に及ぶ。

泥絵に見る江戸藩邸

泥絵《どろえ》は安価な顔料に胡粉《ごふん》（貝殻の粉末）を混ぜ、膠《にかわ》で溶いた泥絵具で厚めの紙に描いた廉価な絵である。同じ「泥絵」の文字を用いて「でいえ」と読むのは金泥・銀泥を用いた高級な絵画をいう。

泥絵は江戸時代後期に起こり、色感が油絵に似ていることから、洋風画の代替として流行し、遠近法を用いた風景画が数多く製作された。作品は職人によって描かれたものが多く、安価であったので、天保期（一八三〇～四四）には江戸土産として人気を博したという。

しかし、文明開化により油絵が本格的に普及すると急激に衰微した。画題としては、日本橋《にほんばし》・駿河町越後屋《するがちょうえちごや》・浅草《せんそう》寺《じ》などの江戸の名所、松島・江《え》の島《しま》七《しち》里《り》ケ浜《がはま》・二見《ふたみ》ケ浦《がうら》・近江《おうみ》八景《はっけい》・安芸《あき》広島・大隅《おおすみ》桜島などの全国の名所、異国風景のほか江戸湾御固《おかた》めの図《ず》や開港場《かいこうば》横浜など時事的な作品もある。

また江戸城や大名屋敷も数多く取り上げられている。描き方はかなり粗雑であるが、大名屋敷の景観をしのぶことができる。大名屋敷を描いた泥絵としては、ここに掲げたほか、大手前《おおてまえ》酒井邸・虎ノ門《とらのもん》内藤邸・本郷《ほんごう》前田邸・三味《しゃみ》線堀《せんぼり》佐竹《さたけ》邸などがある。

なお泥絵のなかには、覗眼鏡《のぞきめがね》の種絵に用いられた左右逆に描いた作品もある。

▲ 霞ヶ関の広島藩浅野家と福岡藩黒田家上屋敷
原標題「霞ヶ関あき黒田」。桜田門外（さくらだもんがい）の霞ヶ関坂（かすみがせきざか）をはさんで右（北）に安芸国広島藩42万6000石の浅野家、南（左）に筑前（ちくぜん）国福岡藩52万3100石の黒田家の上屋敷が描かれる。両屋敷の石垣や海鼠壁（なまこかべ）の景観は江戸の名所であった。敷地は広島藩が約1万4000坪（4万6200m²余）、福岡藩は約2万1000坪（6万9300m²余）。

▲ 山下御門内の白河藩阿部家と佐賀藩鍋島家上屋敷
原標題「山下御門」。左下の橋の向い側に山下御門（やましたごもん）の桝形（ますがた）が描かれている。濠沿いが陸奥（むつ）国白河藩10万石の阿部家。突きあたりが肥前（ひぜん）国佐賀藩35万7000石余の鍋島家（なべしまけ）の上屋敷。鍋島屋敷には石高相応の唐破風造（からはふづくり）の両出番所が付いた朱色の大長屋門が見える。「江戸切絵図」等を見ると右手にのびる堀の切込みが逆になっている。

▲ 日比谷堀沿いの萩藩毛利家、米沢藩上杉家上屋敷
原標題「桜田上杉様」。日比谷御門から西の方角を臨む。手前が長門（ながと）国萩藩（長州藩）36万9000石余の毛利家、奥が出羽（でわ）国米沢15万石上杉家の上屋敷。毛利屋敷には国持大名（くにもちだいみょう）の格式を持つ表門と長屋門が並ぶ。上杉屋敷は約7000坪（2万3100m²余）の敷地を持つ。右手は江戸城西丸下の石垣。

▶ 桜田門外の彦根藩井伊家上屋敷
原標題「伊井様」。近江（おうみ）国彦根藩35万石（文久2年（1862）10万石削減）井伊家（いいけ）の上屋敷が描かれている。中央の柳の木の下に江戸名水の一つ「柳の井戸」がある。奥の三宅坂方面に連なる御長屋群と麹町火消屋敷の「火の見」とおぼしき櫓がある。堀を隔てた右側は江戸城の吹上廓。

各図は「泥絵画帳」（江戸時代末期）による。

写真に見る江戸藩邸

写真の発明は一八三九年とされ、間をあけず日本に伝来した。写真は人物・風景・建築物などの画像表現に革命をもたらした。すなわち従来絵画でしか表現・記録できなかった画像を機械と化学の力で、より写実・具体的しかも短時間で容易に製作・記録できるようになったのである。

一方、多くの大名屋敷は、徳川幕府が倒れ、江戸が東京と改称された後も、新政府の官庁舎や教育・軍事施設等に転用され昔の姿をとどめていた。これらの旧大名屋敷は格好な写真の被写体となり、映像資料として後世に伝えられた。大名屋敷として使われた時のものではないが、その面影を十分しのぶことができる。

『温古写真集』は、明治初めから昭和初期に至る間に撮影された東京とその周辺の旧跡などの写真三十枚を収載したもので、それぞれの写真に簡単な解説が付されている。ここに示した六枚の旧大名屋敷のほか、西の丸大手門、上野戦争直後の寛永寺、神田川の水懸橋（水道橋）、新橋—横浜間の鉄道建設現場などがある。

◀旧鹿児島藩島津家中屋敷　原標題「旧薩摩藩装束屋敷門」。薩摩（さつま）国鹿児島藩七十七万石島津家の中屋敷の表門。国持大名の格式の威容を持つ。原標題は、この屋敷で琉球（りゅうきゅう）の使節が将軍謁見のため登城の際、装束に着替えたことによる。明治維新後は、博物館として使われ、明治十六年（一八八三）には鹿鳴館（ろくめいかん）に建て替えられたが表門はそのまま正門に利用。鹿鳴館が使命を終えた後は華族会館（現霞会館）の門に使われ、江戸時代の代表的な門として国宝に指定、保存が図られたが、戦災で焼失。（撮影時期未詳）

▶旧松江藩松平家上屋敷表門　原標題「旧雲州松江松平侯上屋敷門」。赤坂御門内（あかさかごもんない）の出雲（いずも）国松江藩18万6000石の松平家上屋敷の表門。国持大名の仮門の形式で、冠木門（かぶきもん、2本の柱を立て上部に貫を通す）と唐破風（からはふ）の両番所を持つ。撮影時には閑院宮載仁親王（かんいんのみや・ことひとしんのう）の邸宅となっていた。正面脇の長屋は早くに撤去された。門は閑院宮家の正門として残っていたが、戦災で焼失。（明治初期（1868～72））

▲旧福岡藩黒田家上屋敷表玄関　原標題「霞ヶ関福岡藩黒田侯上屋敷表玄関」。霞ヶ関の筑前（ちくぜん）国福岡藩52万3000石の黒田家表玄関。この上屋敷は明治政府により外務省舎に転用された。大大名の格式を持つ建造物であったが利便性に欠け明治14年（1881）煉瓦造（れんがづくり）に建て直された。写真中の人物が丁髷（ちょんまげ）を結っているのが興味深い。（明治初期（1868～72））

▲旧名古屋藩徳川家上屋敷御長屋　原標題「旧尾州侯下屋敷裏長屋」。四谷御門外（よつやごもんがい）の尾張（おわり）国名古屋藩61万9000石の徳川家の長屋。尾張徳川家の上屋敷は陸軍に接収され士官学校となり、現在の防衛省に引き継がれている。建物は逐時取り壊され、写真の瓦葺白壁造（かわらぶきしらかべづくり）の長屋の一部2棟が残っていたが、戦災で焼失。（大正5年（1916）頃）

▲ 旧福岡藩黒田家上屋敷御長屋　原標題「黒田長屋海鼠壁」。筑前国福岡藩の上屋敷の敷地は、明治維新から現在まで外務省が利用している。建造物は逐次取り壊されたが、この海鼠壁（なまこかべ）の建物は最後まで残され、大名屋敷の長屋の数少ない実例として国宝に指定されたが、戦災で焼失した。海鼠壁は外壁に平瓦を貼り、その目地（めじ）に漆喰（しっくい）を蒲鉾型（かまぼこがた）に盛り上げるもので、写真のように遠目に美しい。（昭和初期（1926～31））

▲ 伝旧篠山藩青山家江戸屋敷表門　原標題「旧丹波篠山青山下野守屋敷門」。丹波（たんば）国篠山藩（ささやまはん）6万石青山家の江戸屋敷の門とされる。解説文には「赤坂の青山御門の正門」として使われていたとあるが、実際の青山御門（赤坂御所）の正門とは形式が異っている。仮に青山家の屋敷門とすると、隣接するもとの中屋敷の門とも考えられるが、現在のところ確認できない。（明治初期（1868～72））

勤番武士

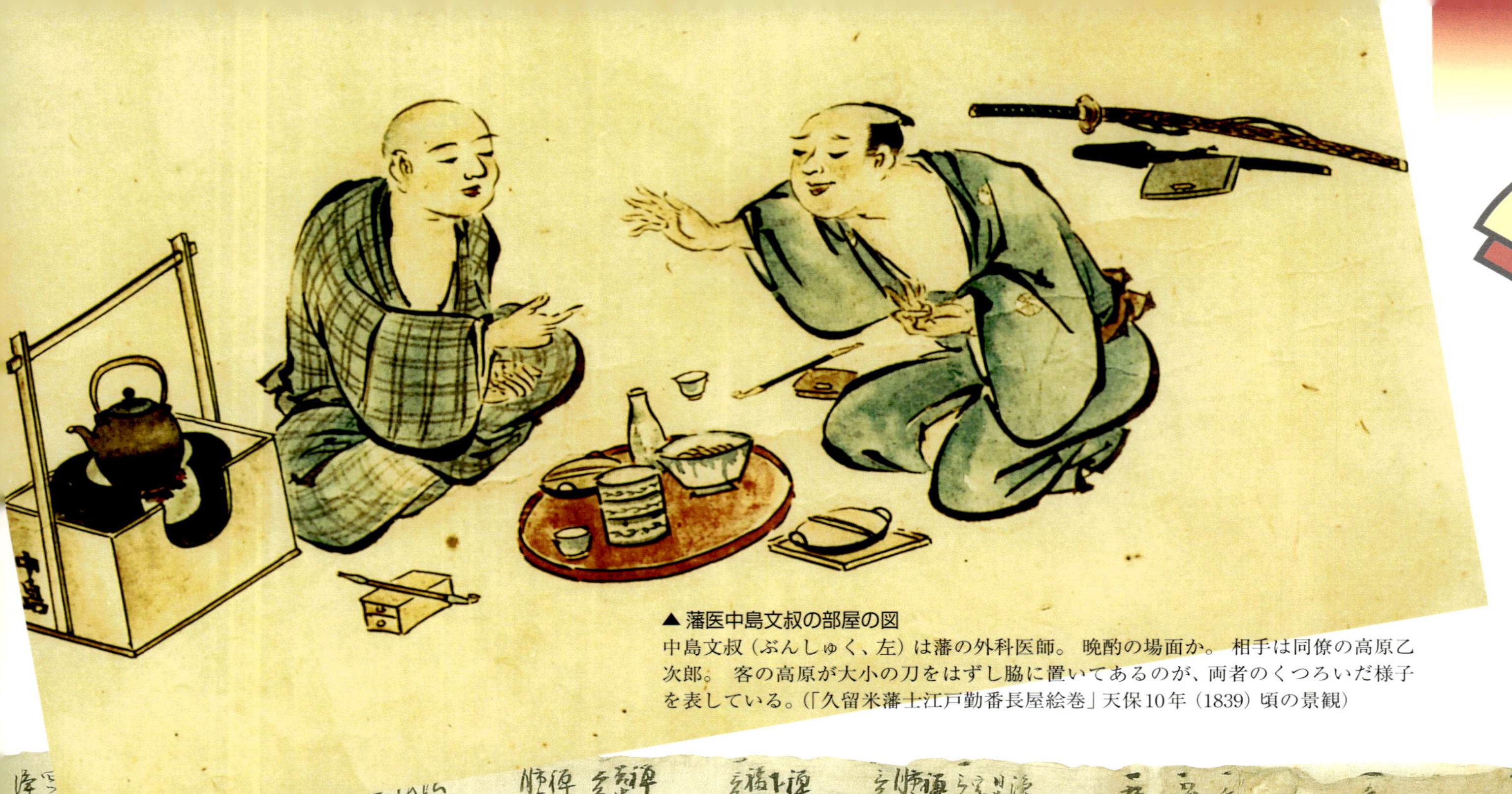

▲藩医中島文叔の部屋の図
中島文叔（ぶんしゅく、左）は藩の外科医師。晩酌の場面か。相手は同僚の高原乙次郎。客の高原が大小の刀をはずし脇に置いてあるのが、両者のくつろいだ様子を表している。（「久留米藩士江戸勤番長屋絵巻」天保10年（1839）頃の景観）

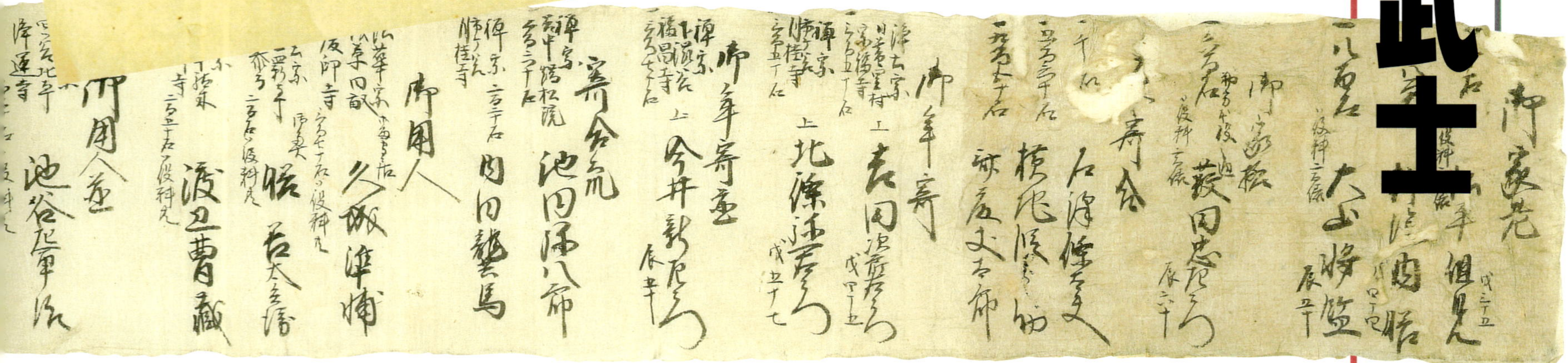

▲大和郡山藩江戸詰藩士名簿
大和国郡山藩（現奈良県大和郡山市）15万1200石余、柳沢家の江戸詰藩士の名簿。家老以下371人の情報が記されている。このうち309人については職名・家禄高のほか宗旨と江戸府内にある菩提寺（ぼだいじ）の記述があり、これらの人々は江戸定詰（じょうづめ）と考えられる。大和郡山藩の家臣数は3200人余といわれているので、約1割が江戸を本拠としていたことになる。（江戸時代後期）

江戸勤番の武士

在江戸の諸藩の屋敷には、政庁運営や大名家族を支えるため、多数の家臣が配置された。家臣の江戸勤務は「江戸勤番《えどきんばん》」あるいは「江戸詰め《えどづめ》」と呼ばれていた。その多くは妻子を国許《くにもと》に残した、今でいう「単身赴任《たんしんふにん》」であった。

▲酒宴の図（部分）気のおけない仲間との酒の語らいは、至上の無聊（ぶりよう）の慰めであったに違いない。右は手拍子でお国の歌を唄っているのか。左は酒に燗をつけている様子がわかる。（「久留米藩士江戸勤番長屋絵巻」）

江戸勤番には、藩主の出府に従い江戸に着くと、直《ただち》に帰国する者、藩主の帰国まで江戸に留まる者、藩主の参勤交代にかかわらず、江戸で勤務する「定府《じょうふ》」の者、という三形態があった。定府のうち御留守居《おるすい》と呼ばれる役の者は、幕府の諸役人や他藩の家臣と常時連絡を取り合う外交官のようなもので、他藩の御留守居と「寄合《よりあい》」と称する情報交換の会合をしばしば開いていた。

各藩の江戸屋敷内の人数は流動的で、正確には把握されていない。勤番の武士のほか奉公人や女中を含めて、大藩では三千から五千人、小藩でも三百から五百人程であったという。例えば十一万石高の出羽《でわ》国鶴岡（庄内《しょうない》、現山形県鶴岡市）藩酒井家の江戸屋敷には藩主の参勤中は約八百人、留守中は約四百五十人の家臣が詰めていたという。

このように全国の諸藩から呼び寄せられた江戸勤番の武士は、都市江戸の人口構成を特徴づける存在であったが、その実態は未詳の部分が多い。

藩主とともに江戸に滞在する家臣の仕事はきわめて少なく、数日に一勤という例もある。また滞在費は事前に支給されるものの、その額は非常に少なかったという。

▲ 中島文叔の部屋の図
碁盤を挟んで中島文叔（右）と高原乙次郎（左手前は医師黒岩隆琢）。医者の部屋らしく、右の壁には人々に耕作を教え、百草を嘗（な）めて医薬を作った神農（しんのう）の像が掲げられ、床（とこ）には医書が積まれている。（「久留米藩士江戸勤番長屋絵巻」）

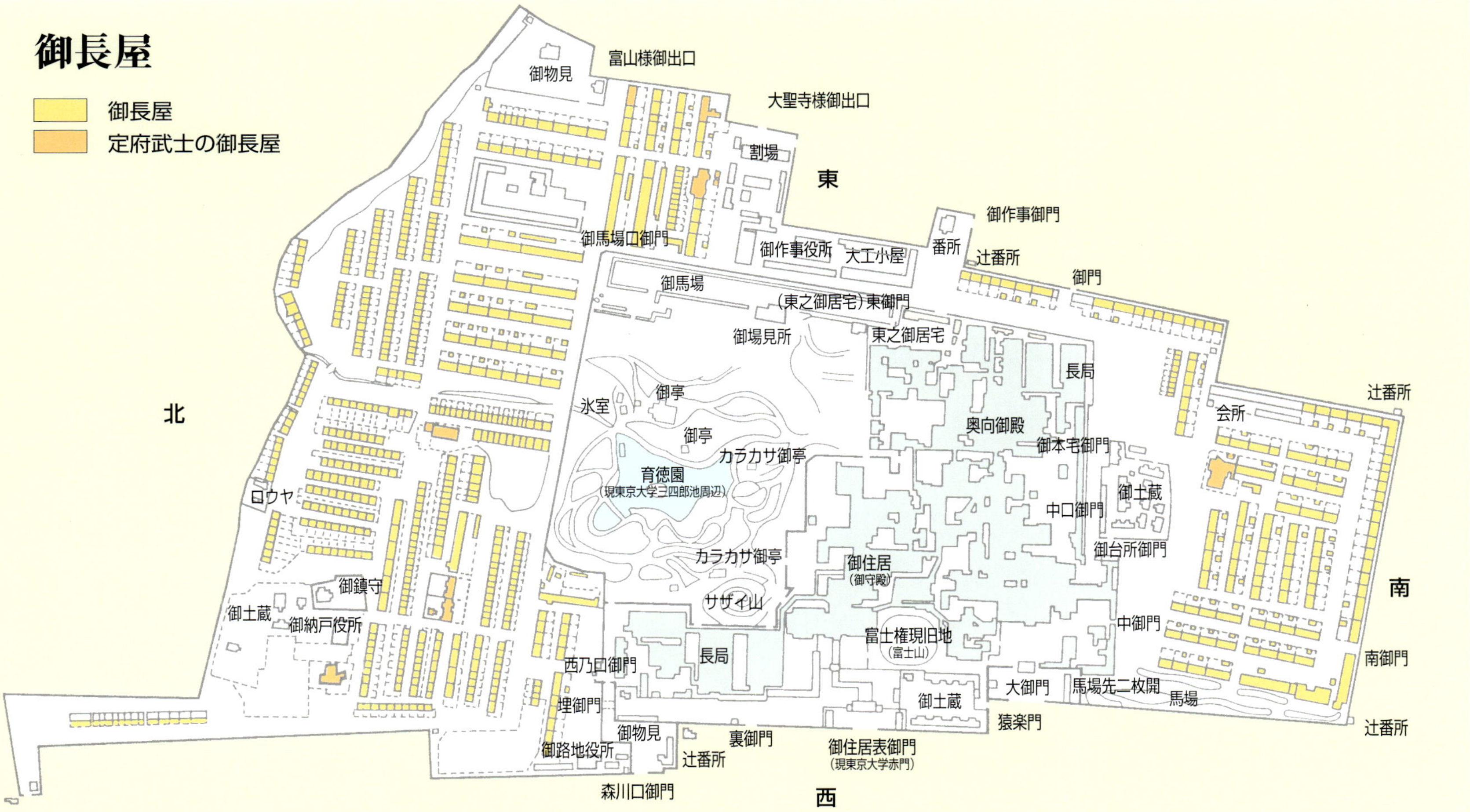

加賀国金沢藩本郷上屋敷内の御長屋
宮崎勝美氏作成・萩尾昌枝氏作図「加賀藩本郷邸図」天保11～弘化2年（1840～45）頃
（『東京大学埋蔵文化財調査室発掘調査報告書 4　山上会館・御殿下記念館地点』附図）参考
「江戸御上屋敷絵図」（金沢市立図書館所蔵清水文庫）、「前田家本郷屋敷の図」（金沢市立図書館所蔵河野文庫）より作成

久留米藩士江戸勤番長屋絵巻

江戸勤番の武士の日常生活に関する事柄については、日記などの文字資料による情報は数多くあるが、視覚に訴える絵画資料はきわめて少ない。一二二頁から一二九頁にわたり掲載した「久留米藩士江戸勤番長屋絵巻《くるめはんしえどきんばんながやえまき》」（三谷勝波《みたにしょうは》筆、戸田熊次郎序、明治時代）は、江戸勤番士が住居である長屋で、どのような生活をしていたかを具体的に見ることができる貴重な資料である。

この絵巻は、かつて江戸勤番を体験した筑後《ちくご》国久留米藩二十一万石の有馬《ありま》家の家臣たちが、明治になってから昔日を懐《なつ》かしみ、同僚であった元御用絵師三谷勝波に依頼して描かせたものである。三谷勝波は狩野派の流れをくむ絵師であり、序文は元目付《めつけ》の戸田熊次郎が記している。

景観年代は天保十年（一八三九）前後、赤羽根橋付近にあった久留米藩上屋敷、通称田楽屋敷《でんがくやしき》の一画に居住した勤番士の、ごく日常的な暮らしぶりを、十三の場面と一部起《おこ》し絵《え》（基本となる絵を一部覆えるように紙に別の絵を描き、この部分を起こした時と、覆った時と異なる二場面を表すもの）の手法を用いて紹介している。田楽屋敷の名称の由来は「家屋東西に面し、朝日夕日向背を照し、炎熱に堪《たえ》ず、豆腐のでんがく《（田楽）》焼あり、これと相類《あいるい》す、故《ゆえ》にこの異名あり、当時の勤労思はせるべけむや」と記されている。

金銭的余裕がなく、暇な時間がいやというほどあった勤番士が、いかにそれぞれの趣味を活かしたか、あるいは酒宴でまぎらわせていたかがよくわかる。天保十年（一八三九）四月に藩主が御暇乞《おいとまごい》に登城した時に幕府から御役拝命《おやくはいめい》し、帰国延期が決まると、帰国を心待ちしていた藩士が「更《さら》に壱両年《いちりょうねん》を経過せざれば、父母妻子と相見《あいまみゆ》るを得ず」と暴飲して、荒れた図（一二九頁）は圧巻で、まさに単身赴任の悲哀《ひあい》で、現代にも相通じる光景である。

▲ 高原乙次郎の部屋にて句会の図

長屋の住人が集まって句会も開かれた。本絵巻の作者三谷勝波は凌雲（りょううん）の俳号を持ち、この時に「涼しさに　置所なき　行灯哉（あんどんかな）」と詠んでいる。（「久留米藩士江戸勤番長屋絵巻」天保10年（1839）頃の景観）

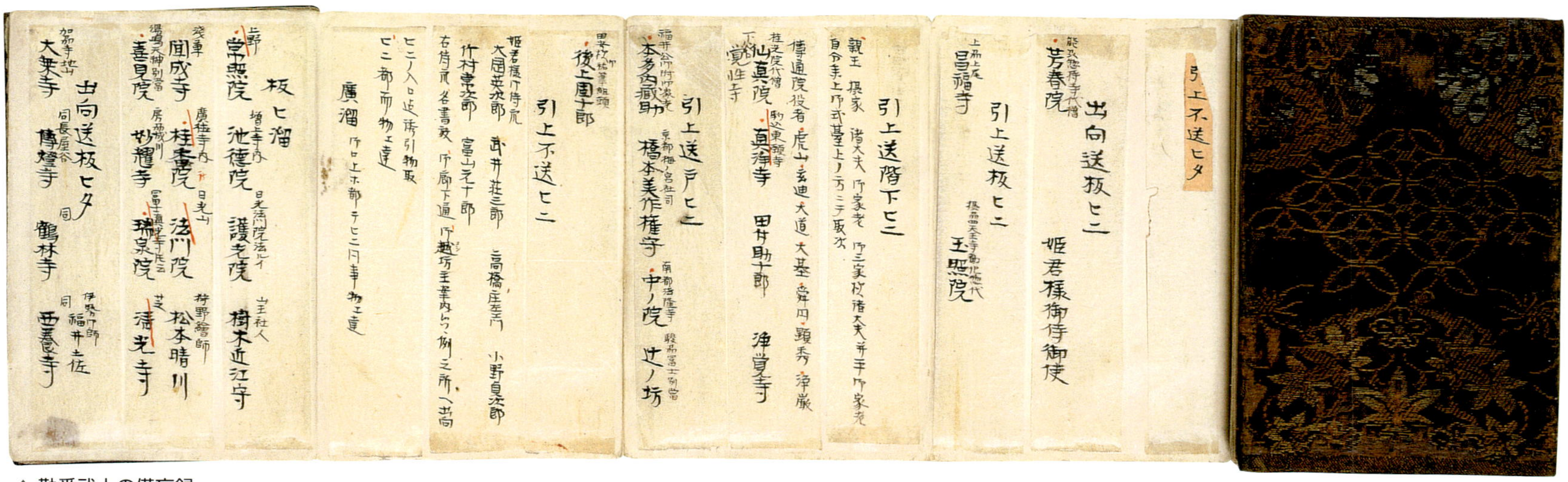

▲ **勤番武士の備忘録**

仮標題「加賀藩士江戸詰懐中覚」。加賀国金沢藩（石川県金沢市）102万石前田家の藩士の手書き覚帖（おぼえちょう）。折ると縦9cm横6cmで懐に入る。大名の名簿・禄高、老中・若年寄などの幕閣の名乗。藩の行事の次第が細かい字で書かれている。格式・儀礼・手順が重んじられた時代、手近に見られる備忘録は必需品であった。（藤原静定作成、安政4～5年（1857～1858））

▲ **高原乙次郎の部屋の図**

狭い庭に、小石や栄螺（さざえ）の殻を敷きつめて海を表し、立木を深山に見たて、枯山水（かれさんすい）風の趣向が凝らされている。壁の帆掛舟（ほかけぶね）の絵はこの絵巻の作者三谷勝波に依頼したもの。3年も江戸に滞在し、望郷の念が一層募り、万里波濤（ばんりはとう）を凌いで帰る意を示したものか。（「久留米藩士江戸勤番長屋絵巻」）

◀ **戸田熊次郎の部屋の図**

戸田熊次郎は藩の目付。和漢の学に通じ、詩歌を嗜み、四季折々の花を楽しんだという。この絵は起し絵になっており、庭の全景を示すこの図に、起しの部分を重ねると庭と部屋を隔てる壁が出てくる。壁面には種々の書画が貼られ、住人の趣味がわかる。（「久留米藩士江戸勤番長屋絵巻」）

▲矢遊びの図　行動と金銭の制約のなか、藩士らはそれなりに遊びの工夫をした。弓術の稽古でなく矢場の真似か。（「久留米藩士江戸勤番長屋絵巻」天保10年（1839）頃の景観）

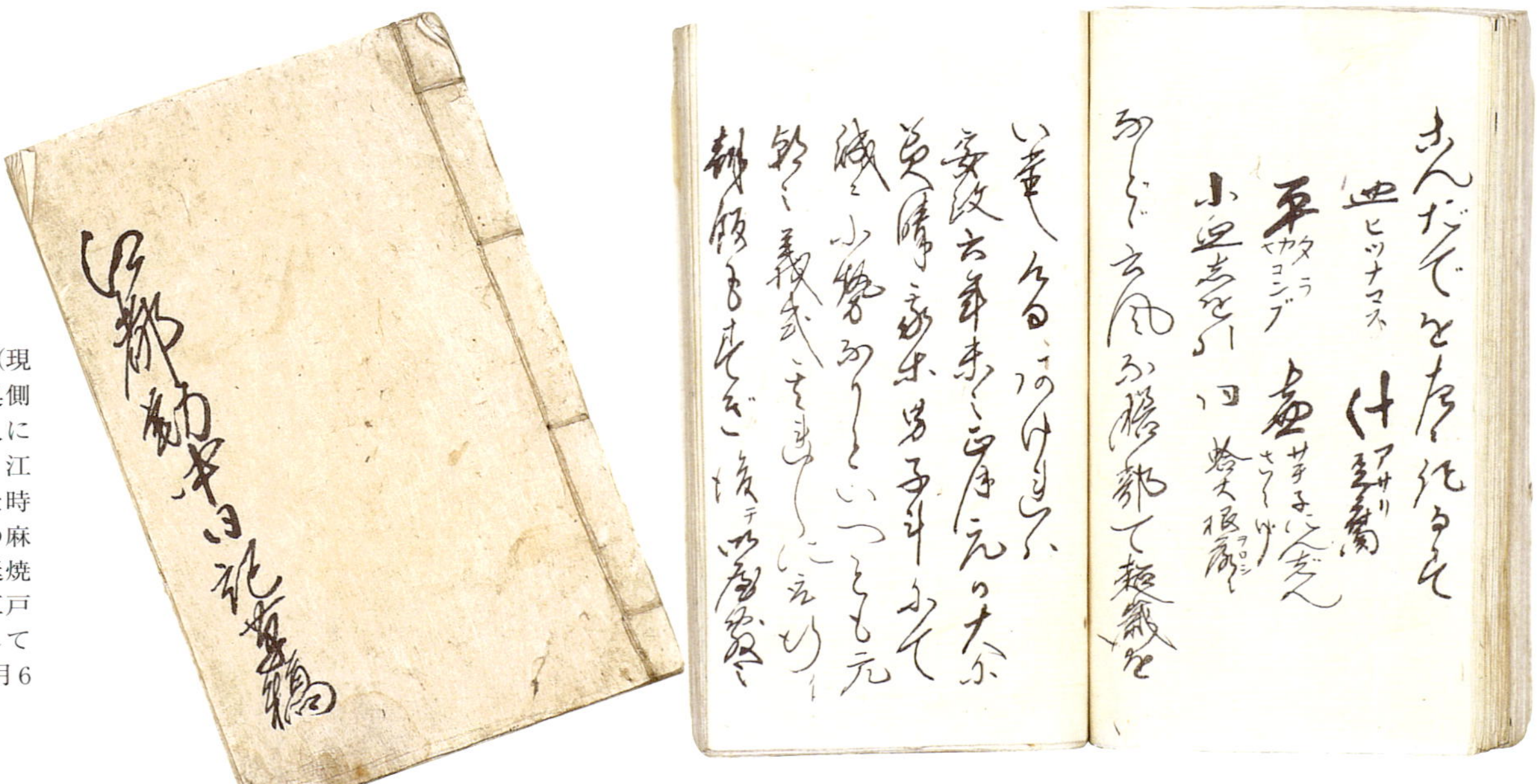

▶米沢藩陪臣大場伊兵衛の江戸日記
原題「江都勤中日記草稿」。出羽（でわ）国米沢藩（現山形県米沢市）15万石上杉家の江戸屋敷の御奥側用人（おんおくそばようにん）に就任した主人に従い、江戸に赴任した大場伊兵衛信光の日記。江戸ではコレラが大流行し、安政の大獄が始まった時期であるが、それらの記述はない。11月12日の麻布中屋敷の焼失や、同15日の桜田上屋敷への延焼の危険があった火災は詳細に記されている。江戸詰の藩士を支えた陪臣（ばいしん）の記録として興味深い。（安政5年（1858）9月朔日～同6年5月6日）

江戸勤番武士の住まい

諸藩の江戸詰《えどづめ》の家臣は、大名屋敷内の「御長屋《おながや》」あるいは「勤番長屋《きんばんながや》」などと呼ばれる、今でいう集合住宅の一画を割り当てられて住んでいた。御長屋は多くの場合、大名屋敷の周囲に塀のようにめぐらされた瓦葺二階建《かわらぶきにかいだ》ての建物であった。中には、敷地の内に棟を並べて建てられたものもあった。

割り当てられる部屋の間取りや広さは、身分によって違っていたが、それぞれ専用の出入口や便所があった。

加賀《かが》国金沢藩（現石川県金沢市）の場合、御長屋の修・改築は藩が行い、居住者が勝手に手を加えることは厳禁とされ、使用に際して細かな指示がなされていた。ただし畳《たたみ》・襖《ふすま》など建具の修補などは各自の負担であった。

「久留米藩士江戸勤番長屋絵巻《くるめはんしえどきんばんながやえまき》」を見ると住居としての長屋の形態がわかる。一二七頁の「涼みの図」を見ると、二階建で出入口は各戸にあり、出入口の部分以外は目隠し用の塀がある。塀と出入口は間は三尺（約九十センチメートル）ほどで、各戸から出ている排水溝の木蓋も見られる。一二五頁の高原乙次郎や戸田熊次郎の部屋の図を見ると奥には小さな庭があり、濡れ縁が付いていた。また、各図から部屋の中の畳の敷き方がわかるとともに、文机《ふづくえ》や行灯《あんどん》・火鉢《ひばち》はあるものの家具らしきものが描かれていないことに興味をそそる。

▲長屋前にて涼みの図
解説文に「別し（べっし）省中、暮方より涼み門口の図」とある。倹約中なので暑さ凌ぎには、わずかの涼を求めて明け放った門口で、団扇片手に語らっている。長屋の外の様子がわかり興味深い。（「久留米藩士江戸勤番長屋絵巻」）

江戸詰武士の1か月の行動

紀伊国和歌山藩士酒井伴四郎（28才）の例 万延元年（1860）9月

江戸における1年の支出分類

万延元年（1860）11月〜文久元年（1861）10月

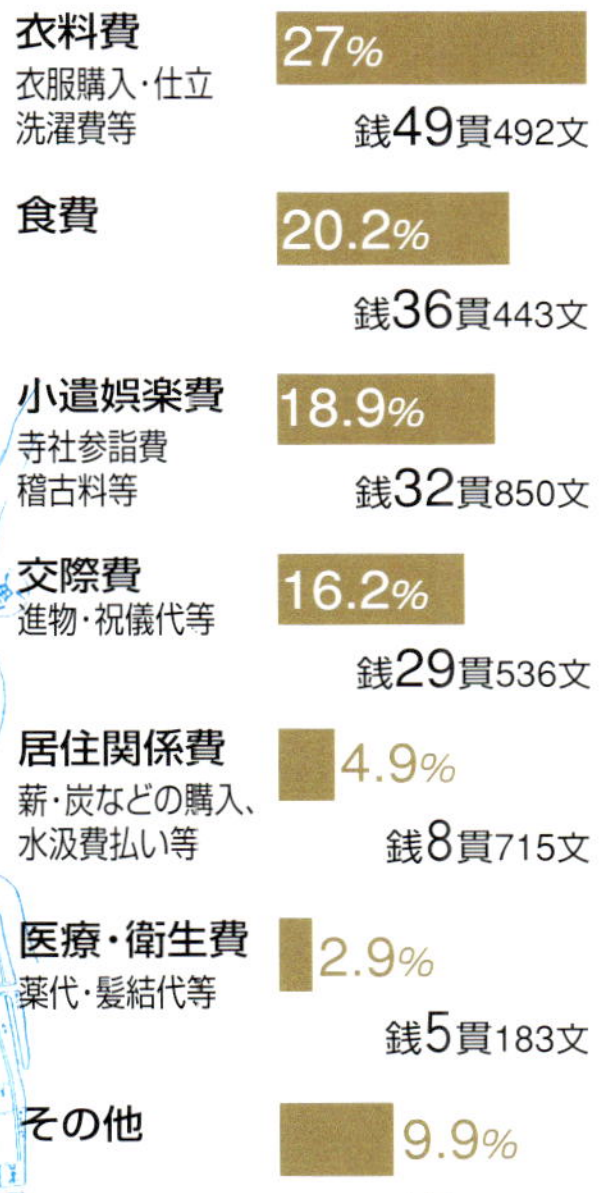

項目	割合	金額
衣料費 衣服購入・仕立 洗濯費等	27%	銭49貫492文
食費	20.2%	銭36貫443文
小遣娯楽費 寺社参詣費 稽古料等	18.9%	銭32貫850文
交際費 進物・祝儀代等	16.2%	銭29貫536文
居住関係費 薪・炭などの購入、水汲費払い等	4.9%	銭8貫715文
医療・衛生費 薬代・髪結代等	2.9%	銭5貫183文
その他	9.9%	銭17貫718文
合計		銭179貫937文 (金27両2朱程度)

合計 銭179貫937文
（金27両2朱程度）

万延元年の平均相場で換算
酒井伴四郎「江戸詰小遣帳」より
参考:島村妙子「幕末下級武士の生活の実態 −紀州藩−下士の日記を分析して−」（立教大学史学会『史苑』第32巻第2号、1972）

藩邸内勤務日数万延元年（1860）

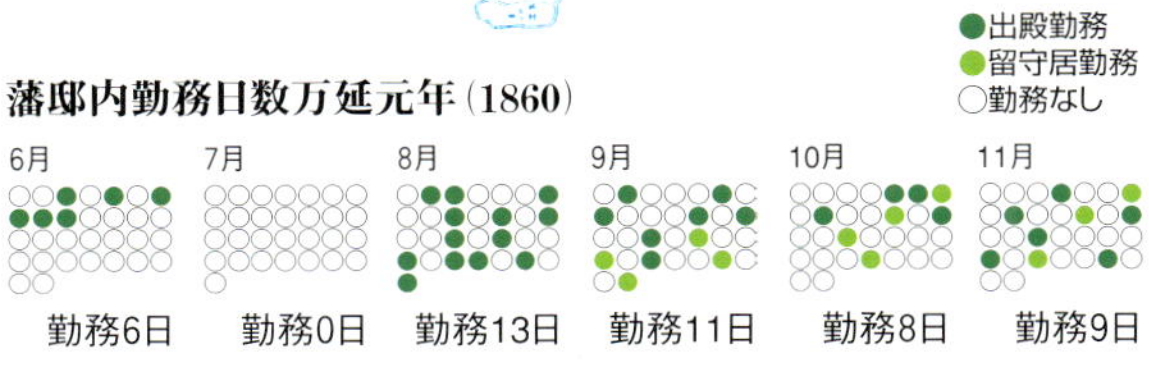

酒井伴四郎「江戸江発足日記帳」より

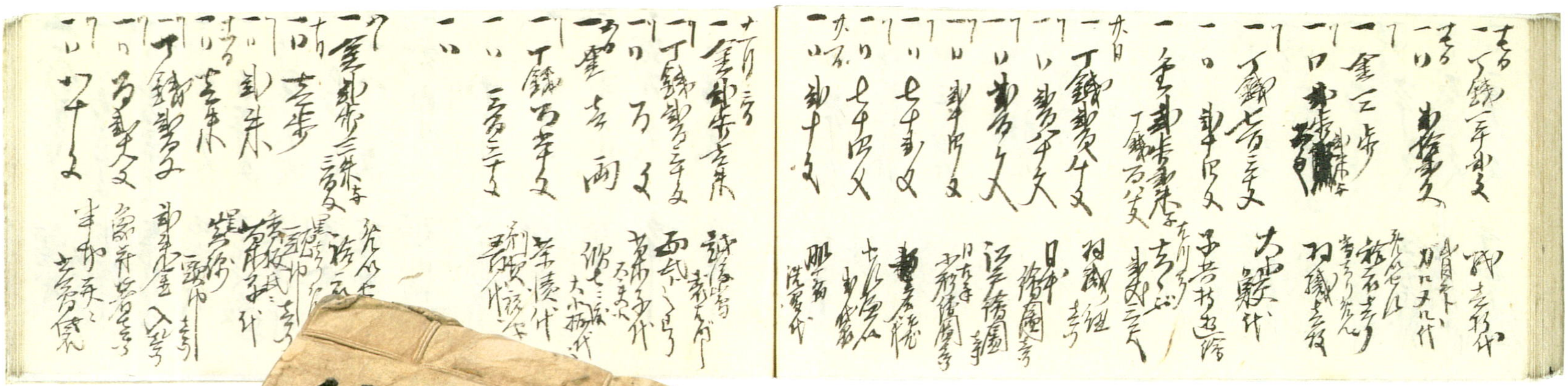

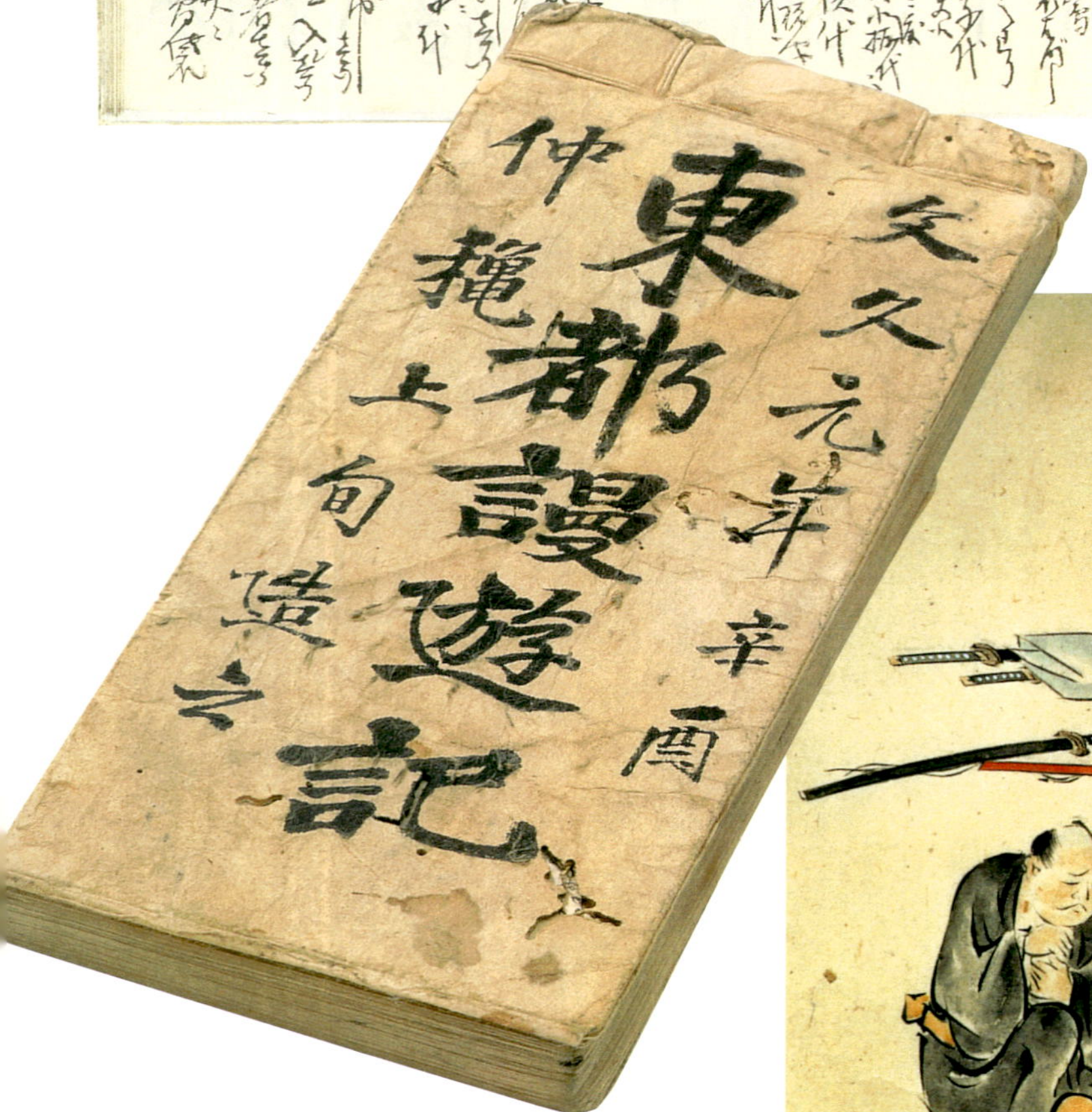

小倉藩士の江戸日記　原題「東都謾遊記」。豊前国小倉藩（現福岡県北九州市小倉区）15万石小笠原家の藩士の江戸出府記録。文久元年8月9日小倉出立、9月8日江戸着。翌年2月19日江戸出立、3月21日小倉目前の上関（かみのせき）で記述が終わる。幕末の混乱で在江戸が半年と短かくなっている。藩士の出国から帰国まで一連の記録であり、江戸における出費が上の写真のように細かく記されており、江戸勤番の実態をうかがうことができる。（鳩峯樵（おおとり・ほうすい）筆、文久元～2年（1861～62））

▶ 羅漢回しの図　羅漢回し（らかんまわし）は　車座になって一人が手振りや表情で滑稽（こっけい）なしぐさを作り、隣の人がそれを真似して　徐々に速度を増しながら次へと送っていく遊びである。最初に笑い崩れると負けとなる。（「久留米藩士江戸勤番長屋絵巻」天保10年（1839）頃の景観）

江戸勤番武士の暮らし

江戸の大名屋敷詰の藩士は、御長屋《おながや》に起居し藩業務に従事していた。その生活の実態は、諸藩士の書き残した日記などにより、ある程度うかがうことができる。なかでも万延元年（一八六〇）に江戸詰《えどづ》めとなった紀伊《きい》国和歌山藩（現和歌山県和歌山市）藩士酒井伴四郎の日記は、江戸勤番の状況を知る恰好な資料である。

これによると、伴四郎の仕事は二～三日に一度ほどで（一一七頁右下の「藩邸内勤務日数」参照）、しかも午前中だけで、時間はあり余っていた。その時間の多くは江戸見物に当てている。一一七頁の「江戸詰武士の一か月の行動」は伴四郎の一か月の行動を地図上に示したものである。寄席《よせ》や湯屋《ゆや》などでも時間を潰し、三味線稽古《しゃみせんげいこ》や外食することも楽しみの一つであったようだ。

このように行動は比較的自由であったように思われるが、和歌山藩の規則は建前上かなり厳しかった。門限は夜五つ（午後八時前後）、外出しても遊山見物《ゆさんけんぶつ》・茶屋・旅籠《はたご》屋・湯屋や酒食店・芝居小屋などに立入ることは禁じられていた。この規定は享保～宝暦（一七一六～六四）頃までは機能していたが、しだいに緩《ゆる》み、門限さえ守れば、とくにとがめられることはなかったという。

長屋の使用については、厩《うまや》・湯殿《ゆどの》・雪隠《せっちん》（便所）・土蔵《どぞう》などの新増築や、親類であっても住人以外の者の宿泊、独身者宅の女性入室、箏《こと》・三味線の演奏や稽古、窓からのゴミ捨てなどの禁止や、住居内外の掃除の励行、喧嘩の仲裁の仕方など細かな点まで規定されたが、実際どの程度守られていたか疑しい。また、禁止されていた長屋の改造も、一二九頁の「久留米藩士江戸勤番長《くるめはんしえどきんばんなが》屋絵巻《やえまき》」の「三谷勝波の部屋にて茶会の図」を見ると、部屋を茶室風に改造した様子が描かれていて、どこまで徹底していたのかわからない。

▲ 三谷勝波の部屋にて茶会の図
藩の御用絵師三谷（狩野）勝波の部屋は茶室仕立になっていた。長屋の勝手な改造は厳禁であったが、退屈釜（たいくつがま）と称する炉（ろ）までしつらえてあった。掛軸の一つ（左から2番目）に江戸千家流祖川上不白（ふはく）の一行書がある。久留米藩は江戸千家流（えどせんけりゅう）茶道の振興に力を入れていたことが確認できる。（「久留米藩士江戸勤番長屋絵巻」）

▲ 高原乙次郎の部屋にて暴飲の図
交代の時期が迫り、藩主有馬頼徳（ありま・よりのり）が暇乞（いとまごい）の挨拶のため江戸城へ赴いたところ、突如、増上寺（ぞうじょうじ）の火の番を命じられた。当然帰国は中止となり、藩士の江戸詰は延長。待ちに待った帰国寸前だっただけに鬱憤（うっぷん）冷めやらず、暴飲して、このような乱行となった。よほど衝撃的な出来事だったのか、壁にその日付、天保10年（1839）4月5日の文字が描かれている。（「久留米藩士江戸勤番長屋絵巻」）

藩邸の経済

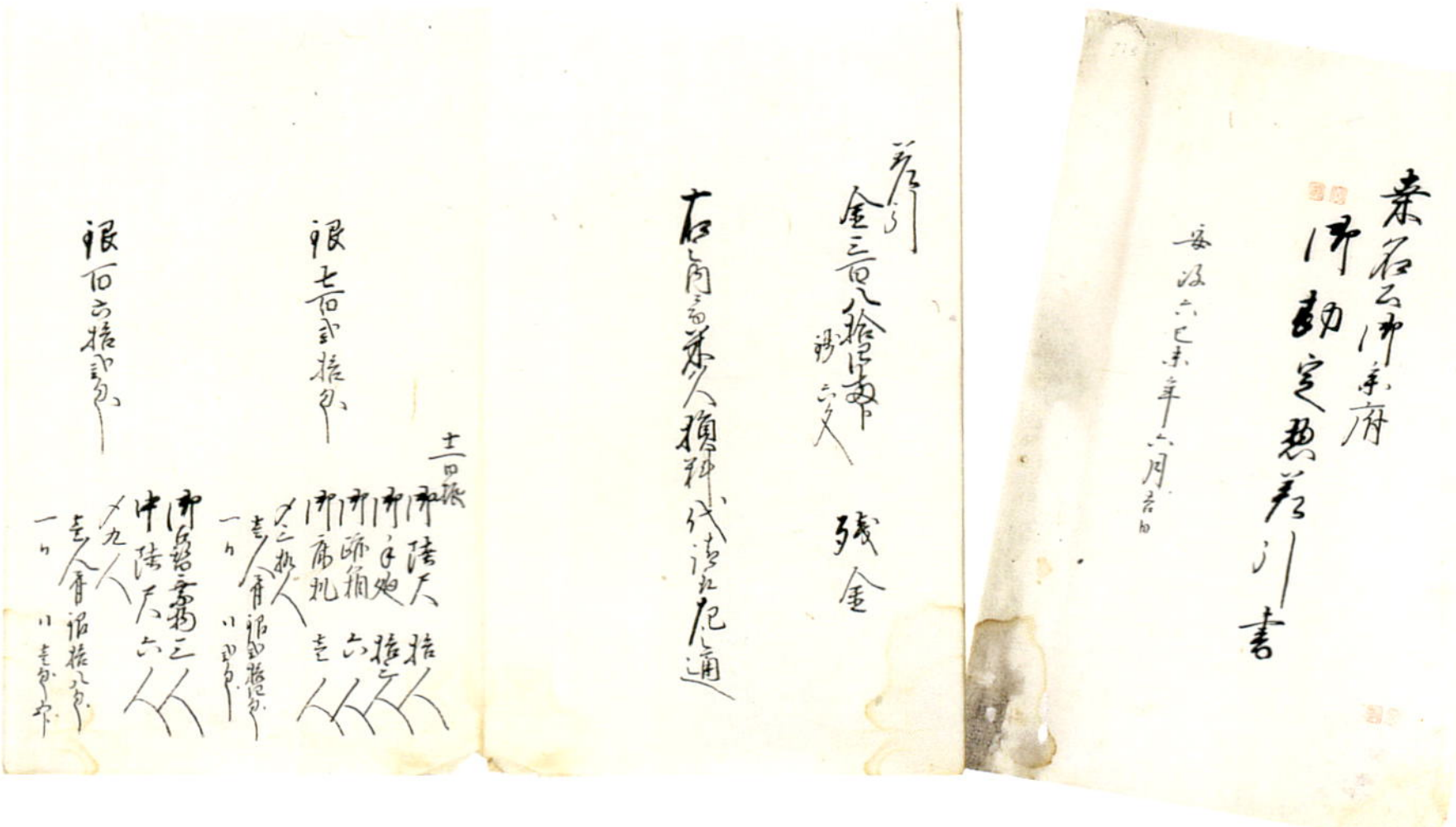

▶ **桑名藩への人足派遣の決算書**　原標題「桑名公御参府御勘定惣差引書」。本来定雇（じょうやとい）であった大名行列の人足は、藩財政の悪化とともにしだいに臨時雇に切り替えられた。これらの人足派遣を請け負う業者が出現した。六組飛脚問屋の米屋久右衛門は、伊勢（いせ）国桑名藩などに人足を供給していた。（米屋久右衛門・覚左衛門、安政六年（一八五九））

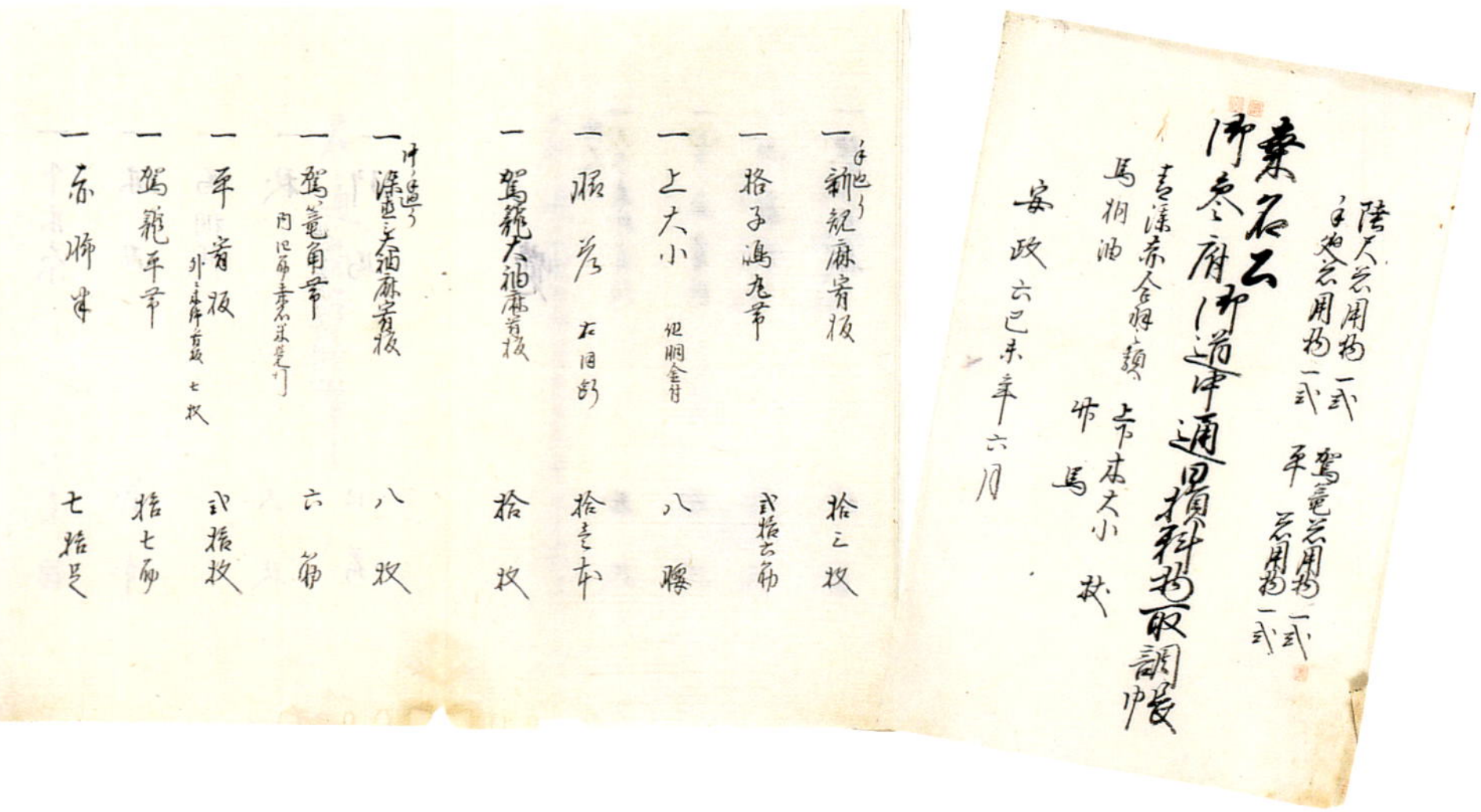

▶ **桑名藩への参府通日雇経費書上**　原標題「桑名公御参府御道中通日損料物取調帳」。通日は通日雇で国許から江戸、江戸から国許まで連続して雇われる人足のこと。

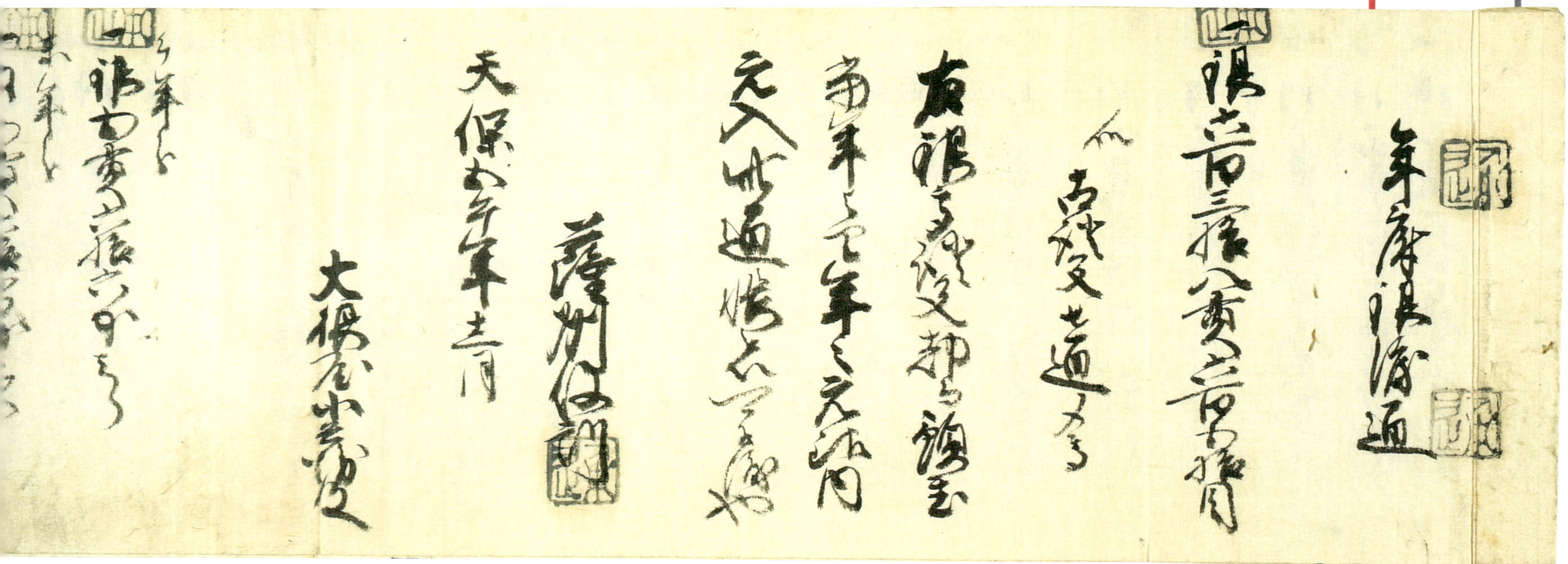

▲ **薩摩国鹿児島藩の借銀返済の通帳**（かよいちょう）　原標題「年府銀渡通（ねんぶぎんわたしかよい）」。高額な借財に苦しむ鹿児島藩が返済のため作成した文書。銀638貫余を借りた大坂の商人大根屋小兵衛（だいこんや・こへい）に対し、1年分の返済額が5貫66匁3分となっており、元金の返済だけでも125年かかる。鹿児島藩はこのような強硬手段や藩専売制の強化等により財政を建て直し、明治維新を推進したといわれる。（「薩摩藩借用銀記録」薩州役所作成、天保5年（1834）12月）

大名屋敷と江戸経済

全国の諸藩は、参勤交代《さんきんこうたい》制による大名妻子の江戸常住と、大名自身の江戸と国許《くにもと》の交互居住の義務化と、それに伴う江戸の藩庁機構の運営のため厖大《ぼうだい》な経費を必要とした。諸藩の収入のほとんどは年貢米であった。東北の諸藩は収納した米を江戸に廻漕《かいそう》し、売却して江戸経費を調達するのが一般的であった。西国《さいごく》の諸藩は、天下の台所といわれた大坂に廻漕し、売却代金を江戸に送金していた（この送金を合理化する過程で為替《かわせ》の制度が発展した）。

各藩からは米や金銭ばかりでなく建築資材や、のちには特産品なども廻漕された。また、参勤交代に随伴した家臣によって国許で支給された俸禄《ほうろく》が江戸で消費されることもあった。

このように江戸には全国から富が集まるようになった。これらの富は①藩主家族の生活費、②江戸の藩庁機構の諸経費、③藩主および藩の儀礼的交際費、④家臣や奉公人の生活費、などの形で消費された。これらの消費にかかわるかたちで多くの商人や職人、農民が大名屋敷に出入りした。出入りする商人のなかには、門の出入鑑札《でいりかんさつ》を持つ御用達《ごようたし》商人から、比較的自由に出入で

▲ 紀州国和歌山藩の御用通札　各藩は大名屋敷に出入りする職人・商人に「門札」や「出入札」と呼ばれる通行証を発給した。札には出入りする者の印鑑と藩の焼印が押され、出入りの時には門番が印鑑帳と照合した。この札は和歌山藩が麹町（こうじまち）七丁目（現千代田区麹町五丁目）の木具屋に給付したもの。（「紀州御用通札」文久元年（1861））

▲ 常陸国水戸藩邸大御納戸方通札　壺屋長次郎宛の通行証。出入りの際の所持品は挟箱（はさみばこ）と包、人数は2名で、昼夜の通行を許している。大納戸は藩主やその家族の衣服や道具を管理する部署。（嘉永元年（1848）3月）

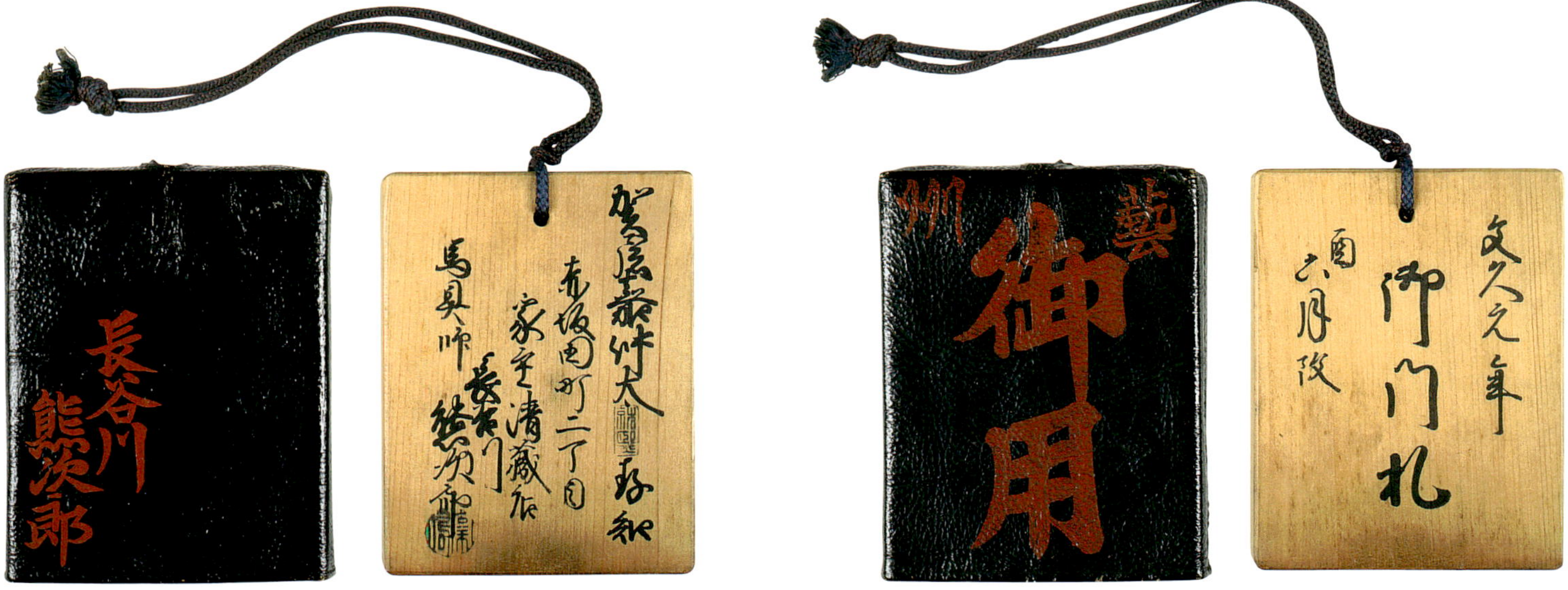

▲ 安芸国広島藩の屋敷通行証　広島藩が赤坂田町二丁目（現港区赤坂三丁目）の馬具師に給付した通行証。（「芸州御用御門札」文久元年（1861）6月）

▲ 一橋家屋敷出入の百姓通行証　御三卿（ごさんきょう）の一橋家（ひとつばしけ）が給付した出入札。商人・職人と同じように百姓もチェックされた。（「一橋家御用鑑札」天保9年（1838）10月）

きた棒手振《ぼてふり》商人まで様々であった。これらの商人にとって諸大名の江戸屋敷は、彼らの生活を成り立たせる上で不可欠な市場であった。

このように大名屋敷は、消費の主体として、都市江戸の経済を支える重要な役割を担っていた。

江戸時代後期になり、市場経済の進展とともに、年貢収入を基盤とする藩経済はしだいにいわゆる構造不況に陥り、困窮《こんきゅう》し、経費節減や収入増を図る藩政改革をしなければならなくなった。

旗本と御家人

旗本と御家人

江戸には、将軍直属の「直参《じきさん》」と呼ばれる禄高《ろくだか》一万石未満の武士が常住していた。直参のうち将軍に「御目見《おめみえ》」（謁見《えつけん》）できる者を「旗本《はたもと》」、そうでない者を「御家人《ごけにん》」と一般には称している。

旗本・御家人の俸禄《ほうろく》には、知行地《ちぎょうち》（領地）を与えられ、その年貢を収入とする「知行取《ちぎょうどり》」と、俸禄を幕府の米蔵から直接支給される「蔵米取《くらまいどり》」の二形態があった。

知行取の多寡《たか》は領地の米換算の総生産高を示す「石《こく》」（＝一八〇リットル、米一五〇キログラム）で表示された。蔵米取には支給される米の量を「俵《ひょう》」（三斗《と》五升《しょう》＝約六十三リットル、五十二・五キログラム）で表示される者と、「〇〇人扶持《ふち》」として一人あたり一日米五合（約〇・九リットル、七五〇グラム）の割合で月ごとに支給される「扶《ふ》持《ち》米取《まいどり》」がいた。「俵」で表示される蔵米取は春（1/4）・夏（1/4）・冬（2/4）に切って支給されたので「切米取《きりまいどり》」と呼ばれた。

なお蔵米取の中には、米ではなく現金を支給される者もいた。

旗本の屋敷は、将軍から下賜され、屋敷面積は禄高に比例するように規定されていた。御家人は、役職ごとに一括して屋敷地を拝領することが多かった。新宿区にある「百人町」は　徳川家康の関東入国のとき、警固にあたった伊賀組《いがぐみ》の鉄炮百人同心《てつぽうひやくにんどうしん》の屋敷が置かれたことに由来する。

旗本・御家人の数は、享保七年（一七二二）の記録では旗本五二〇五人、御家人一万七三九九人であった。旗本・御家人は、いざ合戦という時の兵員動員義務を規定した「軍役令《ぐんやくれい》」が適用されており、禄高に応じた家臣（陪臣、おおむね禄高の二パーセントの人数）を抱えていたので、俗に「旗本八万騎」といわれるが、将軍直衛軍の動員力を示すものとして必ずしも大袈裟《おおげさ》な数字ではないだろう（旗本・御家人の総禄高は三百万石といわれるので、陪臣は六万人という勘定になる）。

旗本・御家人は幕府の役職に就くことができた。役職に就くと役職手当に相当する役高・役金などが支給され、家禄を補うことができたので、旗本・御家人の多くは、就職を望んだ。しかし、江戸幕府は非常に小さな政府であったので役職数は相対的に少なく、猟官《りょうかん》運動が激しかったといわれる。

▲脇差・拵
幕臣山内六三郎所用。脇差は銀象嵌銘「いなは内匠頭」、拵（こしらえ）は石首魚石入溜塗（いしもちいしいりためぬり）。山内六三郎は文政9年（1826）生。元治元年（1864）の横浜鎖港談判遣仏使節、慶応3年（1867）のパリ万国博覧会に通訳として渡欧、帰国後榎本武揚（えのもと・たけあき）の軍に加わる。のち明治政府に仕え大正11年（1922）死去。

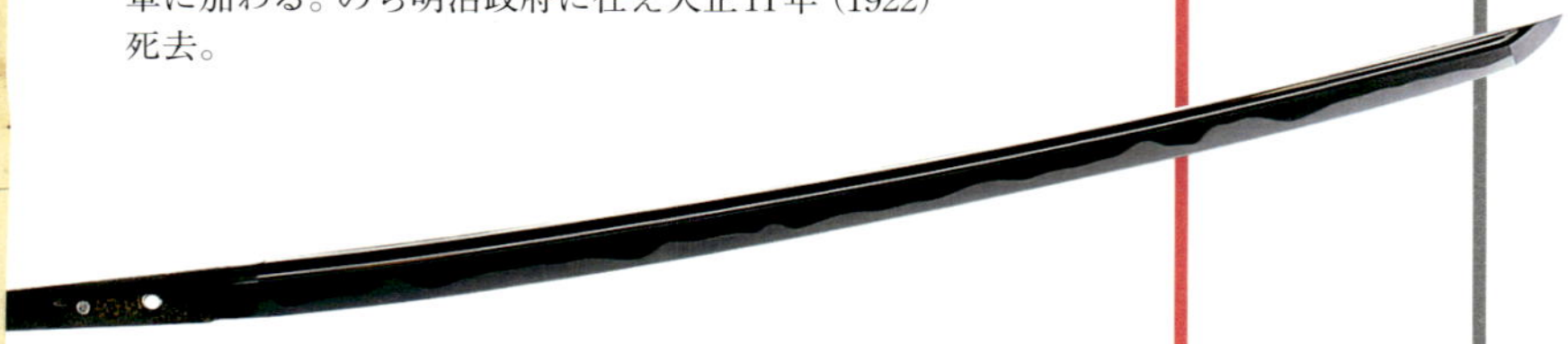

▲脇差
幕臣山内六三郎所用。金粉銘正宗。

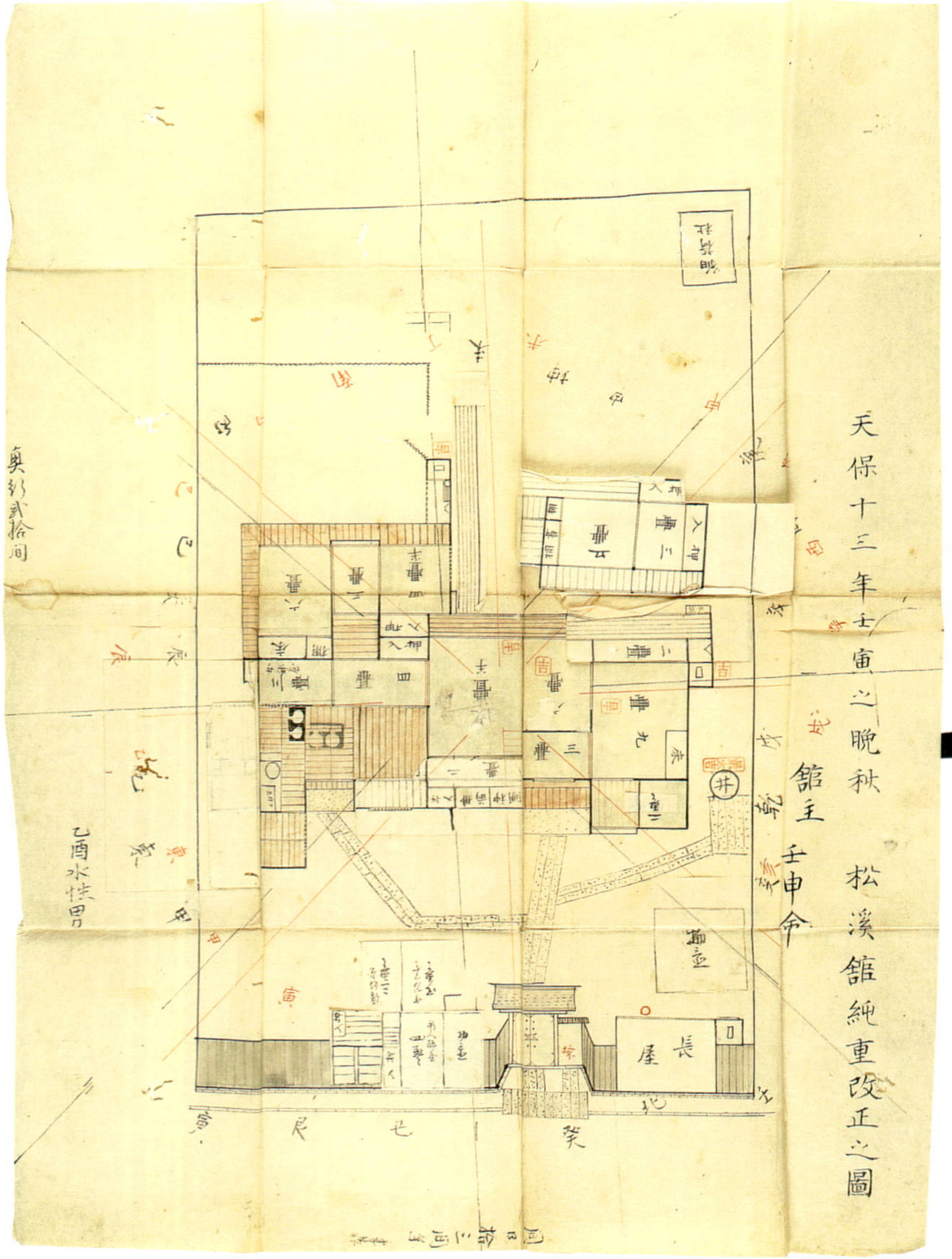

◀旗本の屋敷と伝えられる屋敷平面図
伝承では禄高400石の旗本今村益之允（ますのじょう）の屋敷平面図という。伝承どおりであれば里俗（りぞく）駿ヶ台大袋町（するがだいおおふくろまち）にあった258坪（851m^2余）の居屋敷（いやしき）。方位に凝っていたのか屋敷中央から放射状に線が引かれている。（天保13年（1842）9月）

▲旗本の礼装　肩衣（かたぎぬ）（裃（かみしも））浅葱麻地鮫文（あさぎあさじさめもん）丸に橘紋付（まるにたちばなもんつき）（江戸時代）

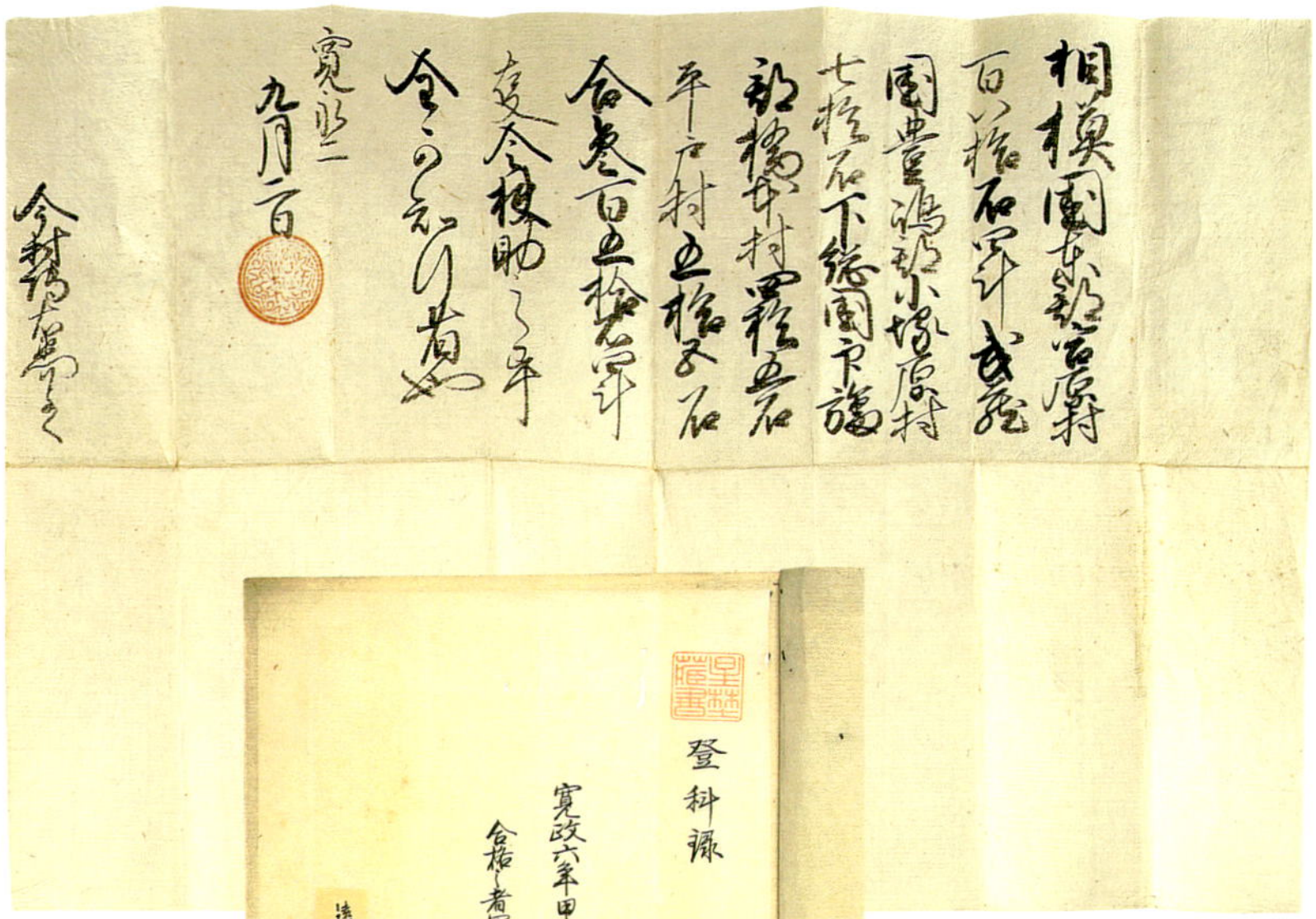

▶三五〇石余の采地の知行を保証した二代将軍徳川秀忠の朱印状　受取人は旗本今村伝右衛門正信（まさのぶ）。徳川家康に仕え、元和元年（一六一五）の大坂夏の陣では首二級を得た。子孫は書院番・小姓組の番士をつとめている。（寛永二年（一六二五）九月二日）

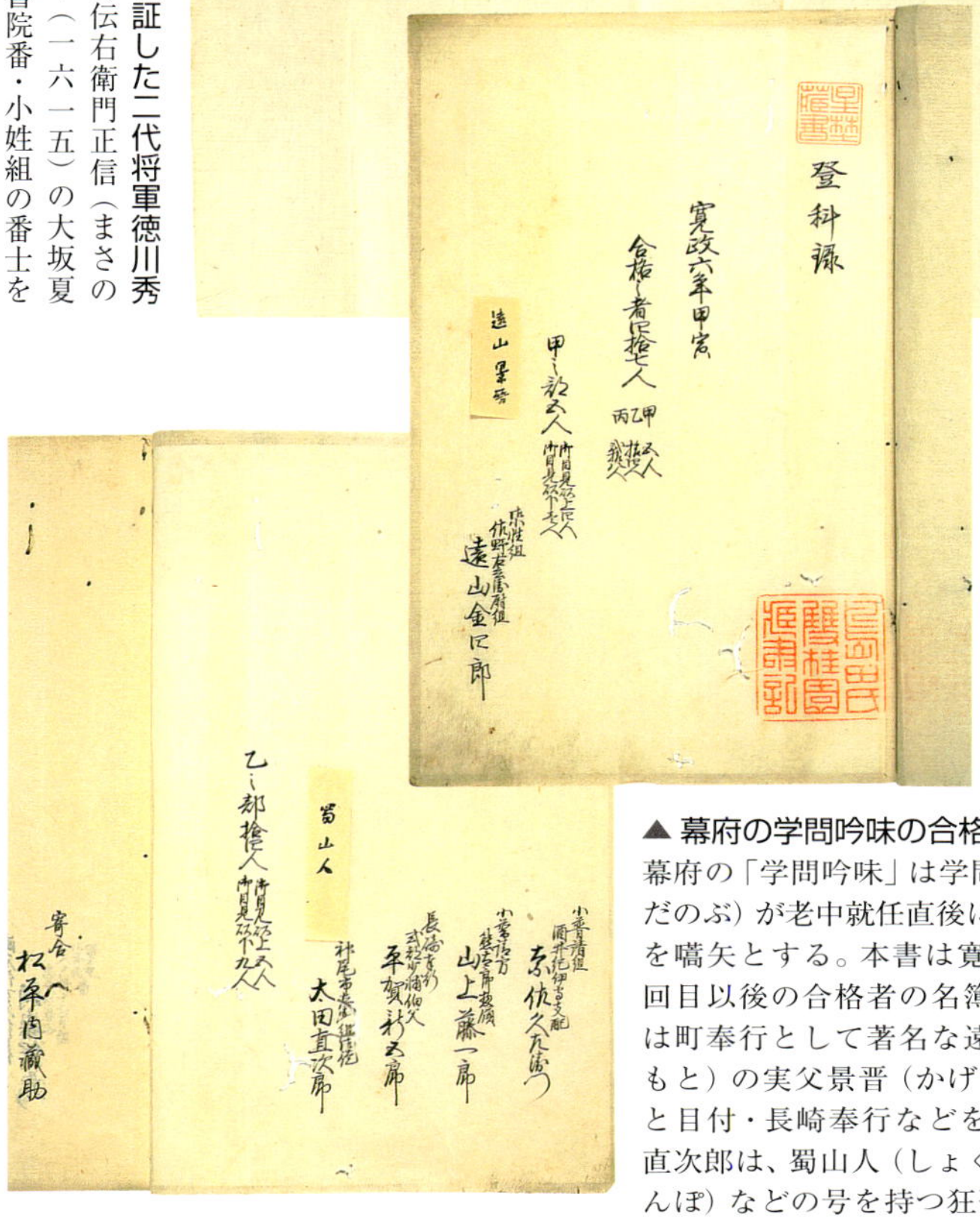

▲幕府の学問吟味の合格者を記した「登科録」　幕府の「学問吟味」は学問好きの松平定信（さだのぶ）が老中就任直後に実施した「儒生試験」を嚆矢とする。本書は寛政6年（1794）の第3回目以後の合格者の名簿。冒頭の遠山金四郎は町奉行として著名な遠山金四郎景元（かげもと）の実父景晋（かげみち）。景晋はこのあと目付・長崎奉行などを務めた。下段の大田直次郎は、蜀山人（しょくさんじん）、南畝（なんぽ）などの号を持つ狂歌師・戯作者（げさくしゃ）のこと。（慶応元年（1865）正月以降）

旗本・御家人の知行形態　宝永2年（1705）

蔵米取と知行取の換算値　1俵=1石

知行取　土地（旗本の場合は「知行地」・御家人の場合は「給知」と称する）をあてがわれる知行形態。

合計2482人

蔵米取（切米取）　俸給を米や金で受け取る知行形態。蔵米取の多くは、「切米取」といわれる年3回（春1/4、夏1/4、冬2/4）の分給方式であった。

合計1万7683人

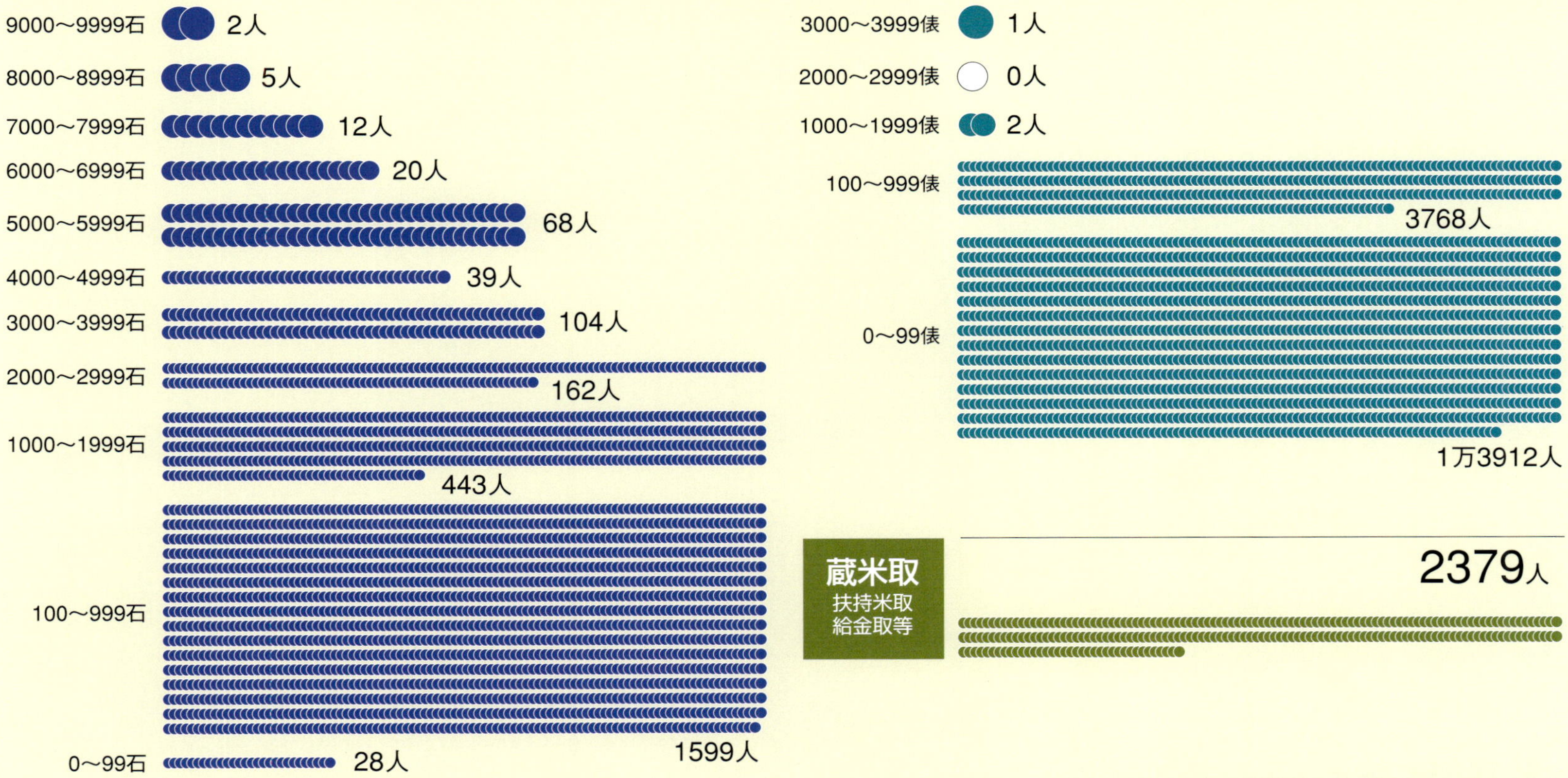

『御家人分限帳』（国立公文書館内閣文庫所蔵）により作成
参考:鈴木 壽「徳川幕臣団の知行形態」（『史学雑誌』第72編2号）

旗本と御家人の格式

旗本《はたもと》は就任する役職により、目見以上布衣以下《めみえいじょうほいいか》（略称「以上以下」）・布衣《ほい》・諸大夫《しょたいふ》に格付けされた。以上以下は旗本の役職就任者の大部分が属した。ここで立身すると布衣の格となった。布衣はもともと狩衣《かりぎぬ》の別称であったが、のちに官位の六位相当の者を指すようになった。さらに昇進すると従五位下《じゅごいのげ》に叙され諸大夫の格となった。諸大夫になると「越前守《えちぜんのかみ》」というような「守名乗《かみなのり》」が認められた。

前述のように旗本全員が役職に就けたわけではなく、全体の五割が非役であったという。非役のうち家禄三千石以上の者および布衣以上の職にあった者は寄《より》合組《あいぐみ》、それ以外の者は小普請組《こぶしんぐみ》に編入され、それぞれ寄合金・小普請金を徴収された。

なお、旗本の中には対朝廷の儀式・典礼などを家職とするため大名以上の官位に叙される高家《こうけ》や、所領内に居住し参勤交代を行う大名並の待遇をうけた交代寄合がいた。幕末段階で高家は二十六家、交代寄合は三十二家存在した。

御家人《ごけにん》の家格上の区分には、譜代《ふだい》・二半場《にはんば》（譜代准《じゅん》席《せき》）・抱入《かかえいれ》（抱席）があった。譜代は徳川家康・秀忠・家光・家綱の四代の間に留守居与力《るすいよりき》・同心などを務めた者の子孫で、代々家督相続が認められ、無役になると小普請組に編入された。二半場は譜代と抱入の中間の存在で、四代までに譜代よりも格下の与力・同心を務めた者の子孫で、退役後は目付支配無役と称する家督相続が許された。抱入は四代までに大番《おおばん》・書院番《しょいんばん》・町奉行《まちぶぎょう》の与力・同心に召抱えられた者、あるいは五代以降召抱えられた者の子孫で、退役すると御家人身分を失う「一代抱《いちだいがかえ》」であったが、実際は仕官していない部屋住みの子息などがそのまま召抱えられている。抱入の中には江戸時代中期以降困窮して、一代抱の権利をいわゆる「御家人株《ごけにんかぶ》」として売却する者が現れ、非武家が御家人となる道を拓いた。

▲ 旗本大熊善太郎所用軍扇

軍扇（ぐんせん）はもともと武士が陣中で用いた扇。上の写真は金地に紅、裏には紅地に金の日月が描かれている。（江戸時代末期）

▶ 旗本大熊家伝来の陣羽織

陣羽織（じんばおり）はもともと具足の上に防寒防雨のために着るものであったが、しだいに武士が野外の警護などの際威儀をただすために用いられるようになった。紋は丸に蔦（まるにつた）で大熊家の定紋（じょうもん）。（「丸に蔦紋陣羽織」江戸時代末期）

寺社奉行吟味物調役《じしゃぶぎょうぎんみものしらべやく》であった大熊善太郎喜住《よしずみ》は、天保十年（一八三九）十月勘定組頭に昇進し、同時に「永々御目見以上」の格式が認められた。つまり御家人から旗本になったのである。このあと喜住は代官、西丸広敷用人《にしのまるひろしきようにん》を歴任し、嘉永五年（一八五二）に佐渡《さど》奉行となり、翌年任地佐渡にて没した。この間弘化二年（一八四五）には布衣となっている。家禄は七十俵五人扶持から百俵となり、佐渡奉行就任と同時に二百俵に加増された。

▲五本骨扇に大の字紋大旗（ごほんぼねおおぎにだいのじもんおおはた）
大熊善太郎喜住が佐渡奉行在職中に佐渡への往復の船に毛槍（けやり）・吹流しとともに建てたもの。大きさは縦二二五センチメートル、横一四二センチメートル。江戸駿河町（するがちょう）三井越後屋（みついえちごや）で調製されたもの。（江戸時代末期）

▲旗本大熊善太郎関札
関札（せきふだ）は宿札（やどふだ）ともいい公家・大名・役人など宿泊した際、宿駅の出入口や宿舎の前に立てた札。佐渡奉行在職時に使われたものか。（江戸時代末期）

◀大炮模型
大きさは幅38.3、高さ35.5、奥行16.6cm。由緒は不明であるが、大熊家に伝わる。砲身の上部に「陥堅」の文字が鋳出されている。（江戸時代末期）

▶**別所家の家譜面**　原標題「赤松頼母方ヨリ別所家譜写遺候」。小普請別所左門時柯（べっしょさもんときかど）は享保九年（一七二四）八月十三日新設の甲府勤番に任じられ、甲府に移り住み、代々甲斐の地で勤番を務めた。家禄は二百石蔵米百俵であった。別所家は村上源氏の流れで、赤松氏の一族。遠祖の嫡流別所長治（ながはる）は播磨国三木城主で、天正八年（一五八〇）豊臣秀吉に攻められ自害した。当家譜は村上天皇から長治の甥重宗までの記載がある。（成立年代未詳）

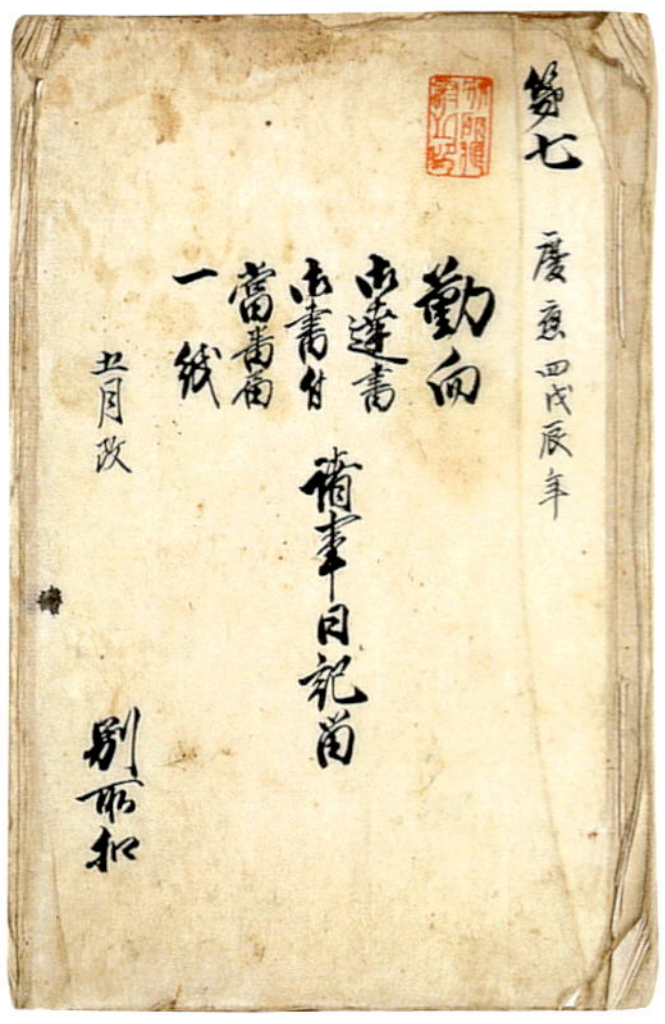

▶**甲府勤番の明治維新の記録綴**　原標題「勤向・御達書・御書付・当番届・一紙　諸事日記留」。慶応四年（一八六八）四月から七月十日に至る甲府勤番に関わる約六十点の書類の写し、諸改革の通達や、勤番士の身の振り方を示す書類などがあり、甲府勤番の解体過程がよくわかる。（別所重則、慶応四年（一八六八）七月）

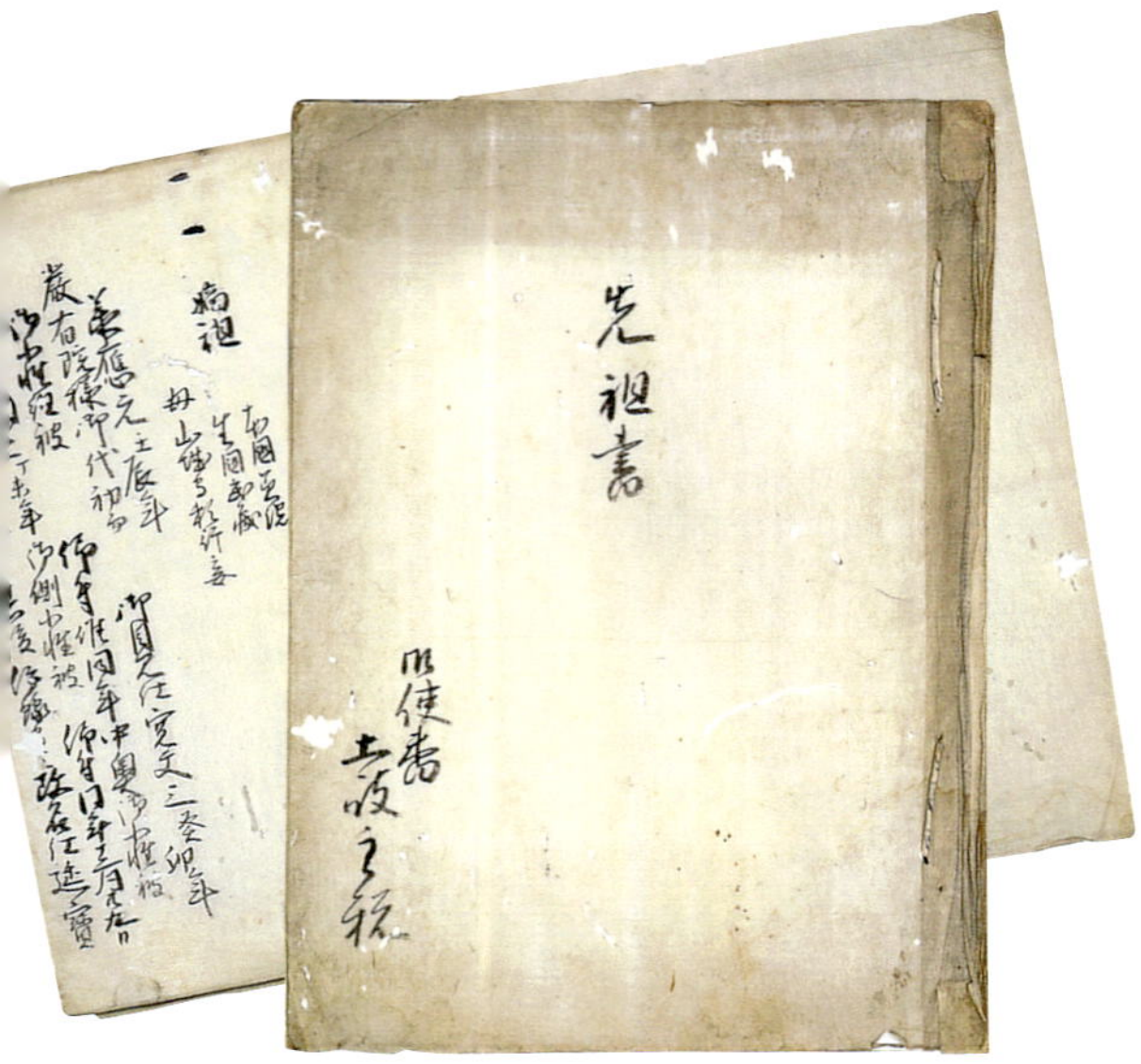

▲**旗本土岐頼香の先祖書**　旗本・御家人は新しい職につく際には、先祖書や親類書を提出することになっていた。作成時土岐頼香（よりたか）は使番兼火事場見廻番（つかいばんけんかじばみまわり）、翌寛政4年3月先手弓頭（さきてゆみがしら）に転じている。土岐家は清和源氏の流れを汲む。頼香は出羽国上山藩（現山形県上山市）2万5000石の藩主土岐頼殷（よりたか）を嫡祖としている。（寛政3年（1791））

八王子千人同心

江戸時代武蔵《むさし》国多摩《たま》郡八王子（現東京都八王子市）周辺に置かれた幕府直属の郷士集団が八王子千人同心《せんにんどうしん》である。起源は甲斐《かい》国（現山梨県）の武田氏の小人頭《こびとがしら》とその同心とされる。当初は江戸防衛を主目的に武蔵・甲斐の国境の警備を担い、長久手《ながくて》・関ヶ原・大坂の陣などに参加したが、承応元年（一六五二）以降は日光火の番が主な任務となり、ふだんは農業に従事していた。

組織は十人の千人頭（はじめ小人頭）が一人で十人の組頭（小頭《こがしら》）を率い、一人の組頭が九人の同心（小人あるいは中間《ちゅうげん》）を率いており、同心は組頭を含めて千人いたことになる。当初は老《ろう》中《じゅう》直属。享保年間（一七一六～一七三六）以降老中配下の鑓奉行《やりぶぎょう》の管轄となった。また千人頭は、旗本《はたもと》とされたが、明暦三年（一六五七）以降旗本の格式が与えられず、身分は勤役中は武士、それ以外は農民身分とされた。

時代を経るに従い、家計の窮乏《きゅうぼう》により同心株の売買が盛んに行われるようになり、千人同心は広範囲に分布するようになった。幕末には将軍上洛供《じょうらくぐ》奉《ぶ》、二次にわたる長州戦争に参加。文久三年（一八六三）には講武所奉行配下、慶応元年（一八六五）には陸軍奉行配下となり、翌慶応二年には千人隊と改称された。慶応四年の江戸城明け渡し後、彰義隊《しょうぎたい》に参加した者もいたが、千人隊は、同年六月九日に解隊された。

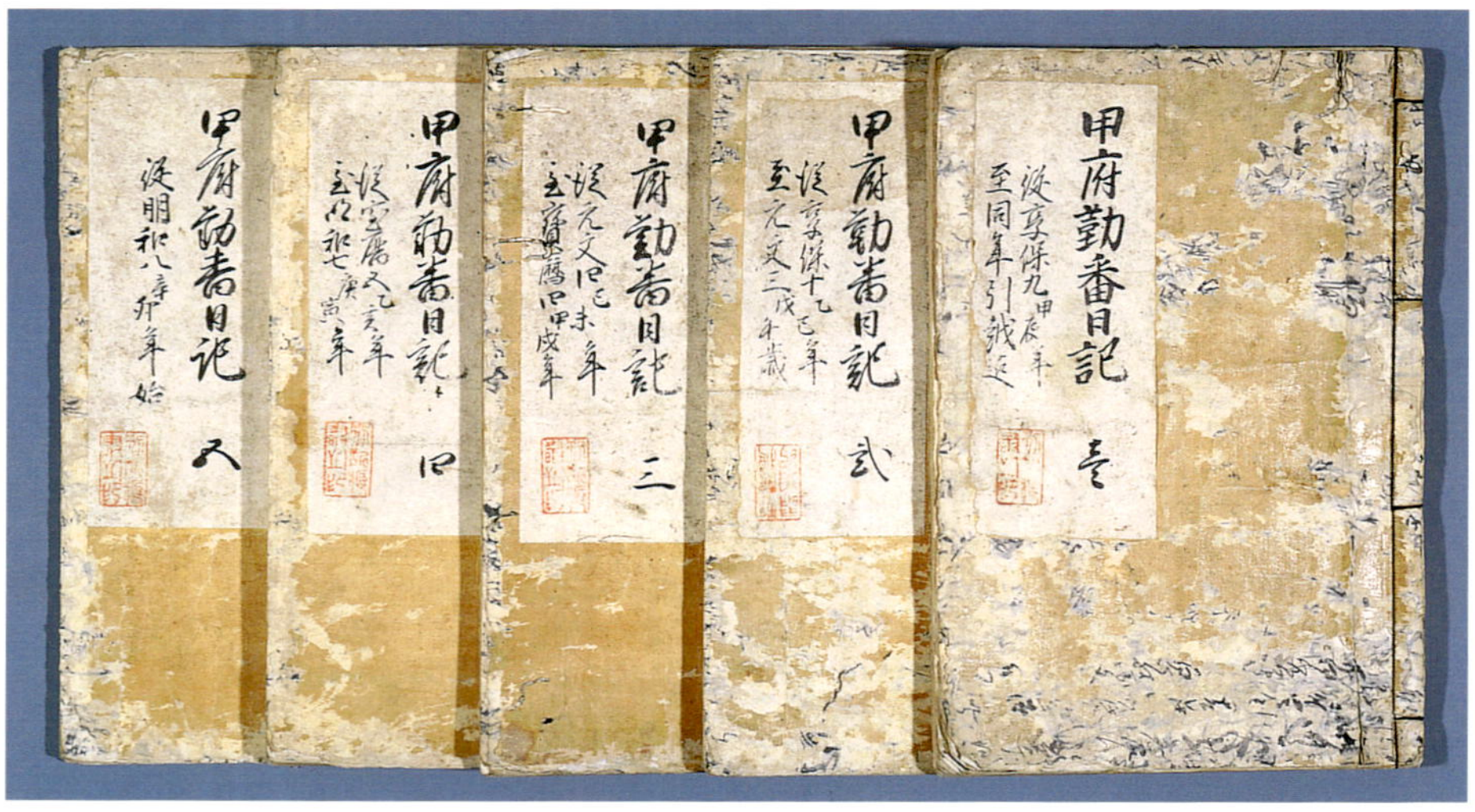

▲**「甲府勤番日記」**　甲府勤番の創設から制度安定までの記録、全五冊。甲府城請取、赴任の状況、業務の内容や諸々の出来事など、克明に記される。（享保9年～安永9年（1724～1780））

甲府勤番

享保九年（一七二四）甲斐国府中《ふちゅう》（甲府）藩主柳沢吉里《よしさと》の大和《やまと》国郡山《こおりやま》（現奈良県大和郡山市）転封《てんぽう》後、甲斐国一円は幕府直轄領となった。これにより甲府城警衛と城下の政務を行うため甲府勤番が設置された。大手《おおて》・山手《やまのて》の二組からなり、それぞれに勤番百人ずつ（うち組頭二人）・与力一騎・同心五十人が配置された。各組の長を勤番支配といい、知行高三千石で、格は遠国《おんごく》奉行の筆頭であった。

勤番士の多くは小普請組《こぶしんぐみ》から任命され、家禄は五百石から二百俵取りほどであった。この職を家職として代々受けついだ家も多い。勤番士の中で仮目付・武具奉行・破損奉行などに任じられた者には別に手当が支給された。

勤番支配や勤番士による江戸文化の移入および甲府の文運の興隆に果した役割は大きく、とくに甲府学問所（徽《き》典館《てんかん》）を設置した滝川利雍、『甲斐国志』を編集した松平定能らすぐれた人物が甲府勤番をつとめている。一方後期になると甲府赴任は「山流し」という体のよい配流として受けとめられていたという。

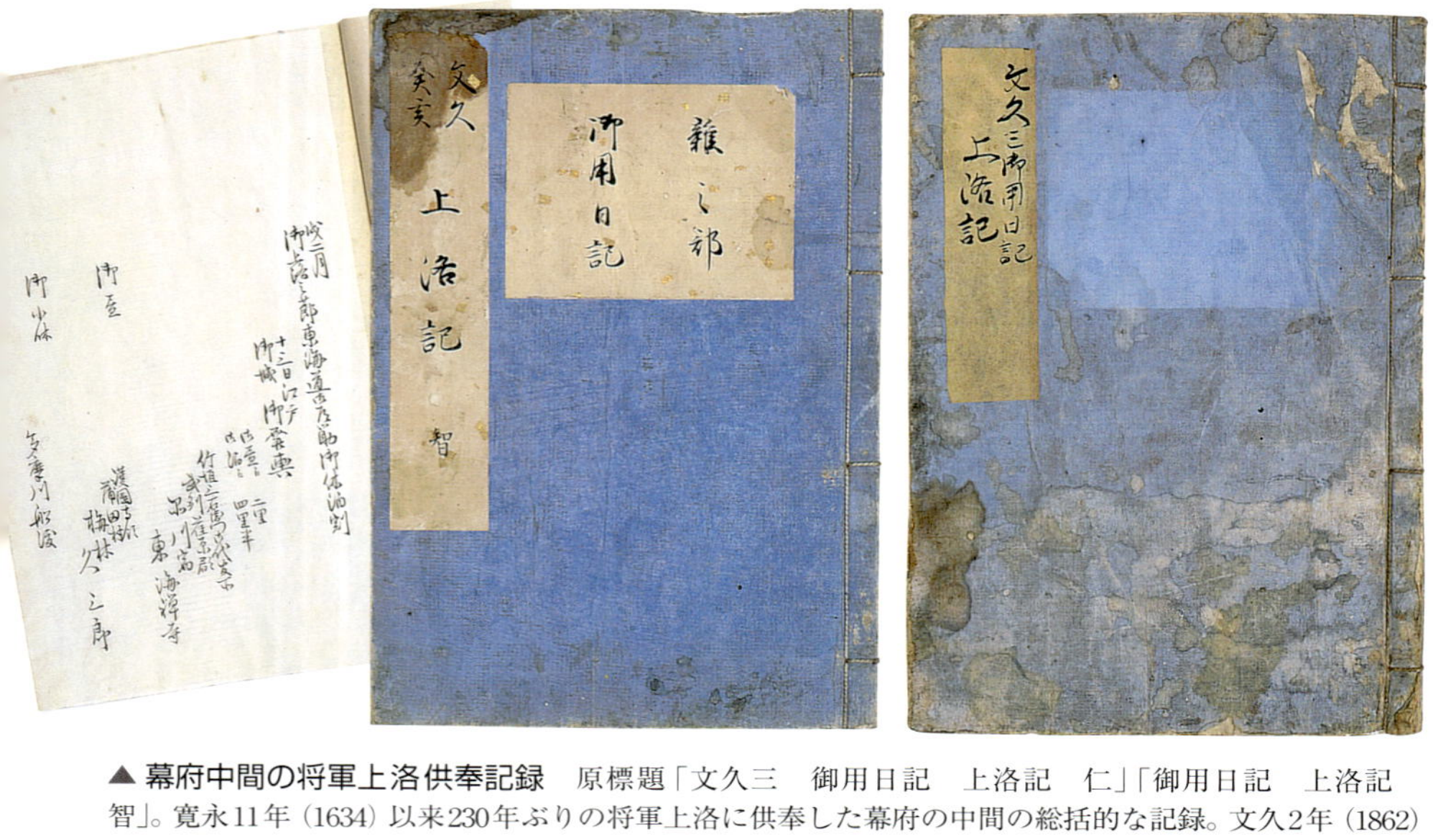

▲**幕府中間の将軍上洛供奉記録**　原標題「文久三　御用日記　上洛記　仁」「御用日記　上洛記　智」。寛永11年（1634）以来230年ぶりの将軍上洛に供奉した幕府の中間の総括的な記録。文久2年（1862）6月朔日の上洛発令から同3年9月の江戸帰着までが詳細に記されている。任務の一つであった馬の牽送の記述は興味深い。中間は15俵1人扶持で江戸城内諸門などの警備にあたり、将軍の遠行に供奉した。540～560余人が存在したとされるが、この時供奉した中間218人の名前が記されている。（高橋平之丞、文久2～3年（1862～63））

八王子千人同心河野組同心在村分布状況

参考：馬場憲一
「八王子千人同心の在村分布－その実態と変遷を中心に－」
『学芸研究紀要』第7集　東京都教育委員会　平成2年

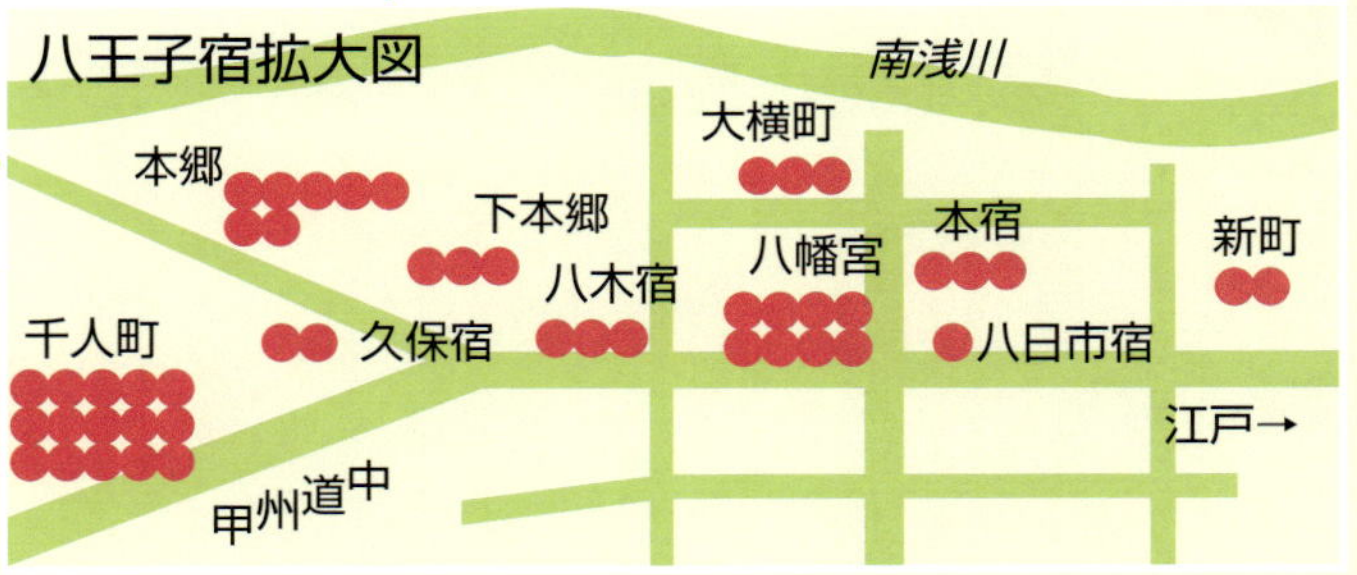

河野家文書「宝暦九年卯七月　千人同心人数覚帳」により 作成

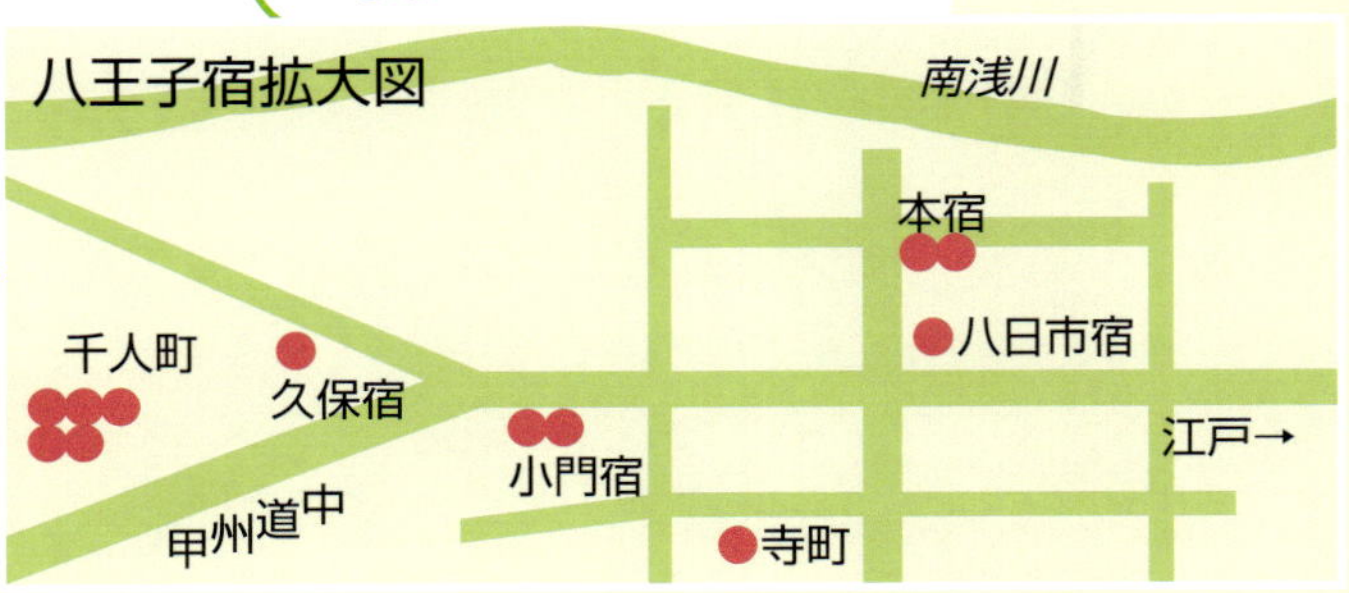

八王子千人同心は当初、甲州口防備のため千人町や甲州道中(多摩川以西)沿いに重点的に配置されていたと思われる。時代が下るにしたがい、千人同心株の売買が盛んに行われ、八王子千人同心は多摩の村々に拡散していった。

二宮光鄰「嘉永甲寅季秋　千人同心姓名在所図表」により 作成

町奉行

町奉行

江戸の町地とそこに住む町人の行政・司法・警察・消防などをつかさどるのが町奉行《まちぶぎょう》である。成立時期については諸説あるが、遅くとも寛永十年代（一六三三～四二）には、のちの町奉行につながる機能を備えた奉行が存在していた。

管轄《かんかつ》範囲は「江戸」の拡大に比例したと考えられるが、文政元年（一八一八）に朱引《しゅびき》線で江戸の範囲が確定された時点で、目黒付近を除いてひとまわり範囲が狭い墨引《すみびき》線内であった（四三頁参照）。朱引と墨引の間の地域は、「江戸」であっても代官が支配していた。

長官である町奉行は老中《ろうじゅう》支配に属し、役高三千石で、定員は南北の二名（元禄十五年（一七〇二）～享保四年（一七一九）は三名）であった。また町奉行は寺社奉行・勘定《かんじょう》奉行とともに三奉行と総称され、幕政の中枢に関与する実務官僚として最高審議機関である評《ひょう》定所《じょうしょ》一座の構成員となっていた。

町奉行は南北に分かれていた（奉行三人制のときは中奉行所が置かれた）。南北の名称は両奉行所の位置関係によるもので、管轄地域は同一であった。両奉行所は、町人からの訴願の受付けを月ごと交互に行う月番制をとっており、非番の奉行所は大門を閉鎖し、前月受理した訴願等の処理を行った。

町奉行所の属僚は、当初南北それぞれで与力二十五騎・同心五十人であったが、しだいに増員され、弘化四年（一八四七）には、南北合せて与力八十一人、同心二九三人となっている。与力・同心は八丁堀《はっちょうぼり》（現中央区内）の組屋敷に集住していたので「八丁堀」は、町奉行所役人の代名詞となった。

町方《まちかた》の支配は三人の町年寄《まちどしより》と、その配下の町名主《まちなぬし》を通じて行われ、民間の力あるいは自治によって町奉行所役人の少なさを補っていた。

▲ 手鎖の刑に用いられた手錠（江戸時代）

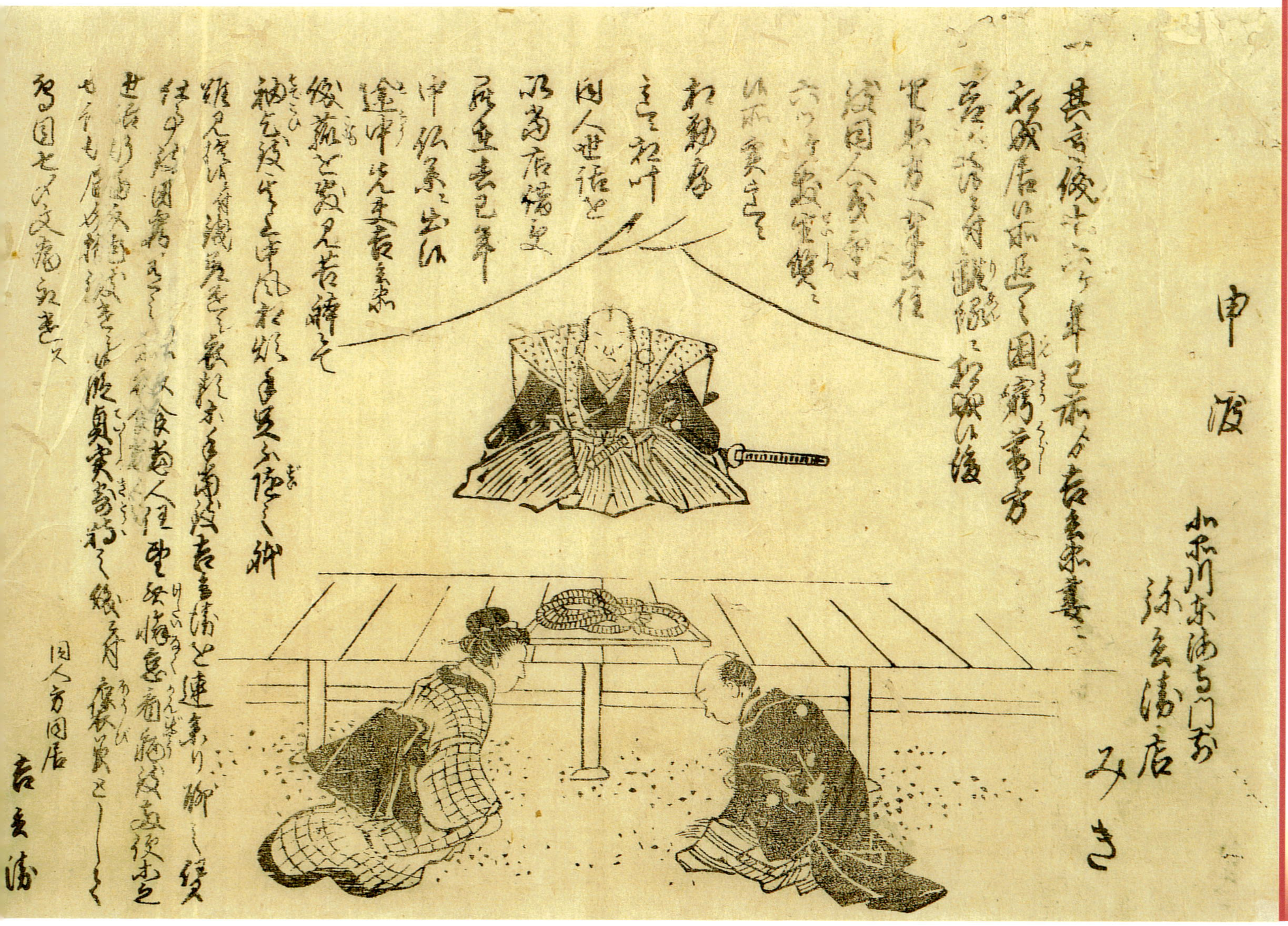

▲ 節婦（せっぷ）褒賞申し渡しの瓦版

北品川東海寺門前弥兵衛店（やへえだな）奉公人みきが、落ちぶれて中風（ちゅうぶう）となった前夫を怠りなく看病しているとして、北町奉行から褒賞として銭7貫文が下賜された。図では奉行の前に銭が置かれ、お白洲（しらす）に2人が座っているが、時代劇に出てくる縁側から白洲に降りる階段は描かれていない。（江戸時代末期）

町奉行所のしくみとしごと

弘化4年(1847)

- 町奉行
  - 内与力《ないよりき》　町奉行の家臣が就任
  - 与　力 ― 同《どう》　心《しん》
  - 同　心(三廻り等)
  - 牢屋奉行(石出帯刀《いしでたてわき》)

与力・同心の主な役目と人数

役目	与力	同心
年番　奉行所内の取締、人事、出納等	4人	11人
本所見廻り	2人	6人
牢屋見廻り	2人	6人
養生所《ようじょう》見廻り	2人	4人
町火消人足改め	6人	12人
町会所掛《かか》り	4人	6人
高積《たかつみ》見廻り　商品等の積み重ねの高さの取締	2人	4人
風烈《ふうれつ》廻り昼夜廻り	4人	6人
詮議《せんぎ》方　刑事事件の取り調べ 審理刑執行・民事の審理 和解勧告	10人	28人
市中取締諸色《しょしき》掛り　市中の取締全般	10人	29人
市中人別《にんべつ》掛り　戸籍簿の管理	3人	6人
隠密《おんみつ》廻り　特命の探索(三廻り)		4人
定《じょう》廻り　特命の探索(三廻り)		8人
臨時廻り　特命の探索(三廻り)		12人
その他22掛り	32人	151人
合計	81人	293人

南和男「町奉行－享保以降を中心として－」により作成

▲ 町奉行与力都筑十左衛門所用の朱房付十手(しゅぶさつきじって)　都築十左衛門の家は、祖父彦右衛門が元禄15年(1702)に町奉行与力になって以来、代々与力を務めた。十左衛門は享保13年(1728)に見習となり、父兵右衛門が病気引退した元文4年(1739)与力となった。十手は捕吏が所持した小型武器で、町奉行所の与力・同心は朱の房紐(ふさひも)をつけた。(江戸時代後期)

▲ 女性用火事頭巾　火事の多かった江戸では火事装束という消防・防災着が作られた。町奉行与力都築家に伝わるこの頭巾は、首から襟(えり)にかけて厚手の綿布を用いており、大名家仕立てのように華やかでなく、下級幕臣の家ならではの質素なものである。(江戸時代後期)

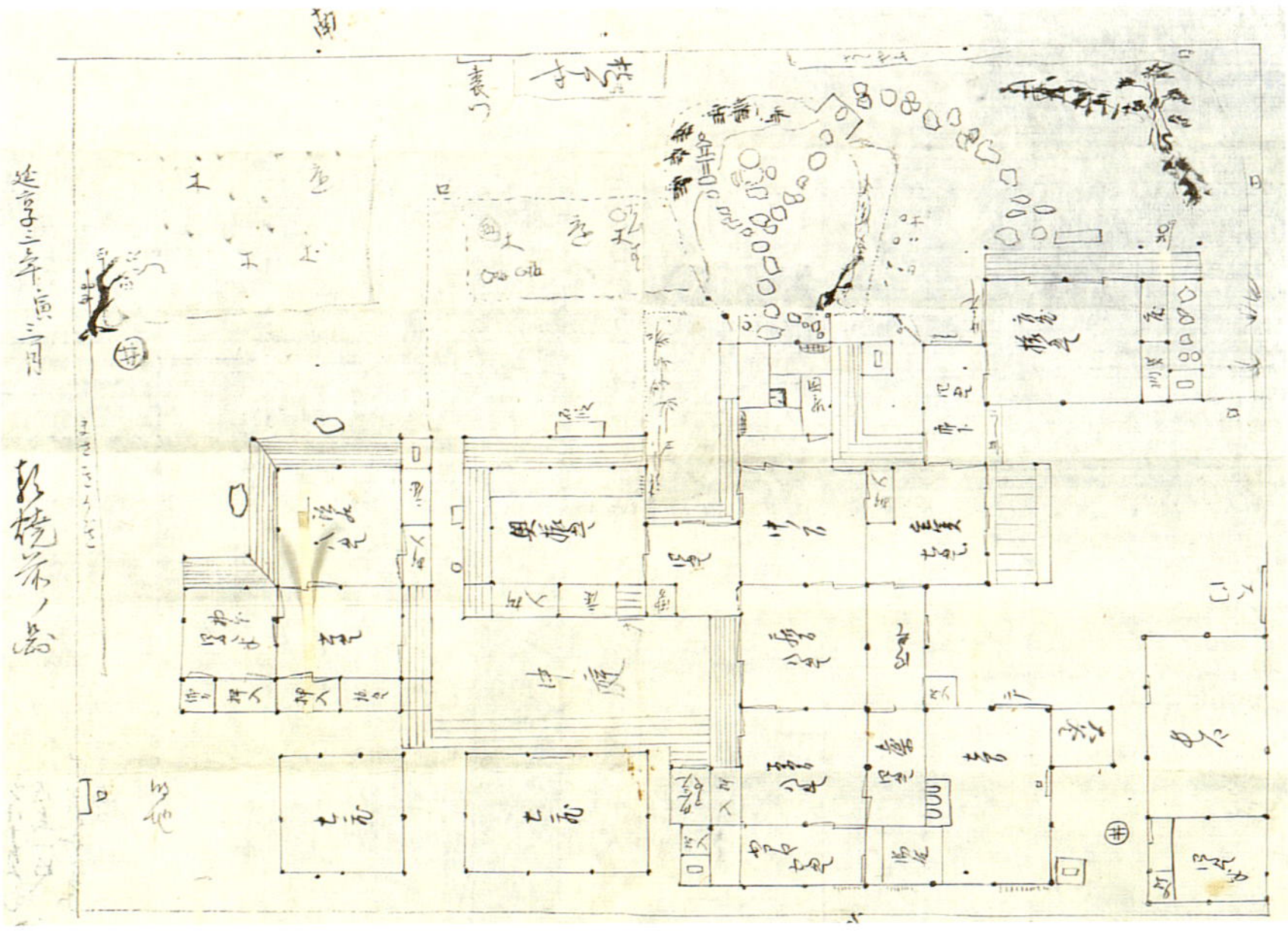

▲ 町奉行与力都筑十左衛門屋敷平面図　原標題「都筑十左衛門宅普請絵図」。与力の家禄は200石、屋敷地は250坪(825平方メートル余)であったという。本図は延享3年4月の大火で焼失前のもの。小規模ながら武家屋敷の格式を備えている。(延享3年(1746)以前)

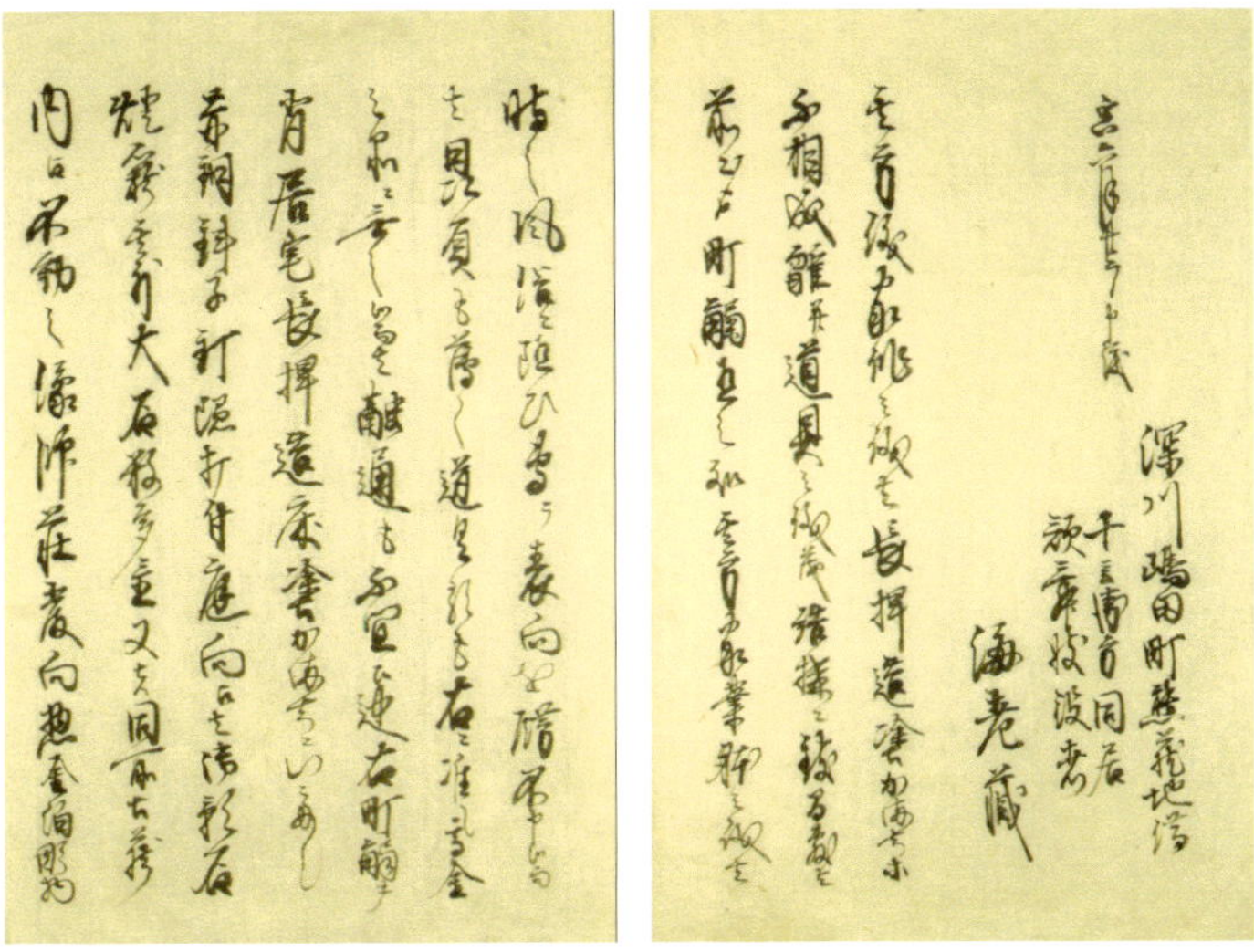

▲ 天保改革の奢侈禁止令で処罰された歌舞伎役者市川海老蔵の記録(「海老蔵一件」)　歌舞伎役者五世市川海老蔵(七世團十郎の後名)は居宅に贅(ぜい)をつくし、高価華美の品を所持していたとして、町奉行鳥居甲斐守忠耀(ただてる)により江戸十里四方追放に処された。当代の人気役者だけに奢侈禁止推進のための見せしめであったと考えられる。海老蔵はのち赦されて江戸に戻り、歌舞伎十八番を制定した。(天保13(1842)6月22日／申渡)

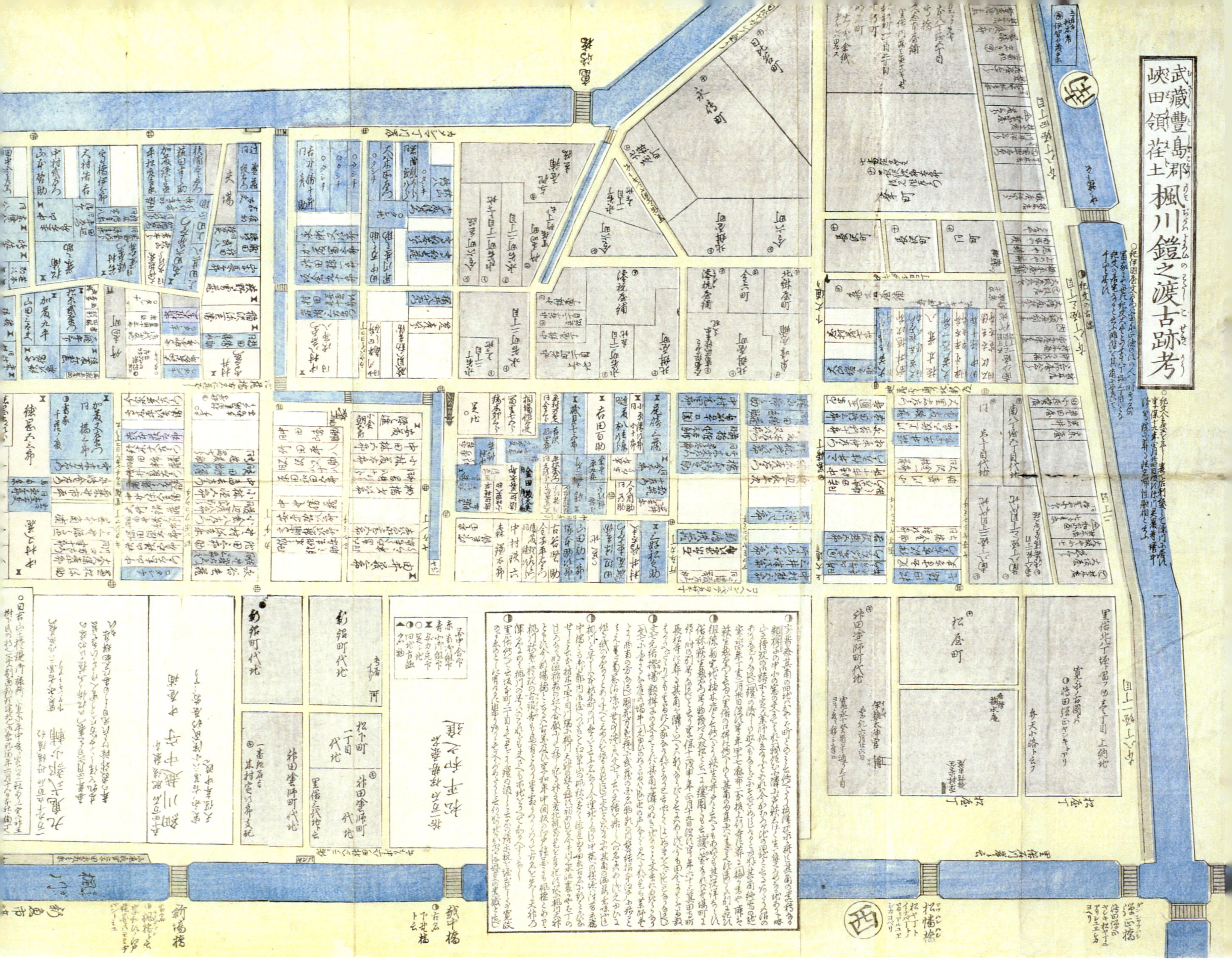

▲**町奉行所の与力・同心の組屋敷があった八丁堀の地図**　原標題「武蔵豊島郡峡田領荏土 楓川鎧之渡古跡考（むさしとしまこおりさくだりょうえど もみぢがわよろいのわたしこせきこう）」。「八丁堀（はっちょうぼり）」はもともと図の右下から上に伸びる堀の名称であったが、この地域に町奉行所役人の組屋敷が置かれ、この役人たちを「八丁堀の旦那」と呼ぶようになってから、この一帯を指す里俗名（りぞくめい）となった。幕末の切絵図を見ると役人たちの敷地の一部を医者や儒者などに貸与し、副収入を得ていた状況がよくわかる。（池田英泉写、弘化2年（1845）成立）

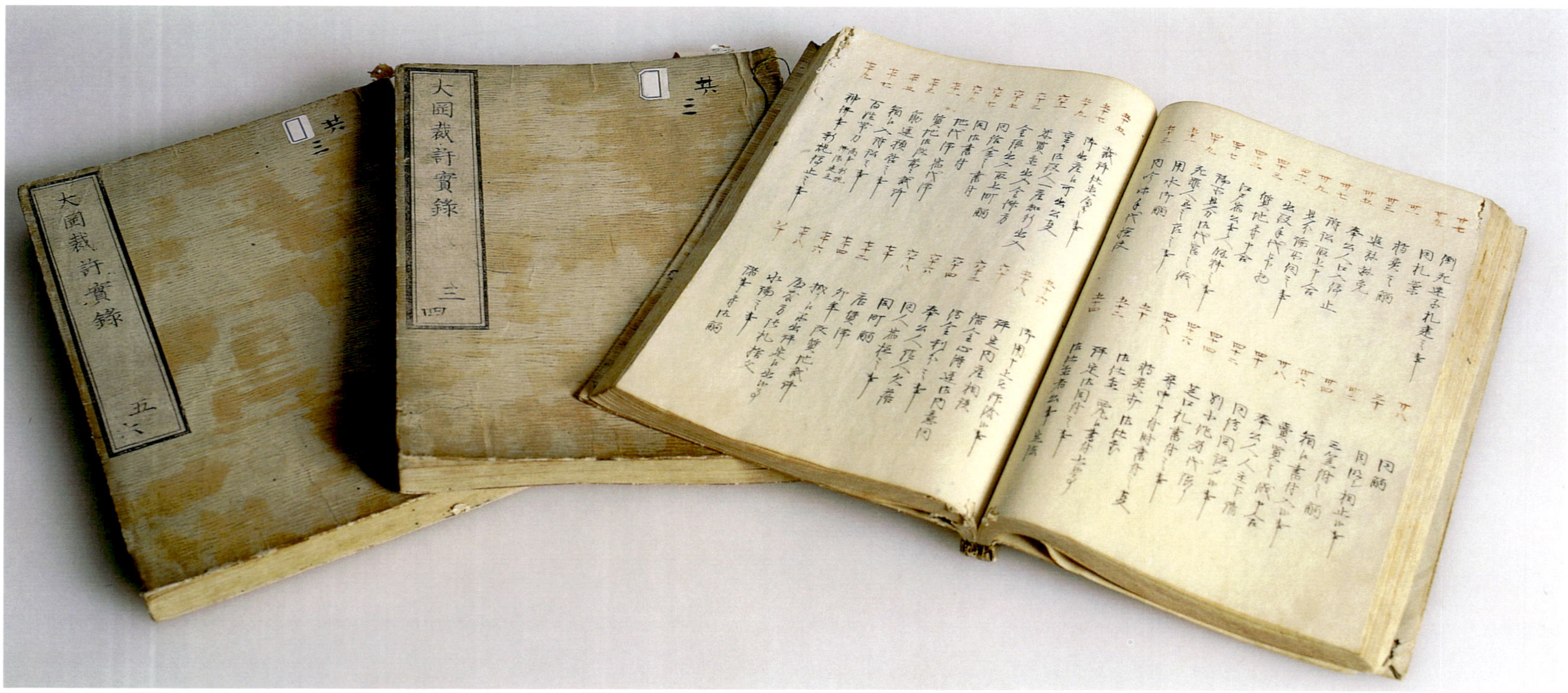

▲**「大岡裁許実録」**（全3冊）　大岡忠相にかかわる法令・訴訟・刑罰・判例等247項目の記録綴。江戸時代は前例が重んじられ、このような写本の形で後世に伝えられた。重大事案については「越前守」名で上部審議機関である評定所へ伺いを出していることがわかる。（江戸時代後期写）

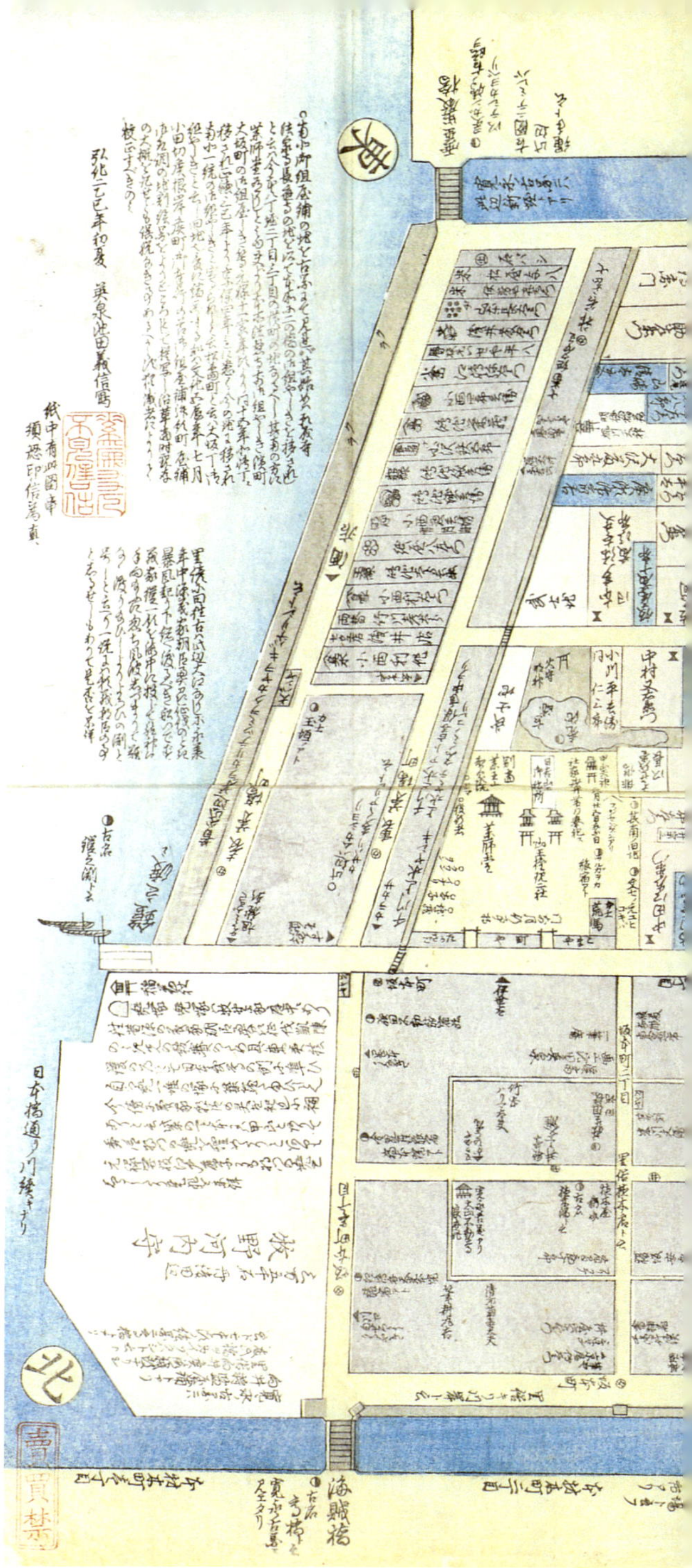

大岡忠相と遠山景元

名町奉行《まちぶぎょう》といえば、大岡越前守忠相《えちぜんのかみただすけ》と遠山左衛門尉景元《さえもんのじょうかげもと》が挙げられる。

大岡忠相は旗本大岡忠高《ただたか》の三男で、同族の忠真《ただざね》の養子となり二十三歳で家督を継いだ。実の母方の高祖母は徳川家康の異父妹多劫姫《たごひめ》である。家督時の石高は一九二〇石。目付《めつけ》・伊勢山田奉行などを歴任、享保二年（一七一七）四十一歳で南町奉行となり、「越前守」の名乗りが許された。八代将軍徳川吉《よし》宗《むね》の信任篤《あつ》く、元文元年（一七三六）寺社奉行に転出するまで十九年在職した。この間、江戸町人の生活の安定や向上のため産業の振興、物資・商品流通の整備、町火消の設置、小石川養生《こいしかわようじょう》所《しょ》の創設などを行い、評判を高めた。家禄も順次加増され、寺社奉行就任とともに三河《みかわ》国西大平《にしおおひら》藩（現愛知県岡崎市）一万石の大名となった。忠相の名声の高まりとともに、後に「大岡政談」が作られるが、忠相の事績はほとんどないという。

遠山景元は、長崎奉行を務めた景晋《かげみち》の長男であったが、複雑な家庭事情のなか紆余曲折《うよきょくせつ》の末、文政十二年（一八二九）家督相続のあと、小普請《こぶしん》奉行・勘定《かんじょう》奉行などを歴任し、天保十一年（一八四〇）四十七歳で北町奉行となった。しかし老中水野忠邦《ただくに》の天保改革を忠実に実行し、庶民から恐れられた南町奉行鳥居忠耀《ただてる》と対立し、三年で大目付に転じた。水野・鳥居が失脚したあと弘化三年（一八四六）に南町奉行に再任され、嘉永五年（一八五二）まで在職した。景元は若い時に無頼の徒と交わり、市井《しせい》の事情に通じていたことから町人の支持を受けたという。また景元は、「左衛門尉」を名乗る前の「金四郎」という名の方が馴染みが深く「遠山の金さん」と呼ばれている。なお、景元の背中には桜吹雪の彫物《ほりもの》があったといわれるが、事実か否かは不明である。

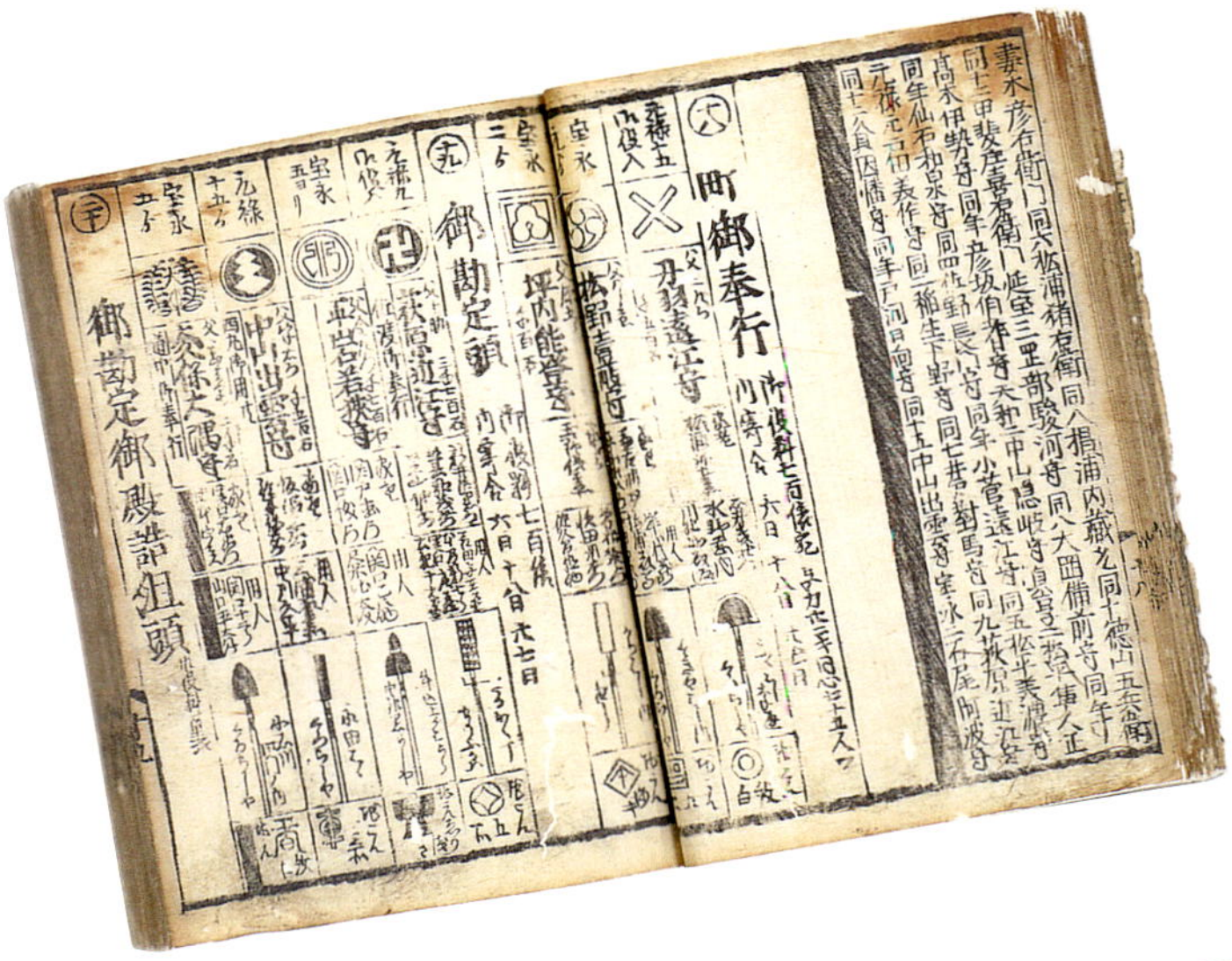

◀ 3人の町奉行の名が記された武鑑（「正徳武鑑」）
町奉行の定員は2名であったが、元禄15年（1702）から享保4年（1719）までの17年間は3名に増員された。増設の町奉行所は南・北の奉行所の中間に位置する鍛冶橋門内（かじばしもんない、現東京駅八重洲中央口付近）北方に置かれ「中之御番所」俗に「中町奉行所」と呼ばれた。丹羽遠江守は中町奉行の長守（ながもり）、松野壱岐守は南町奉行の助義（すけよし）、坪内能登守は北町奉行の定鑑（さだかね）。なお松野助義の後任が大岡越前守忠相であった。（須原屋茂兵衛板、正徳元年（1711））

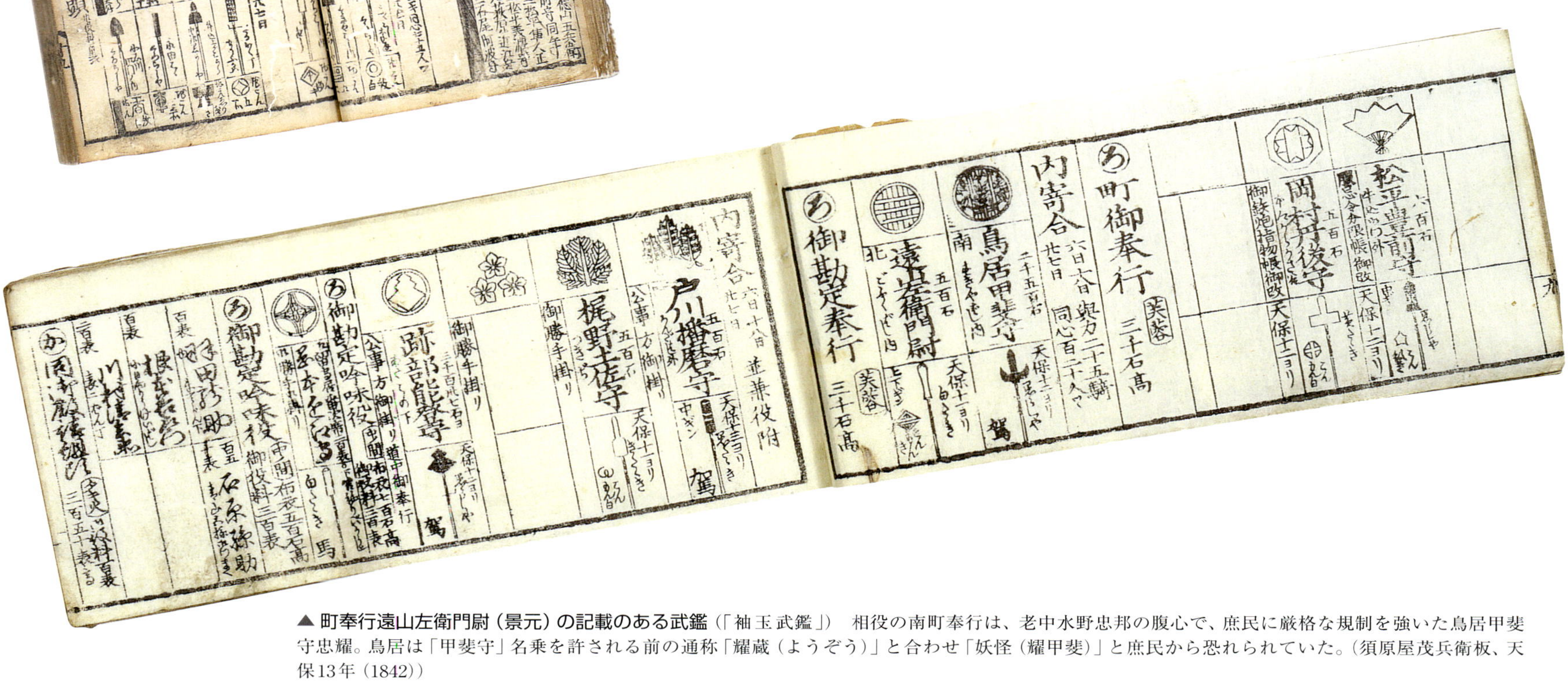

▲ 町奉行遠山左衛門尉（景元）の記載のある武鑑（「袖玉武鑑」） 相役の南町奉行は、老中水野忠邦の腹心で、庶民に厳格な規制を強いた鳥居甲斐守忠耀。鳥居は「甲斐守」名乗を許される前の通称「耀蔵（ようぞう）」と合わせ「妖怪（耀甲斐）」と庶民から恐れられていた。（須原屋茂兵衛板、天保13年（1842））

梅樹螺鈿提重（ばいじゅらでんさげじゅう）

彩色の裏打ちをした薄い青貝を用いた漆器。花見弁当の提重として作られた品。四段の重箱や方盆、箱に紅白の梅樹を、螺鈿装飾で表す。銀製の徳利も二つ付いている、青貝細工で知られた長崎の漆器である。（江戸時代後期から幕末）

朝鮮通信使行列図版画

江戸に向かう朝鮮通信使の一行を描いたもの。明暦度（明暦元年（一六五五））以降の朝鮮通信使は、新将軍の宣下（せんげ）を祝う名目で来日した。琉球の慶賀使とならんで、鎖国体制下にあった日本における数少ない外交使節であった朝鮮通信使には、沿道の人々ばかりでなく、多くの人々の耳目を集めた。（江戸時代後期）

江戸と長崎

17世紀における江戸幕府の外交

年　号	法令の内容	事件など
慶長17年（1612）	幕領を対象にキリスト教禁止令。翌年全国へ同令を布告。	
元和2年（1616）	オランダ船・イギリス船の入港を長崎と平戸に限る。	
＊寛永10年（1633）	奉書船以外の海外渡航・帰港を禁止する。	
＊寛永12年（1635）	日本人の海外渡航と帰国を禁止し、中国船の来航を長崎に限定。	
寛永13年（1636）	ポルトガル人との混血児をマカオに追放。	
寛永14年（1637）		島原・天草一揆起こる。
＊寛永16年（1639）	ポルトガル船の長崎来航を禁止、オランダ・中国のみに通商を許す。	
寛永17年（1640）		貿易再開を求め来航したポルトガル船を焼討ち
寛永18年（1641）	オランダ商館を平戸から長崎出島へ移す	

江戸幕府の外交

鎖国制下にあった江戸時代の日本は、「鎖国《さこく》」の語義からくるイメージから、諸外国から国を完全に閉ざしていたと誤解されがちである。しかし江戸幕府は、対《つ》馬《しま》（対朝鮮《ちようせん》）・薩摩《さつま》（対琉球《りゆうきゆう》）・長崎（対オランダ・清《しん》）・松前《まつまえ》（対アイヌ）のいわゆる「四つの口」といわれる外交・通商チャンネルを持ち、これらを厳格な管理下におく貿易体制を敷いていたのである。

一六三〇年代に確立する幕府の管理貿易体制は、清や朝鮮でも見られた貿易体制に類似していることなどから、近年では鎖国にかわって海禁《かいきん》という歴史用語を用い、ひろく北東アジア共通の体制として理解する必要性が指摘されている。

しかし、鎖国制を幕府による管理貿易体制とのみ理解するのであれば、それは不十分である。なぜならばキリスト教の禁教体制の確立は、外交のみならず江戸幕府の支配原理にかかわる重要な意味を持っていたからである。したがって鎖国制とは、①対外貿易の管理体制、②キリスト教禁教体制、③日本人の海外渡航帰国禁止を中核とする支配体制であった、と理解すべきであろう。

こうした鎖国制の本質を理解しようとすれば、鎖国制の成立過程を以下のような歴史的な文脈のなかに位置づける必要がある。第一に、鎖国制という制度を通じて江戸幕府が、東アジア一帯にひろがりを見せた日本人社会を、再び国内に閉じこめ、厳しい管理貿易体制を構築しようとしたのは何故なのかという点、第二に、江戸幕府の確立のなかでキリスト教の邪宗門化がかくも厳格に行われたのは何故なのか、という観点である。

鎖国制　そもそも鎖国とは、元禄年間（一六八八～一七〇四）に二度の参府を果たしたドイツの博物学者、エンゲルベルト・ケンペル（一六五一～一七一六）の『日本誌』（原著初版一七二七年）を、享和元年（一八〇一）に『鎖国論』として翻訳した志筑忠雄《しづきただお》の造語であり、幕府の外交政策を鎖国と表現したものではなかった。そのことを確認するために、十七世紀における江戸幕府の対外政策関連法令を略記すれば上の表のようになる。

上表に記したうちの法令（＊印）が一般に鎖国令と呼ばれる法令である。まず注目すべきは、当然のことながら、鎖国という言葉が存在しないという十七世紀段階なので、鎖国令なる法令は存在しないという点である。一般に鎖国令と呼ばれる法令が、鎖国を命ずる法令ではなく、後世の人間が日本をして鎖国状態をもたらした一連の法令群を一括して鎖国令として理解してきたことがよくわかる。

近年の研究によれば、「鎖国」という言葉が広く定着したのは、幕末期の対外交渉の過程であったことが判明している。幕府は、諸外国に対する外国や通商を拒否する理由として、「鎖国」を祖法《そほう》、すなわち国をひらいた祖先以来続けてきた、国家統治上の根本原則である、と繰り返し主張した。その後、諸外国との交渉を拒否する論理として使われた「鎖国」を、十七世紀に確立した江戸幕府の外交政策の基本を示す言葉として定着させたのは、戦前の日本史研究者たちであった。

朱印船貿易と日本人町　朱印船貿易《しゆいんせんぼうえき》は、中世の勘合貿《かんごうぼう》易《えき》に類似しているが、最大の違いは勘合貿易が国家間貿易であったのに対して、朱印船貿易は、徳川家康によって認可された大名の私的貿易であった点である。江戸時代初期、家康から対外貿易の許可書を獲得していた大名は、島津忠恒《ただつね》・加藤清正《きよまさ》・細川忠興《ただおき》・松浦鎮《まつらしげ》信《のぶ》・鍋島勝茂《なべしまかつしげ》・亀井滋矩《しげのり》・松倉重正《しげまさ》・五島玄雅《はるまさ》・有馬晴《はる》信《のぶ》・竹中正重《まさしげ》など、実に多数に及んだ。また家康の信任を得ていたイギリス人のウイリアム・アダムス、オランダ人のヤン・ヨーステンも朱印船貿易に従事した。この時点で東アジア一帯に展開した日本人町の所在地・日本人の居住地は、ツーラン、フェフォマニラ、アユタヤ、プノンペン、トンキン、チャンパ、ユエ、マラッカ、ブルネイ、マカオなど東アジア全域に拡大していた。このように、多くの日本人が東アジア世界へ雄飛した戦国期から江戸時代初期は、日本の大航海時代といわれる。

豊富な金銀の産出と国外への流出　戦国時代から江戸時代初期にかけて、国内に豊富な埋蔵量を誇る金山・銀山が発見され、金、銀、銅といった貨幣素材となる貴金属の産出量が飛躍的に増大した。対外貿易を通じ世界へ流れ出した日本の貴金属の量は、世界各地の貴金属相場に影響を及ぼすほど巨大なものであったと推定されている。この時期、日本の対外貿易の発展は、この貴金属類の豊富な産出という条件を抜きには考えることができない。

　この時期に日本から海外に持ち出された貴金属量の具体的数値を示そう。ポルトガルは、中国産の生糸《きいと》を日本へ持ち込み、日本から銀を持ち帰ると、その利益率は、三割〜六割に達したといわれている。対日貿易によって獲得した銀は、一年間で十八〜二十二トンにも達する膨大な量であった。

　江戸幕府が管理貿易体制を敷こうとした動機は、こうした貴金属の大量流出に歯止めをかける点にあった。そのため成立当初の江戸幕府は、糸割符制度《いとわっぷせいど》（慶長九年〜明暦元年（一六〇四〜五五）をもうけて、生糸を一括購入し、これを国内商人に転売することによって輸入価格を抑えようとした。糸割符制度を有効に機能させるためには、抜荷《ぬけに》をいかに防止するのかが肝要であった。輸入場が長崎に限定されたのもそのためであった。幕府は、生糸輸入を一個所に限定し、一手に買い叩く仕組みを作り上げようとしたのである。

朱印船貿易の禁止　中国製生糸が大量の貴金属と交換されたという事実は、日本国内における旺盛な生糸需要を示すものであり、生糸を日本にもたらすポルトガル商人だけでなく、日本国内に生糸を販売する貿易商人たちにも多くの利潤をもたらしていたことを示している。幕府は、朱印船貿易によって大名たちが直接海外貿易へ乗り出すことを認めていたが、日本から海外への貴金属流出を防ぎ、対外貿易によって諸大名が経済力を蓄えることを防ごうとした。朱印船貿易は、管理貿易体制の要である糸割符制度と矛盾しており、糸割符制度の確立過程で、姿を消していき、一連の鎖国令による海外渡航の禁止によって完全に終息することとなった。

　幕府が諸大名の反抗を未然に防ごうとすれば、管理貿易体制が重要な役割を果たすことは、薩摩藩の事例をみればよくわかる。幕末の段階になって、倒幕派の中核勢力となった薩摩藩の経済力は、琉球との密貿易に依存する側面が強かった。幕府は、琉球を薩摩の支配下におくことを許可したことにより、管理貿易体制の徹底化をなしえなかった。このことが薩摩藩をして倒幕勢力の中核たらしめた遠因の一つとして評価しえよう。

禁教令と鎖国

キリスト教の禁教とオランダへの一本化　大航海時代の最中、西欧諸国の中でもっとも早い時期に日本への接近に成功したのは、一五四三年に種子島《たねがしま》に漂着し、鉄砲を伝えたことで知られるポルトガル、次いでイスパニアであった。特にポルトガルは、フランシスコ・ザビエルなど宣教師を送り込み、日本の各地にキリスト教の教会を設立した。

　織田信長が、伝統的な宗教勢力に対してきわめて苛烈な弾圧を加えたのとは対照的に、キリスト教に対して非常に寛大であったことはよく知られている。これに対して、信長のあとを継いだ豊臣秀吉は、キリスト教の拡大に危機感を感じ、キリスト禁止令を発している。

朝鮮通信使一覧

年　号	正　使	目　的	総人員（大坂残留人数）	日本紀行
1607（慶長12）	呂祐吉	修好	467	慶暹『海槎録』
1617（元和3）	呉允謙	大坂平定，日域統合の賀	428（78）	李景稷『扶桑録』、呉允謙『東槎上日録』
1624（寛永元）	鄭岦	家光の襲職	300	姜弘重『東槎録』
1636（寛永13）	任絖	泰平の賀	475	任絖『丙子日本日記』、金世濂『槎上録』、黄『東槎録』
1643（寛永20）	尹順之	家綱の誕生	462	趙絅『東槎録』、申濡『海槎録』、著者不明『癸未東槎日記』
1655（明暦元）	趙珩	家綱の襲職	488（103）	南竜翼『扶桑録』
1682（天和2）	尹址完	綱吉の襲職	475（112）	洪禹載『東槎録』、金指南『東槎目録』
1711（正徳元）	趙泰億	家宣の襲職	500（129）	金顕門『東槎録』
1719（享保4）	洪致中	吉宗の襲職	475（109）	申維翰『海游録』、洪致中『海槎日録』、鄭后僑『扶桑紀行』
1748（延享5 寛延元）	洪啓禧	家重の襲職	475（83）	曹命采『奉使日本時見聞録』、著者不明『日本日記』、洪景海『随使日記』
1764（宝暦14 明和元）	趙曮	家治の襲職	472（106）	趙曮『海槎日記』
1811（文化8）	金履喬	家斉の襲職	336	金善臣『島游録』、柳相弼『東槎録』

江戸幕府もキリスト教禁令を受け継ぐが、朱印船貿易が許可されており、ウィリアム・アダムスなどが重用されていた家康存命中の段階では、キリスト教禁令は不徹底であった。江戸幕府がキリスト教禁令を本格化させるのは、家康の死後のことである。戦国時代を卓越した技量によって乗り切り、最終的な覇者として君臨してきた軍事的・政治的カリスマであった家康の死去は、江戸幕府にとって最初に迎える政治的危機であった。

すでに二代秀忠が将軍職を継いで久しかったが、家康個人に対する忠誠によって安定していた体制を、どのようにして幕府への忠誠に切り替えていくのかが政治上の大きな課題となっていたのである。家康の死後、大規模な家康の神格化が行われるのも、この偉大な創業者を喪失した危機を乗り切るための方策のひとつであった。キリスト教の禁令が、家康の死後徹底化するのは、こうした家康の神格化とリンクしていたと考えられる。家康の神格化によって幕府の支配は、いかなる道理をも超越した神の支配となることができた。理をもって法を破らない絶対的な支配体制を構築しようとする江戸幕府にとって、キリストを唯一神とする教えは、支配を正当づける論理への障害物であった。

戦国期における大弾圧を被った仏教勢力は、江戸時代においては一転してキリスト教を取り締まるための寺檀制度《じだんせいど》として支配体制の中に組み込まれた。仏教勢力の一部では、世俗の権威を否定する不受布施派《ふじゅふせは》など一部の宗派が徹底的に弾圧された。宗教の力がほとんど見られなくなった現在において、時の権力者たる幕府がキリスト教を恐れ、危険視したことに対するリアリティはほとんど失われている。しかし、幕府支配の正当性の確立が至上命題であった幕府にとって、キリスト教禁令は必要不可欠の施策であったのである。

家康の死後、ポルトガルとイスパニアを駆逐したイギリス、オランダの政治的な角逐競争がおき、その結果オランダが「通商の国」の一つとして最終的に生き残った。江戸時代、通信と通商とはまったく意味が異なっていた。通商の国とは現在とはまったく異なり、商いという利益を求める賤《いや》しい行為によって関係づけられる国という意味である。利益の実現という目的に、キリスト教の介在する余地は全くなかった。商業に目的を絞り込むことによってようやく日本との関係を確保したオランダは、その後長く欧米社会への窓口の役割を果たすことになる。

朝鮮との関係修復と明の滅亡　徳川家康は、豊臣秀吉による朝鮮出兵以後、断絶していた日朝関係を、修復するため、幾度も朝鮮へ使者を送った。日朝間の仲立ちすることに国としての存在意義を見いだしていた対馬の宗《そう》氏も、両国の国交恢復《かいふく》のためにあらゆる手段を講じて尽力した。朝鮮は、やがて明《みん》を滅亡に追い込むことになる女真族《じょしんぞく》による軍事的な圧力を背景に、日本との関係を修復する必要性が高まっていた。そこで日本側から先に国書を朝鮮に送り、朝鮮国王墓の盗掘犯の差し出しを条件に、日本との国交恢復《かいふく》交渉に応じることとなった。その過程で、対馬藩は、両国の国書を媒介する際に、国書の改竄《かいざん》にも手を染めた。このことは、両国の国交が恢復しなければ、宗氏は辺境の小藩に転落する以外になかったという対馬藩の事情をよく示している。

鎖国制下の海外交流　鎖国体制下での海外との交流は、長崎・対馬・琉球・松前のいわゆる「四つの口」を通じて行われた。幕府が派遣する長崎奉行によって直接統治された長崎には、出島が築かれ、平戸からオランダ商館を移設し、オランダ東インド会社を通じて貿易が行われた。オランダ商館長は毎年江戸に参府《さんぷ》し、将軍に謁見した（寛政期以降四年に一度）。オランダ商館長が幕府へ提出した対外情報（オランダ風説書）は、鎖国体制下の日本に、フランス革命、ペリー来航の予告など貴重な外国情報をもたらした。

長崎には、出島ばかりでなく、貿易のために来日した清の商人が住む唐人屋敷も設置され、オランダ貿易と中国貿易の拠点となった長崎は貿易都市として栄えた。中国との貿易は、長崎ばかりでなく、琉球や朝鮮を通じて間接的にも行われた。琉球は、慶長十四年（一六〇九）以降、薩摩藩の支配を受けながらも、清による冊封体制下にあって、清に対しても臣下の礼をとって朝貢貿易を行った。その一方で琉球は、幕府とはオランダや中国といった通商の国とは異なり、通信の国として正式な外交関係と位置づけられ、恩謝使・賀慶使の使節を江戸に派遣した。薩摩藩は琉球王国の対清貿易に投資し、貿易による収益を手にしていた。

こうした間接的な外交構造は、琉球と同じく通信の国として位置づけられ、通信使を派遣してきていた朝鮮との関係にも見られた。前述のように、対馬藩宗氏の積極的な斡旋《あっせん》により再開した日本の朝鮮外交は、ひきつづき対馬藩を通じて行われ、対馬藩は釜山に倭館を置き、朝鮮との貿易を独占していた。対馬には、朝鮮経由で中国産生糸が輸入され、その輸入金額は、長崎経由の生糸の量を凌駕するほどであった。

松前《まつまえ》を通したアイヌとの交流は、オランダ・中国・朝鮮と異なり、国家間外交ではない。しかし、江戸時代の日本が、決して単一民族国家ではなかったことを実感する上でも、アイヌとの交流、交易があったという事実は忘れてはならな重要性を持っている。また蝦《え》夷《ぞ》地《ち》でとれた鰊《にしん》は、北前船《きたまえぶね》で近畿・中国といった商業的な農業の先進地帯にとって必要不可欠な肥料となり、松前・江刺《えさし》は北前船の拠点港として栄えた。

開国へ

ロシアの南下と対外的危機感の醸成　シベリアの開発を進めていたロシアが、カムチャッカ半島を南下し、日本に興味関心を持つにいたったのは、十八世紀中頃のことであった。漂流民・大黒屋光太夫《だいこくやこうだゆう》をともなってラックスマンが通商を求めて根室に来航した寛政四年（一七九二）以降、幕府は大国ロシアに対する警戒感を強めていった。

文化元年（一八〇四）、レザノフが再び通商を求めて長崎に来航した。幕府はこれを拒絶し、日露間の緊張感が高まった。時の幕閣は、内憂外患《ないゆうがいかん》に対処するため、蝦夷地の探索を行わせ、蝦夷地を幕府の直轄領《ちょっかつりょう》にした。また、関東近海の海防体制を推し進める一方、朝鮮通信使を江戸ではなく、対馬で饗応する易地聘礼《えきちへいれい》に、オランダ商館長の江戸参府も四年に一度に改め、こうした外交使節の饗応《きょうおう》に要する冗費《じょうひ》を削減しようとしたのである。ロシアの南下は、幕府の警戒心をかきたて、その一方で、幕府の外交体制を、幕府の祖法であるという認識が浸透し、どのようにして鎖国制を維持するのか、というのが江戸時代後期の幕府の外交政策の基本となった。

開国　嘉永六（一八五三）年六月、浦賀《うらが》沖に突如としてペリー率いる四隻のアメリカ太平洋艦隊が現れた。ペリー艦隊に最初に接触を試みたのは、浦賀奉行所の下級幕臣であった。かれらは突如現れたペリー艦隊への対応に苦慮するが、実はペリー艦隊の来日は、一年以上前に、「別段オランダ風説書」によって幕府首脳に届けられていた。時の老中《ろうじゅう》、安部正弘《まさひろ》は、有効な対応策をとることなく、ペリー艦隊来航の日を迎えた。後日、ペリー艦隊と最初に接触した下級幕臣は、この事実を知って切歯落涙《せっしらくるい》したという。対外政策に関する幕府の無為無策ぶりを象徴するエピソードである。

ペリー来航を契機に日米和親条約が締結され、ほどなくして自由貿易の履行を約する日米修好通商条約が締結された。こうして長年鎖国体制下にあった日本は、世界資本主義市場のただなかに投げ込まれ、経済的にも、政治的にも、急速な変貌を体験することとなったのである。

外交

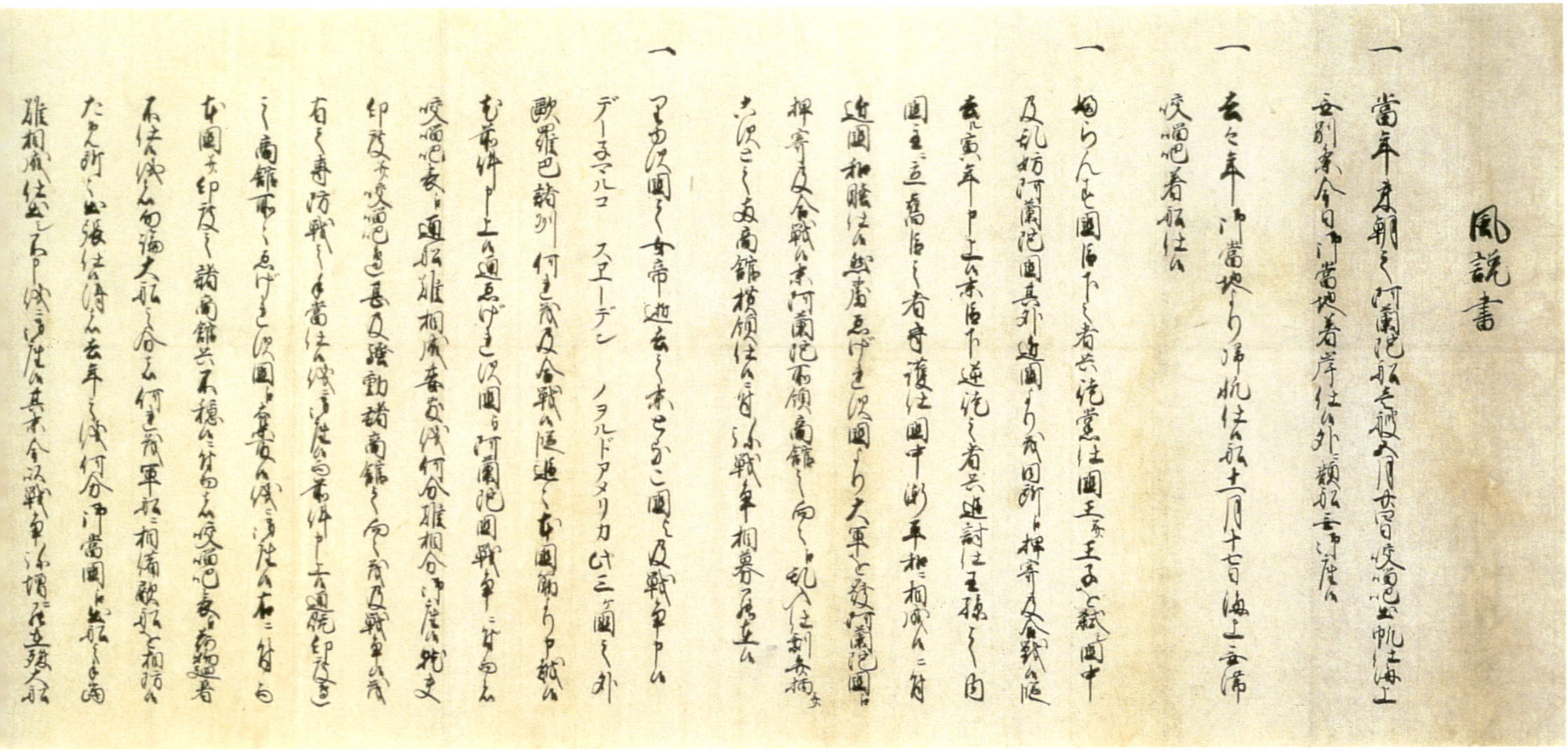

▲「阿蘭陀風説書」 フランス革命の動静を伝えるオランダ風説書。現存する唯一の原本。オランダ風説書は、幕府が海外情報収集のため、商館長に提出を義務づけていた。（ゲイスベルト・ヘンミイ作、訳者未詳、寛政９年（1797））【国指定重要文化財】

鎖国と外交

寛永七年（一六三〇）代からペリー来航嘉永六年（一八五三）までの期間、江戸幕府がとった外交政策は、現在、「鎖国《さこく》」制と呼ばれている。この「鎖国」制は、その文字が持つイメージとは異なり、諸外国に対して完全に国を閉ざすことではなく、キリスト教の禁止を前提とした管理貿易体制、日本人の対外渡航管理体制のことであった。「鎖国」制下の日本は、朝鮮と琉球と正式な国交をもち、オランダ（阿蘭陀）・清《しん》（直接的通商関係）、朝鮮《ちょうせん》・琉球《りゅうきゅう》・アイヌ（間接的通商関係）といった国々と通商関係を持っていた。

「鎖国」制下の日本は、完全に国を閉ざしていたわけではないが、西欧諸国の情報は、オランダからもたらされた風説書《ふうせつがき》や書籍に大きく依存していた。いわゆる阿蘭陀風説書は、毎年長崎の出島にやってくるオランダ船がもたらす海外情報文を通詞が翻訳したもの。これをオランダ商館長（カピタン）が長崎奉行に提出し、さらに長崎通詞《ながさきつうじ》が翻訳のうえ、幕府に提出された。十七世紀初期、対日貿易をめぐってオランダと敵対していたポルトガル、スペイン、イギリスなどに対する幕府の警戒感を増大させるために制作されたといわれる。

こうした情報操作が功を奏したのか、ポルトガルやイギリスなどの競争相手を押しのけて、オランダが日本との貿易権を勝ち取った。「鎖国」制が確立すると、阿蘭陀風説書は、西欧に関する貴重な情報源となった。なかでも阿片戦争《あへんせんそう》やペリー艦隊の来日などの情報を日本にもたらしたことはよく知られている。このように阿蘭陀風説書は、幕府の外交政策を立案するうえで重要な役割を果たしたが、その正本の現存は、わずか一

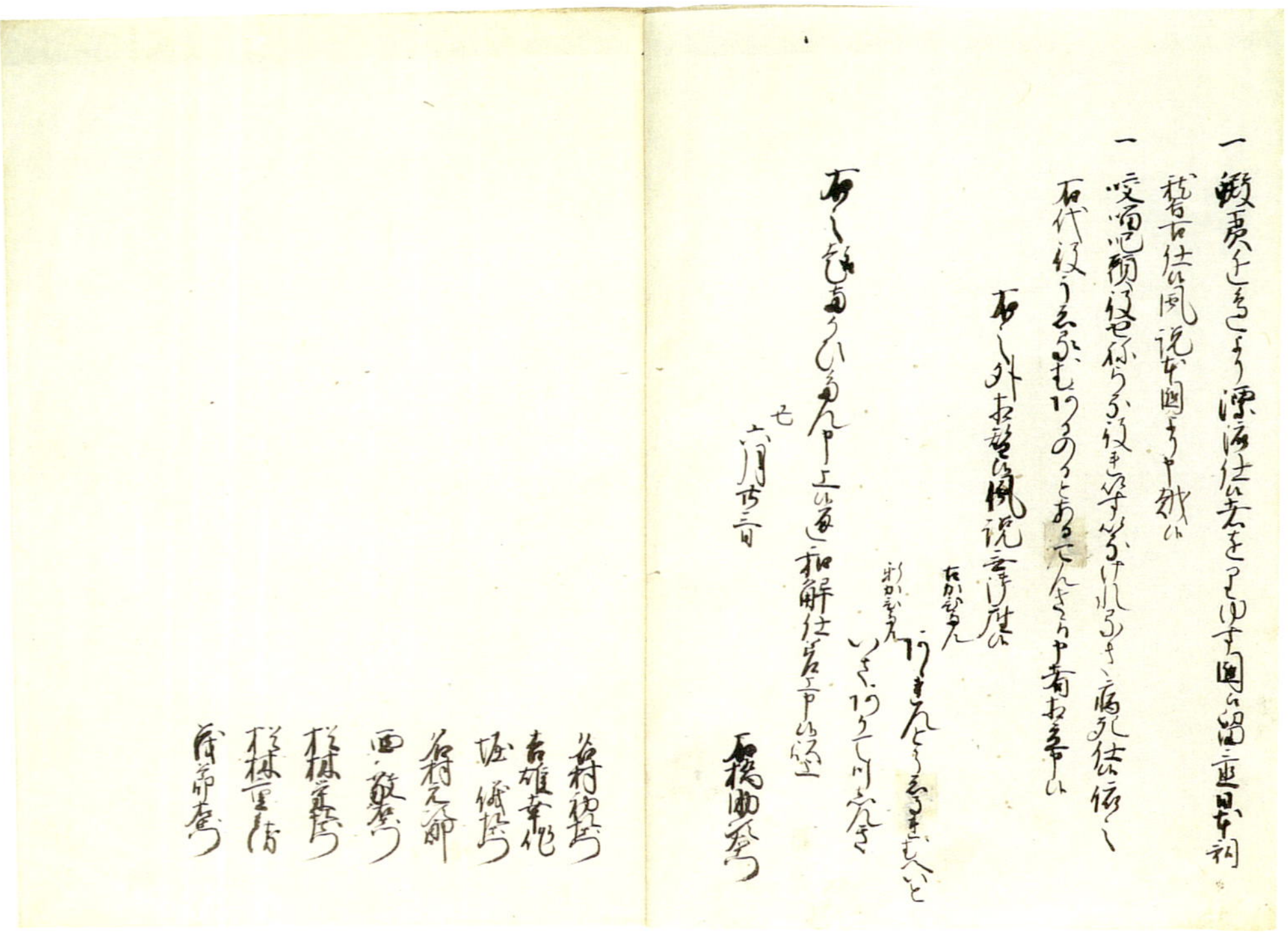

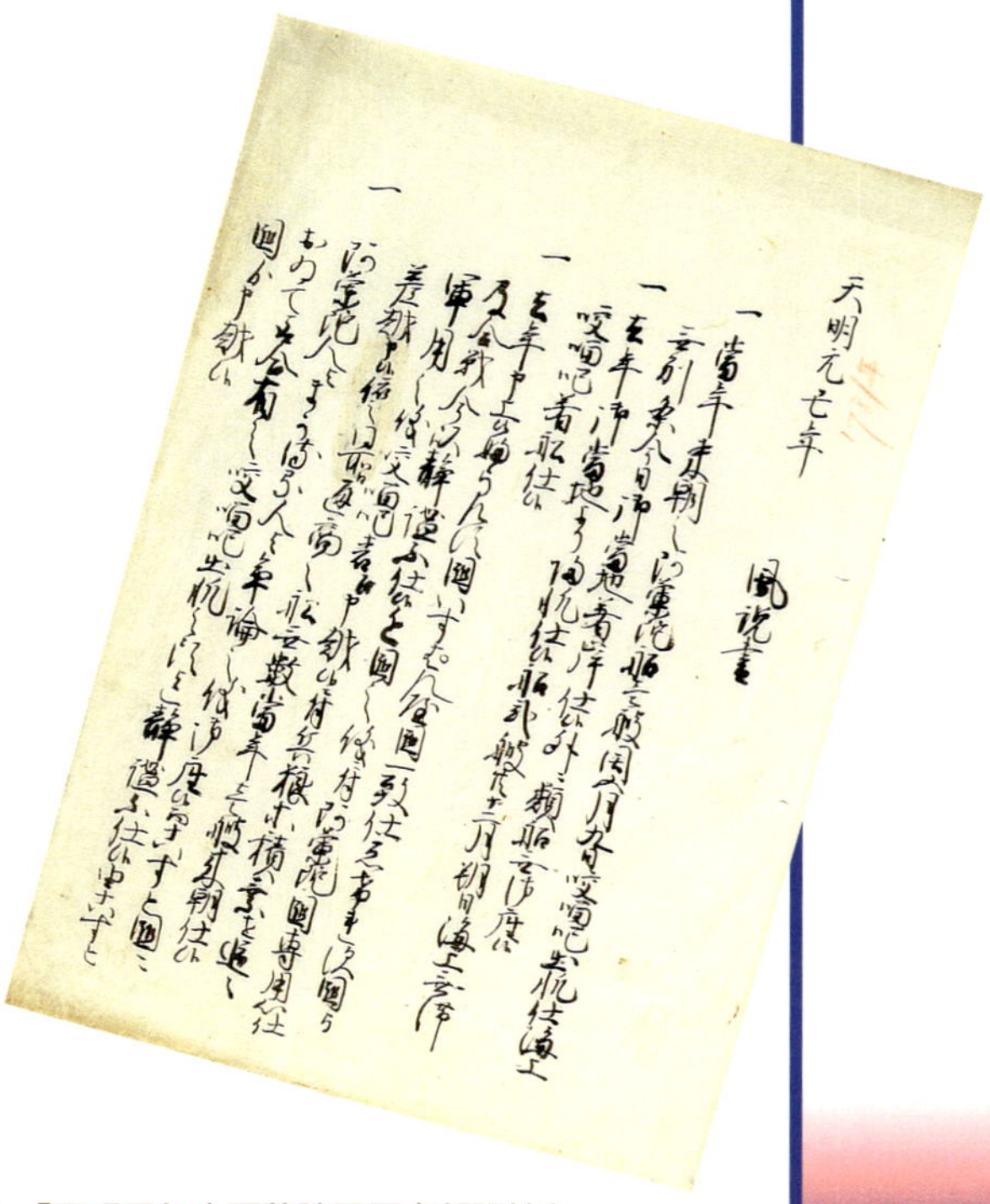

▲「天明元年度阿蘭陀風雪書邦訳控」
（A.W. フェイス,I. ティチング作、吉雄幸作ほか訳,（天明元年（1781））

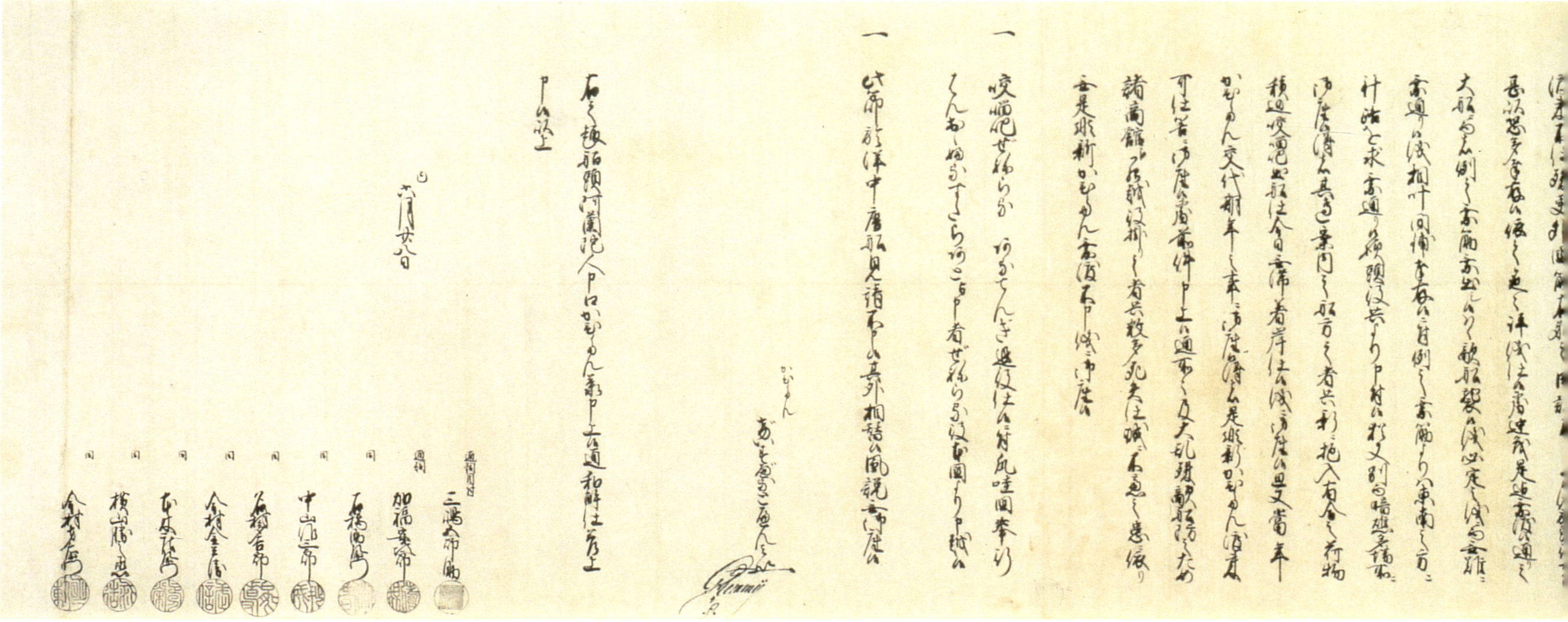

江戸幕府の外交年表

1600		
1603	慶長8	江戸幕府成立
1607	慶長12	朝鮮の使節を江戸に招聘する （以後、1811年（文化8）まで12回の使節が派遣される）
1609	慶長14	島津氏、徳川家康の許可を得て、琉球国を征服し、薩摩藩の付庸国とする 朝鮮と対馬藩、己酉約条を締結する オランダ、平戸に商館を設置する
1612	慶長17	幕府、キリスト教禁教令を出す
1613	慶長18	中国船以外の外国船の入港を、平戸、長崎に限定する。 イギリス、平戸に商館を設置する
1623	元和9	イギリス、平戸商館を閉鎖し、日本より撤退する
1624	元和10	イスパニヤ船の来航を禁止する
1633	寛永10	奉書船以外の海外渡航・帰航を禁止する
1634	寛永11	初の琉球国使節渡来 （以後将軍及び琉球国王の代替わりごとに使節が派遣される）
1635	寛永12	幕府、日本人の海外渡航・帰航を全面禁止する 幕府、中国貿易を長崎一港に制限する
1636	寛永13	ポルトガル人を長崎の出島に収容する
1637	寛永14	島原の乱起こる
1639	寛永16	ポルトガル人の来航を禁止し、オランダ、中国のみに通商を許可する （いわゆる「鎖国」体制の完成）
1641	寛永18	平戸のオランダ商館を出島に移す
1688	元禄1	中国人の居住地を長崎の唐人屋敷に限定する
1698	元禄11	長崎会所を設置する（元禄10年説もある）
1700		
1708	宝永5	ローマ教皇庁司祭シドッチ、屋久島へ上陸する
1709	宝永6	新井白石、シドッチを取り調べる。シドッチ、小石川のキリシタン屋敷に監禁される。
1715	正徳5	海舶互市新例（正徳新令）を制定する （年間貿易量を中国船30艘、銀6000貫、オランダ船2艘、3000貫に制限する）
1720	享保5	徳川吉宗、洋書輸入の禁を緩和する
1785	天明5	幕府、初めて蝦夷地に調査隊を派遣する
1792	寛政4	ロシア使節ラックスマン、根室に来航し通商を要求、漂流民大国屋光大夫を日本に送り届ける
1800		
1801	享和1	志筑忠雄『鎖国論』を著す「鎖国」という用語の初見
1802	享和2	蝦夷地奉行（のち箱館奉行、松前奉行と改称）を設置する
1804	文化1	ロシア使節レザノフ、長崎に来航し通商を要求する（幕府拒否）
1807	文化4	蝦夷地全域を幕府領とする
1808	文化5	フェートン号事件起こる
1821	文政4	幕府、蝦夷地を松前氏に返還する（翌年、松前奉行廃止）
1825	文政8	異国船打払令（無二念打払令）を出す
1828	文政11	シーボルト事件起こる
1837	天保8	モリソン号事件起こる
1842	天保13	異国船打払令を改め、薪水給与令を出す
1853	嘉永6	アメリカ使節ペリー、浦賀に来航、通商を要求する ロシア使節プチャーチン、長崎に来航、通商を要求する
1854	安政1	ペリー、再び来航、日米和親条約を結ぶ イギリス、ロシアと和親条約を結ぶ 再び箱館奉行を設置する
1855	安政2	オランダと和親条約を結ぶ
1858	安政5	日米修好通商条約を結ぶ オランダ、ロシア、イギリス、フランスとも修好通商条約を結ぶ （安政の五カ国条約）
1860	万延1	条例批准書交換のためアメリカに使節を派遣する （正使・新見正興） プロシアと修好条約を結ぶ 五品江戸廻送令を出す
1861	文久1	使節をヨーロッパに派遣 （正使・竹内保徳）［～1862］
1866	慶応2	英・仏・米・蘭四か国と改税約書を結ぶ 徳川昭武を将軍名代としてパリ万国博覧会へ派遣
1867	慶応3	江戸幕府崩壊

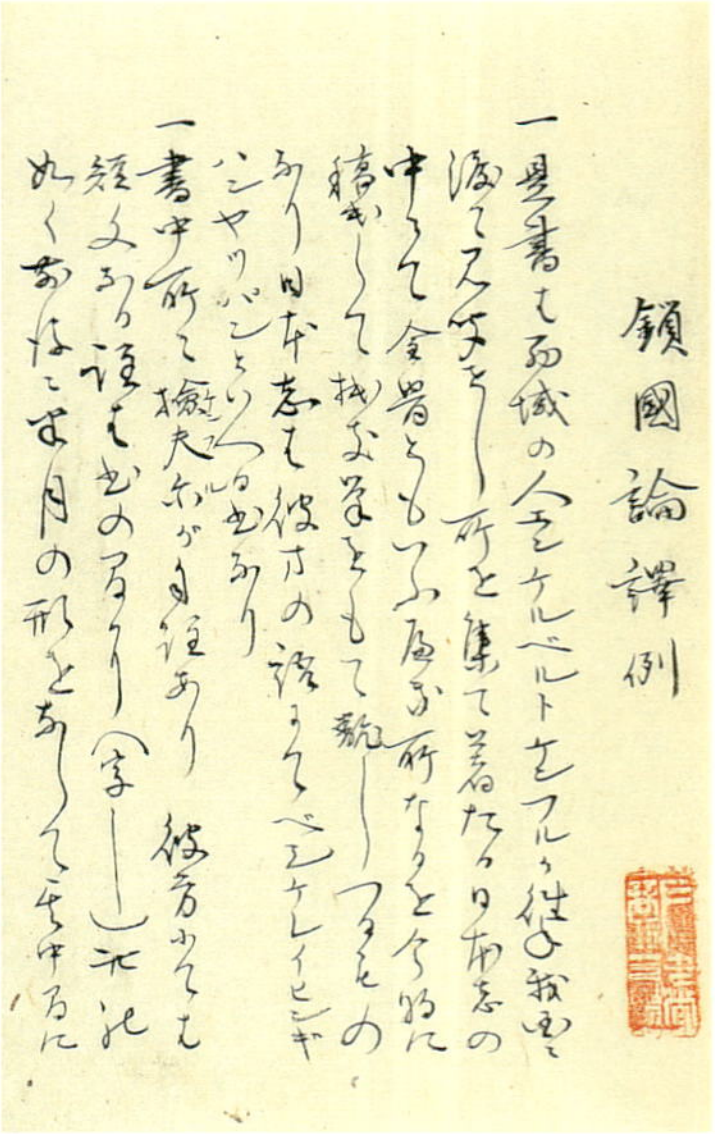

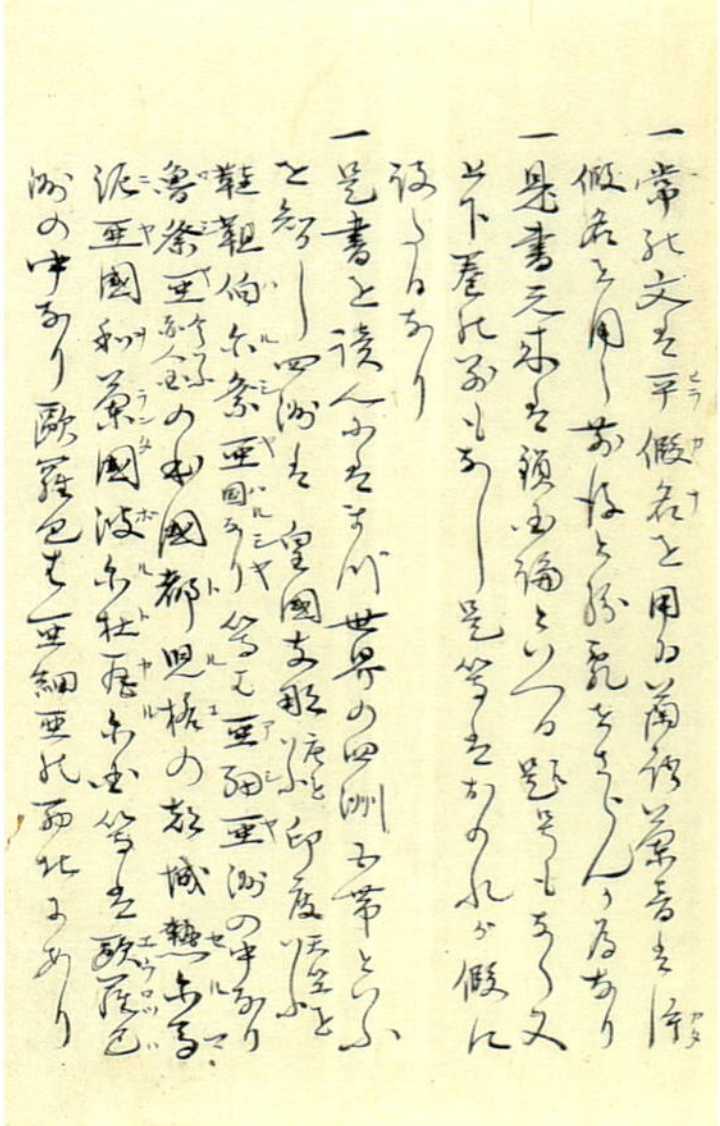

▲「**鎖国論**（上巻）」
オランダ通詞・志筑忠雄が、ケンペル著『日本誌』（1727年刊）の一部「日本国にとって、現在のような自分自身を閉ざし続け、またその住民に国の内外を問わず外国人と交易することを許さないことは、有益であるや否やの論」を日本語訳したもの、「鎖国論」の影響は大きく、後世の日本人が、幕府のとっていた対外政策を、鎖国制として認識・定着することとなった。（享和元年（1801））

▲「**阿蘭陀船**」（江戸時代後期）

オランダ貿易

長崎の出島《でじま》にあった阿蘭陀《おらんだ》商館を通じて行われる貿易は、オランダ政府から喜望峰《きぼうほう》以東における貿易の独占権が認められていたオランダ東インド会社（略称VOC）と幕府との間で行われる官営貿易であった。この貿易により日本が輸入していた商品の多くは、オランダ産のものではなかった。オランダ東インド会社は、中国や東南アジアで仕入れた生糸《きいと》・絹織物・織物・鹿皮・鮫《さめ》皮《がわ》などを日本に持ち込み、金・銀と交換した。こうして得た金・銀で香辛料などを購入し、ヨーロッパに持ち帰ることによって莫大な利益をあげていた。

寛永十三年（一六三六）、オランダ船がもたらした商品の購入代金のうち、約六十パーセントを占めていたのは中国産の生糸であり、その他にも二十一パーセントを絹織物が占めていた。日蘭貿易のこうした傾向は、日本国内において養蚕が盛んになるに連れて解消されていった。その代わりに著しい輸入増加を見せたのが砂糖・綿織物であった。特に砂糖は、寛永十三年（一六〇八）が輸入総額の二・二パーセントであったのに対して、正徳五年（一七一五）には十五・七パーセントに達し、オランダ貿易によってもたらされた台湾産・ジャワ産の白砂糖が、高級菓子の材料として伝統文化の一部として根づいていったことがうかがえる。

このようにオランダとの公的な貿易の実態は輸入品の金額ベースで見れば、東インド会社を媒介としたアジア貿易に近かった。こうした公的な日蘭貿易よりも、随行員らが行う私的な交易が重要な役割を果たしていた点が注目される。たとえば、オランダ商館長（カピタン）の江戸参府は、将軍に貿易の御礼を述べるために行われたが、将軍への謁見に際しては、将軍本人ばかりか、老中などにも珍しい舶来品が多数献上された。将軍へ謁見する際には、将軍からリクエストが入る場合もあった。もちろん、その反対に商館長へ下賜される物もあった。

こうした外交儀礼上の公的な贈答行為による交換と平行して私的なレベルでの贈答行為も行われていた。日本の蘭学者たちは、長崎屋でカピタン一行と交流し、蘭学に必要な書物などを得ていた。その最も有名な事例がシーボルト事件として知られている。文政九年（一八二六）の参府に随行したシーボルトは、長崎屋で、ロシア人の著書と交換で蝦夷《えぞ》地の地図を高橋景保《かげやす》から入手した。日本における蘭学《らんがく》の進展という観点から見れば、こうした私的な贈答行為によってもたらされた品々の方が大きな役割を果たしたといえる。

▲「阿蘭陀船図説」

『三国通覧図説』や『開国兵談』の出版によって処分を受けた林子平（しへい）が版行したもの、詞書（ことばがき）には、オランダの地理や、オランダ人の衣裳、食生活、日本に渡来したオランダ船の詳細、乗組員の名前などが記されている。末尾に「天明二年記」とあり、『開国兵談』の資金を調達するために、この一枚摺りを刊行した可能性もある。（天明２年（1782））

▲**「徳川将軍貢物献上之図」**（モンタヌス『日本誌』挿絵）右上，段上の人物が将軍。モンタヌスは来日していない。（1670 年（寛文 10））

オランダ商館長の江戸参府

ポルトガルやスペインに遅れて日本との通商競争に参加したオランダが、日本との通商許可の御礼として商館長（カピタン）を江戸に派遣するようになったのは、寛永期における一連の鎖国令が出された最初の年、寛永十年（一六三三）のことであった。以来、日蘭修好通商条約が締結され、自由貿易が許可される安政五年（一八五八）まで合計一六七回にわたるオランダ商館長の江戸参府が行われた。この間、オランダ商館長が参府できず、通詞が代参した年が五十三回確認されており、毎年参府の原則が確立していたことがうかがえる。

江戸にやってきたカピタン一行のなかで特に有名な人物は、『日本誌』（一七二七年・ロンドン刊行）の著者ケンペル、『日本植物誌』（一七八四年・ライプチヒ刊行）の著者シュンベリー、『日本』・『日本植物誌』・『日本動物誌』の三部作を著したシーボルトであろう。東インド会社の専属医として来日したこれらの学者たちが、ヨーロッパにおける日本研究に決定的な影響を及ぼしたことはよく知られている。

オランダ商館長一行の江戸における定宿になっていたのが、長崎屋（本石《ほんこく》町《ちょう》三丁目、現在の日本橋室町《にほんばしむろまち》四丁目）である。江戸におけるオランダ商館長一行の行動は厳しく制限されており、日本人の来訪者も同様に規制されていた。そうした規制にもかかわらず、こ

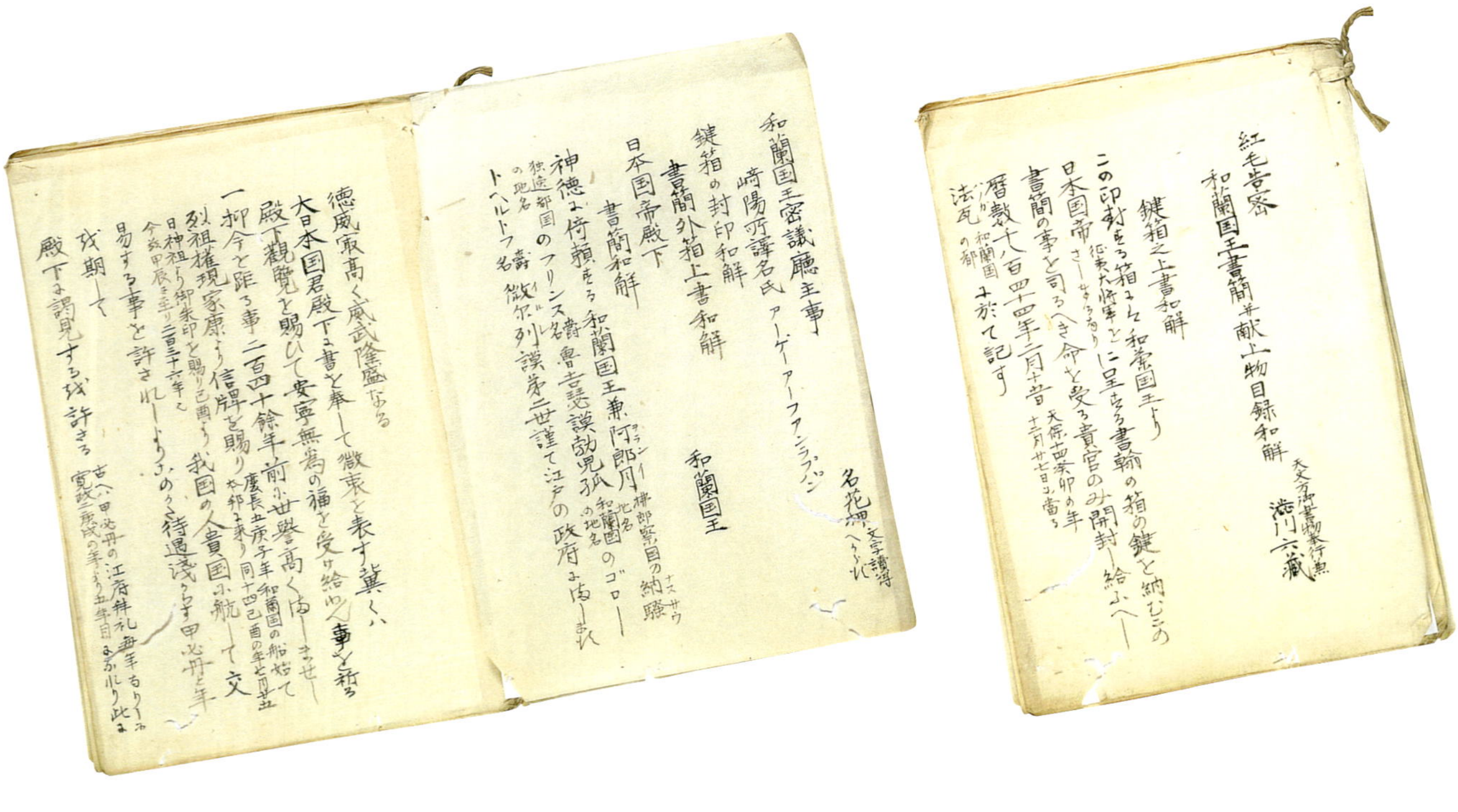

◀**「紅毛告密和蘭国王書簡并献上物目録和解」**（渋川六蔵訳、弘化二年（一八四五））

▲**ケンペル『日本誌』の挿絵**　元禄期のカピタンの江戸城登城時の様子か。（1729年（享保14））

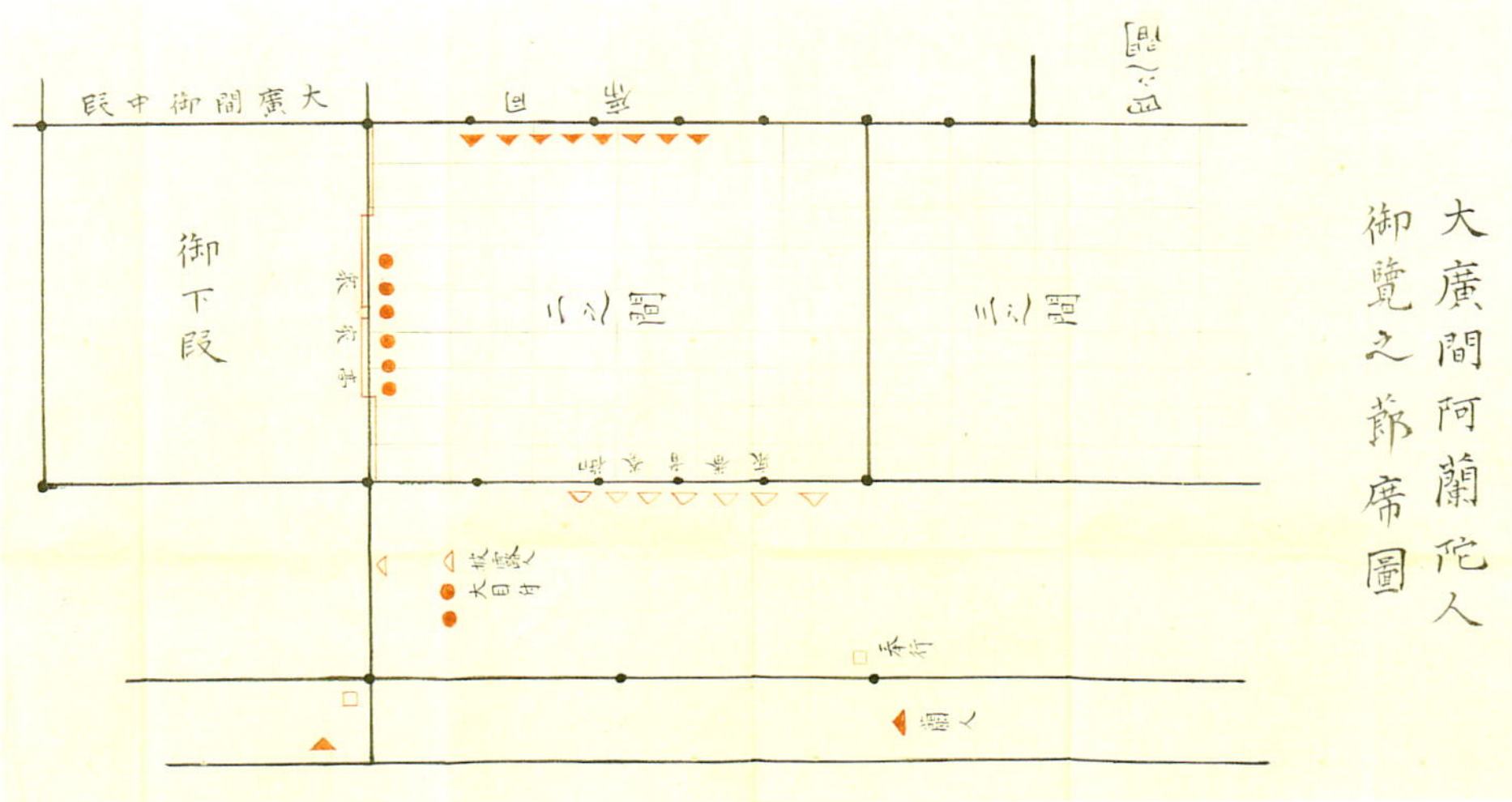

▲**「大広間阿蘭陀人御覧之節席図控」**（「丹後田辺藩牧野家文書」天保5年（1834））

の長崎屋にオランダ人との交流を求めて、杉田玄白《げんぱく》・平賀《ひらが》源内《げんない》・中川淳庵《じゅんあん》・大槻玄沢《おおつきげんたく》・桂川甫周《ほしゅう》・宇田川玄随《げんずい》・森島中良《ちゅうりょう》などといったそうそうたる日本の学者たちが来訪した。長崎屋は、日本の洋学の発展にとって計り知れない役割を果たしていたといえる。

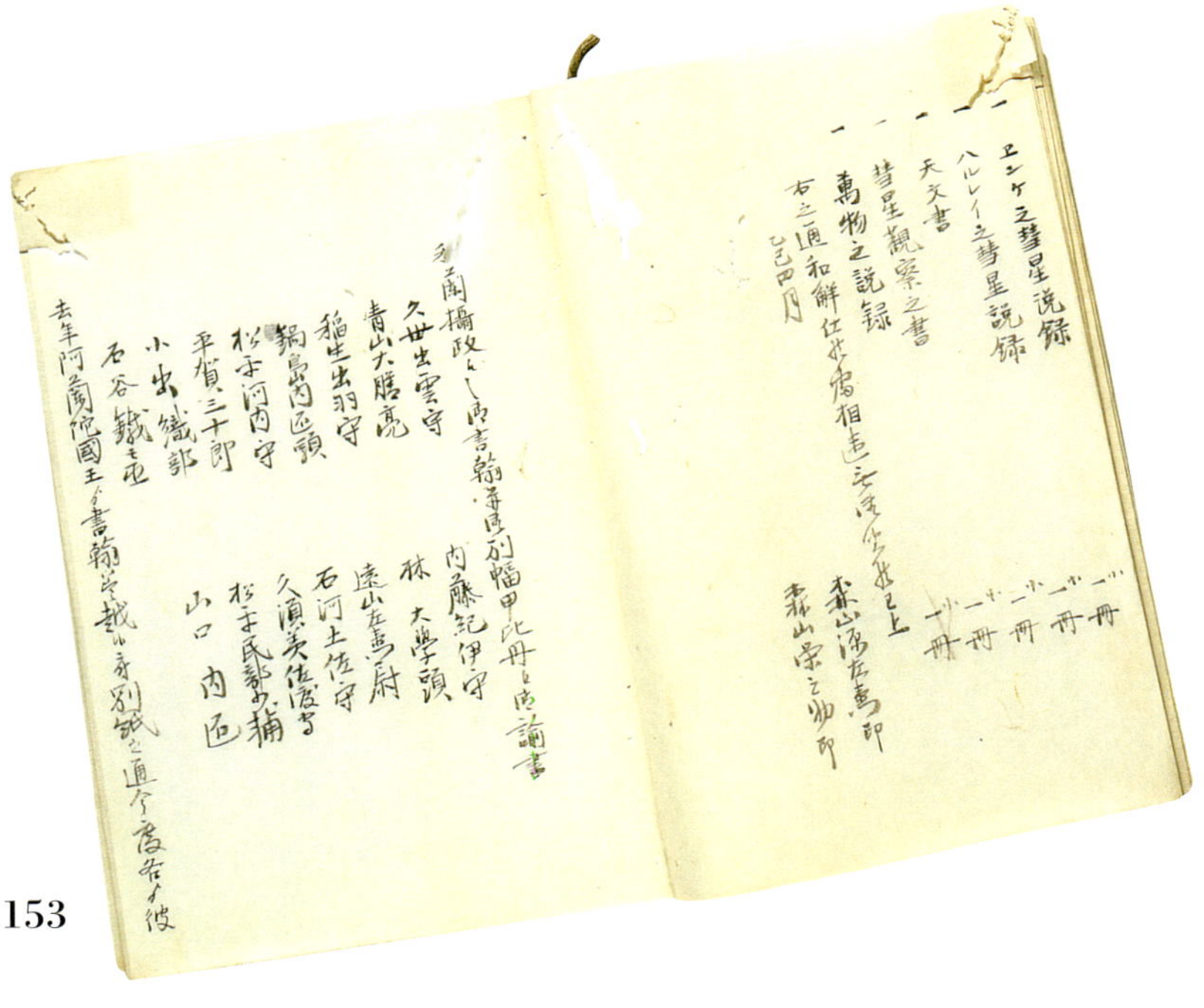

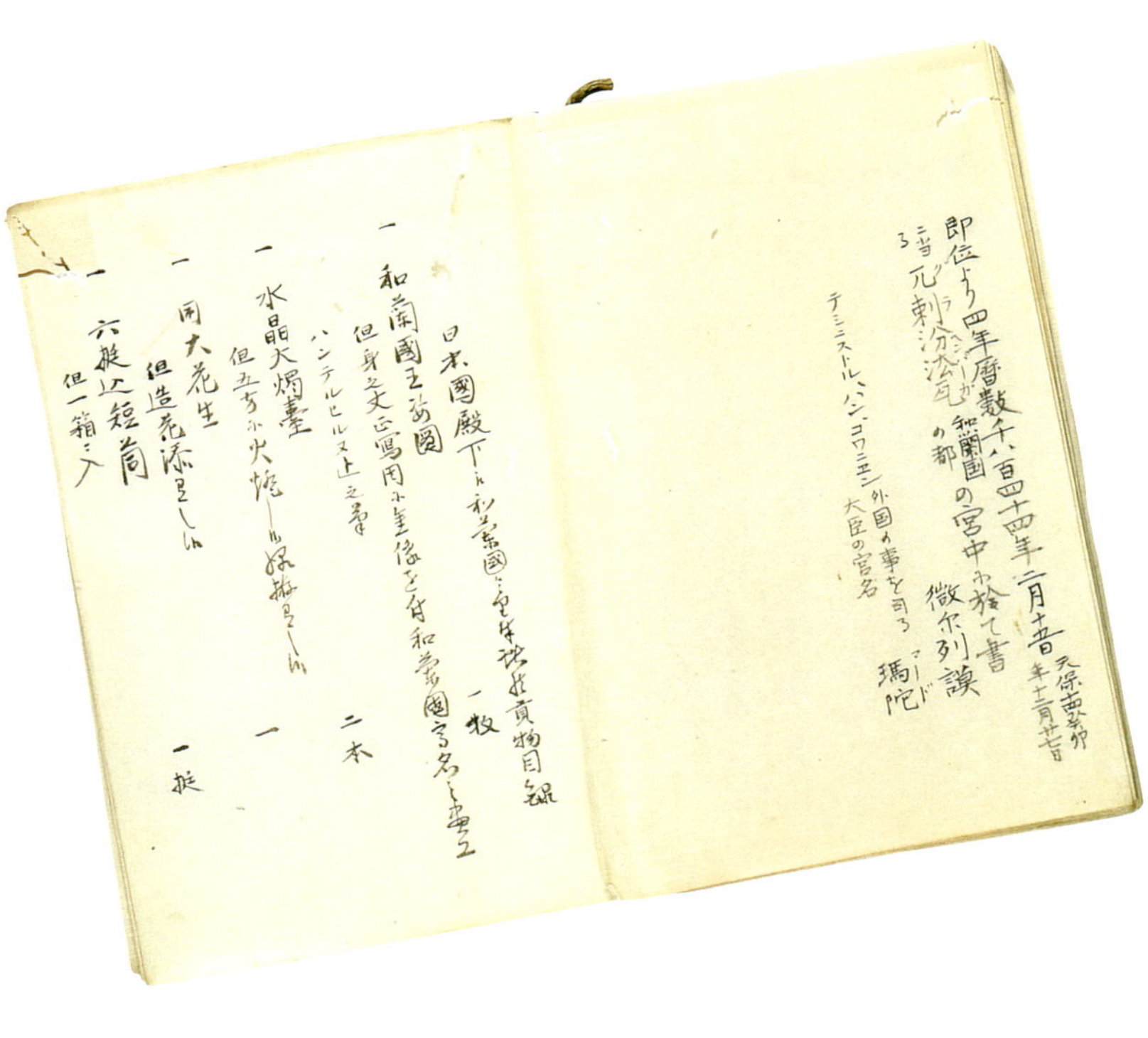

海外使節の江戸参府

- 朝鮮使節の参府経路［享保4年］
- 琉球使節の参府経路［天保3年］
- オランダ商館長の参府経路［元禄4年］
- 朝鮮・琉球使節の日光社参経路

申維翰著・姜在彦訳注『海游録』（東洋文庫）、横山 学『琉球国使節渡来の研究』（吉川弘文館）、ケンペル著・斉藤 信訳『江戸参府旅行日記』（東洋文庫）より作成

朝鮮通信使

通信とは、信を通わす関係を意味し、江戸幕府は通信と通商とを厳密に区別していた。江戸幕府が、通信の国として正式な外交関係を取り結んだのは、朝鮮《ちょうせん》と琉球《りゅうきゅう》であった。なかでも朝鮮が日本に派遣した通信使は、文化的にも経済的にも大きな影響を及ぼした。

江戸時代、朝鮮から派遣された通信使は、慶長十二年（一六〇七）から文化八年（一八一一）まで計十二回にのぼるが、当初の五回は、豊臣秀吉の朝鮮侵略の影響により、国交回復交渉の性格をあわせもち、将軍の就任を祝賀して派遣されるようになったのは、四代家《いえ》綱《つな》の代からであった。通信使をめぐる日本と朝鮮との交渉過程を見ると、近世を通じて日本と朝鮮との対等な外交関係が維持されていたことがわかる。しかし、通信使は、朝鮮から日本にのみ派遣され、日本からの通信使派遣は、朝鮮の拒否によって実現しなかった。

対馬《つしま》から京都まで海路を進んだ通信使は、江戸まで陸路を進んだ。しかし、このために動員された大名たちの負担は大きく、江戸における饗応《きょうおう》に要する経費とあわせて、通信使のために強いられる経費は膨大な額に達した。このため十八世紀末の段階にいたると、ラックスマン事件に衝撃を受けた松平定信《さだのぶ》は、海防《かいぼう》を中心とした新たな対外政策を実施するため、冗費《じょうひ》削減のため通信使に要する負担を軽減しようとした。そのため、通信使を日本の玄関にあたる対馬で饗応する易地《えきち》聘礼《へいれい》が構想された。しかし、前例を逸脱するこの提案に日朝交渉は難航し、松平定信政権が崩壊した後の文化八年、通信使は通常に比べて二十年以上遅れてようやく実現した。しかも、これ以降の通信使は、幕末の混乱のなかで結局実現せず、文化八年の通信使が最後の通信使となった。

通信使は、文化交流の側面で大きな意義があった。日本から見た当時の朝鮮は、儒教先進国であった。そのため、通信使に随行した朝鮮の学者たちと、漢詩文の交換をしようとする人々が通信使の宿舎を訪れた。また通信使の行列を模した祭礼が各地に残されており、江戸時代における日朝の文化交流の一端を現在に伝えている。

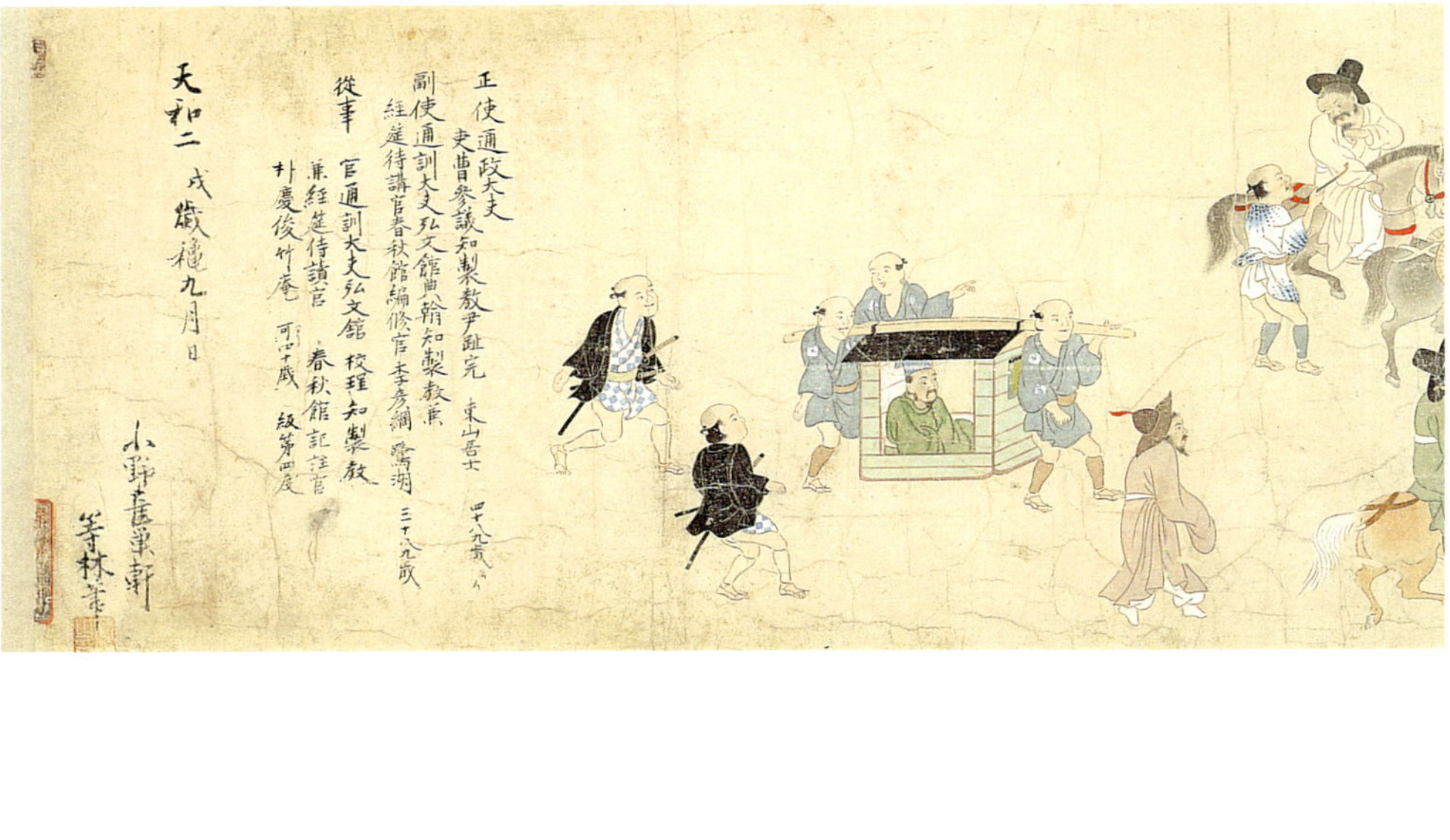

「朝鮮通信使行列図絵巻」
朝鮮通信使行列の異国風俗は、庶民の注目するところとなり、江戸の天下祭の祭礼行列にも、これを真似た嗜好の行列が出た。江戸の天下祭は、さらに地方の祭礼に大きな影響を及ぼしたため、朝鮮通信使がまったく通ったところもない場所の祭礼でも通信使行列を模した祭礼行列が見られた。

琉球国賀慶使・恩謝使一覧表

	将軍	目的と正使	江戸着→江戸出発	【人数】	琉球国王	薩摩藩主
(寛永11・崇禎7) 1634	徳川家光	賀慶 佐敷《さしき》王子 恩謝 金武《きむ》王子	閏7.9→8.?(京都)	不明	尚豊王	島津光久
(正保1・順治1) 1644	家光	賀慶 金武王子 恩謝 国頭《くにがみ》王子	6.13→7.?	70人	尚賢王	光久
(慶安2・順治10) 1649	家光	恩謝 具志川《ぐしかわ》王子	7.10→?	63人	尚質王	光久
(承応2・順治6) 1653	家綱	賀慶 国頭王子	9.20→?	71人	尚質王	光久
(寛文11・康熙10) 1671	家綱	恩謝 金武王子	7.21→8.19	74人	尚貞王	光久
(天和2・康熙21) 1682	綱吉	賀慶 名護《なご》王子	4.6→4.28	94人	尚貞王	綱貴
(宝永7・康熙49) 1710	家宣	賀慶 美里《みさと》王子 恩謝 豊見城《とみぐすく》王子	11.11→12.18	168人	尚益王	吉貴
(正徳4・康熙53) 1714	家継	賀慶 與那城《よなぐすく》王子 恩謝 金武王子	11.26→12.21	170人	尚敬王	吉貴
(享保3・康熙57) 1718	吉宗	賀慶 越来《ごえく》王子	11.8→12.2	94人	尚敬王	吉貴
(寛延1・乾隆13) 1748	家重	賀慶 具志川王子	12.11→12.27	98人	尚敬王	宗信
(宝暦2・乾隆17) 1752	家重	恩謝 今帰仁《なきじん》王子	12.2→12.28	94人	尚穆王	重年
(明和1・乾隆29) 1764	家治	賀慶 読谷山《よみたんざん》王子	11・9→12・11	96人	尚穆王	重豪
(寛政2・乾隆55) 1790	家斉	賀慶 宜野湾《ぎのわん》王子	11.21→12.27	96人	尚穆王	斉宣
(寛政8・嘉慶1) 1796	家斉	恩謝 大宜見《おうぎみ》王子	11.25→12.30	97人	尚温王	斉宣
(文化3・嘉慶11) 1806	家斉	恩謝 読谷山王子	11.13→12.19	97人	尚灝王	斉宣
(天保3・道光12) 1832	家斉	恩謝 豊見城王子	11.16→12.13	98人	尚育王	斉興
(天保13・道光22) 1842	家慶	賀慶 浦添《うらそえ》王子	11.8→11.22	99人	尚育王	斉興
(嘉永3・道光30) 1850	家慶	恩謝 玉川《たまがわ》王子	10.30→12.12	99人	尚泰王	斉興
(明治5・同治11) 1872		王政一新祝賀使 伊江《いえ》王子	9.3→10.?	37人	尚泰王	

横山 学『琉球国使節渡来の研究』(吉川弘文館、昭和62年)より作成

琉球使節

鎖国体制下の江戸に、外国の使節が来るのは、オランダ商館長・朝鮮《ちょうせん》通信使、それと琉球《りゅうきゅう》国王が派遣する賀慶使《がけいし》・恩謝使《おんしゃし》(それぞれ慶賀使、謝恩使とも)であった。賀慶とは江戸幕府の将軍の代替りを祝うという意味が込められており、恩謝とは琉球国王の代替りを感謝するという意味がこめられていた。朝鮮国王が派遣した通信使も新将軍の代替りを祝うという同様の名目があったにもかかわらず、このように使節の名称に違いが生まれたのは、次のような背景があった。

慶長十四年(一六〇九)、薩摩《さつま》は琉球に派兵し、これを征服した。もちろん幕府から事前に許可を受けてのことであった。しかし、薩摩は琉球を管理下に置いたものの、名目的には琉球の独立国家の体裁を保ち、琉球と冊封関係(国と国との間で取り結ばれる主従関係)にあった中国との対立を回避せざるをえなかった。こうして、江戸時代の琉球は、日本と中国との両方に属する特殊な位置づけを持つ国家となった。同様に清の冊封下にあった琉球と朝鮮の外交使節に、賀慶使と通信使といった呼称の違いが発生していたのは、かかる外交的位置づけの違いが反映されていたからであった。

琉球の賀慶使・恩謝使の規模は、十六世紀段階で、ほぼ七十~八十人、六代将軍・家宣《いえのぶ》、七代将軍家継《いえつぐ》の段階が突出して多く、一七〇人規模であり、これ以降は九十~百人規模で安定的に推移した。

江戸の人々は、江戸に参府した琉球使節に好奇のまなざしを注ぎ、これを迎えた。また幕府にとって、琉球使節の参府は、江戸幕府の威光が、周辺国へと及んでいたことを示す格好の機会として位置づけられていた。そのため、琉球使節には、異国風の装束が強調され、その後の琉球観に大きな影響を与えることになった。

▲「菊唐草蒔絵螺鈿食籠」(「久留米藩士岡野家資料」.琉球より、18世紀(元禄14年以前))

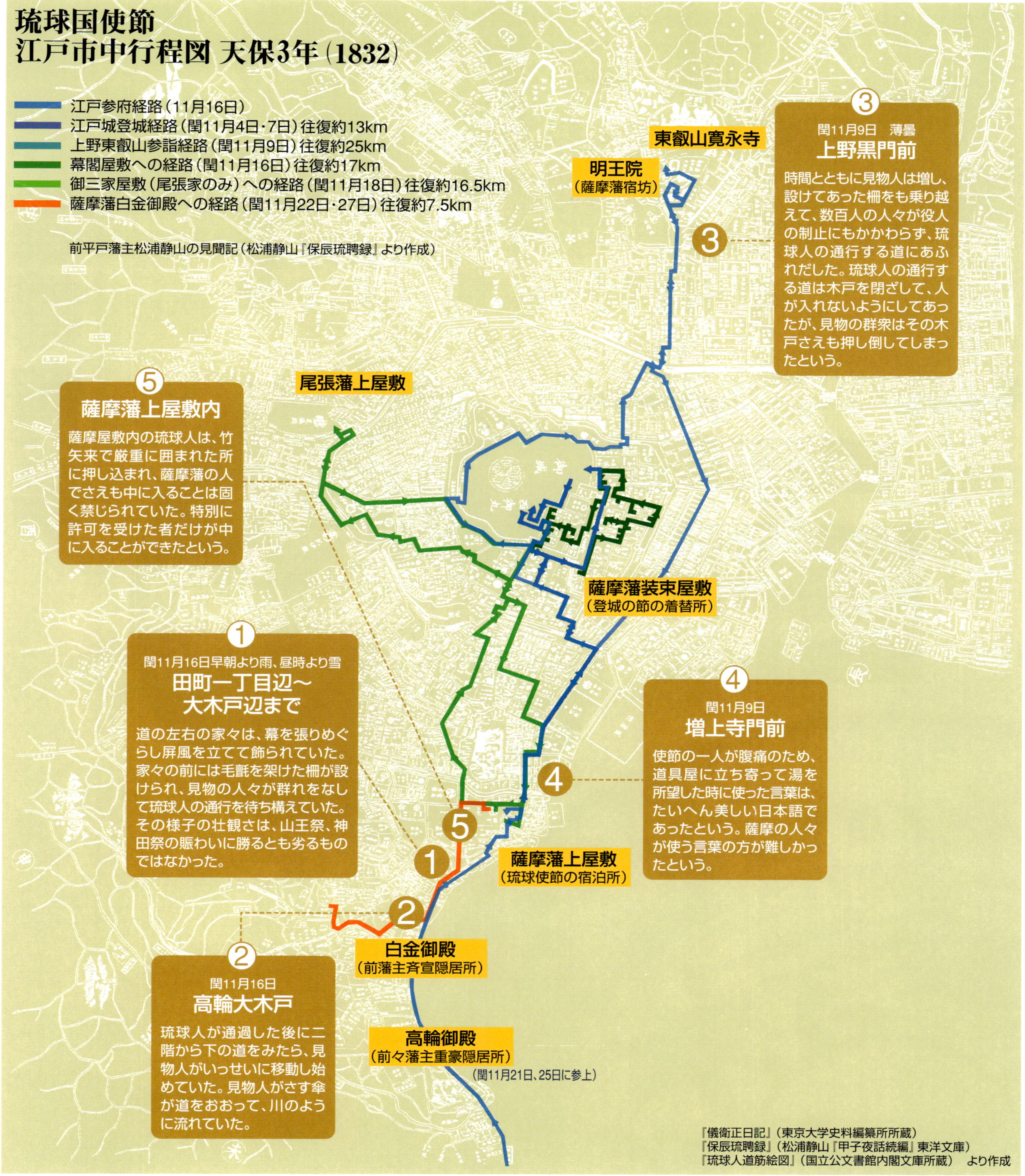

琉球国使節
江戸市中行程図 天保3年(1832)
江戸参府経路(11月16日)
江戸城登城経路(閏11月4日・7日)往復約13km
上野東叡山参詣経路(閏11月9日)往復約25km
幕閣屋敷への経路(閏11月16日)往復約17km
御三家屋敷(尾張家のみ)への経路(閏11月18日)往復約16.5km
薩摩藩白金御殿への経路(閏11月22日・27日)往復約7.5km
前平戸藩主松浦静山の見聞記(松浦静山『保辰琉聘録』より作成)
東叡山寛永寺
明王院
(薩摩藩宿坊)

閏11月16日
高輪大木戸
琉球人が通過した後に二階から下の道をみたら、見物人がいっせいに移動し始めていた。見物人がさす傘が道をおおって、川のように流れていた。
高輪御殿
(前々藩主重豪隠居所)
(閏11月21日、25日に参上)

『儀衛正日記』(東京大学史料編纂所所蔵)
『保辰琉聘録』(松浦静山『甲子夜話続編』東洋文庫)
『琉球人道筋絵図』(国立公文書館内閣文庫所蔵) より作成

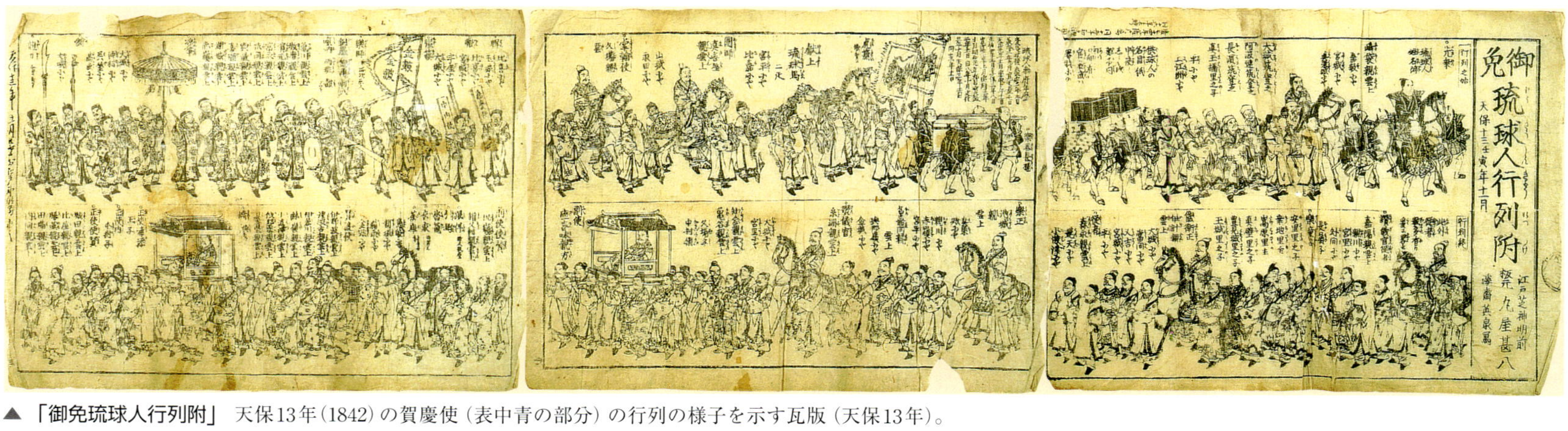

閏11月9日 薄曇
上野黒門前
時間とともに見物人は増し、設けてあった柵をも乗り越えて、数百人の人々が役人の制止にもかかわらず、琉球人の通行する道にあふれだした。琉球人の通行する道は木戸を閉ざして、人が入れないようにしてあったが、見物の群衆はその木戸さえも押し倒してしまったという。
尾張藩上屋敷
5
薩摩藩上屋敷内
薩摩屋敷内の琉球人は、竹矢来で厳重に囲まれた所に押し込まれ、薩摩藩の人でさえも中に入ることは固く禁じられていた。特別に許可を受けた者だけが中に入ることができたという。
薩摩藩装束屋敷
(登城の節の着替所)

閏11月16日早朝より雨、昼時より雪
田町一丁目辺～
大木戸辺まで
道の左右の家々は、幕を張りめぐらし屏風を立てて飾られていた。家々の前には毛氈を架けた柵が設けられ、見物の人々が群れをなして琉球人の通行を待ち構えていた。その様子の壮観さは、山王祭、神田祭の賑わいに勝るとも劣るものではなかった。

閏11月9日
増上寺門前
使節の一人が腹痛のため、道具屋に立ち寄って湯を所望した時に使った言葉は、たいへん美しい日本語であったという。薩摩の人々が使う言葉の方が難しかったという。
薩摩藩上屋敷
(琉球使節の宿泊所)

白金御殿
(前藩主斉宣隠居所)

▲「御免琉球人行列附」 天保13年(1842)の賀慶使(表中青の部分)の行列の様子を示す瓦版(天保13年)。

長崎貿易

出島と唐人町

長崎貿易といえば、出島《でじま》を通じたオランダ貿易のことを指すと思われがちであるが、実際にはオランダ貿易と清《しん》貿易との両方をさす。長崎貿易を管轄した長崎奉行の下に長崎会所があり、その下に阿蘭陀《オランダ》通詞《つうじ》、唐通事《とうつうじ》が配属され、オランダ、清との貿易とが管理されていた。蘭船《らんせん》で来航した人々は、出島に滞在し、唐《とう》船で来航した人々は唐人《じん》（実際には清国の人々）と呼ばれ、唐人町の唐人屋敷に滞在した。江戸時代の長崎は、幕府と正式な貿易を許されたオランダ、清の貿易船が入港する国際都市であり、現在に続く異国情緒が形成された。

長崎貿易によって日本から輸出された花形は、金・銀・銅といった貴金属類である。これは、十七世紀前半に金・銀が多く、その後銅が主力となっていった。しかし、こうした貴金属が次第に枯渇していくと、その代替品となったのは、日本の近海で豊富にとれた煎《いり》海鼠《なまこ》、干鮑《ほしあわび》・鱶鰭《ふかひれ》などであった。これら海産物の加工品は俵物《たわらもの》と呼ばれた。これら俵物の輸出は、日本からの貴金属の流

▶「金唐革戦車狩猟図腰差たばこ入れ（右）きせる（上）」

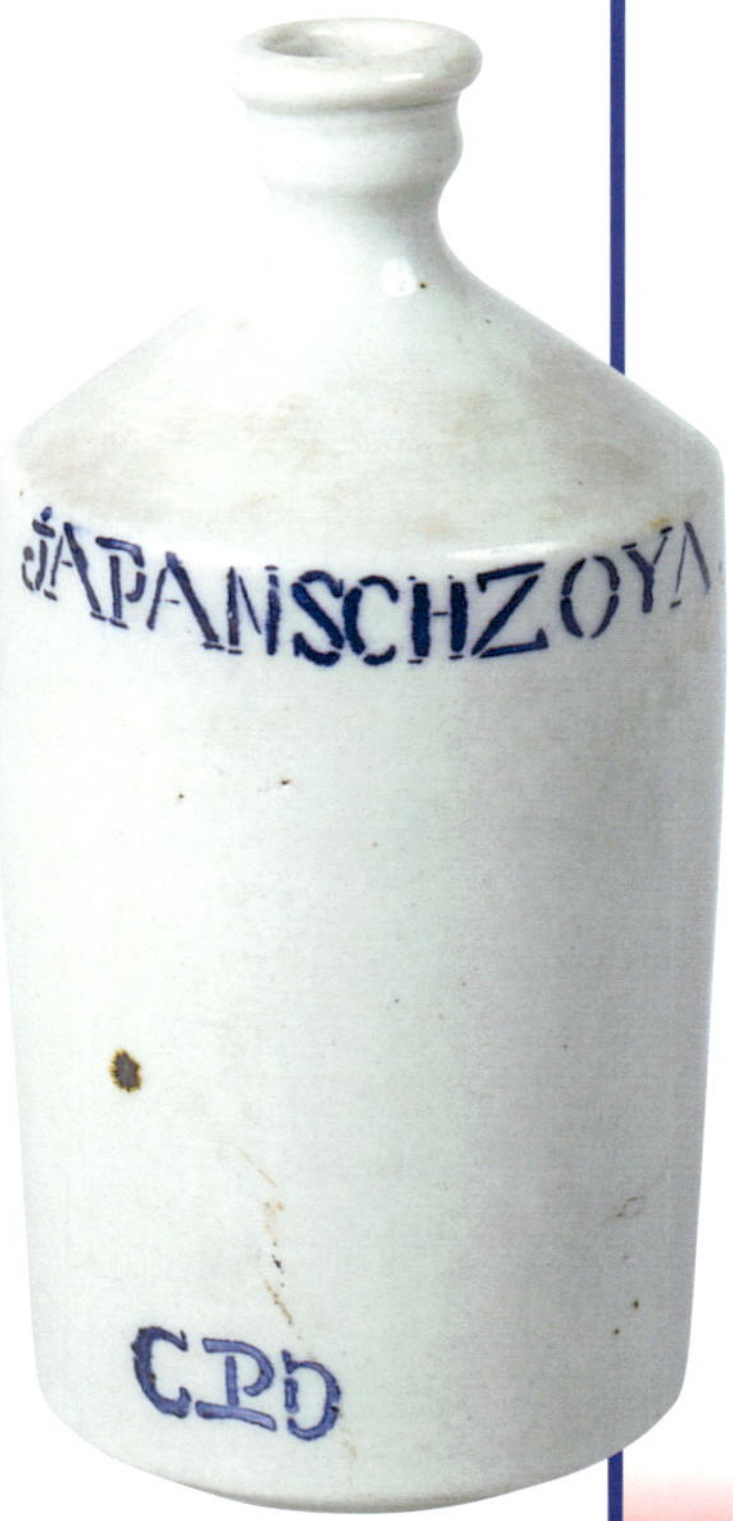

▶コンプラ瓶　側面の「JAPANSCH ZOYA」は「日本製醤油」（明治時代）

▲「染付芙蓉手（VOC）絵皿」オランダ東インド会社（VOC）が輸出用に作らせていた有田焼の皿（江戸時代後期）

出に歯止めをかけるばかりか、逆に日本に銀の流入をもたらす盛況ぶりであった。日本産の俵物は、高級中華料理の素材として中国の食文化の一部として定着していった。

また、日本からヨーロッパ本土に輸出されたものに、磁器・漆器・金唐革などの工芸品があった。なかでも最も好評を博したのは磁器と漆器であった。明の滅亡にともなう混乱により中国における磁器生産停滞すると、その頃ようやく磁器生産に乗り出していた有田焼がヨーロッパへ輸出されていった。

◀「花鳥螺鈿箪笥」
螺鈿は、平らに磨いた鮑などの貝殻の表面に色彩し、さまざまな模様に切り漆器に塗り込んだ後に磨きあげ製作した漆細工。一般に、厚貝を用いると螺鈿、薄貝を用いると青貝といった。鎖国制下の長崎から輸出用につくられ、工芸品日本を代表する工芸品としてヨーロッパで珍重された。(江戸時代後期)

▶「白木綿地小花文様印度更紗下着」(江戸時代後期)

▲ **生き人形を使って薬を売る商人**　坊主頭の商人の左に「ヤシクスリウリ」との添書きがあり、単なる薬売りではなく、人体模型を使って内臓を示しながら売る大道芸人的商人（香具師，やし）である点が興味深い。また、人形の右には「コレサイクモノ　ヒトニアラズ　ニンギョ（人形）ナリ」とあり、西欧諸国の人々に人気を博した「生き人形」である点に注目。

紹介された日本風俗

「洋風日本風俗画帖」は、作者、制作年代、制作場所ともに未詳であり、わずかにこれを所有していたヨーロッパ人の名前が記されているために、海外へ持ち出されたものであることだけが判明するに過ぎない。しかし、そこに描かれた庶民風俗はまさしく江戸のものであり、書き込まれた添書きとあいまって、実に興味深い情報を提供してくれる。

香具師、ガマの油売り、おでん売り、提灯売り、歯磨き売り、相撲取りの各図は「洋風日本風俗画帖」（江戸時代後期）、化粧する女、噺家が「日本人風俗絵」（江戸時代後期）による。

◀ ガマの油売り

▲化粧をする女

▲ 提灯売り

◀ 歯磨き売り
男が持つ箱に描かれるのは「目かつら」で、目の部分だけのお面のようなものである。

▲ おでん売り
おでん売り商人とそれを買い食いする男達。屈んだ男の背中から、鳶職人なのがわかる。江戸には多種多様の振売り商人がいたが、こうした食べ物売りが最も繁昌したという。

◀ 噺家
話芸人は、大衆娯楽として人気を博した。ジャンルは、大きく人情噺と落とし噺の2種類で、後世落とし噺の隆盛から落語家の名前が定着する。

▼ 相撲取り
江戸時代の相撲は、寺社の普請などの資金を得るために、寺社奉行が免許し興行された。江戸では富岡八幡宮や芝神明社などの境内で行われたが、天保4年（1833）冬以降、回向院で興行されるようになった。

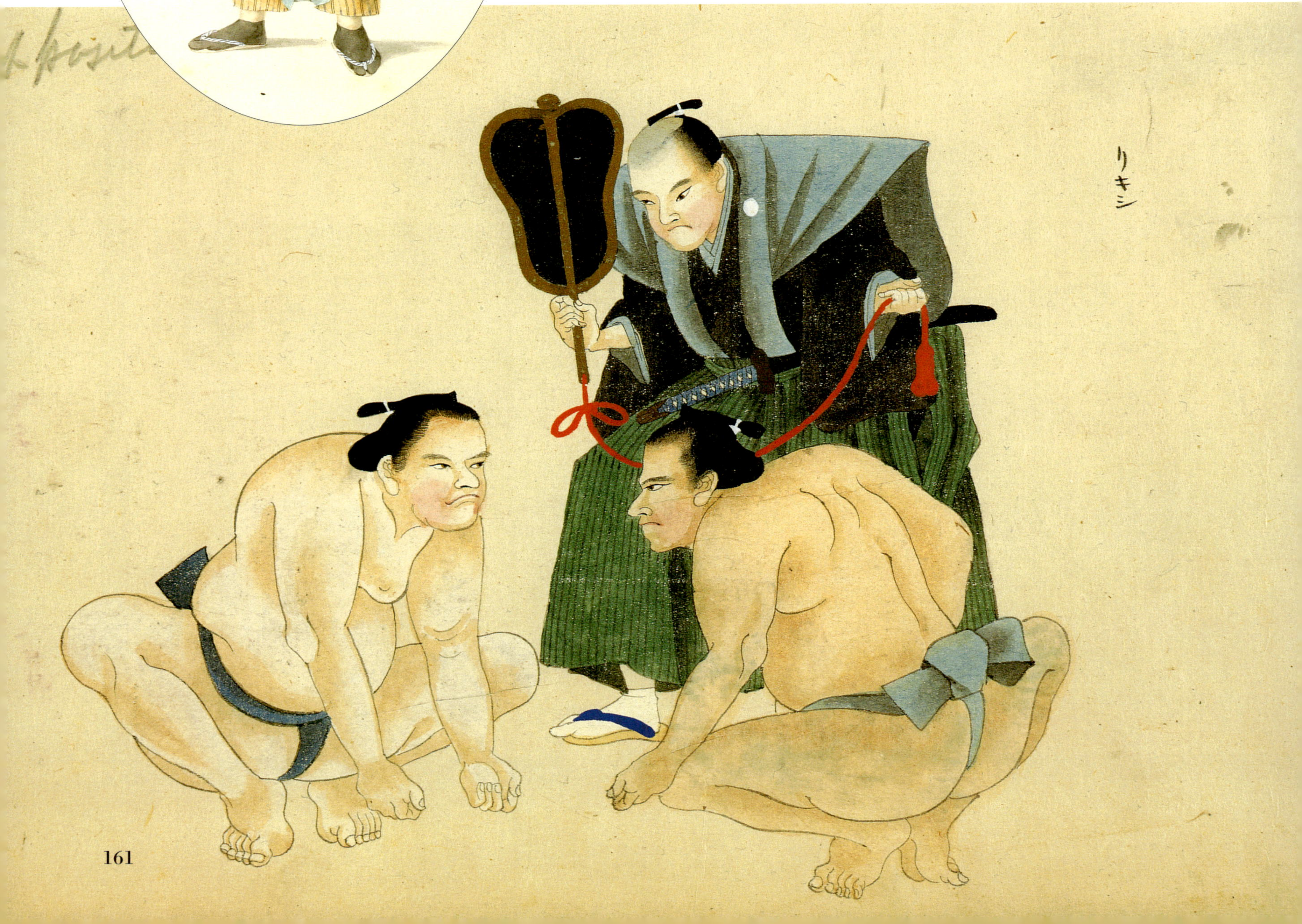

薩摩切子角脚付高盃（さつまきりこかくあしつきさかづき）長崎を経て伝来したガラス製品の製造技術は、日本各地に伝播して、地元の職人たちの工夫によって地域独自の切子細工（きりこざいく）が生み出されていった。薩摩切子もそのひとつで、薩摩藩主島津斉彬《なりあきら》によって殖産興業の一策として位置づけられて隆盛をみた。その後、西南戦争などの影響により製造が途絶えたため、江戸時代に制作された作品は少なく貴重。

幕末諸大名書画貼交帖（ばくまつしょだいみょうしょがはりまぜちょう）幕末期の大名四十四人による書画の貼交帖。右上から松平河内守親良《ちかよし》（豊後国杵築）「草花図」、稲垣対馬守長剛《ながたか》（志摩国鳥羽）「山茶花に鳥図」、戸田采女正氏庸《うじつね》（美濃国大垣）「白梅図」、大岡紀伊守忠愛《ただよし》（三河国西大平）「菊花図」、松平対馬守（山内）豊熙《とよてる》（土佐国高知）「梅に鶯図」、松平左京亮乗全《のりやす》（三河国西尾）「桃果図」、六郷兵庫頭政《まさ》恒《つね》（出羽国本庄）「貝尽図」、織田伊勢守信学《のぶみち》（出羽国天童）「柘榴果図」、北条相模守氏久（河内国狭山）「芙蓉図」などの画のほか、間部《まなべ》詮房《あきふさ》や堀田正民《まさたみ》などの幕閣の中枢の人たちの書画が寄せられ、文人大名としての交流がしのばれる。天保期頃の成立。

武家の文化

武家の文化

江戸時代に花開いた武家の文化は、その基本が鎌倉・室町幕府の文化にあったにせよ、徳川将軍家の支配する江戸幕府と、三百諸侯の藩による、いわゆる幕藩体制下における文化創造は、参勤交替《さんきんこうたい》という制度によって、江戸を中心とした文化交流を基盤に成された。

すでに、室町時代に足利義満《よしみつ》の北山文化、義政《よしまさ》の東山文化の展開を経て、書院・唐物《からもの》・座敷飾り・作庭・生花・茶の湯・能狂言などの諸藝《げい》が興《おこ》り、展がりをみせ、下克上の戦国乱世を経ながら新しい文化創造は伸展し、城郭建築、金碧障屏画《きんぺきしょうへいが》、南蛮文化の移入、歌舞伎《かぶき》誕生、そして覇者の美ともいえる桃山文化を打ち立てた。

江戸時代の江戸における武家文化は、江戸幕府草創期の京文化への憧憬《しょうけい》、そして明暦の大火後から元禄期にかけての江戸文化の成立期、延宝から享和・安永・天明期にかけての展開期、文化文政期の江戸文化の爛熟期、幕末明治維新期の江戸文化の衰退から明治文化への移行期、と大きく括られよう。

江戸時代初期の文化

開府当初の江戸は、城郭の形成と町割りによる大規模造成工事と建築ラッシュの世であった。桃山様式の金襴豪華な唐破風《からはふ》に装飾彫刻と彩色を施した大名屋敷の御成《おなり》門《もん》は、日暮《ひぐらし》の門と呼ばれて人目を引き、まるで建築ギャラリーのようであったという。その大名屋敷の主殿も透かし彫りなどの装飾を施され、諸大名の権威を競い合うような戦国の余風を残す屋敷のオンパレードであった。各大名は家臣団とともに、職人や技能者、商人を国元から呼んで御用に当たらせた。

この日本諸国の職人や技能者の江戸への往来が、江戸の文化を熟成する源になるのである。武家にしても身分格式がやかましく、衣裳や乗物まで各種の序列と規制があったことが武家の儀礼化による、武家文化を生み出した。特に三代家光の時代からその傾向を増し、明暦の大火（一六五七）以後、江戸の風景は以前の華麗さから一変し、外見は質素、しかし内部は秩序による儀礼化が進行していくことになった。

元禄期ぐらいまでは、江戸は上方、とくに京の文化をモデルにしていた。家康が、京の五山版《ござんばん》を模して、上方でも活字版の書籍の刊行を行い、また大御所《おおごしょ》となって駿《すん》府《ぷ》へ移った後も駿河版《するがばん》を上梓《じょうし》している。こうした出版文化は、当初幕府を中心に武家の教養の儒教の書や法制の書、仏書も刊行され、多くの武家の教育の基本となった。やがて貞享頃には、江戸でも出版が積極的に行われるようになる。

一方、写本による情報の引き写しも盛んに行われた。幕府御用絵師の住吉具慶《すみよしぐけい》や如慶《じょけい》、江戸へ移住した狩野《かのう》探《たん》幽《ゆう》をはじめとする狩野《かのう》派の絵師たちは、将軍や大名の命令を受け、宮中や藤原家諸家、あるいは寺社に伝わる古典の絵巻や画幅の模本を数多く造ったのである。

また能の謡本を雲母摺《きららず》りなどで華麗に仕立てた嵯峨《さが》本《ぼん》、あるいは「源氏物語」や「伊勢物語」などの古典を描く、色紙や屏風、あるいは絵本などは、王朝人にあこがれる武家の奥の女性たちの好みを満たしていた。

また、家康を神格化し顕彰するために「日光東照宮縁起絵巻」が、祭礼や参詣や儀式の壮大さを記録するために「日光東照宮参詣図・日吉山王参詣図屏風」が、あるいは三代将軍家光の事跡顕彰のために「江戸図屏風」（国立歴史民俗博物館）などが制作された。

江戸の文化の発展

戦国の余風を持ったダテ者・カブキ者、そして若衆《わかしゅ》風俗などの流行は、明暦三年（一六五七）の旗本寄合《はたもとよりあい》の水野十郎左衛門《じゅうろうざえもん》と侠客の幡随院長兵衛《ばんずいんちょうべえ》との喧嘩を引き起こした。幡随院を殺した水野は、寛文四年（一六六四）に切腹を申し渡され、徐々に武断政治から文治政治の武家社会が形成されるようになった。

元禄十四年（一七〇一）三月の江戸城本丸御殿松《まつ》の廊《ろう》下《か》刃傷事件《にんじょうじけん》と、翌年十二月の赤穂浪士《あこうろうし》の吉良《きら》邸討ち入り事件は、江戸城と市中を騒がす武家の大事件であった。この事件は当初人形浄瑠璃《にんぎょうじょうるり》に、そして歌舞伎《かぶき》に脚色され、やがて「芝居の独参湯《どくじんとう》」ともいわれた『仮名手本忠臣蔵』のヒットとなった。

元禄文化として、市川團十郎《だんじゅうろう》の創始した荒事狂言《あらごときょうげん》の江戸歌舞伎が、また松尾芭蕉《ばしょう》の俳諧文芸が隆盛となり、菱《ひし》川師宣《かわもろのぶ》の浮世絵の創始とともに、江戸文化の基底が武家の支持層を背景に江戸城下で生み出された。

狂歌の連と吾妻錦絵　三千石の旗本大久保忠舒《ただのぶ》（巨川《きよせん》）などを中心に、武家、町人、役者などの文芸サロンともいうべき俳諧《はいかい》の連《れん》が形成され、狂歌摺物《きょうかすりもの》や大小暦《だいしょうごよみ》の多色摺りの試行を経て、明和二年（一七六五）を契機に絵師鈴木春信《はるのぶ》を得て、吾妻錦絵《あづまにしきえ》を開花させた。「座鋪八景《ざしきはっけい》」も元はといえば、巨川工・春信画の絵暦《えごよみ》であった。

長崎交易による中国やインド、そしてヨーロッパからの文物や情報は、江戸幕府はもちろんのこと、江戸本石《ほんこく》町の長崎屋を拠点に拡がりを見せた。本草学《ほんぞうがく》や博物図譜、数学、天文学、化学、測量術、絵画技法、医学など、多くの新知識が江戸へもたらされた。こうした中国やオランダを中心とした文化や技術は、諸藩の殖産興業へと活用され、また蘭学の隆盛をきたした。

そうした蘭学や中国趣味にに対応して、和学、国学が興った。塙保己一《はなわほきいち》は、幕府に申請して和学講談所を設立し、『群書類従』をはじめ、それまでの和書を編纂し、上梓することを企てた。

文人大名と交流　柳沢吉保《よしやす》の孫信鴻《のぶとき》は、安永二年（一七七三）に五十歳で致仕《ちし》し、駒込染井《こまごめそめい》の別邸六義館《りくぎかん》と六義園を中心に隠居後の芝居創作・芝居見物・文芸など、大名や町人との文化交流の豊かさを『宴遊日記』『松鶴日記』などに書き残した。

鳥取の若桜《わかさ》藩主・松平定常《さだつね》（冠山《かんざん》）は、『浅草寺志』『武蔵名所考』を著した。冠山は、昌平黌《しょうへいこう》の林述斎《じっさい》や佐藤一《いっ》斎《さい》、塙保己一や松平定信《さだのぶ》の御用絵師・谷文晁《ぶんちょう》なども交遊が深かった、江戸の文人大名の一人である。

八代将軍吉宗《よしむね》の孫、白河《しらかわ》藩主・松平定信は、寛政の改革の失脚後に楽翁《らくおう》と号し、花鳥風月を好んで文人として活躍し『花月草紙』『集古十種』などを著した。楽翁とも交遊のあった肥前《ひぜん》・平戸の藩主松浦静山《まつらせいざん》は随筆『甲子夜話』を書き、江戸の諸相を伝えている。

姫路城主の次男として江戸で生まれた酒井忠因《ただなお》は抱一《ほういつ》と号して諸藝に遊んだ。酒井家が庇護した尾形光琳《こうりん》に私淑し、その百周忌を記念して『光琳百図』『光琳図譜』を編じた。根岸の里に雨華庵《うげあん》を営み、絵筆を執って江戸琳派を興す一方種々の技芸に遊んだ。雨華庵のすぐ近くに儒学者で書家として知られた亀田鵬斎《ぼうさい》の家があり、抱一とも親交が篤かった。また抱一の絵の師の一人は谷文晁であった。このように、江戸の文人たちの交流は、身分を超えた多層のネットワークから成り、江戸の文化を活性化させていた。

幕末の外交と江戸の武家文化

江戸時代中期以降、外国船が日本沿海に近接することが度々となった。文政八年（一八二五）の異国船打払い令、嘉永六年（一八五三）の御台場《おだいば》建設や大筒《おおづつ》鋳造により事態の打開を図ったものの、嘉永七年（一八五四）、日米和親条約の締結により日本の鎖国政策は中止となった。

以降、安政の江戸大地震（一八五五）、講武所の設置（一八五六）、ハリスの江戸入府（一八五七）、西洋からの輸入品の増加、尊攘派《そんじょうは》の活動活発化、井伊《いい》大老による安政の大獄（一八五九）、皇女和宮《かずのみや》と将軍家茂《いえもち》の婚儀（一八六二）など、国内外の緊張の続く中で討幕運動が激化し、薩長《さっちょう》同盟（一八六六）を契機に慶応三年（一八六七）に大政奉還が布告されて、徳川将軍家はついに江戸幕府を閉じることとなった。

こうした中で、蘭学《らんがく》のみならず西洋の文物が急激に横浜へ、そして江戸（東京）へと流入し、新たな文明開化の時代を迎え、江戸の武家文化も退行せざるをえなくなったのである。

能と茶の湯

能

江戸幕府が成立して、武家が政権を執り全国を支配するようになると、徳川将軍家をはじめ諸大名、旗本、御家人などの武家が、多くの百姓をはじめ職人や商人の上に立つ身分制社会が成立した。こうした武家たちは、鎌倉幕府や室町幕府の為政者であった源氏や北条氏、そして足利氏などが憧れた貴族文化への嗜好《しこう》を強くしていった。そして前戦国乱世の覇者織田信長、その後継者豊臣秀吉などの求めた文化の頂点に、能《のう》と茶《ちゃ》の湯《ゆ》があった。

能は室町期に猿楽《さるがく》から興《おこ》り、江戸時代に入って武家の式楽となり、武家の教養として大きな位置を占めた。豊臣秀吉の芸能愛好の一つに能があり、金《こん》春座《ぱるざ》をはじめとする大和猿楽四座《やまとさるがくしざ》を召し抱えて扶持したが、徳川将軍家も観《かん》世《ぜ》・金春・宝生《ほうしょう》・金剛《こんごう》の四座を召し抱え、幕府御用の芸能とした。この四座のうち観世が四座筆頭の地位を占めたのは家康の庇護に由縁する。その四座に、二代秀忠の庇護を受けた北（喜多）流が加わり、四座一流の制度が確立した。このことにより、幕府を見習う諸

▲能の図巻　竹生島・忠度（ただのり）・野々宮（ののみや）・あふ飛上（葵上）などの、能の場面が描かれる。こうした能の図巻は武家の教養図として多く写され、明治期には版画などでも刊行された。（「猿曲之図」池田継政筆、享保12年（1727））

◀「茶席組立図」
（石州流の茶室起こし絵、江戸時代）

a.：石州水遣（水屋・みずや）
b.：石州萱門（かやもん）
c.：石州三畳大目（さんじょうだいめ）

▲「檜扇に夕顔文長絹」　能装束の一つ、長絹（ちょうけん）。背と両袖後の3か所に金摺箔で夕顔をあしらった檜扇が写されている。（江戸時代中期）

茶の湯

千利休《せんのりきゅう》が茶の湯を大成して以来、茶道は為政者にとって権威の芸能として能とともに重要な役割をもった儀礼の演出の場となった。江戸城にも、茶坊主は儀礼において、背後から支える役目を担った。

とくに書院の茶は、その武家儀礼的な典型である。その一方で、草庵の茶も数奇茶《すきちゃ》として好まれ、大名や旗本の屋敷内にも茶室が設けられ、少人数による茶席が催された。

その中で江戸時代初期には石州《せきしゅう》流や遠州《えんしゅう》流の茶が武人に好まれたが、元禄時代あたりからは民間に茶の湯が普及しはじめた。とくに表千家《おもてせんけ》七代の如心《じょしん》斎宗左《さいそうさ》を支えた川上不白《ふはく》は、寛延三年

藩諸侯もこの四座一流の分家や門弟を召し抱えることとなった。

この結果、武家式楽としての能は武家芸能として定着化し、侍ならば、主人の命令で謡《うたい》や素面《ひためん》で一指《ひとさ》し舞うことを所望されてできないということは恥であった。江戸城でも無論、将軍をはじめ諸大名、旗本・御家人たちが能を行い、また観世・宝生の能楽師たちが上覧能を務めた。

幕府儀礼に重要な位置を占めた能は、将軍宣下《せんげ》、世嗣《せいし》誕生、日光社参、勅使饗《ちょくしきょう》応《おう》など、あらゆる場面で能の上演が催された。年頭の行事としての謡初《うたいぞ》めも、そうした能の武家における象徴性を示している。

本丸《ほんまる》・二丸《にのまる》・三丸《さんのまる》・西丸《にしのまる》の御殿にそれぞれ能舞台が設えられ、年中能が催された。

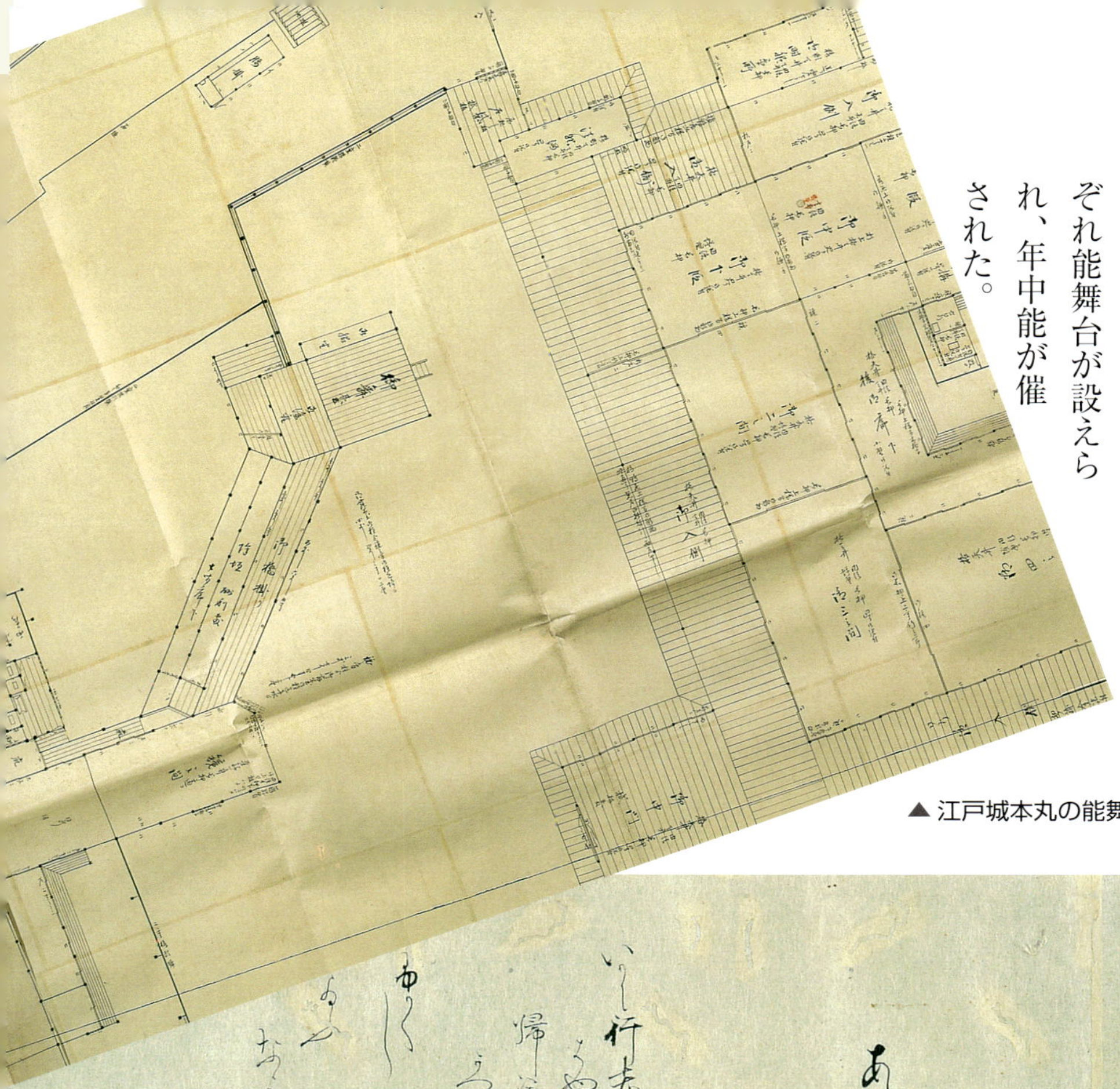

▲江戸城本丸の能舞台　（「江戸城本丸惣地絵図」）

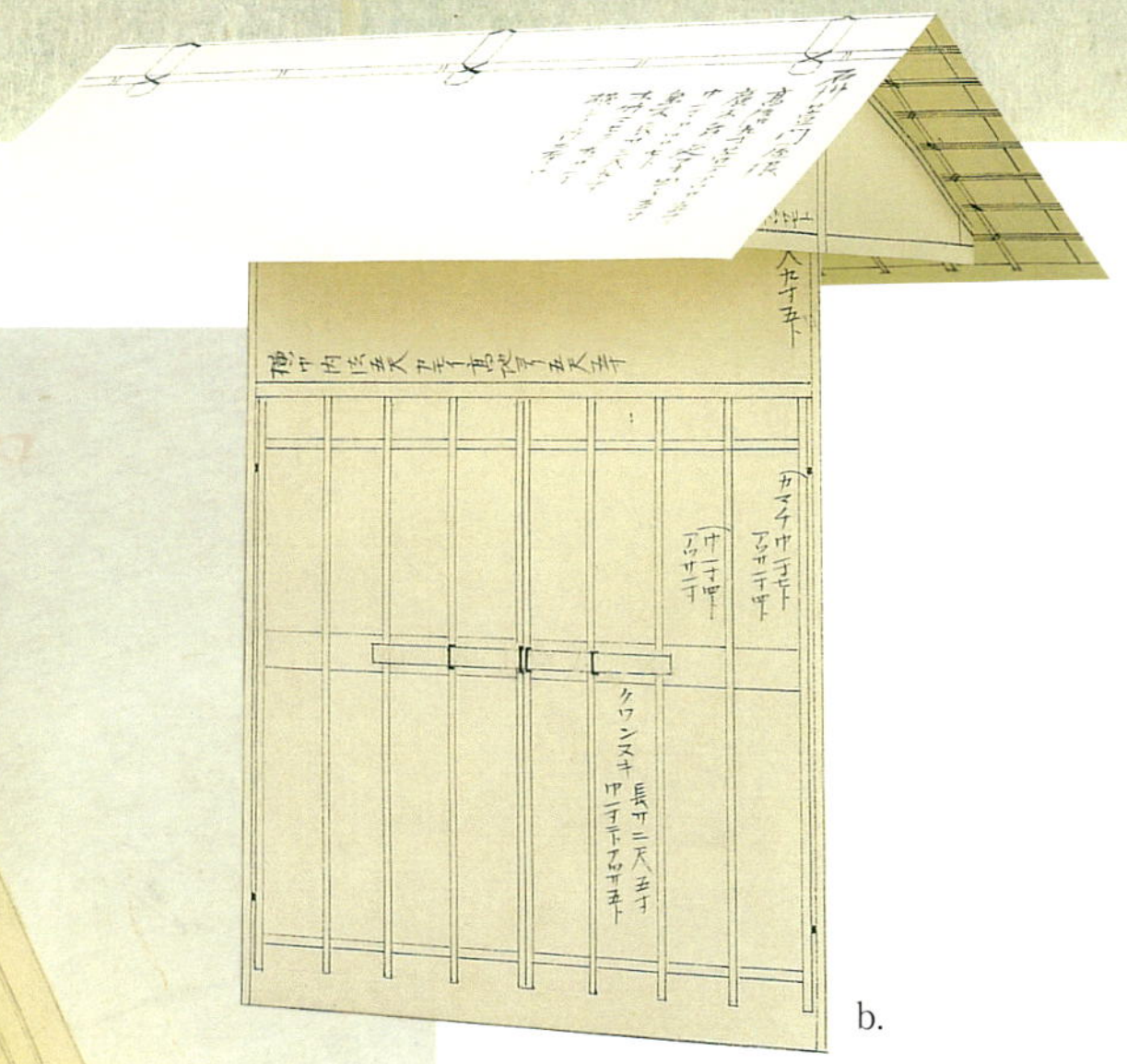

b.

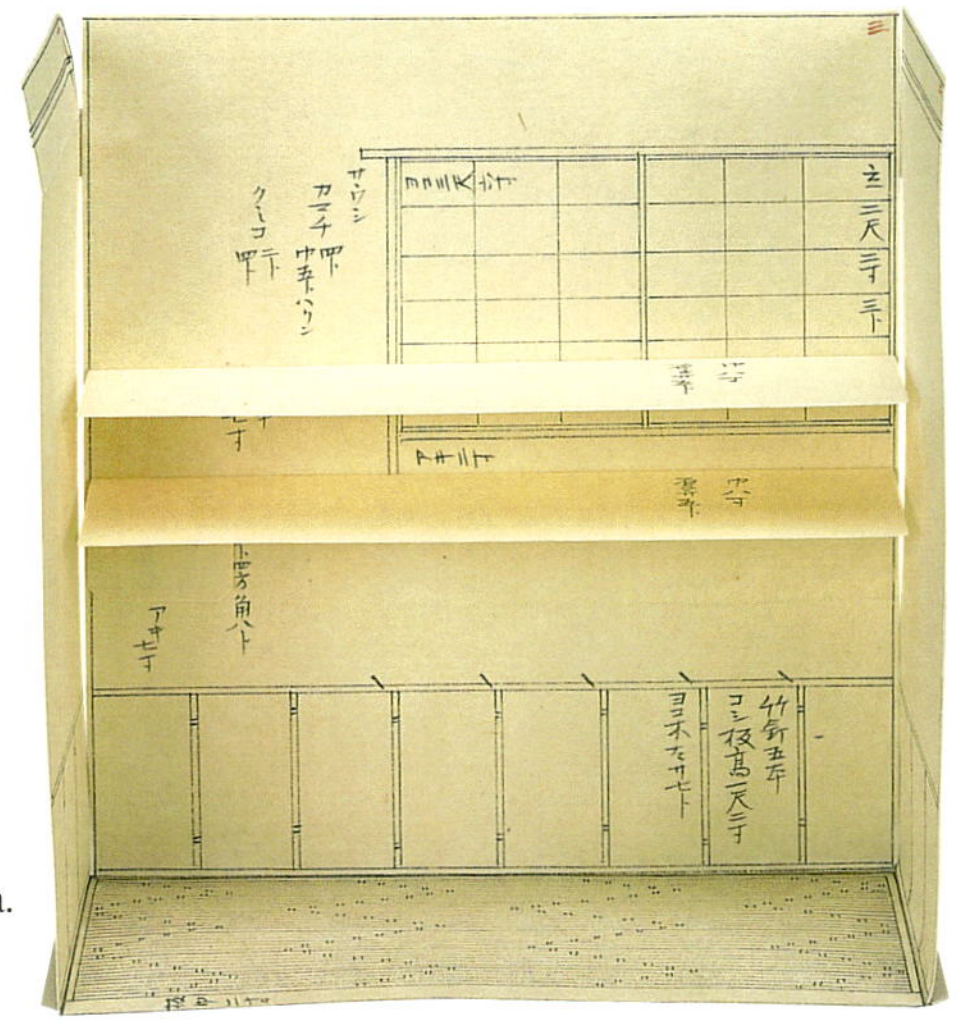

a.

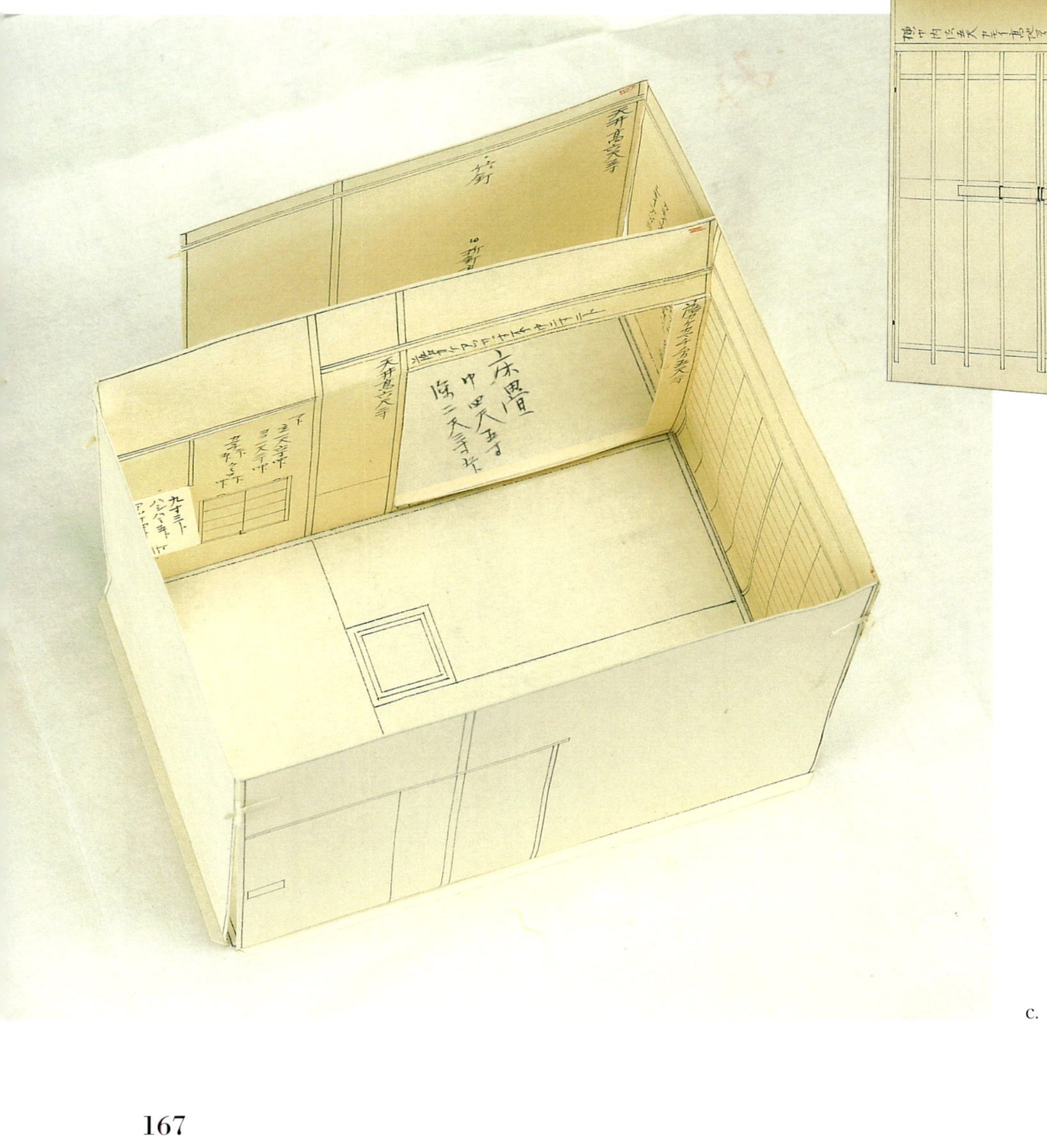

c.

（一七五〇）に江戸へ下って千家の茶の湯を広く町人にも勧めた。そのことにより、不白の家系は江戸千家の名を許されることとなった。

この茶の湯の流行は、七事式の考案により、より積極的な遊芸の道へと茶の湯人口を押し進めた。

江戸における雲州公《うんしゅうこう》・松平不昧《ふまい》の茶の湯道具の蒐集《しゅうしゅう》による『古今名物類聚《ここんめいぶつるいじゅ》』の編纂をはじめ、大名物《だいめいぶつ》などの茶器を中心とした茶会、あるいは茶室の造作など、大名から町人富裕階層までの茶の湯の流行は、やがて子女の茶の湯・生け花などの教養習得へと道を拡げることとなるのであった。

庭

▲六義園之図　柳沢吉保の造園した駒込染井の別邸六義園を家老の豊原里亮が描いたもの。宝暦頃の作か。六義館をはじめ、泉池と八十八境の名所に四季の庭木が写されている。

▲「戸山別荘両臨堂之景」 尾張徳川家の下屋敷・戸山山荘の景観を幕府御用絵師の狩野養川院晴信（かのうようせんいん・はるのぶ）が描いたもの。霊峰富士を借景にした庭園が広がる。（天保12年（1841））

大名の庭作り

徳川幕藩体制が整うにつれて、平安貴族の寝殿造《しんでんづく》りと庭園に憧憬の念をもった足利将軍家の義満《よしみつ》や義政《よしまさ》の北山殿や東山殿を先例として、将軍家をはじめ諸大名は、その広大な屋敷地に池泉《ちせん》をともなった庭を造営した。

将軍家では、特に江戸城内の吹上《ふきあげ》の庭園をはじめとし、城外の御花畑《おはなばたけ》や小石川《こいしかわ》御薬園《おやくえん》はじめ、また御浜御殿《おはまごてん》などを将軍や御台所《みだいどころ》の園遊の場とした。

御三家でも、とくに水戸徳川家の光圀《みつくに》が小石川《こいしかわ》の屋敷に後楽園を造営したのをはじめ、尾張《おわり》徳川家の戸山《とやま》山荘が著名である。徳川光友《みつとも》は戸山の下屋敷（通称、戸山山荘。十三万六千坪余）に、箱根山《はこねやま》を見立てた麻呂《まろ》が嶽《たけ》や、小田原宿《おだわらしゅく》を模した町並みを造り、自ら庶民の生活を体験するため買物や飲食を楽しみ、それを伝え聞いた将軍まで狩りにかこつけて忍びで訪れたという。

大名では、五代将軍徳川綱吉《つなよし》の側近として知られた柳沢吉保《よしやす》が、元禄八年（一六九五）下屋敷を駒込染井《こまごめそめい》に四万九千坪の地を拝領し、武蔵野の景色を借景《しゃっけい》として七年の歳月をかけて回遊式築山泉水《つきやませんすい》の庭園「六義園《りくぎえん》」を自身設計して造り、六義館は五十八回もの綱吉の御成《おなり》を受けたという。この「六義」とは、中国の『毛詩』の六義、風・賦・比・興・雅・頌を、紀貫之《きのつらゆき》が転用した和歌の「六体《りくたい》」に由来し、吉保の古典文学への造詣の深さを示している。当初は「むくさのその」と呼ばれていたという。また、紀州（和歌山県）の和歌《わか》の浦《うら》の名勝を見立てた八十八境の名所めぐりの園として設計されたという。

柳沢吉保の孫にあたる二代大和郡山《やまとこおりやま》藩主の信鴻《のぶとき》が五十歳で致仕《ちし》して安永二年（一七七三）より下邸《しもやしき》の六義園で隠居生活を送ることになり、その庭園も維持されたが、寛政四年（一七九二）の信鴻没後は荒廃したという。庭園は、日頃の手入れが肝要で人手も費用もかかり、庭道楽こそ究極の道楽であったという。

六義園の名所写しで、現在も残るものに玉藻磯《たまものいそ》・出汐港《いでしおのみなと》・妹山《いもやま》・背山・玉笹・常盤《ときわ》・せきれい石・浮宝石《うきたからいし》・臥龍石《がりょういし》・裾《すそ》野梅《ののうめ》・紀川《きのかわ》・片男波《かたおなみ》・仙禽橋《たづのはし》・芦葉《あすは》・藤《ふじ》浪橋《なみばし》・宿月湾《しゅくげつわん》・渡月橋《とげつきょう》・千年坂《ちとせざか》・紀川上《きのかわかみ》・朝陽岩《あさひのいわ》・水分石《みくまりいし》・枕流洞《まくらながしどう》・紀路遠山《きのみちのとおやま》・下《し》折峯《おりのみね》・吟花亭《ぎんかてい》・衣手岡《ころもでのおか》・吹上浜《ふきあげのはま》・吹上松《ふきあげのまつ》・吹上小野《ふきあげのおの》・吹上峯《ふきあげのみね》・白鷗橋《はくおうばし》・藤代峠《ふじしろとうげ》・座禅石などがある。

また越後《えちご》の新発田《しばた》藩溝口家十万石の木挽町《こびきちょう》中屋敷の庭園・偕楽園《かいらくえん》は、天保十五年（一八四四）に藩主直溥《なおひろ》によって造られた。池泉は玉川上水の余り水を引き入れたもの。広さは三千六百坪ほどで、三階の高楼もある江戸でも有名な庭園の一つであった。

▶「浜御殿惣絵図」 湖入池を中心とする回遊式臨海の大名庭園。寛永期までは将軍の鷹狩り場であったが、承応3年（1654）に甲府宰相（こうふさいしょう）徳川綱重（つなしげ）の庭園となり、その後六代将軍家宣（いえのぶ）が浜御殿として造営。（享保17年～寛保元年（1732～41））

▲「新発田藩中屋敷偕楽園真景図」 錦和亭の三階楼閣を俯瞰する。園中の四阿（あずまや）や茶室、植木などの名称が細やかに書き込まれている。（晴春画,弘化3～4年（1846～47））

文人大名

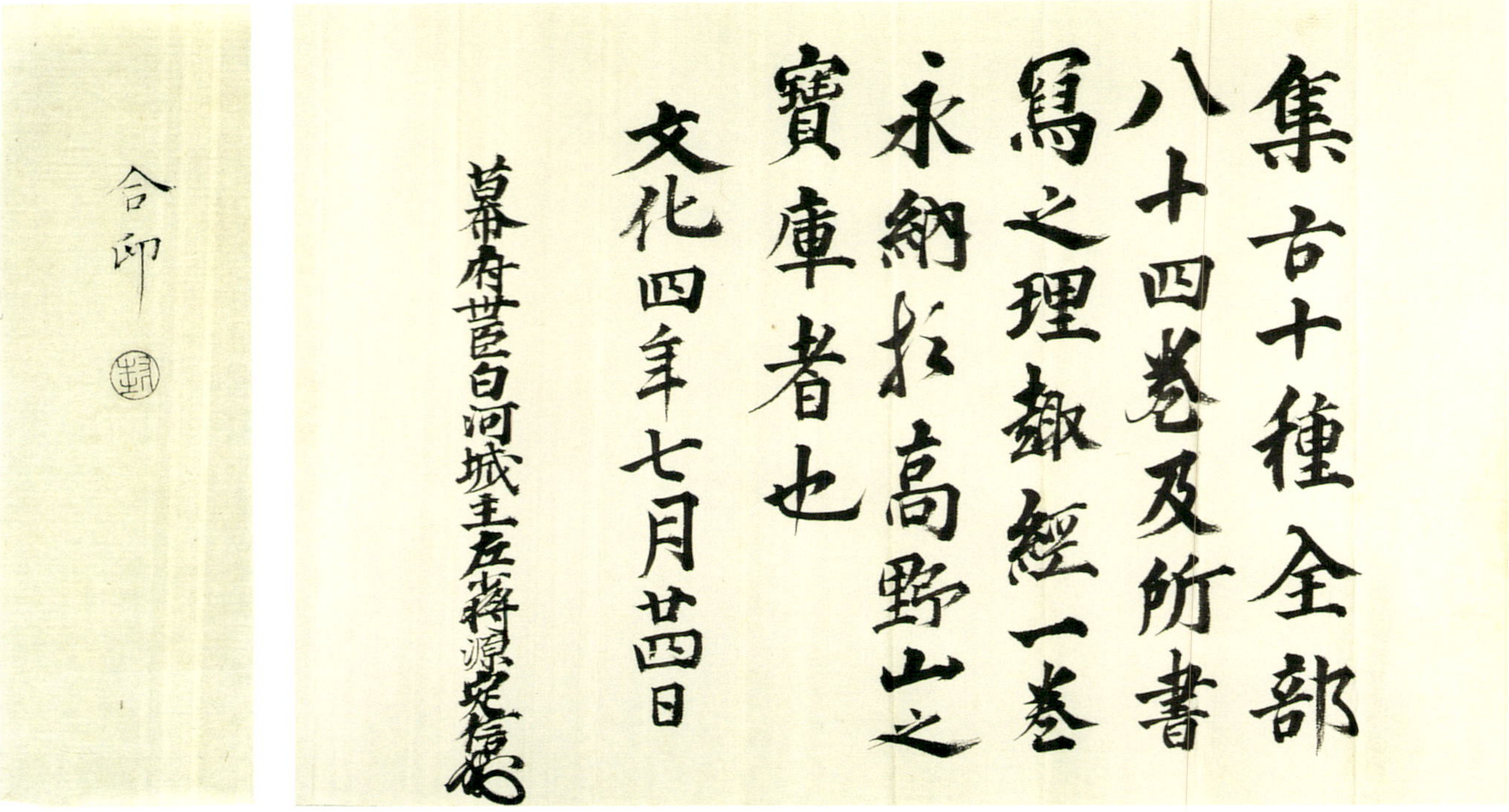
集古十種全部
八十四巻及所書
寫之理趣經一巻
永納於高野山之
寶庫者也
文化四年七月廿四日
幕府世臣白河城主左少将源定信

合印

▲「松平定信集古十種寄進状」と合印　文化4年（1807）7月24日付けの白河藩主松平定信が『集古十種』84巻と書写した「理趣経」1巻を高野山金剛峰寺へ寄進した旨を記す。

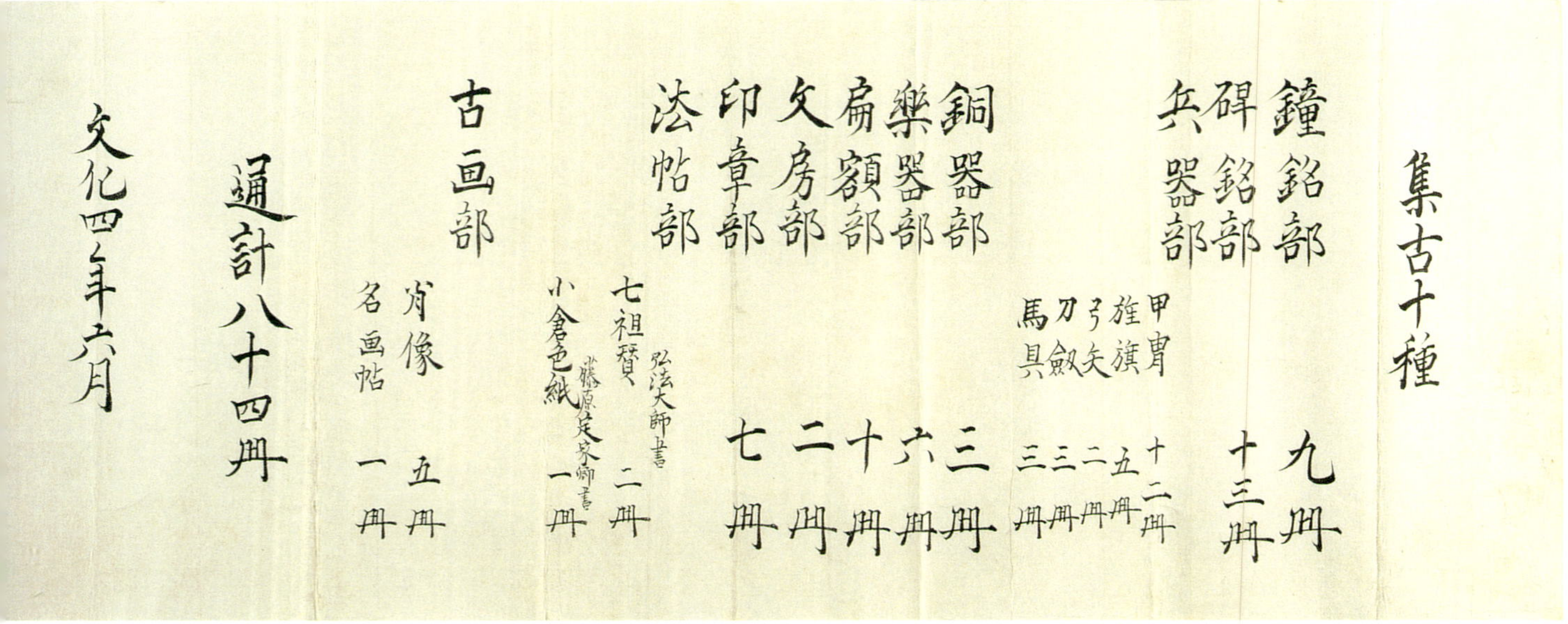
集古十種
鐘銘部　九冊
碑銘部　十三冊
兵器部
甲冑　十二冊
旌旗　五冊
弓矢　二冊
刀劍　三冊
馬具　三冊
銅器部　三冊
樂器部　六冊
扁額部　十冊
文房部　二冊
印章部　七冊
法帖部
七祖賛　弘法大師書　二冊
小倉色紙　藤原定家卿書　一冊
古画部
肖像　五冊
名画帖　一冊
通計八十四冊
文化四年六月

▲「集古十種目録」
文化4年（1807）6月付けの『集古十種』84冊の内訳書。鐘銘・碑銘・兵器・銅器・楽器・扁額・文房・印章・法帖・古画の十種からなる。

▶松平定信寄進「集古十種」箱の錠前と鍵

文人・松平定信

江戸は全国の諸大名が参勤交代で将軍への忠誠と奉公のために国元から江戸へ出府し、大名屋敷に滞在した。一方、上方からの文化の東漸《とうぜん》にしたがい、十八世紀に江戸の文化が熟成してくる過程で、江戸独自の文化サロンが形成された。その中心となったのが、江戸に出仕したり、江戸で育った大名たちであった。このサロンを形成する大名たちを、文人大名という。

たとえば、五代将軍徳川綱吉《つなよし》の側近として政治を掌《しょう》握《あく》した柳沢吉保《よしやす》は下屋敷に六義園《りくぎえん》を造り、能狂言を楽しんだ。その孫信鴻《のぶとき》は、五十歳で隠居して後、歌舞伎《かぶき》や狂歌・書画などに親しみ、友人の大名との交流も厚かった。

また寛政の改革を推し進めた松平定信《さだのぶ》こと楽翁《らくおう》は、江戸後期の代表的な文人大名である。定信は、徳川田《た》安《やす》家の宗武《むねたけ》の第三子として宝暦八年に田安邸で生れた。のち白河藩松平家の藩主となり、天明七年（一七八七）に老中首座となって田沼政治を終わらせ、幕政の回復と倹約令を中心とし、出版取締りや昌平坂《しょうへいざか》学問所内での異学の禁を行うなどの政治改革を行った。しかし寛政五年には将軍補佐役および老中を退き、文化九年（一八一二）には致仕《ちし》して築地《つきじ》の下屋敷《しもやしき》浴恩園《よくおんえん》へ移り、以後古物愛好の文人としての生活を送った。その文人としての活動では、特に『集古十種《しゅうこじっしゅ》』『古文書部《こもんじょぶ》類《るい》』『古画類聚《こがるいじゅ》』などの編纂に力を注いだ。これらはお抱え絵師の谷文晁《ぶんちょう》らに古書画などを写させ、その考証に自身意を尽した。

文人楽翁としては、古器物愛好者で書家として知ら

▲「集古十種」
松平定信の編纂した十種の部立てによる古書画・古器物など1859点を所収した編纂書。寛政12年（1800）に松平家蔵板として版本化。

れた幕府御畳《おたたみ》大工頭《だいくがしら》の中村仏庵《ぶつあん》をはじめ、多くの市井《しせい》の文人たちとも交流があった。著述も多く『宇下人言《うげのひとこと》』をはじめ『花月日記《かげつにっき》』『花月草紙《かげつそうし》』などの文人生活の一端を知るものも残されている。

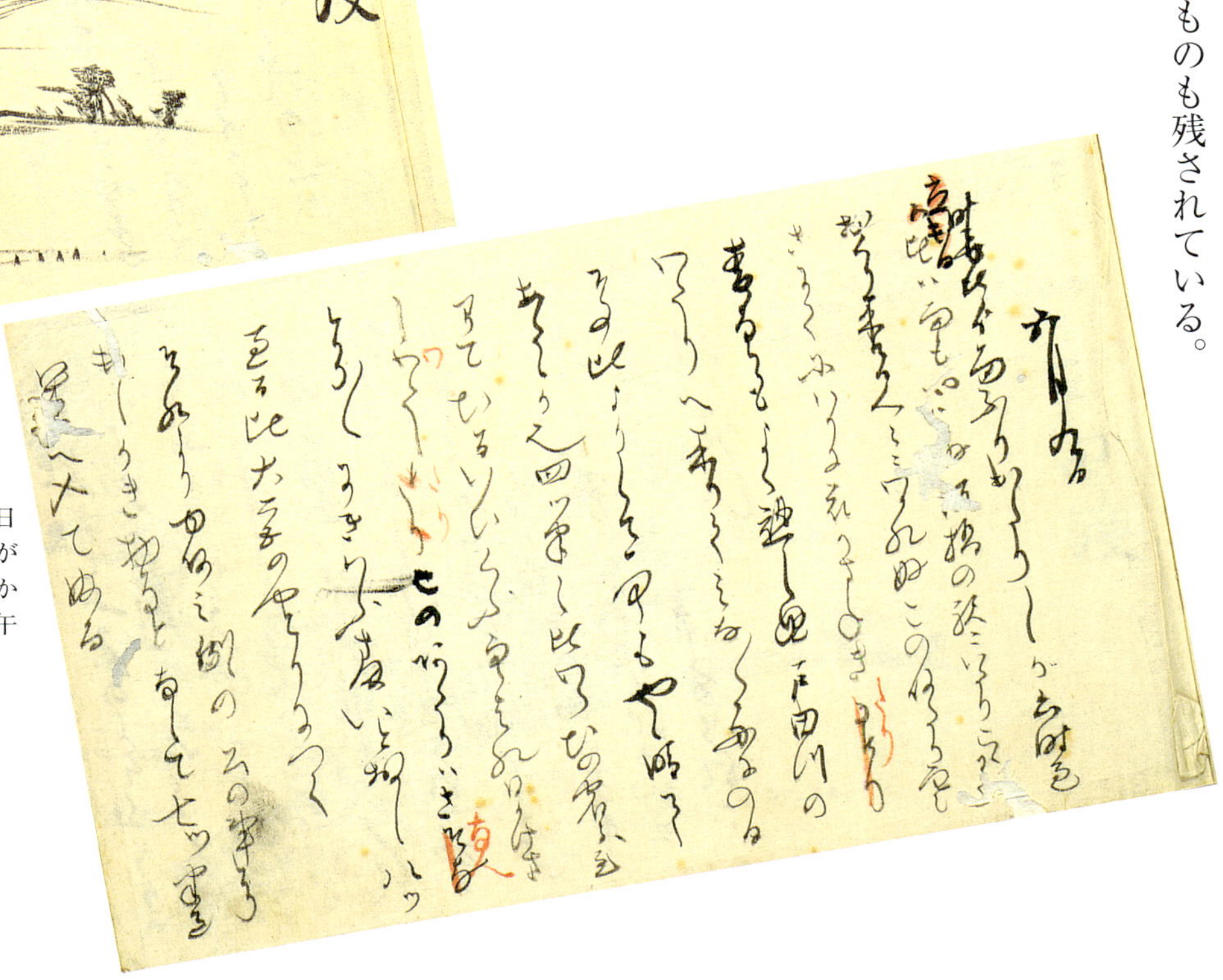

▲「中仙道日記」
松平定信の著した天明8年（1788）5月9日より22日までの日記。戸田の渡しの渡船風景（上）など、簡略な筆致で挿絵が添えられている。五月九日に雨模様の中を出立し、板橋駅から戸田川を渡り、蕨宿（わらびしゅく）から大宮へ八ツ過（午後2時頃）に到着する様子が書かれる（右）。

武家の文化

書画

▲「雪華図譜」　古河藩主土井利位（としつら）の編著。正続二巻。天保3年（1832）刊。当時利位は奏者番兼寺社奉行であり、のちに老中となった。家老で蘭学者の鷹見泉石（たかみ・せんせき）の指導を得て雪の結晶を観察し図譜としたもので86図が載る。

武家の書画

武家諸法度《ぶけしょはっと》によれば、武家は文武両道に励むべしとあり、武家本来の武術鍛錬のほかに貴族の教養としての君子の四藝《しげい》（琴棋書画《きんきしょが》）を嗜《たしな》むことが肝要《かんよう》とされた。とくに書画は、御殿飾りの襖《ふすま》や壁面の装飾をはじめ、床《とこ》の間《ま》飾りの書画、そして儀礼の屏風や幔幕《まんまく》、調度などと幅広く展開した。その御用を勤めたのは当初土佐派系の住吉具慶《すみよしぐけい》・如慶《じょけい》などがいたが、狩野探幽守信《かのうたんゆうもりのぶ》が京から江戸へ移って、狩野派が君臨することとなった。探幽は鍛治橋門外《かじばしもんがい》に拝《はい》領屋敷《りょうやしき》を得て江戸幕府における狩野派の礎《いしずえ》を築き、諸大名各家へ門人たちに狩野姓を与えて送り込んだ。また江戸城御殿をはじめ幕府御用の絵は、奥絵師・表絵師合わせて二十家ともいわれる狩野家によって描かれた。ここに格式としての武家屋敷における絵画様式が確立した。

そのことにより、主だった武家は、教養としての画技を狩野家および一門から手ほどきを受けたのである。

一方、書は文官としての書類作成の必務や、教養としての漢詩・和歌などの詩歌の書、そして禅宗の識語など、武家にとって必須の技量であった。こ

▲「花鳥図」
松平定信画。松に椿の大木、下に渓流、海棠（かいどう）、尾長鳥（三光鳥か）、「源定信」の署名と印章がある。谷文晁（たに・ぶんちょう）を御用絵師にかかえ、寛政の改革後、「白河楽翁」の名で文人大名として一世を風靡した松平定信の画幅。狩野派や、新しい沈南蘋（しん・なんぴん）らの画風も取り入れた作品。（江戸時代後期）

▲「竹に双鶴図」 水墨画でまっすぐな竹に雌雄の丹頂鶴を画題とする。（松平頼常，元禄15年（1702））

とに青蓮院流《しょうれんいんりゅう》の書体は、御家流《おいえりゅう》という通称で武家の社会に浸透して行った。またさまざまの書体や書法が僧侶や文人たちの間で広く展開した。

▶『幕末諸大名書画貼交帖』より

学問

▲「湯島聖堂図」 絹本著色の二曲屛風に、寛政11年（1799）に水戸の孔子廟にならって黒塗りに改装された湯島聖堂と、左手の昌平坂学問所（昌平學）が描かれる。（櫻井雪鮮（せっせん）画，寛政11年以降）

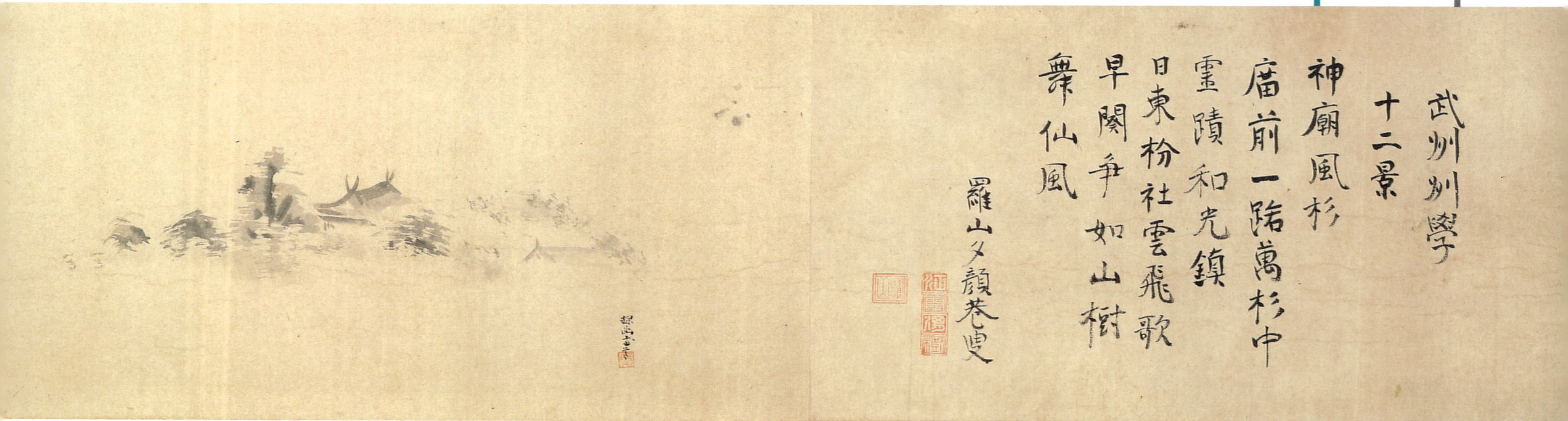

▲「武州州學十二景圖巻」 林羅山が孔子廟の先聖殿からの眺望を「武州州學十二景」と題する漢詩を作り、その子春斎（しゅんさい）が対応する画を幕府御用絵師の狩野探幽（たんゆう）・尚信（なおのぶ）・安信（やすのぶ）・益信（ますのぶ）に依頼して描かせ、慶安元年（1648）に羅山が跋文（ばつぶん）を加えた図巻。図は聖堂先聖殿。

昌平坂学問所

元和偃武《げんなえんぶ》となって以来、江戸幕府の武士が学ぶべきことは、文武ともに修練を積むことであった。とくに将軍直属の家臣であった旗本《はたもと》・御家人《ごけにん》の子弟の学問教育をする最高機関として、昌《しょう》平坂《へいざか》学問所（昌平黌）が設けられた。この元は寛永期にはじまる上野忍ケ岡《しのぶがおか》にあった幕府の儒官林羅山《らざん》の学寮と聖廟《せいびょう》である。それが五代将軍綱吉《つなよし》の命により、孔子廟《こうしびょう》のある聖堂《せいどう》とともに湯島昌平坂に移転し、先聖殿が建てられて公的な機関並みの扱いをうけるようになった。

その昌平坂学問所で教授の中心となったのが、大学頭《だいがくのかみ》を世襲した林家であった。林家初代の林羅山は家康から四代にわたる将軍に朱子学《しゅしがく》を講じ、さまざまな幕政の施策に対して諮問《しもん》に応えた儒学者《じゅがくしゃ》であった。以後、鵞峰《がほう》・鳳岡《ほうこう》と大学頭を世襲。寛政期に入り林家を継いだ林述斎《じっさい》の努力により、寛政九年（一七九七）に学問奨励施策の一環として幕府の正式な学問所となった。また、寛政の改革時には、柴野栗山《りつざん》や岡田寒《かん》泉《せん》らを迎えて教授陣を補強し、各藩の藩士や郷士あるいは浪人まで対象を拡げて人材の登用につとめた。

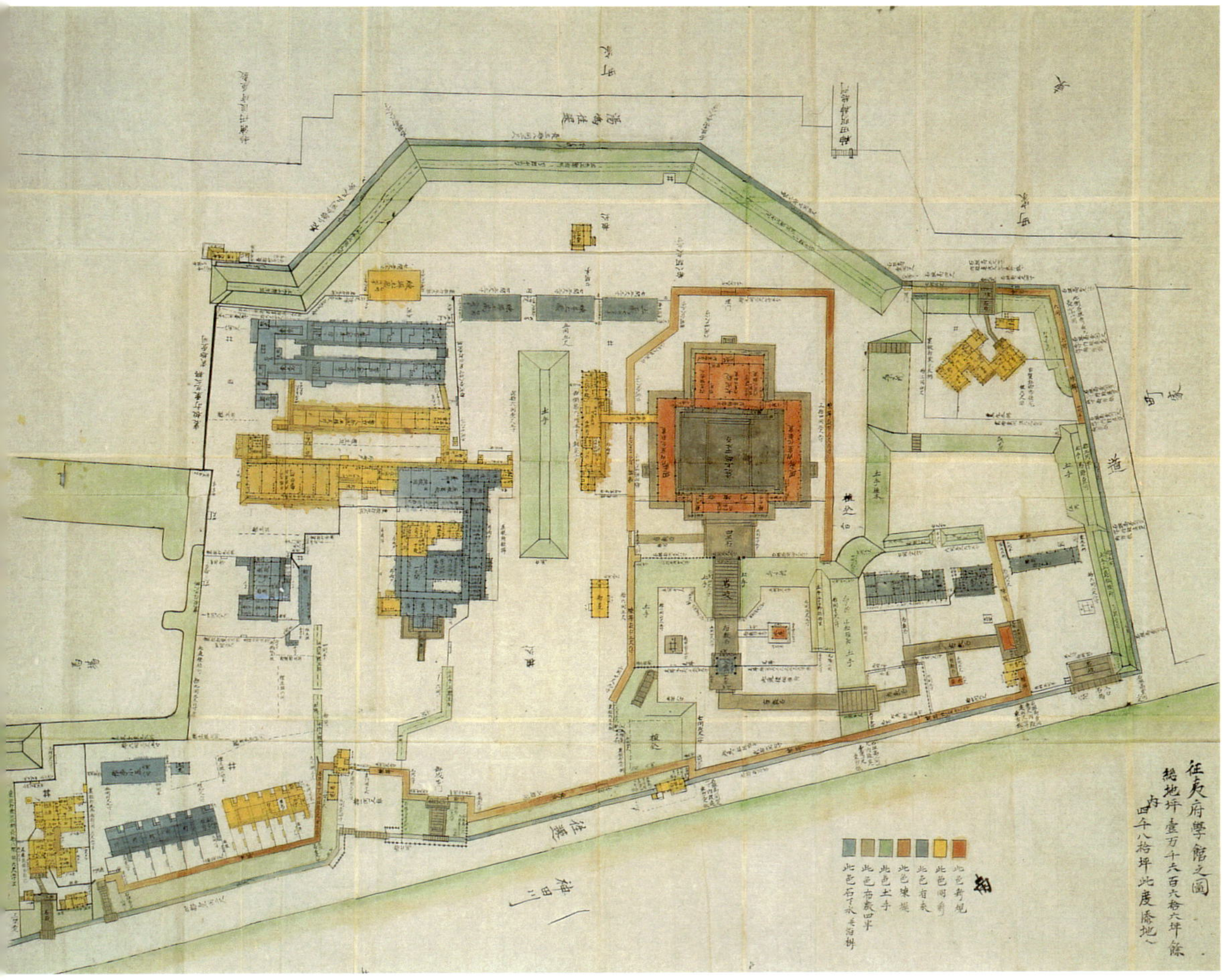

▲「昌平坂学問所征夷府学館之図」（「昌平坂学問所他藩校見取図」寛政～文化年間）

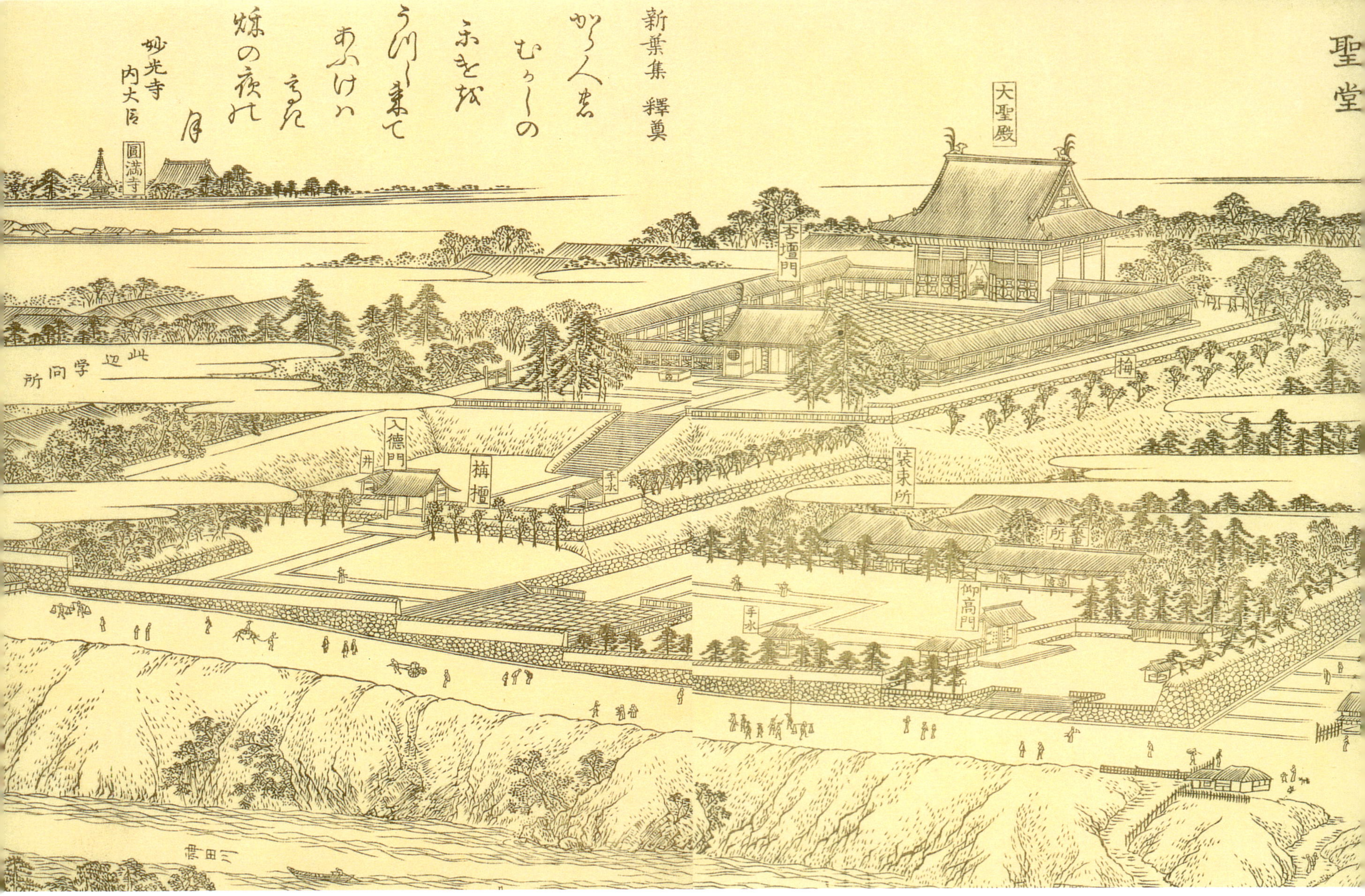

▲湯島聖堂　江戸の雉子町（きじちょう）の町名主でもあった斎藤月岑（げっしん）が祖父・父と編集した一大地誌『江戸名所図会』にも、絵師長谷川雪旦（せったん）の挿絵「聖堂」がある。右上の櫻井雪鮮の肉筆画と類似した湯島聖堂が、施設名付きで描かれる。画面左上には『新葉集』の釈奠（せきてん）と題する妙光寺内大臣の一首「から人のむかしのかげをうつし来て あふげばたかき秋の月」が載る。（天保5年（1834））

ペルシア更紗花文一つ提げたばこ入れ

江戸文化の粋は、長崎渡りの舶来品をも取り込むことにもあった。この異国情緒豊かなペルシアの更紗染め（さらさぞめ）の布をたばこ入れに仕立てたものも、その一つである。これには、時の流行絵師・谷文晁（たに・ぶんちょう）が「虫」を描いた下絵を彫金した留め具、そして「花と蜂」を象牙細工（ぞうげざいく）で仕立てた根付（ねつけ）がついている。

旧江戸城写真ガラス原板　本丸数寄屋二重櫓と富士見宝蔵

明治初頭に撮影された江戸城の小写真のうちの一枚。本丸は幕末の火災以降、荒廃を重ねていた。写真はその様相を伝えている。右側の櫓は数寄屋二重櫓（すきやにじゅうやぐら）で左側の平屋の建物は富士見宝蔵（ふじみほうぞう）。**【国指定重要文化財】**

江戸城無血開城

◀ 江戸城明け渡しの帰途
発表当初は肖像画であったが、後に背景の石垣と人物などを書き加えて歴史画としたもの。足下に三葉葵の瓦片と背後に海舟を襲わんとする旧幕臣と思しき人物と、それを止めようとする者が象徴的に描かれている。作者の川村清雄は旧幕臣で、ベネチア美術学校留学後、海舟の庇護を受け、歴代将軍の肖像画などを手がけている。（川村清雄画、明治16年（1883）頃）

▼ 寛永寺大慈院で謹慎する徳川慶喜
慶応4年（1868）2月12日朝廷に対し恭順を決めた15代将軍徳川慶喜は、ただちに上野の寛永寺に移り謹慎生活に入った。この行為により江戸は戦火を免れた。右上には、一連の慶喜の行動を称賛する詞書（ことばがき）が付されている。「教導立志基（きょうどうりっしのもとい）」は古今の国史上の人物51人が取り上げられ、当代の版画師による歴史的場面が、詞書とともに描かれている。（「教導立志基」小林清親画、明治時代中期）

江戸から東京へ

慶応三年（一八六七）十二月九日の王政《おうせい》復古《ふっこ》の大号令《だいごうれい》により、名目的に政権担当者となった維新政府は、その実を挙げるため翌正月の鳥羽伏見《とばふしみ》の戦いを端緒に、旧幕府勢力一掃に乗り出し、東海道・東山道・北陸道から江戸を目指し進撃した。

緒戦に敗退した前将軍徳川慶喜《よしのぶ》は、

▼ 彰義隊討伐
「東台」は関東の台嶺（比叡山）のこと、上野の山と寛永寺を指す。慶応4年（1868）5月15日新政府軍は、大村益次郎（ますじろう）指揮のもと上野の山に立籠る彰義隊を討伐した。本図は、最大の激戦であった黒門口の攻防の模様を横9枚という異例の紙幅を使って伝えている。向かって右側は攻込む新政府軍、左側は防戦の彰義隊と焼け落ちた堂宇および難を逃れる輪王寺宮公現法親王の一行が描かれている。（「東台戦争図」歌川芳虎画、明治7年（1874）11月）

▲ **明治天皇の旧江戸城入り**　遷都を前提に挙行された天皇の江戸行幸（東幸）の図。明治元年（1868）10月13日、品川宿を発せられた天皇は東征大総督熾仁親王、鎮将三條實美、東京府知事烏丸光徳らの出迎えを受け、京橋・呉服橋を経て昼八つ時（午後2時頃）江戸城西丸に入られた。（「東京府御東幸行烈図」歌川芳虎画、明治2年（1869）3月）

急遽《きゅうきょ》大坂から江戸城に戻った。旧幕府内は徹底抗戦派と恭順《きょうじゅん》派に分れ紛糾したが、慶喜は二月十二日恭順を決断し、上野寛永寺《かんえいじ》に移り、謹慎した。

政府軍は江戸総攻撃を三月十五日に設定し、進軍していたが、参謀西郷隆盛《さいごうたかもり》と旧幕臣勝海舟《かつかいしゅう》との会談により寸前で回避され、四月十一日江戸城の無血開城が実現した。同日慶喜は謹慎地水戸《みと》に赴《おもむ》いたが、慶喜警固を名目に幕臣の子弟らによって結成された彰義隊《しょうぎたい》は、そのまま上野の山に籠《こも》っていた。開城後の江戸の治安は、海舟ら旧幕臣に委ねられていたが、一向に改善されなかった。業《ごう》を煮やした新政府は五月十五日彰義隊の掃討を仕掛け圧勝した。これにより江戸の治安は回復したが、旧幕勢力の失地回復の芽は摘まれた。

一方、新政府内では、首都をどこにするかが問題になっていたが、旧幕臣の前島密《ひそか》の建言を容《い》れた参与《さんよ》大久保利通《としみち》の意向で江戸遷都《せんと》の方針が決まり、七月十七日、天皇の東幸と江戸府の東京府改称の詔《みことのり》が出された。天皇は九月二十日（同八日明治と改元）京都を発せられ、十月十三日江戸城西丸《にしのまる》に入られた。この日江戸城は東幸の皇居と定められ、東京城と称することとなった。天皇は先帝の三年祭と、自らの婚儀のため、いったん京都に戻られ、翌二年三月二十八日再幸された。十月二十四日には、皇后が東京に移られ、奠都《てんと》の詔がないまま、事実上遷都となった。

このようにして、江戸城の主《あるじ》は大きな混乱もなく、葵《あおい》（徳川家）から菊（天皇家）に代ったのである。

a. **上梅林門**（かみばいりんもん）**と二丸喰違門**（くいちがいもん）
中央の櫓門（やぐらもん）は本丸北東部にある上梅林門。画面右奥は下梅林門・平河門（ひらかわもん）に至る。二丸側から撮影しており、右下の建物は二丸入口の番所にあたる。

失われた江戸城

慶応三年（一八六七）九月、明治天皇が行幸し、江戸城に入城した。翌月には東京城と改称する。この時、江戸城は、すでに荒廃を始めていた。華やかな江戸城を残そうと考え、城内各所の撮影が計画された。江戸城の撮影を思い立ったのは蜷川式胤《にながわのりたね》。当時、明治政府太政官の招請で制度取調局御用係に勤務していた人物で、京都出身の博物学者である。この式胤が明治四年（一八七一）二月、太政官《だじょうかん》に江戸城の写真許可の申請をした。撮影には写真師横山松三郎があたった。

写真はコロジオン湿板写真という技法で撮影したものだった。縦二十三・〇センチメートル、横二十九・八センチメートルのガラス板の上に、撮影直前に感光コロジオンを塗布して、湿った状態で撮影する。露出時間は五から十五秒で撮影。露光したガラス板の上にはネガ画像が得られた。このガラス原板からは何枚でも印画でき、当時としては優れた性能を持つ原板だった。

撮影箇所は荒廃した本丸《ほんまる》内の景観ほか二丸《にのまる》・三丸《さんのまる》各所に加え、竹橋《たけばし》門・外桜田《そとさくらだ》門・半蔵《はんぞう》門などの城門であった。すでに、大半の建物が失われていたが、それでも当時の江戸城の姿を今日に伝えてくれる。

撮影した写真数百枚に及ぶとされ、三種類の成果にまとめられた。現在、東京国立博物館が蔵する重要文化財『旧江戸城写真帖《きゅうえどじょうしゃしんちょう》』がその一つである。これには高橋由一《ゆいち》が着彩を施し、蜷川式胤自身がキャプションを添えている。二つ目は刊行物として明治十一年（一八七八）四月刊行の『観古図説《かんこずせつ》』のうちの「城郭之部一」に七十三枚が収められた。この書には蜷川による写真解説が付される。三件目は別途作成された四冊の写真帖である。この写真帖は他の被写体をまとめた七冊とともに、鹿鳴館《ろくめいかん》に収められ、サロンに備えつけられていたという。撮影された写真のガラス原板のうち二十九枚が残っている。この貴重な原板は江戸博が収蔵し、現在は国指定重要文化財となっている。

b. **一橋門**（門の城内側）
一橋門（ひとつばしもん）は現在の毎日新聞社付近にあった。現状はわずかに一部の石垣を残すばかりで当時の面影をとどめない。画面右側の建物が一橋門の櫓門で、左側は番所と供侍所（ともまちしょ）。また手前の橋は西丸北の平河門から堀をまたぐ橋にあたる。

c. **三日月堀**（みかづきぼり）**より紅葉山下門**（もみじやましたもん）**・蓮池門**（はすいけもん）**方向**
本丸の西側壁面を北側から撮している。石垣の高さは城内でも屈指。石垣の上の建物は現在も一部が残っている。また画面の右側は西丸にあたる。

d. **数寄屋橋門**
江戸城の外郭（がいかく）には見附（みつけ）と称する門があった。写真は現在の有楽町駅付近にあった数寄屋橋見附。

e. **寺沢二重櫓**
本丸南部の埋門付近より撮影した二丸南東部。正面に見える櫓は寺沢二重櫓。同櫓の両脇には二丸外側の堀に沿う多聞櫓（たもんやぐら）が延びている。

f. **大手門**
三丸東面にある大手門で、江戸城の正門にあたる。橋を渡った地点にある高麗門と右折れ場所の櫓門を通過する。２つの門に挟まれた区画が方形を呈することから、この形式の門を桝形門（ますがたもん）と呼ぶ。

g. **昌平橋**（しょうへいばし）
古くは新シ橋（あたらしばし）あるいは芋洗橋（いもあらいばし）といったらしいが、寛永年間（1624～43）に本郷に孔子廟を建築した際に孔子生誕の郷名をとってこの名としたという。

h. **和田倉門**（わだくらもん）
現在の皇居前広場の北東部にあたる門で、今も石垣が残る。写真は城内側から写したもので、画面右側に櫓門が映る。左手は番所。

i. **外桜田門と桜田堀**
西丸南側を囲む桜田堀。遠くには外桜田門が見える。写真は現在の国会議事堂前付近より撮影したもので、現在もほぼ同じ景観である。画面中央に映る写真機は、江戸城の撮影を企画した蜷川式胤に関連する機器と考えられている。

j. **西丸大手門**
現在の皇居正面として知られる桝形門。高麗門（こうらいもん）と櫓門の２つの門が直線的に並ぶ。橋の手前には番所が見える。

各図は「旧江戸城写真ガラス原板」【国指定重要文化財】による

参 考 文 献

青山忠正　『幕末維新　奔流の時代』（文英堂、1996）
秋山高志ほか編　『図録山漁村生活史事典』（柏書房、1981）
飯島千秋　『江戸幕府財政の研究』（吉川弘文館、2004）
家近良樹　『孝明天皇と「一会桑」－幕末・維新の新視点』（文藝春秋、2002）
家近良樹　『徳川慶喜』（吉川弘文館、2004）
石井良助　『江戸の刑罰』（中央公論社、1964）
石川松太郎　『藩校と寺子屋』（教育社歴史新書、1978）
市岡正一　『徳川盛世録』（平凡社東洋文庫、1989）
伊藤好一　『江戸の夢の島』（吉川弘文館、1982）
伊藤好一　『江戸上水道の歴史』（吉川弘文館、1996）
井上光貞・永原慶二・児玉幸多・大久保利謙編　『日本歴史大系』3（山川出版社、1988）
氏家幹人　『江戸藩邸物語』（中央公論社、1988）
氏家幹人　『江戸老人旗本夜話』（講談社文庫、2004）
大石　学編　『近世藩制藩校大事典』（吉川弘文館、2006）
小川恭一　『江戸幕藩大名家事典』（原書房、1992）
小川恭一編著　『江戸幕府旗本人名事典』別巻・解説編（原書房、1990）
小川恭一　『お旗本の家計事情と暮らしの知恵』（つくばね舎、1999）
小川恭一　『江戸の旗本事典』（講談社文庫、2003）
小野　均　『近世城下町の研究』（至文堂、1993）
小野正雄　『幕藩制政治改革論』（『幕藩権力解体過程の研究』校倉書房、1993）
鹿児島県歴史資料センター黎明館編　『天璋院：薩摩の篤姫から御臺所』（1995）
笠間良彦　『江戸幕府役職集成』（雄山閣、1965）
笠間良彦　『図説・江戸町奉行所事典』（柏書房、1991）
笠谷和比古　『近世武家社会の政治構造』（吉川弘文館、1993）
金井　圓　『藩政』（至文堂、1952）
川添　裕　『江戸の見世物』（岩波新書、2000）
喜田川守貞　『守貞謾稿』上中下巻（東京堂出版、1973～74）
北島　進　『江戸の札差』（吉川弘文館、1985）
北島正元　『徳川家康』（中央公論社、1983）
旧事諮問会編　『旧事諮問録』上下（岩波文庫、1986）
黒木　喬　『江戸の火事』（同成社、1999）
神坂次郎　『元禄御畳奉行の日記』（中公新書、1984）
作道洋太郎『日本貨幣金融史の研究』（未来舎、1961）
柴田宵曲　『幕末の武家』（青蛙選書、1965）
進士慶幹　『江戸時代の武家の生活』（至文堂、1966）
進士慶幹　『新装版　江戸時代武士の生活』（雄山閣、1981）
新見吉治　『旗本』（吉川弘文館、1967）
杉立義一　『お産の歴史』（集英社、2002）
鈴木章生　『江戸の職人』（青春出版社、2003）
高木　侃　『三くだり半と縁切寺』（講談社、1992）
高柳金芳　『江戸時代選書３　大奥の秘事』（雄山閣、2003）
高柳金芳　『江戸時代御家人の生活』（雄山閣、1982）
立川昭二　『日本人の病歴』（中公新書、1976）
玉井哲雄　『江戸－失われた都市空間を読む』（平凡社、1986）
田村栄太郎　『江戸城』（雄山閣、2003）
寺門静軒　『江戸繁昌記』全３巻（平凡社、1974～76）
東京都江戸東京博物館編　『皇女和宮』（1997）
東京都江戸東京博物館編　『参勤交代―巨大都市江戸のなりたち―』（1997）
東京都江戸東京博物館編　『江戸城』（2007）
東京都公文書館　『江戸の葬送墓制』（1993）
所　三男　『近世林業史の研究』（吉川弘文館、1980）
所理喜夫　『江戸の出稼人』（『江戸町人の研究』吉川弘文館、1973）
服部幸雄　『江戸歌舞伎』（岩波書店、1993）
林　玲子　『江戸問屋仲間の研究』（御茶の水書房、1967）
尾藤正英　『日本封建思想史研究』（青木書店、1961）
平井聖監修　『図説江戸１　江戸城と将軍の暮らし』（学習研究社、2000）
平井聖監修　『よみがえる江戸城―徹底復元―』（学習研究社、2005）
深井雅海　『図解　江戸城をよむ』（原書房、1997）
福田千鶴　『幕藩制的秩序と御家騒動』（校倉書房、1999）
福田千鶴　『御家騒動』（中公新書、2005）
福田千鶴　『江戸時代の武家社会』（校倉書房、2005）
藤井譲治　『日本の歴史 12　江戸開幕』（集英社、1992）
藤野　保　『幕藩体制史の研究』（吉川弘文館、1975）
藤野　保　『新訂　幕藩体制史の研究』（吉川弘文館、1975）
藤野　保　『近世国家史の研究』（吉川弘文館、2002）
藤野　保　『近世国家解体過程の研究』前・後編（吉川弘文館、2006）
マーク・ラビナ著・浜野　潔訳　『「名君」の蹉跌』（ＮＴＴ出版、2004）
水島今四郎・大田贇雄　『新装版　定本江戸城大奥』（新人物往来社、1995）
三田村鳶魚　『三田村鳶魚全集』全 27 巻・別巻（中央公論社、1975～77）
三谷一馬　『江戸庶民風俗図絵』（三樹書房、1999）
南　和男　『江戸の社会構造』（塙書房、1969）
南　和男　『江戸の町奉行』（吉川弘文館、2005）
森下みさ子　『江戸の花嫁』（中公新書、1992）
山口和雄　『日本漁業史』（東京大学出版会、1957）
山本博文　『参勤交代』（講談社新書、1998）
山本博文　『殉死の構造』（弘文堂、1994）
山本博文　『サラリーマン武士道　江戸のカネ・女・出世』（講談社現代新書、2001）
山本博文　『鬼平と出世　旗本たちの昇進競争』（講談社現代新書、2002）
横倉辰次　『与力・同心・目明しの生活』（雄山閣、1975）
吉岡　孝　『江戸のバカボンドたち』（ぶんか社、2003）
吉田伸之編　『日本の近世第９巻　都市の時代』（中央公論社、1992）
吉原健一郎　『江戸の町役人』（吉川弘文館、1980）

掲載資料一覧

頁	資料名	作者	年代	数量	寸法（cm）	資料番号
2-5	武蔵野図屏風（右隻）		江戸時代前期	1隻（6曲1双のうち）	153.5 × 356.0	91222003
6	茶道具蒔絵印籠　鼠大彫根付	常加作	江戸時代	1個	6.5 × 5.5 × 2.0	89210088

江戸城と江戸幕府

頁	資料名	作者	年代	数量	寸法（cm）	資料番号
7	増上寺台徳院様御霊屋々内装飾指示原図		寛永10年	1帖	32.0 × 42.5	89205250
	江戸城					
14-15	江戸京都絵図屏風　右隻		江戸時代前期	1隻（6曲1双のうち）	160.5 × 363.0	84200001
16	武州豊嶋郡江戸庄図		天保頃写	1舗	90.7 × 134.5	89201925
16	武州州學十二景圖巻	狩野探幽など画 林羅山詩跋	慶安元年仲冬晦	1巻	27.8 × 1239.3	88200001
17	江戸城御天守百分壱之建地割		江戸時代末期頃	1舗	78.7 × 53.8	89211061
18-19	江戸城御本丸惣地絵図（万延度御普請）	甲良若狭棟全控	万延元年	1舗	372.0 × 465.0	83200122
18	江戸城本丸御殿大廊下　模型					
19	江戸城本丸御殿大広間　模型					
20	奥奉公出世双六	歌川二代豊国（初代国貞）画 万亭應賀作	弘化元～元治元年	1枚（2枚貼合せ）	49.0 × 67.3	88208551
21	西丸大奥惣地絵図	甲良若狭控	嘉永5年10月	1舗	54.9 × 79.3	89211058
21	大奥上臈豊原ほか書状（豊後臼杵藩稲葉家文書）	豊原　ときわい みむろ　かわしま いわくら　かよ	江戸時代中期	1通（24通のうち）	41.7 × 56.3	89205144
	徳川将軍家					
22	萌葱地葵紋付小紋染羽織【重文】		元和元年12月1日拝領	1領	102.0 × 124.0	98200135
22	徳川秀忠書状	徳川秀忠書	慶長5年9月7日	1幅	18.0 × 52.0	87201518
24-25	日光御遷坐式図巻　前巻		江戸時代末期	1巻（2巻のうち）	36.1 × 3291.0	99200001
24-25	日光御遷坐式図巻　後巻		江戸時代末期	1巻（2巻のうち）	38.2 × 1716.3	99200002
26-27	日光東照宮参詣図屏風		江戸時代前期	1隻（6曲1双のうち）	98.4 × 293.6	95202772
28-29	日吉山王社参詣図屏風		江戸時代前期	1隻（6曲1双のうち）	98.4 × 293.6	95202771
30	御猪狩小金原御場所図		嘉永2年	1枚	35.7 × 48.4	90210570
31	流鏑馬絵巻物	狩野與信（春貞）画	19世紀	1巻	38.9 × 1441.5	94202494
30-31	小金ケ原御鹿狩之図	小島巌敬信写	嘉永2年春写	1巻	27.0 × 714.2	90209638
32-33	徳川家斉葬列絵巻		天保12年2月20日	1巻	27.0 × 908.9	67001978
32-33	松の徳葵の賑ひ		明治20年	（6枚続）	37.6 × 150.0	90209827
33	老中奉書（徳川家斉薨去につき）	阿部正弘書	天保11年12月4日	12通	20.0 × 48.4	86975845
33	徳川家斉黒印状（重陽祝儀）		江戸時代後期（9月7日）	1点	21.1 × 68.0	86975772
	江戸幕府					
34	御紋尽（寛文武鑑）		寛文9年4月	1冊	19.8 × 13.8	89201687
34	御大名出世双六		江戸時代後期	1枚	62.3 × 85.0	88208550
	丹後田辺藩牧野家文書			309点		
36	将軍宣下并御転任御兼任御当日大広間着座絵図		天保8年9月2日	1舗	27.6 × 40.6	91220806
36	西丸御対顔御返答絵図面		天保8年9月7日	1枚	27.9 × 40.1	91220808
36	将軍宣下御転任御兼任相済，公家衆御饗応 御馳走御能之節，於𡚴間御料理頂戴之図		天保8年9月4日	1枚	27.8 × 40.4	91220807
37	御代替誓詞之節心得絵図面		天保8年（6月29日）	1枚	16.6 × 7.0	9221011
37	老中奉書（御代替につき誓詞被仰付け）	水野忠邦書	天保8年8月13日	1枚	20.2 × 48.2	86975836
37	老中奉書（御代替につき誓詞被仰付け）	井伊直亮書	天保8年8月13日	1枚	20.2 × 48.2	86975835
38	木台花太鼓幕蒔絵櫛・笄	玉鳳作	江戸時代後期	2点	4.8 × 9.8	98003038

江戸の町割り

頁	資料名	作者	年代	数量	寸法（cm）	資料番号
39	日本橋　模型					
40	東都名所日本橋真景并二魚市全図	歌川広重画	天保期	3枚続	76.3 × 111.9	90207421～ 90207423
40	佃島（江戸名所図会）	松濤軒長秋編 長谷川雪旦画	天保5年春	1冊（20冊のうち）	29.0 × 21.4	91211455
42-43	隅田川両岸一覧（新河岸川・利根川舟運図）	鶴岡蘆水画 東江源鱗撰 関根柯影刀	天明元年5月5日	1巻（2巻のうち）	26.1（縦）	83200124
	日本橋					
44	江戸日本橋より富士を見る図	溪斎英泉画	文化末～弘化末	1枚	25.0 × 37.6	94202671
	城下町江戸					
47	新板武州江戸之図		寛文6年7月吉日	1舗	54.0 × 77.5	94204039
46-47	武州豊嶋郡江戸庄図		天保頃写	1舗	90.7 × 134.5	89201925
48-49	江戸図正方鑑		元禄6年春	1舗	153.6 × 152.0	87201227
	江戸大割絵図		天明～寛政年間	14舗		
50	綾瀬川ヨリ角田川辺			1舗	136.2 × 123.4	91221108
50	御船蔵ヨリ小梅村辺			1舗	130.7 × 116.4	91221109
50	御材木蔵ヨリ中川辺			1舗	130.3 × 122.8	91221110
50	深川ヨリ佃島辺			1舗	132.0 × 117.3	91221111
50	拾萬坪ヨリ砂村辺			1舗	134.0 × 123.7	91221112
50	弘福寺 色印附			1舗	136.3 × 117.1	91221113
50	芝ヨリ品川辺			1舗	186.7 × 134.0	91221114
51	渋谷ヨリ目黒辺			1舗	191.0 × 137.0	91221115
51	四ッ谷ヨリ青山辺			1舗	187.5 × 134.3	91221116
51	呉服橋ヨリ両国築地辺			1舗	191.5 × 134.5	91221117
51	中之図			1舗	193.0 × 134.5	91221118
51	牛込ヨリ雑司谷辺			1舗	192.0 × 135.0	91221119
51	小石川ヨリ谷中辺			1舗	190.5 × 134.1	91221120
51	上野ヨリ浅草辺			1舗	188.0 × 135.0	91221121
52	東都番町図	狐阡瀬貞雄，鼇峰依為質編輯	宝暦5年	1舗	45.5 × 65.4	91221105
52	日本橋北筋違橋御門東八大門迄之図（安見御江戸絵図）		天保年間	1舗	21.8 × 705.5	85200406
	御江戸駕籠絵図			31舗		
53	日本橋北　内神田　両国浜町　明細絵図	福佳清志知図	安政6年夏	1舗	63.5 × 70.8	92201362
53	増補改正　芝口南　西久保　愛宕下之図	景山致恭図著	万延2年	1舗	47.8 × 51.9	92201353
53	礫川　牛込　小日向絵図	戸松昌訓図	万延元年秋	1舗	36.2 × 71.4	92201348
53	根岸　谷中　日暮里豊島邊図	景山致恭著	安政3年秋	1舗	47.5 × 51.8	92201363
54	東都下谷絵図（尾張屋版江戸切絵図のうち）	戸松昌訓著	嘉永4年	1舗	49.5 × 88.8	86213119
56	江戸名所之図（江戸鳥瞰図）	鍬形紹真筆 野代柳湖刻	享和3年	1冊	41.7 × 55.6	86200902
	江戸のインフラ					
58	神田川・玉川・千川・三田上水図		江戸時代	1点	53.6 × 93.2	94202988
58	江戸城　半蔵門（旧江戸城写真ガラス原板【重文】）	横山松三郎撮影	明治4年	1枚（315枚のうち）	23.0 × 29.8	90363685
59	神田浄水掛樋　模型					
59	水道橋（温古写真集）		江戸時代末期～明治時代	1枚	11.7 × 16.0	88005778
60	東海道五十三次図屏風	狩野宗信画	寛文年間	6曲1双	155.5 × 378.6	96200337～ 96200338

61	日光道中絵図粉本		文政７～11年	8帖	990.0×26.5, 1290.0×26.5, 1080.0×26.5, 720.0×26.5, 1020.0×26.5, 750.0×26.5, 780.0×26.5, 750.0×26.5	87201542～87201549
62	豊臣秀吉禁制	豊臣秀吉書	天正18年4月	1幅	139.8×74.9	97200418

武具と調度

頁	資料名	作者	年代	数量	寸法（cm）	資料番号
63	白紺糸具足大袖		江戸時代後期	1領（28点）		92202316
	武具と装束					
68	梨子地水車紋散蒔絵三葉葵紋金具付糸巻拵		江戸時代初期	1枚（1口, 2点）	94.2×3.2	97201650
68	太刀　銘景光	加賀国 景光（初代）作	南北朝時代	1枚（1口, 2点）	65.2×2.1	97201649
68	黒呂色鞘刀拵（刀　朱銘三原）		18世紀	1振	96.0×7.5	99200488
68	刀　朱銘三原		南北朝時代	1振	90.5×4.2	99200487
68	御刀目録	村上兵次右衛門・横山伊左衛門書	延享2年11月17日	1通	31.9×107.8	99200530
68	源氏車紋散糸巻太刀拵	田中清寿作	19世紀後半	1振	97.0×12.0	98200294
69	刀　銘備前国住長船彦兵衛尉忠光	長船忠光作	16世紀前半	1振	83.0×6.5	98200293
69	柄巻用鮫皮		文久2年	1条	55.0×9.5×4.0	88001449
69	柄巻用鮫皮		文久2年	1条	54.0×9.5×4.5	88001450
69	柄巻用鮫皮		文久2年	1条	55.0×9.4×4.5	88001452
70-71	白紺糸具足		江戸時代後期	1領（28点）		92202308～92202335
72	銀小札白糸威丸胴具足		江戸時代中期	1領（12点）		98200295～98200306
72	牡丹唐獅子梵字鋳出背負陣鐘		江戸時代	1式	30.0×53.0×69.0	95200205
73	背負陣銅羅		江戸時代	1点	31.0×53.5×61.0	95200203
73	白檀塗本小札青糸威童具足		江戸時代中期	1点（1領19点）		97202513～97202531
73	梵字日月軍配団扇		享保8年	1点	56.0×34.7×2.5	95200206
73	紺糸素懸威五枚胴具足	明珍宗保作	天保15年8月吉日	1領（13点）		88090010～88090011, 88013029～88013039
74	菊桐紋蒔貝鞍橋		江戸時代	1背	36.8×41.5×26.0	97201639
74	鞍覆		江戸時代	1枚	109.0×64.3	97201622
74	鞍覆		江戸時代	1枚	104.7×66.8	97201623
74	鞍覆		江戸時代	1枚	109.8×60.5	97202501
75	鷹狩用水呑		江戸時代前期	1点	9.4×12.4×3.8	95202938
75	母衣		江戸時代	1領	65.0×54.0×40.0	95202945
76	藍媚茶麻地桐紋入素襖		江戸時代末期～明治時代初期	1点	88.0×198.0	94200685
76	藍媚茶麻地桐紋入素襖袴		江戸時代末期～明治時代初期	1腰	191.4×52.6	94200686
76	若緑麻地桐紋入狩衣		江戸時代末期～明治時代初期	1具	141.0×79.4	94200679
77	上杉家大名火消行装図巻		江戸時代後期	1巻	14.5×1230.0	96200336
77	白羅紗地桐紋火事装束兜頭巾		江戸時代末期～明治時代初期	1頭	28.2×26.2×66.8	94200668
77	白羅紗地桐紋火事装束羽織・胸当, 陣羽織・胸当		江戸時代末期～明治時代初期	1領		94200654～94200658
	奥向の調度					
78	村梨子地葵紋散蒔絵提重		江戸時代後期	1具	40.0×24.8×26.2	97201651
78	村梨子地葵紋散広蓋		江戸時代後期	1組	48.0×48.5×10.0	97201647
79	綾杉地獅子牡丹蒔絵十種香箱	幸阿弥長重作	慶安2年	1具	19.2×17.5×15.3	98200006
80	和宮下賜御所人形　打出の小槌を曳く童子		江戸時代	1体（3体のうち）	41.5×49.0×45.5	98004775
81	黒塗桐鳳凰文様金銀蒔絵貝合道具		江戸時代後期～江戸時代末期	1式		88970001～88970003
81	絲毛御車行列并御役人附		文久元年冬	1枚	31.5×79.0	86213022
82	村梨子地葉菊紋散金蒔絵耳盥		江戸時代後期～江戸時代末期	1点	30.5×19.0	88290070
82	銀製葵葉菊紋松竹鶴亀文様彫歯黒次		江戸時代後期～江戸時代末期	1点	6.4×10.2	88290071
82	銀製葵葉菊紋松竹鶴亀文様彫渡金		江戸時代後期～江戸時代末期	1点	6.1×32.4	88290087
82	銀製葵葉菊紋松竹鶴亀文様彫漬子		江戸時代後期～江戸時代末期	1点	6.5×6.0	88290088
82	村梨子地葵葉菊紋散唐草文様金蒔絵鬢台		江戸時代後期～江戸時代末期	1式	23.5×33.7×33.9	88290090～88290091
83	村梨子地葵葉菊紋散唐草文様金蒔絵眉作箱		江戸時代後期～江戸時代末期	1式	26.6×21.7×20.0	88206046, 88290061～88290089
83	黒塗桜唐草文様金蒔絵十種香道具		江戸時代後期～江戸時代末期	1式		88206045, 88290040～88290060
84-85	黒塗牡丹紋散松唐草蒔絵雛道具		安政3年11月11日	1式		98200226～98200288
86-87	梨子地葵紋散松菱梅花唐草文様蒔絵女乗物		江戸時代中～後期	1挺	77.0×410.0×119.0	97201654
88	唐草揚羽蝶紋蒔絵女乗物		江戸時代末期	1挺	85.0×112.0×98.7	90209842
89	梅唐草丸に三階菱紋蒔絵女乗物		江戸時代後期	1挺	96.0×136.0×94.0	97200071
89	松竹梅椿剣酸漿紋蒔絵女乗物		江戸時代中期	1挺	84.5×74.0×107.0	95202937
90	正月小松引（十二ヶ月月次風俗絵図）	狩野養川院惟信・伊川院栄信画	享和2年頃	1枚（12枚のうち）	122.1×48.0 122.2×48.0	88208008～88208009

大名と旗本

頁	資料名	作者	年代	数量	寸法（cm）	資料番号
91	日吉山王社参詣図屏風		江戸時代前期	1隻（6曲1双）	98.4×293.6	95202771
	参勤交代					
96	武家諸法度（諸法度元和版）		元和7年10月写	1冊	27.5×20.3	93200398
96-97	武家諸法度（対馬・宗家伝来）		寛永12年6月21日	1枚	32.5×97.5	95202981
98-101	新発田より会津を経て江戸に至る道中絵図	遠藤奉慶写	天保8年5月再写	1冊	14.0×20.0	96201096
98	諸御大名参勤四季の割附		文久2年秋	1冊	10.6×27.8	87201554
101	酒井左衛門尉忠器老中宛書状	酒井忠器書	文化8年閏2月13日	1通	20.5×56.0	90208013
101	老中奉書（登城命令）	堀田正俊、土井利房、大久保忠朝	延宝8年3月24日	1通	20.3×28.0	95201197
101	紀州藩主徳川光貞帰国御暇につき安藤帯刀宛稲葉正通書翰	稲葉正通書	天和3年3月30日	1幅	107.5×62.0 書状は18.3×50.9	96200851
103	熊本藩細川家御座船波奈之丸の図（屏風）		江戸時代後期	2曲1隻	72.5×153.0	97200001
102-103	諸侯船絵図		天和3年	1巻	24.5×2038.3	94202493
106-107	江戸城年始登城風景図屏風	佐竹永湖画	明治31年頃	6曲1双	155.5×352.2（右隻） 155.5×352.2（左隻）	90203530～90203531
108-109	江都四時勝景図	狩野章信画	文化13年	1巻（2巻のうち）	33.6×1121.5	87200522
109	謡初図屏風	福王雪岑画	江戸時代中期	2曲1隻	58.2×128.5	96200001

	藩邸					
110-111	松平忠昌邸　模型					
112-113	弘前藩津軽家上屋敷区面	弘前藩御日記方	天保２年	１舗	257.0 × 129.5	91222380
114-115	浜御殿より品川新宿迄江戸往還道絵巻		明和３～８年	１巻	29.2 × 712.0	91210021
	江都勝景	歌川広重画	天保６～10年頃	７枚（うち６枚収集）		
116	江都勝景 よろゐの渡し			１枚	24.6 × 36.3	90203015
116	江都勝景 桜田外の図			１枚	24.1 × 37.1	90203017
116	江都勝景 虎之門外之図			１枚	24.9 × 36.3	90203018
116	江都勝景 大橋中洲之図			１枚	23.8 × 35.9	90203019
117	江都勝景 日比谷外之図			１枚	24.9 × 37.1	90203016
	泥絵画帳		江戸時代末期	１帖（18図）		
118	水戸様			１枚	31.8 × 45.5	90200701
119	霞ケ関あき黒田			１枚	31.8 × 45.5	90200705
119	山下御門			１枚	31.8 × 45.5	90200711
119	桜田上杉様			１枚	31.8 × 45.5	90200712
119	伊井様			１枚	31.8 × 45.5	90200700
	温古写真集			31枚		
120	10　旧薩摩藩装束屋敷門		未詳	１枚	11.7 × 15.8	88005760
120	11　旧雲州松江藩松平侯上屋敷門		明治時代初期	１枚	11.7 × 15.8	88005761
120	13　旧尾州侯下屋敷裏長屋		大正５年頃	１枚	11.7 × 15.8	88005763
120	7　霞ケ関福岡藩黒田侯上屋敷表玄関		明治時代初期	１枚	11.7 × 16.0	88005757
121	12　旧丹波篠山藩青山下野守屋敷門		明治時代初期	１枚	11.7 × 15.8	88005762
121	8　黒田邸長屋海鼠壁　東より見る		昭和初期	１枚	11.7 × 15.8	88005758
	勤番武士					
122-129	久留米藩士江戸勤番長屋絵巻	戸田熊次郎序 狩野素川（勝波方信凌雲斎）画	天保11年頃	１巻	31.0 × 820.1	86200129
122	大和郡山藩江戸詰藩士名簿（大和国郡山藩江戸詰留守居阿部家文書）		江戸時代後期	１巻（44点のうち）	9.3 × 675.0	95202607
125	加賀藩士江戸詰懐中覚	藤原静定書	安政４年頃	１帖	8.9 × 6.0	91220751
126	江都勤中日記草稿（米沢藩士江戸勤番史料）	大場伊兵衛信光書	安政５年９月～安政６年４月	１冊	17.5 × 11.0	91220750
128	東都謾遊記	鴻峯樵書	文久元年仲秋上旬	１冊	8.4 × 19.1	91212120
	藩邸の経済					
130	桑名公御参府御勘定惣差引書（米屋久右衛門家文書）		安政６年６月	１冊	25.0 × 17.3	86200614
130	桑名公御参府御道中通日損料物取調帳（米屋久右衛門家文書）		安政６年６月	１冊	25.0 × 17.5	86200615
130	年府銀渡通（薩摩藩借用銀記録・大根屋小十郎家文書）		天保５年12月	１冊	16.6 × 47.0	87000762
131	紀州御用通札		文久元年12月	１枚	10.8 × 6.4 × 2.6	96200548
131	常陸国水戸藩邸大御納戸方通札		嘉永元年３月	１枚	10.5 × 7.8 × 1.5	96200549
131	芸州御用御門札		文久元年６月	１枚	11.8 × 8.3 × 2.0	96200550
131	一橋家御用鑑札		天保９年10月	１点	10.2 × 16.5 × 1.8	89000271
	旗本と御家人					
132	脇差　白鞘入	いなは内匠頭銘		１振	40.6	90000416
132	脇差拵　石首魚石入溜塗			１箇	64.5	90000419
132	脇差　白鞘入	正宗銘		１振	59.2	90000415
132	伝旗本今村益之丞屋敷図（松渓館改正之図）		天保13年晩秋	１舗（３舗のうち）	65.6 × 47.3	97200432
133	徳川秀忠朱印状	徳川秀忠書	寛永２年９月２日	１通	66.4 × 46.4	98200165
133	登科録		慶応元年正月以降	１冊	26.5 × 17.7	96201416
133	肩衣（裃）浅葱麻地鮫文丸に橘紋付		江戸時代	１領（60点）	71.0 × 76.0	89200943
134	丸に蔦紋陣羽織		江戸時代末期	１領	90.0 × 21.0	98004797
134	旗本大熊善太郎所用軍扇		江戸時代末期	１点	47.0 × 33.0	98004801
135	旗本大熊善太郎関札		江戸時代末期	１点	63.0 × 15.8 × 2.0	98004772
135	大炮模型		江戸時代末期	１点	16.6 × 38.3 × 35.5	98004774
135	五本骨扇に大の字紋大旗		江戸時代末期	１流	212.5 × 142.0	98004798
136	別所家譜および別所記			１冊	27.9 × 20.2	92201217
136	勤向・御達書・御書付・当番届・一紙　諸事日記留	別所重則編	慶応４年７月	１冊	27.1 × 17.0	92201210
136	土岐家先祖書写	土岐頼香書	寛政３年	１冊（３冊のうち）	24.0 × 17.1	92201211
	甲府勤番日記			５冊		
136	壱		享保９年	１冊	26.0 × 17.3	92201188
136	弐		享保10年～元文２年	１冊	26.0 × 17.5	92201189
136	三		元文４年～宝暦４年	１冊	26.0 × 17.6	92201190
136	四		宝暦５年～明和７年	１冊	26.0 × 17.5	92201191
136	五		明和８年～安永９年	１冊	26.0 × 17.4	92201192
	文久三　御用日記　上洛記	高橋平之丞書	文久２～３年	２冊		
136	仁			１冊	23.0 × 15.8	92201214
136	智			１冊	23.4 × 16.0	92201215
	町奉行					
138	北町奉行申渡の図　北品川東海寺前弥兵衛店奉公人貞女みき褒美下賜（節婦褒賞申し渡しの瓦版）		江戸時代末期	１枚	21.1 × 29.5	92200201
138	手錠（手鎖）		江戸時代	１点	16.0 × 8.0	89210684
139	火事頭巾　町奉行所与力 都筑家伝来		江戸時代後期	１点	68.6 × 58.3	95002464
139	朱房付十手　町奉行所与力 都筑家伝来		江戸時代後期	１点	31.0 × 1.4	90371248
139	海老蔵一件		天保13年６月22日申渡	１冊	25.0 × 17.2	95002476
139	都筑十左衛門宅普請絵図　包紙共		延享３年４月	１点（３点のうち）	32.6 × 44.3	95002462
140	武蔵豊島郡峡田領荏土　楓川鎧之渡古跡考	池田英泉写	弘化２年	１舗	37.6 × 66.5	91212260
140	大岡裁許実録　一～六		江戸時代後期写	３冊	26.7 × 18.8, 26.7 × 18.8, 26.7 × 18.8	90377878～90377880
141	正徳武鑑		正徳元年	１冊	15.7 × 11.0	90370034
141	袖玉武鑑		天保13年	１冊	7.0 × 16.0	88202185
142	梅樹螺鈿提重		江戸時代後期～江戸時代末期	１具	16.9 × 30.3 × 29.4	97201616

江戸と長崎

頁	資料名	作者	年代	数量	寸法（cm）	資料番号
143	朝鮮通信使行列図版画		江戸時代後期	１巻	18.5 × 651.8	90000001
	外交					
148	阿蘭陀風説書【重文】	ゲイスベルト・ヘンミイ作	寛政９年６月18日	１通	29.5 × 140.5	96201441
148	天明元年度和蘭風説書邦訳控	Ａ・Ｗ・Ｆｅｉｔｈ， Ｉ・Ｔｉｔｓｉｎｇｈ作 吉雄幸作等訳	天明元年８月	１冊	27.4 × 19.5	95201195

150	鎖国論　上	ケンペル著 志筑忠雄訳	享和元年8月	1冊（2冊のうち）	23.0 × 15.8	88200246
150	阿蘭陀船		天明2年	1幅	65.0 × 54.7	90208071
151	阿蘭陀船図説	林子平著	天明2年	1幅	65.0 × 54.7	90204714
152	徳川将軍貢物献上之図（モンタヌス「日本誌」插絵）		1670年	1枚	39.4 × 45.4	91210471
152	紅毛告密和蘭国王書簡并献上物目録和解	渋川六蔵訳	弘化2年	1冊	25.0 × 16.9	97200387
153	DE BESCHRYUING VAN JAPAN （ケンペル「日本誌」挿絵）		1729年	1冊	34.4 × 22.0	89205110
153	大広間阿蘭陀人御覧之節席図控（丹後田辺牧野家文書）		天保5年3月15日	1枚（309点のうち）	27.6 × 40.2	91220803
155	朝鮮通信使行列図絵巻		江戸時代後期	1巻	18.5 × 651.8	90000001
156	菊唐草蒔絵螺鈿食篭（久留米藩士岡野家資料）		元禄14年以前	1合	10.3 × 10.2 × 8.0	91222142
157	御免琉球人行列附	溪斎英泉画	天保13年11月	3枚続	23.7 × 94.4	91221199～ 91221201
	長崎貿易					
158	金唐革戦車狩猟図腰差したばこ入　きせる		江戸時代	1点	11.0 × 22.0	92200828
158	染付芙蓉手（VOC）絵皿		江戸時代後期	1口	12.5 × 13.7	92202303
158	コンプラ瓶（ZOYA）		明治時代	1点	8.2 × 16.5	00003532
159	花鳥螺鈿箪笥（台付）		江戸時代後期	1棹	143.0 × 63.8 × 44.0	92202300
159	白木綿地小花文様印度更紗下着		江戸時代後期	1領	142.0	86213008
160-161	洋風日本風俗画帖		1866年以前	1帖	19.2 × 28.7 × 1.2	95201292
160-161	日本人風俗絵		江戸時代末期	2枚	35.2 × 48.0, 34.9 × 48.0	95201534～ 95201535
162	薩摩切子角脚寸高盃		江戸時代	1口	7.3 × 13.8	87000631

武家の文化

頁	資料名	作者	年代	数量	寸法（cm）	資料番号
163	幕末諸大名書画貼交帖		江戸時代末期	1帖	24.6 × 21.1	97200021
	能と茶の湯					
167	江戸城御本丸惣地絵図　万延度御普請	甲良若狭棟全控	万延元年	1舗	372.0 × 465.0	83200122
166	檜扇に夕顔文長絹		江戸時代中期	1枚	104.1 × 97.5 × 70.3	98200004
166-167	猿曲之図	池田継政筆	享保12年6月8日	1巻	24.5 × 433.3	89204002
	茶席組立図（起こし絵）		江戸時代	45枚		
167	し　石州水遣			1枚	5.2 × 11.9 × 13.8	96200331
167	ゑ　石州萱門			1枚	12.0 × 15.4 × 16.0	96200332
167	み　石州三畳大目			1枚	11.6 × 12.4 × 10.2	96200330
	庭園					
168-169	戸山別荘両臨堂之景	狩野養川院惟信画	江戸時代後期	1幅	78.5 × 47.8	96201317
168	六義園之図	豊原里亮識	宝暦頃	1巻	37.6 × 383.8	94201290
170-171	新発田藩中屋敷偕楽園真景図	晴春画	弘化3～4年	1巻	38.4 × 2112.0	91220005
170	浜御殿惣絵図		享保17～寛保元年	1舗	89.5 × 89.0	91212234
	文人大名					
	松平定信集古十種寄進状	松平定信発給		3点		
172	集古十種寄進状		文化4年7月24日	1点	44.2 × 66.5	99200160
172	合印		文化4年7月24日	1点	16.0 × 4.8	99200162
172	集古十種目録		文化4年6月	1点	55.8 × 44.0	99200161
172	松平定信寄進集古十種箱錠		文化4年7月24日	1点	5.2 × 5.4 × 1.5	99200097
173	集古十種	松平定信編	寛政12年刊	1冊（56冊のうち）	38.4 × 26.5	88206201～ 88206256
173	中仙道日記	松平定信書	天明8年5月9日～22日	1冊	11.6 × 20.6	85200401
	書画					
174	雪華図譜	土井利位著	天保3年7月	1冊	17.5 × 12.2	93200071
174-175	幕末期諸大名書画貼交帖		江戸時代末期	1帖	24.6 × 21.1	97200021
175	竹に双鶴	松平頼常画	元禄15年1月23日	1幅	55.2 × 174.0	99003088
175	花鳥図	松平定信画	江戸時代後期	1幅	99.0 × 40.1	91220006
	学問					
176	湯島聖堂図	櫻井雪鮮画	寛政11年以降	2曲1隻	158.4 × 175.0	95201291
176	武州州學十二景圖巻	狩野探幽など画 林羅山詩・跋	慶安元年仲冬晦	1巻	27.8 × 1239.3	88200001
177	昌平坂学問所他藩校見取図　1　征夷府学館之図		寛政～文化年間	1枚（6枚のうち）	102.0 × 166.2	89205253
177	聖堂（江戸名所図会）	松濤軒長秋編 長谷川雪旦画	天保5年春	1冊（20冊のうち）	26.0 × 18.4	91211467
178	ペルシア更紗花文一つ提たばこ入れ			1点	18.6 × 14.8	92200854

江戸城無血開城

頁	資料名	作者	年代	数量	寸法（cm）	資料番号
179	江戸城　本丸数寄屋二重櫓と富士見宝蔵（旧江戸城写真ガラス原板【重文】）	横山松三郎撮影	明治4年	1枚（315枚のうち）	23.0 × 29.8	90363697
180	江戸城明け渡しの帰途	川村清雄画	明治時代前期	1枚	119.8 × 61.4	85200434
180	教導立志基　徳川慶喜	小林清親画	明治時代	1枚	35.6 × 24.2	96200407
181	東京府御東幸行烈図	歌川芳虎画	明治2年3月	3枚読	36.0 × 71.5	91200170～ 91200172
180-181	東台大戦争図	歌川芳虎画	明治元年5月15日	9枚読	37.0 × 220.0	91200174～ 91200182
	旧江戸城写真ガラス原板【重文】	横山松三郎撮影		315枚		
182	上梅林門と二ノ丸喰違門		明治4年	1枚	23.0 × 29.8	90363687
183	一ッ橋門（内側）		明治4年	1枚	23.0 × 29.8	90363692
183	三日月堀より紅葉山下門・蓮池門方向		明治4年	1枚	23.0 × 29.8	90363693
183	数寄屋倉門		明治4年	1枚	23.0 × 29.8	90363699
183	寺沢二重櫓		明治4年	1枚	23.0 × 29.8	90363701
183	大手門		明治4年	1枚	23.0 × 29.8	90363708
183	昌平橋		明治4年以降	1枚	23.0 × 29.8	90360410
183	和田蔵門		明治4年	1枚	23.0 × 29.8	90363696
183	外桜田門と桜田掘		明治4年	1枚	23.0 × 29.8	90363688
183	西ノ丸大手門		明治4年	1枚	23.0 × 29.8	90363686

江戸城本丸御殿平面図

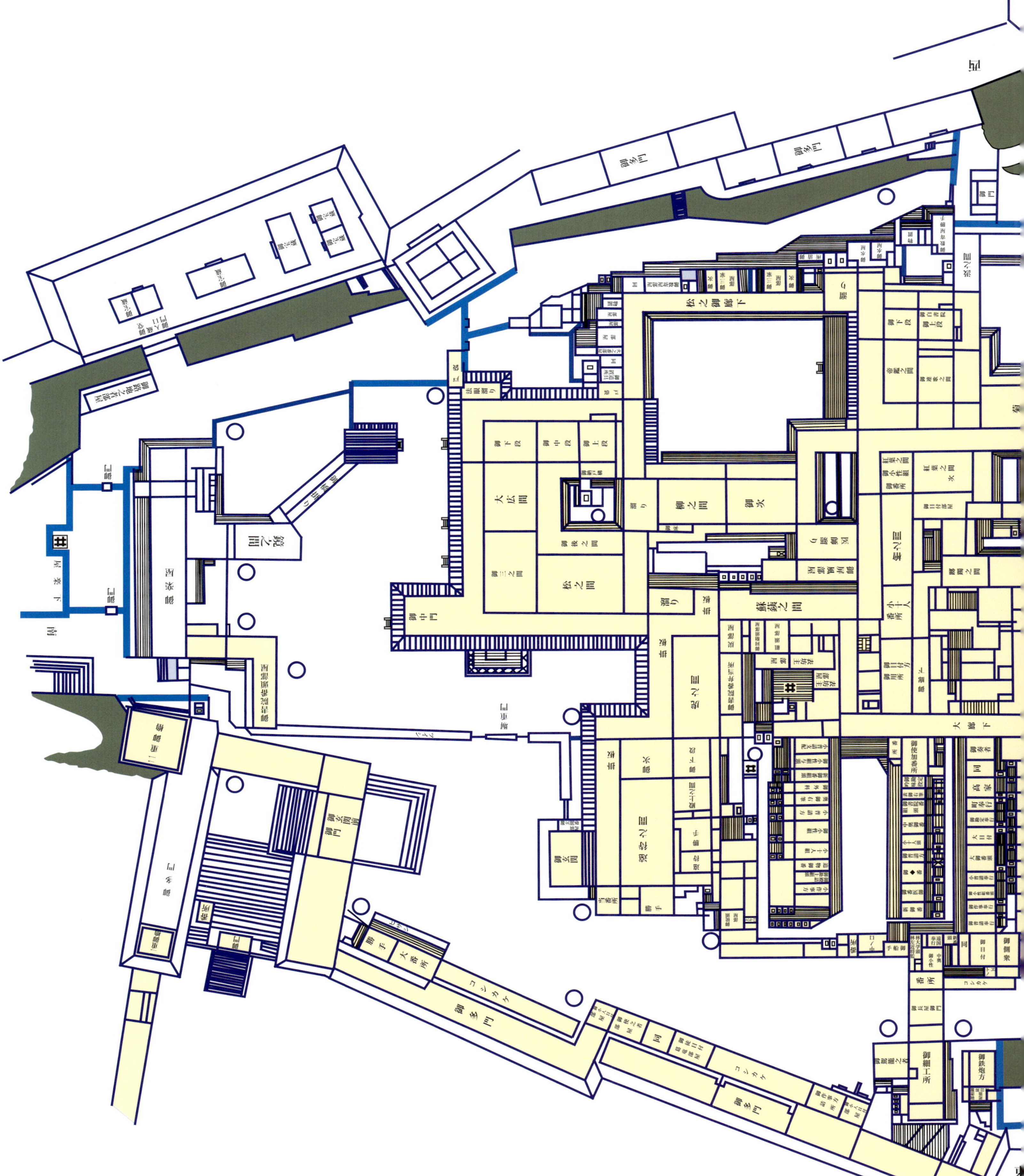

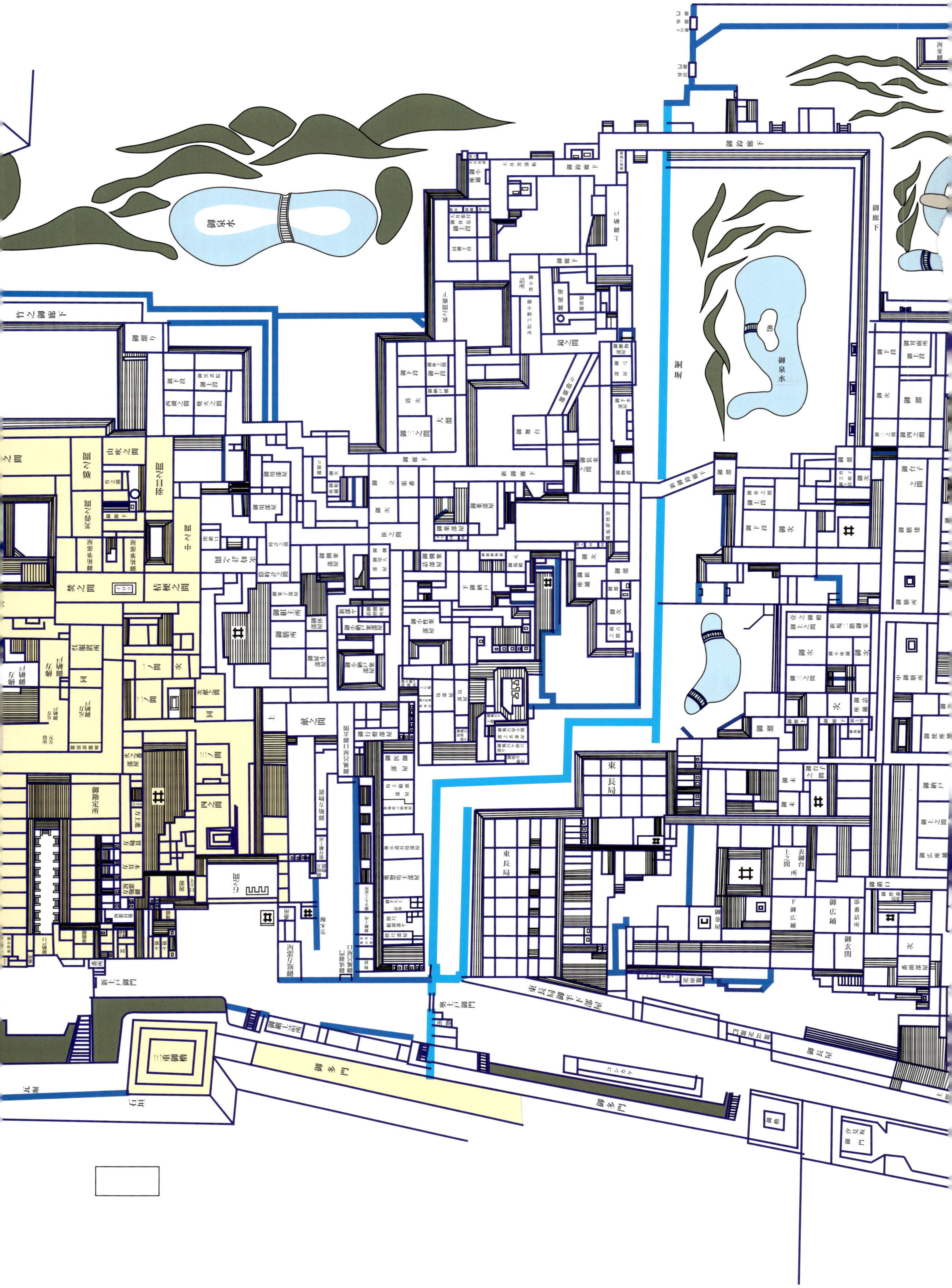

御泉水
竹之御廊下
御鈴廊下
銅塀
東長局
御多門
三重御櫓
石垣

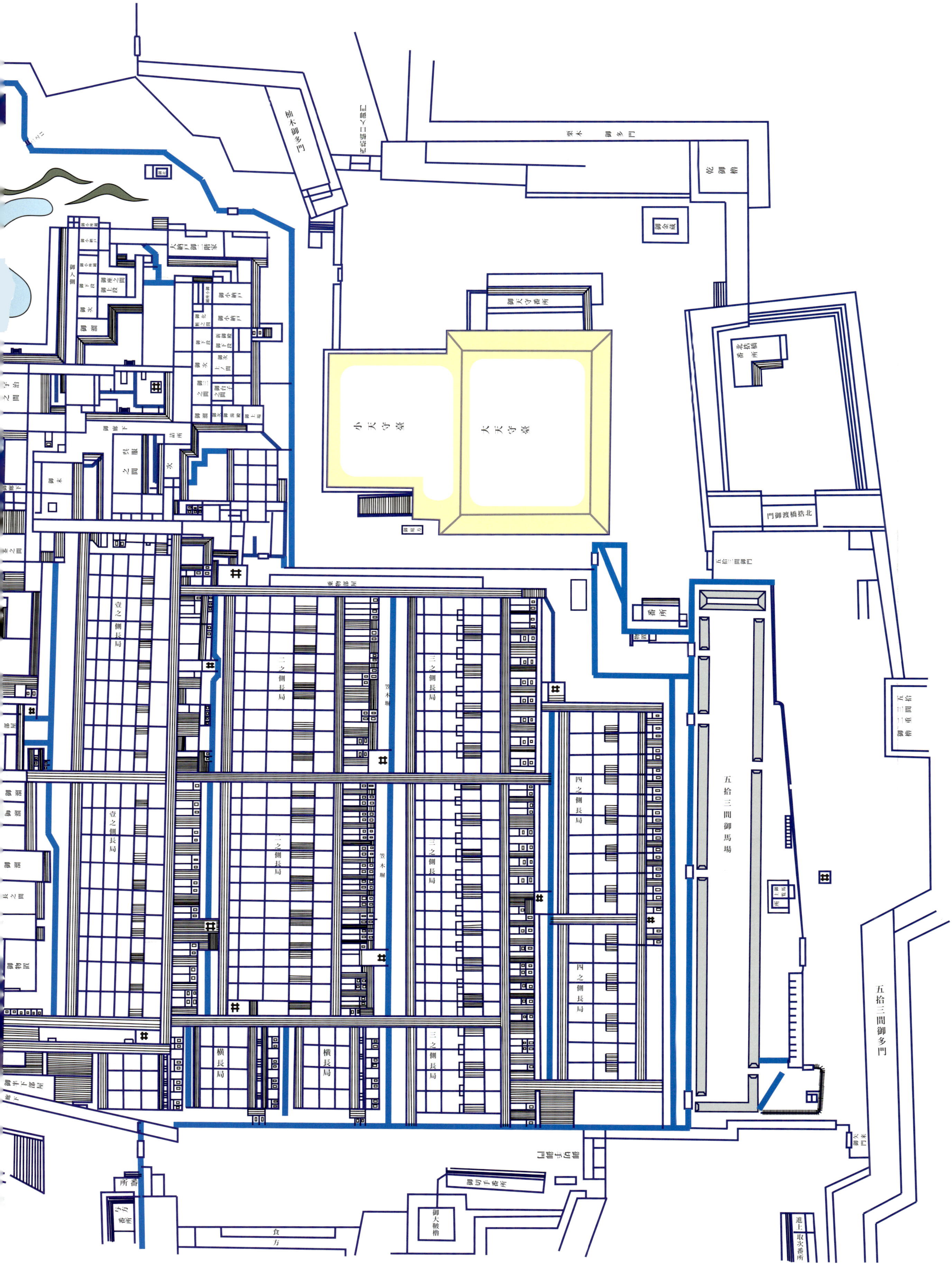

この図面は「御表御座敷絵図」・「奥向長局絵図」（江戸東京博物館所蔵）にもとづき、
江戸東京博物館都市歴史研究室が作成した。
図面上の色彩は、原資料に依拠して施した。

大江戸図鑑［武家編］

定価はカバーに表示

2007年10月25日　初版第1刷

監　修　東京都江戸東京博物館
発行者　朝　倉　邦　造
発行所　株式会社　朝　倉　書　店
東京都新宿区新小川町6－29
郵便番号　162－8707
電　話　03（3260）0141
FAX　03（3260）0180
http://www.asakura.co.jp
〈検印省略〉

本文デザイン・装丁　薬師神デザイン研究所
印　刷　壮光舎印刷
製　本　牧製本

ISBN 978-4-254-53016-2 C3020　Printed in Japan

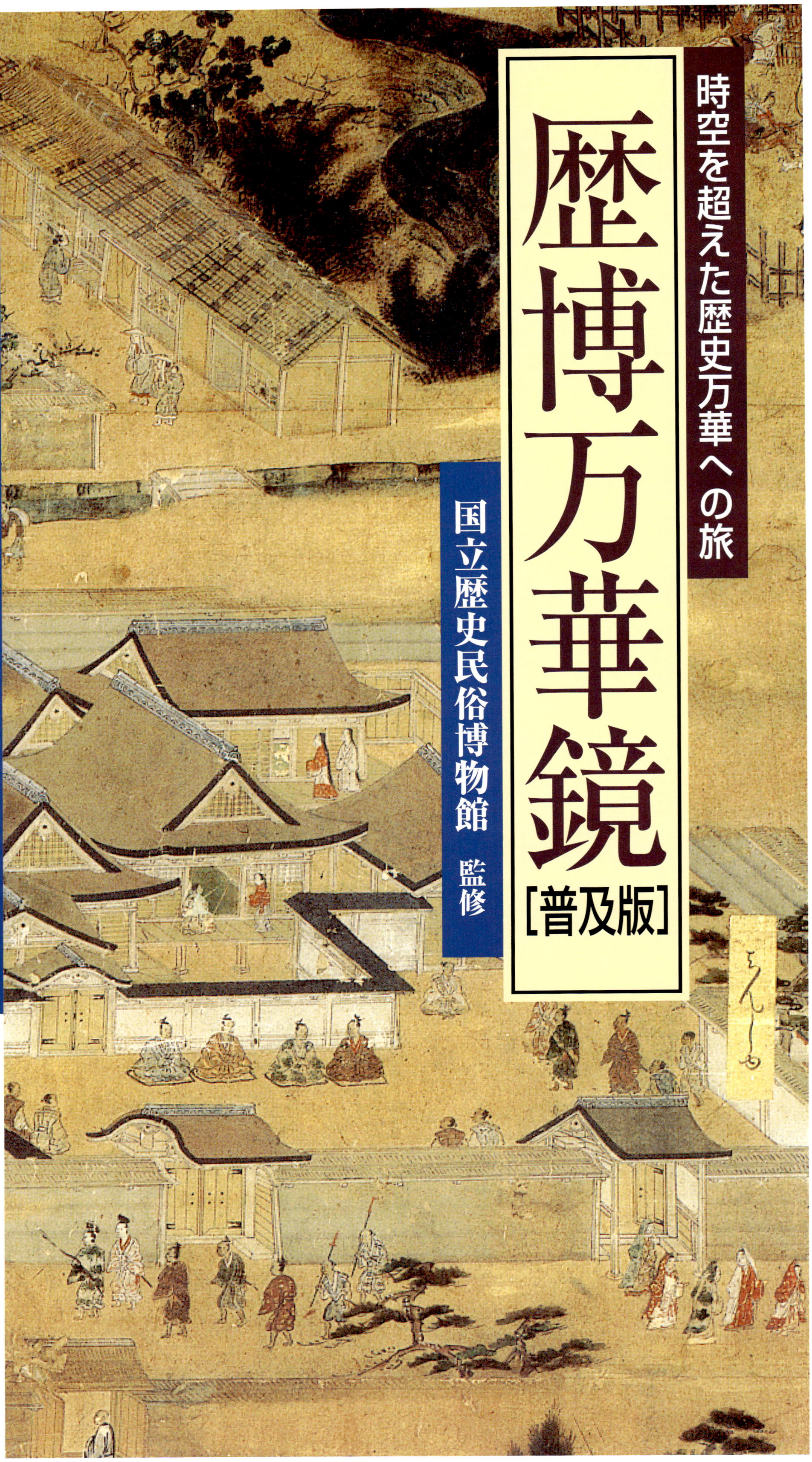